U0608500

区域发展的经济理论与案例

刘洁　陈静娜　编著

海洋出版社

2019年·北京

内 容 简 介

从空间政治经济学的视角理解我国的经济增长方式、区域化、城市（镇）化发展差异，提出经济学研究要为区域增长与发展服务的观点。

主要内容： 涵盖了有关区域经济发展的现代经济学理论、区域经济学、发展经济学、新经济地理与演化经济学等理论知识，内容深入而广泛。同时，还辅以实际案例，进行深入浅出的分析，并根据经济原理给出自己的可行性建议。

本书特色： 不仅讨论"是什么"，还讨论了"应该是什么"和"应该如何做"的问题。

适用范围： 主要适用农业推广专业、区域经济学专业学生等。

图书在版编目（CIP）数据

区域发展的经济理论与案例/刘洁，陈静娜编著. --北京：海洋出版社，2019.1

ISBN 978-7-5210-0290-4

Ⅰ.①区…Ⅱ.①刘…②陈…Ⅲ.①区域经济发展—研究—中国Ⅳ.①F127

中国版本图书馆 CIP 数据核字（2018）第 300082 号

责任编辑：张鹤凌 张塈嫘　　　　　　　发 行 部：（010）62174379（传真）（010）62132549

　　　　　　　　　　　　　　　　　　　　　　　　（010）68038093（邮购）（010）62100077

责任印制：赵麟苏　　　　　　　　　　　网　　址：www.oceanpress.com.cn

排　　版：晓阳　　　　　　　　　　　　承　　印：北京朝阳印刷厂有限责任公司

　　　　　　　　　　　　　　　　　　　版　　次：2019 年 1 月第 1 版

出版发行 海洋出版社　　　　　　　　　　　　　　2019 年 1 月第 1 次印刷

地　　址：北京市海淀区大慧寺路 8 号（716 房间）开　　本：787mm×1092mm　1/16

　　　　　100081　　　　　　　　　　　　印　　张：18.75

经　　销：新华书店　　　　　　　　　　字　　数：360 千字

技术支持：（010）62100057　　　　　　　定　　价：58.00 元

本书如有印、装质量问题可与发行部调换

前　言

自 2009 年农业推广硕士（农村与区域发展领域）课程《现代经济理论》与《区域经济案例研究》开课，八年的授课过程中逐渐形成了一些有关课程教学与教材的设想。农业推广硕士课程教学及学科建设，相对于专业型、学术型的硕士教学来说是新生事物，在教材及教学建设方面都还有很长的探索之路要走。相比强调学术性的硕士来说，农业推广硕士课程教学更具有实践性与针对性，这是毋庸置疑的。因此，在农业推广硕士课程教学与教材建设方面，应注意以下几点。

首先，农业推广硕士的生源专业方向比较多样且基础较弱，如何在较短的时间内将庞杂而专业性极强的经济专业理论知识传递给缺乏相关专业背景与学养的学生，难度较大。

其次，考虑到农业推广硕士的主要专业方向是农村与区域发展领域，如何在有限的时间内使学生掌握最具有针对性的经济专业理论基础知识以完成专业方向的学习与研究，是一个非常重要的问题。

正是基于以上的考虑，我们希望能够从专业建设和学生培养的角度编写更为适合农村与区域发展领域的农推硕士的经济理论教材。

目前教学中使用的，大都是从国外引进的主流经济学教材。这些教材体系完整、内容庞大、理论性较强。自 1776 年亚当·斯密的《国民财富的性质和原因研究》（《国富论》）问世以来，经济学已经走过了二百余年的发展历程。"主流经济学"这一术语被用来描述特定时期获得最广泛接受的理论体系。而中国的现代经济学发展仅有三十多年的历史，比较而言，中国的经济学相对于欧美的要年轻得多，这门学科的理论与方法仍处于向西方国家学习阶段。因此，完全有必要也有可能从西方相关学科的发展历程与相关学科争论之中，总结出有利于促进中国经济学发展的经验与教训。另外，在超速发展的三十余年里，中国经济学的繁荣也掩盖了一些值得思考的问题，其中最具有代表性的是有关中国区域经济发展问题的种种似是而非的观点。

衡量经济的发展、区域与国家的富强，其最主要的指标之一就是人均收入的不断提高。而在人均收入提高的同时，城市化水平不断提高，产业结构从制造业为主向服务业为主过渡，这样的趋势不可阻挡。开放经济条件下的区域增长与发展是一个永恒而尖锐的理论与现实问题。无论是发达国家还是发展中国家，国内区域增长的不平衡并由此引起的区域发展差距问题以及如何促进各地区的经济发展，不仅需要各级政府的重视，也是自20世纪90年代以来我国经济学理论研究的重点和长期争论的焦点。近年来，学术界研究的重点主要集中在以下问题：一是研究基础设施、规模报酬递增、集聚经济、产业集聚和产业集群等与区域增长之间的关系，尤其是衡量它们对区域增长与发展的影响；二是考察和衡量人力资本、教育、技术创新和制度变迁等因素对区域发展的影响，并试图把教育、技术和制度等因素引入区域增长与发展模型；三是区域一体化的利益协调机制问题。从国家层面看，随着经济全球化的不断推进，近年来各国区域一体化进程也在加快。在推进一体化的过程中，政府与市场的作用如何分工，中央与地方之间以及区域间、城市间如何分工协作，基础设施、产业和空间结构一体化以及政府间政策的协调问题，都是现实经济中亟待研究的重大前沿问题。

以上这些问题仅通过主流经济理论是无法解决的。而且很多研讨由于忽视历史、忽视文化与社会现象的时间因素而陷入困境。另外，任何把自然科学方法等同于社会科学方法的倾向都会导致对先例和过程的忽视，但这些先例和过程对理解社会现象是至关重要的。区域发展经济理论涉及经济地理、增长与发展、科技创新、人力资本，生产效率，资源配置，制度等诸多因素，研究也需要运用多学科的新概念、新理论与新方法。应该说，无论是在国外还是在国内，有关这些问题的解释与解决都没有统一的认识。我国的区域发展经济理论是随着改革开放发展起来的，理论体系还很不完善，一方面对于现实中出现的许多区域发展问题的解答是欠缺的、不充分的；另一方面现实中的一些区域发展的成功案例也无法提升为区域经济发展理论。就目前中国的发展阶段来说，区域发展经济理论在今后相当长一段时期内大有用武之地，在促进社会经济发展的作用方面还有很大的空间。处于转型期快速发展的中国区域发展问题，既有其特殊性也有其普遍性，给学者们提供了丰富的研究案例。而学者们的种种尝试，也为理论的发展奠定了基础、拓展了空间。通过本书的编写与教学，使更多的学生理解区域发展问题之所在，并在实践工作中尽量提可行的解决方案，也就真正达到了农业推广硕士教育的本意。

经济学理论研究的主要特点在于实证研究和规范研究的结合，一般的模式是从事实出发，选择恰当的方法，进行理论假设，并以实证考察得出的数据及知识来检验和修正所选的方法和假设，从而使假设不断逼近真实，使方法更科学，使研究结果不断地接近客观现实。实证研究回答现实经济"究竟是怎样的"，并不说明"应该是什么"或"应该怎样行动"；规范研究则相反，它要回答的恰是"应该是什么？以及如何做"。实证研究和规范研究结合的研究结论能准确提出对策。实际上，经济学研究范式及方法随着研究内容变化和范围扩大而不断创新。

对现实问题的反省给人们提供了认识"根本问题"的机会。经济理论就是对经济活动核心议题的反省所产生的知识。作为教材，本书的一个突出特点是以问题为导向，从区域发展中的经济问题入手，意在将学生的兴趣引向区域发展问题本身，而不是经济模型。教材编写中将使用大量的案例、统计数据及图表以便于学生将所学知识与实际相对照。本教材运用空间政治经济学的视角理解中国的城市化、区域发展差异和经济增长方式，倡导经济学研究要为区域增长与发展服务。所以，本教材不仅讨论"是什么"的问题，还要讨论"应该是什么"的问题，在实证分析与规范分析（或政策导向与价值判断）之间架起桥梁。

本教材在内容上涵盖了有关区域经济发展的现代经济学理论、区域经济学、发展经济学、新经济地理与演化经济学等的基础知识，内容深入而广泛；问题研究深入浅出的特点使其可以作为农业推广硕士课程的教材与教辅资料，普及区域发展知识，又可以为研究区域发展问题的学者提供一定理论和研究方法的参考。

编者在教材编写时把握两大原则：一是利于培养学生综合素质；二是与时俱进。

对本教材的使用提出以下建议：一是教学建议，避免空泛的、长篇大论的讲授，以实际案例为依托，引出基本知识，帮助学生理解与分析实际问题；二是自学建议，先看案例，结合方法指导，分析出区域经济发展有哪些需要解决的问题，思考怎么去解决这些问题，并在实际工作中尝试应用。

编者在此要感谢学生在教学过程中的积极反馈；还要感谢同事与朋友的支持，付国庆、胡晓红、应军老师为本书的案例调研付出宝贵的时间、精力，许睿、何昊、杨硕、楼宇、陈琼同学协助了数据采集与整理工作。

本教材由于编者水平和时间有限，难免存在欠妥之处，恳请读者、同行、专家批评指正，以便在修订时补充更正。

编者

2018 年 5 月

目　录

第一章

导　论

　　对中国这样一个拥有 13 亿多人口，陆地国土面积接近 1 000 万平方千米的大国而言，如果不引入空区域（地理）因素，就无法分析国家内部巨大的地理差异对于经济发展的影响。迄今为止，学术界对"区域"一词并没有明确的定义，其大小也完全取决于研究的目的和问题的性质。区域概念之所以难以界定，主要由于：①根据研究问题的重要性和类型，区域的大小可以在相当大的范围内变动；②区域的邻接性问题，即在把国家划分成区域时，不能出现飞地；③由于许多学科都涉及区域问题，不同学者从本学科的研究目的出发，对区域的界定和划分往往具有不同的看法。

　　区域，首先是一个客观的空间地理存在。人类的任何生产、生活和管理活动都离不开一定的区域。从社会科学的角度来看，区域是一个非常广泛而又相对的概念，由于研究视角与对象的差异，不同的学科对区域的定义也不同。地理学将区域定义为地球表壳的地域单元，认为整个地球是由无数个区域组成的。政治学认为区域是进行国家管理的某一行政单元。而社会学则将区域视为具有相同语言、相同信仰与民族特征的人类社会聚落。经济学则将区域视为由人的经济活动所造成的、具有特定地域特征的经济社会综合体。

一、区域经济的特征

　　现代区域经济发展随经济产出的增长而出现的经济、社会和政治结构的变化，这些变化包括投入结构、产出结构、产业结构、分配结构、消费结构和社会福利等在内的变化以及经济生活质量的有效提高等。区域经济具有两个显著特征：一是就区域经济的存在空间而言，它是特定区域的经济，具有鲜明的地域特点；二是就区域经济的复杂性而言，它是国民经济的一个缩影，具有明显的综合特点。

（一）区域经济具有层次性、开放性

　　区域经济是国民经济巨系统中的一个子系统。从区域经济子系统的外部来看，

一方面，该子系统处于国民经济系统的环境中，既受宏观经济环境制约同时又影响宏观经济环境；另一方面，该子系统必然与其他子系统发生各种系统置换，即存在广泛的区域联系。

（1）宏观经济环境。区域经济系统产生并存在于国民经济体系中，国民经济的总体水平、结构、运行状况，国家的宏观经济政策，特别是区域政策、产业政策，构成区域经济系统的宏观经济环境。宏观经济环境既影响着区域经济系统内部诸要素的结合形态，也决定着区域经济系统运行态势。

（2）区域联系。区域经济系统与其他子系统之间进行着多向多维的系统置换，也就是说，区域与区域之间发生着广泛的经济联系。区域经济子系统之间，因为要素禀赋的差异，必然存在经济活动方式与经济活动内容的分异，进而形成区域之间的劳动地域分工与商品劳务交换。即使区域之间要素禀赋差异不明显，会存在以不同技术水平或不同技术为基础的分工，或以不同规模经济为基础的分工，这种分工使区域间产生密切的经济联系。在现代市场经济条件下，由于专业化与社会化而使劳动分工越来越细，单个区域只能生产最具有比较优势的商品，而人们的需求又是多种多样的，从而必然产生各种商品交换，在地域空间上表现为区际贸易。又由于不同区域要素禀赋存在空间差异，而技术经济上的原因又要求区域之间联系起来，这就产生了区际要素流动和区域间的竞争与合作。

（二）区域经济具有客观性和动态性

一方面，区域是客观存在，由此可以根据一定的目的对其加以描述，进而划区，并揭示其一般规律性。另一方面，区域又处于不断演进变化之中，随着社会经济的发展，区域的内聚力将不断发生变化，继而导致区域特别是经济区域的结构、功能、规模和边界也随之发生变化。但是，在某一特定时期，区域一般具有一定的规模和比较明确的边界。根据区域类型的不同，区域边界可能是一条明确的边界线，或者是一条交叉融合的边界带。由于商品经济的不发达，在两个经济区域之间可能会暂时出现一些空隙地带，即飞地。

（三）区域具有一定的等级体系

一个城市工业区、一个大的经济地带甚至一个国家都可以视为一个区域。区域经济学主要以国内的区域作为研究的地域单元。按照地域规模的大小，国内区域大体可分为地带级、大区级、省区级、市级、县级、乡镇级等多个层次，不同等级区域的规模可能相差甚大。当然，区域并非是无限可分的，其最小规模为单元区规模。

二、区域及政府间的竞争

在有关区域竞争与政府的经济学思想流派中，新古典经济学与奥地利学派、演化经济学是有冲突的。新古典经济学是采用工具主义方法论、基于理想的前提假设，研究经济生活中的静态均衡与相对静态均衡。而演化经济学则是基于拉马克的演进主义思想，研究的是历史的动态均衡。演化经济学认为，人类社会充满竞争，竞争作为一种甄别机制，可以促进社会经济的持续发展，发现和学习更好的制度安排。基于演化经济学的基础，新制度经济学把市场上经济竞争的法则拓展到政府的集体行动分析中，"共同体和政区间的竞争是如何引导着较有益于公民和企业的规则不断演化，这些规则包括受约束的政府、财产权利、约定的程序、法治等"。古典经济学的奠基者亚当·斯密也认为，当自由市场经济发端之时，区域之间的竞争就不可避免。因为，如果一个区域不能提供对产权的有效保护，资本所有者就会迁移到其他区域，从而促进区域间竞争机制的形成。"土地是不能移动的，而资本则容易移动。土地所有者，必然是其地产所在国的一个公民。资本所有者则不然，他很可能是一个世界公民，他不一定要附着于哪一个特定国家。一国如果为了要课以重税，而多方调查其财产，他就要舍此适它了。他并且会把资本移往任何其他国家，只要那里比较能随意经营事业，或者能安逸地享有财富。"

新经济史学家诺斯（North）及其合作者从其早期研究成果《西方世界的兴起》《经济史的结构与变迁》等著作，到较新的《暴力与社会秩序：诠释有文字记载的人类历史的一个概念性框架》，都明确地表达了——国家间经济绩效的竞争，归根结底是制度层面的竞争。因此，政府的作用集中体现在它是否提供了一种更有效率的组织经济活动的制度安排和激励机制。

关于一国内部中央与地方政府或地方政府之间的相互竞争，哈耶克认为："地方政府的行动具有私有企业的许多优点，却较少中央政府强制习惯行动的危险。地方政府之间的竞争或一个允许迁徙自由的地区内部较大单位间的竞争，在很大程度上能够提供对各种替代方法进行试验的机会，而这能确保自由发展所具有的大多数优点。尽管绝大多数个人根本不会打算搬家迁居，但通常都会有足够的人，尤其是年轻人和较具企业精神的人，他们会对地方政府形成足够的压力，要求它像其竞争者那样根据合理的成本提供优良的服务，否则他们就会迁往他处"。蒂伯特在分析"财政联邦主义"时提出"用脚投票"理论，与哈耶克的思想异曲同工。

三、区域经济发展不平衡性

区域经济发展不平衡问题一直困扰着许多发展中国家的区域经济发展过程。

（一）区域发展差异影响因素

区域经济差异受发展基础、政策、体制环境、要素流动和经济结构等影响较大。影响区域经济发展的基础差异主要有自然基础、经济基础、社会基础、区位条件。自然基础差异一方面是区域之间的自然资源禀赋状况不同，制约了各区域的经济活动或产业的类型及效率，进而影响到区际分工格局、各自在区际分工中的地区和利益分配的多寡。另一方面是自然环境的优劣对区域经济发展也有一定的影响。经济基础无论从发展速度，还是从总量规模看，任何一个区域的经济发展都受制于原有经济基础。现代区域经济发展越来越离不开社会基础的支撑。区位是影响区域经济发展的一个重要因素，它反映了一个区域在全国经济发展总体格局中的地位以及与市场、其他区域的空间关系，这种关系直接或间接地影响了区域的发展机会和发展的空间。

国家的经济政策对区域经济发展有着十分重要的影响，如改革开放以来，我国经济政策向沿海地区的倾斜是引起、加剧地域之间经济差异变化的主要原因之一。体制环境与竞争力也是加剧区域之间经济差异变化的重要原因之一。在区域经济发展过程中，要素往往按照收益率的大小，从较低的地区流向较高的地区。区域经济增长受到区域经济结构和区域条件的重要影响。由于资源禀赋的差异，人类社会的经济发展表现出空间地理上的落差，但在传统的自然经济条件下，区域经济发展的差距并不大。而随着市场经济的发展，工业化与城市化进程演进，区域经济社会发展的不平衡问题逐步凸显。早在 20 世纪 50 年代，缪尔达尔就指出："市场的力量通常倾向于增加，而不是减少区际不平等。"赫希曼也认为："区域间增长的不平衡性，是增长本身不可避免的伴随情况和条件。"所以，对于区域发展差距的影响因素、如何缩小区域发展的差距、促进区域发展的措施等问题的探讨，激发了许多学者的研究兴趣。

美国管理学家波特从微观的角度，利用大量的实证分析研究了世界上具有较强竞争力的国家和区域，提出诸如"国家竞争优势""地区的竞争力""钻石理论""集群理论"等观点。他认为政府在培育和打造国家（区域）竞争力方面，应"有所为"和"有所不为"，"集群为政府组织、公司、供应商与当地的制度和协会提供一个建设性和行动性的共同舞台"。波特的集群理论实际上强调了区域政府和其他非政府公共组织甚至是私有部门在地区发展与治理中存在的"博弈"问题。对解释区域发展差距、区域竞争力与区域创新能力等问题提供了有益的视角。在《制度、制度创新与区域重建》一书中，作者也认为区域的竞争和区域的发展在很大程度上要看该地区的制度学习、制度模仿和制度创新的潜质与能力，并试图将网络、技术和制度创新、制度环境联系在一起以解释区域经济增长。

（二）区域创新能力

所谓区域创新能力，就是指一个地区将知识转化为新产品、新工艺、新服务的能力，它包括知识创造能力、知识流动能力、企业的技术创新能力、创新的环境、创新的经济效益等多方面的要素。选择各地区适合的创新模式，提高区域的创新能力，这从根本上说是增强该地区的经济实力和综合竞争力，对区域的发展起到了关键的促进作用。

第一，区域技术创新。增强区域竞争力，关键在于技术的创新。研究重点是如何实现从知识形态转化为物质形态，实现经济与技术的紧密结合，使科学技术真正成为推动区域经济发展的重要力量。第二，区域产业创新。产业结构的调整是未来的重点，但产业结构调整需要明确未来的方向。研究的思路是以地区优势作为产业选择的依据，推进产业选择的区域化道路，而不是全国性的重工业化或轻工业化。第三，区域环境创新。研究的思路是以建设良好的地区经济发展环境为指导，实现区域良好的自然环境、优越的投资环境和友善的社会生活环境。塑造一个良好的区域环境，通过环境来吸引投资，发展地区经济。第四，区域空间创新。以开发新区来解决老区的各类问题，需要有一个可持续发展的思路。开发新区的主要任务应当从"招商引资"转向聚集区域现有企业，以提升现有企业的技术水平和产品生产水平为重点，促进现有产业技术的升级。

（三）产业集群、新产业区和高新技术产业开发区

产业集群、新产业区和高新技术产业开发区是目前区域经济发展中的产业布局的最新形式。产业集群不只包括本地的该产业的相关企业，还包括为产业提供科研和技术支持的研发机构、政府以及其他促进企业联系和互动的机关、机构。产业集群中的每一个单元都是构成整个产业集群的不可缺少的组成部分，它们之间相互协调发展，使整个集群形成连带性的互动关系，取得集体竞争力。

对于新产业区的研究，除了一般的聚集意义外，还应特别强调专业化和小企业集群，强调企业之间的合作与竞争以及制度的建设。过去，产业布局普遍重视大企业的分布，所有的要素分析都是针对大企业的。现在，研究发现小企业的布局更有新意，更有规律可循，小企业的聚集和产业群的出现，使我们对专业化分工的研究有了更深刻的认识，而且更接近理想的专业化分工。

高新技术开发区是产业集群发展的政府主导的形式。进入 21 世纪，高新技术开发区的比较优势在几个方面发生了显著的变化：发展高新技术带来的技术优势正

在减弱；独有的政策优势正在消失；优越的发展条件正在被超越。研究我国高新技术开发区在新形势下如何发展，是已经摆在各地区和高新技术开发区面前的重要课题。这些研究应当包括高新技术开发区的比较优势问题、高新技术开发区的经济和技术功能重新定位问题、技术转让和企业孵化器的功能转化问题以及高新技术开发区转变为区域经济发展的增长极问题。

四、城市与城市化

现代城市是社会经济高度发达和科学文化历史发展积淀的产物，也是人类文明历史进步的一个重要里程碑。城市从诞生的那一天起，就成为社会生产力集聚和商品经济活动以及市场发育的进步标志。城市发展到今天，集聚了从事二、三产业社会经济活动的大量人口及城市基础设施、市政公用设施以及文化娱乐设施，已经成为区域经济发展的中心和推动现代社会高度发达的前沿，也是整个国家或地区可持续发展的创新中心。国内外不少专家学者认为，城市是区域发展的中心，区域是城市成长的基础，二者是相互补充、相互促进、不可分割的有机整体。

（一）区域发展中心——城市

任何一个城市的形成都离不开一定的地域范围，城市的发展都有它辐射的经济区域。城市之所以能够在区域经济的发展中发挥巨大的作用，主要是因为城市是资本、高素质劳动力、技术和其他稀缺性生产资源的密集分布区和高效组合区，拥有巨大的创造社会财富的能量；是区域经济系统的核心和最重要的组成部分。城市集中了大量的科技人才、研究机构和技术手段，是最主要的技术创新的原生地和创新技术的集散地。城市是区域主导产业的集中地，可以通过前向联系、后向联系和旁侧联系有力地带动区域内其他产业的发展。城市较高的收入水平和较好的生存与发展的条件，能够对农村人口产生强大的吸引作用，从而有力地促进人口的流动，使人口由低生产效率的农业部门流向高生产效率的工业部门，由此提高了区域生产力的总体水平。城市在其自身发展和带动其所在区域发展的过程中扩大了区域的规模，提高了城市经济在区域经济中的比重。

城市化是一个国家社会经济的巨大而深刻的变迁过程，它必然与其制度安排有着密切的关系，不仅是生产力的发展和提升过程，更重要的是社会经济关系的调整过程。其中，主要是乡村和城市、农业和非农（产）业、农村居民和城市居民之间经济关系的变化和调整，必然涉及农业经济的经营方式、土地产权的制度安排、就业政策和社会保障制度等内容。

（二）大都市圈和城市群

诺贝尔奖得主约瑟夫·斯蒂格利茨曾认为："在 21 世纪初期，影响世界最大的两件事，一是美国的新技术革命，二是中国的城市化。"在经历了 40 年高速工业化与城市化发展后，我国基本已经形成了以珠三角、长三角、环渤海地区等为代表的大都市圈与城市群发展的阶段，形成了所谓"三大特大城市群、八大城市群"的发展格局。现阶段城市群是推动区域协调的一个重要的途径。它是我们现代工业的载体、市场的载体、信息平台的载体。在人多地少的基本国情下，它是有利于适度规模经济的，规划得好也是有利于可持续发展的。在过去，城市群主要是着眼于竞争，这有利于国际市场的竞争。在谈及纽约、伦敦、东京等地区时，人们想到的是国际竞争力，高端要素的集聚能够提高效率；信息能够共享，外部成本、范围成本都可以变低，有利于进一步提升竞争力。

空间的集中度提高引发更大的区域发展差异。我国现在的行政体制的特点是促进生产要素流往高等级城市集聚。资源是按等级来配置的，最好的学校、最好的医院、最好的文化设施、最好的公共服务设施一定在最高等级的城市。要素流动以后，促进城市群更快发展，要素配置的集聚度越来越高。我国要素流动市场化，真正市场化流动程度最高的是劳动力。劳动力一旦出现自由流动以后，有些地区就成为净流入的地区，有些就是净流出的。只要是经济有活力的地方就是净流入的。在东北地区，省会城市和大连还是净流入的，但是省会城市以下基本上是净流出的。根据城市统计分析可以发现，这些年净流入的基本是人口 500 万以上大城市。

五、中国区域发展

与发达国家及其他发展中国家相比，中国国情特殊性在于区域经济发展情况更为复杂。一方面，辽阔的国土、丰富的资源、众多的人口、多元的民族文化、发展空间广阔是持续发展的基础。区域经济发展水平和可持续发展能力高低，不仅是国家综合国力在全球竞争中的决定性因素，也与政治稳定、社会进步和区域经济结构转型升级的大系统战略及其宏观、微观定位息息相关。而自然环境基础、生产条件和自然资源要素禀赋及经济技术发展的地区差异明显，典型二元经济结构，致使中国区域经济发展道路更加复杂和曲折，制约区域科学、协调发展体制机制的因素较多。

（一）二元经济结构与城乡协同发展

二元经济结构是发展中国家的典型特征，在短期内不可能彻底消除。国家长期的二元经济政策制约了对农村的投入。而由于地区的经济发展水平的差距，各地的二元经济结构又有很大的差别。如何运用市场与行政手段解决"三农"问题，使农业、农民与农村可以分享工业化和城市化的发展成果成为政府面临的重大课题。

（二）积聚与平衡

改革开放以来，中国区域政策经历了以经济特区为重心的沿海地区优先发展阶段、以浦东开放为龙头的沿江沿边地区重点发展阶段、以缩小区域发展差距为导向的西部大开发阶段和以区域协调发展为导向的共同发展阶段。

产业集聚无论是在省的层面，还是产业集聚区和行业层面都有体现。2004 年前后产业走向扩散以及地区间发展差距缩小成为转折。但这个转折的发生到底更多地基于市场力量而出现的集聚走向扩散的趋势，还是由行政主导的区域间平衡发展政策所致，是个值得注意的问题。城市内部空间结构在本质上也是集聚效应和拥挤效应之间权衡的结果，从城市内部空间结构来看城市发展，有利于理解为什么城市难以避免就业与居住在空间上的分离，因此一定会存在城市的交通压力问题。

再回到区域间平衡的问题，我国政府在最近十多年来越来越依赖财政转移来支持欠发达地区的发展。区域间的财政制度安排与财政转移有其必要性，但财政转移制度不利于经济长期增长。政府规模的扩张会给经济发展带来负面影响，必须对转移支付所产生的负面影响保持足够的清醒。因此，还是不能忽视劳动力自由流动对经济发展和区域平衡的根本作用。

（三）城市化发展路径

在全球范围内，我国是特殊类型经济区域。实现区域经济协调发展是区域政策的初始目标和终极目标，应增强机遇和忧患意识，促进区域经济发展，加快经济发展方式转型。展望未来，在经济总量上，中国将超过美国；在人均水平上，我国将努力跨越"中等收入陷阱"。这两件大事，如果离开城市化，离开生产要素在城乡间和区域间的再配置，都绝不可能完成。在经济持续增长的同时，社会和谐发展是未来我国面临的另一个重任，如果不处理好城乡和地区间的平衡发展，社会和谐也无法实现。长期以来，中国依靠劳动力低价优质的比较优势实现了经济的工业化进程，未来，想要成为经济强国，必须调整当前的经济发展模式，充分发挥城市发展和区域发展的规模经济效应，形成国际化、大规模的城市群，提升中国经济的国际竞争力。为了这个愿景，中国必须走一条"在集聚中走向平衡"的城乡和区域发展道路，而促进生产要素在城乡和地区间的自由流动是最为重要的政策，这是大量理论和实证研究所得出的结论。

有关中国区域和城乡发展的研究正在快速地推进中，基于已有的研究，基本形成了"未来区域和城市发展路径的共识"。这个基于学术研究的"共识"可能还不足以真正地成为全社会的共识，但从当前正在涌动的改革大潮来看，这样的共识正在逐渐形成。具体来说，可以将这个"共识"进行如下表述。

经济活动的集聚带来规模经济，而城市是规模经济最为集中的体现。城市化和不同规模的城市在地区间布局的调整是中国未来经济增长的新动力。但是，由于受到土地和户籍等制度的制约，中国城乡和区域间生产要素（特别是劳动力）流动不充分，造成的结果是：城镇化水平严重滞后于工业化进程、经济的集聚程度和城市规模偏低、城乡间收入差距扩大。与此同时，城市内部"新二元结构"显现，城市居民和外来劳动力在就业、公共服务和社会保障等各方面存在差别待遇，成为城市内部社会分割与不和谐的制度背景。

当前中国的城市化进程迫切需要解决的问题是，通过要素市场的培育，加强劳动力、资本、土地等生产要素的城乡间和地区间再配置，充分发挥大城市的经济集聚效应，促进制造业和服务业的进一步发展，形成以大城市和都市圈的发展来带动中小城镇的发展，不同规模、不同地区的城市分工协调、相互促进的格局。同时，应使城市新移民真正成为城市人口，获得与城市户籍人口相同的市民待遇，消解城市日益严重的"新二元结构"。在要素自由流动的前提下，缩小城市化进程与工业化进程之间的差距，并进而实现城乡间和地区间人均收入和生活质量的平衡。这一区域和城乡结构的调整必将推动经济持续增长，促进社会和谐发展。

问题及推荐阅读

（德）柯武刚，史曼飞，2000.新制度经济学[M].韩朝华译.北京：商务印书馆.

（美）波特，2002.国家竞争优势[M].李明轩，邱如美译.北京：华夏出版社.

（美）赫希曼，1991.经济发展战略[M].曹征海，潘照东译.北京：经济科学出版社.

（瑞典）缪尔达尔，1957.经济理论与不发达地区[M].杰拉尔德·达克沃斯公司.

（英）哈耶克，1997.自由秩序原理[M]（下卷）.邓正来译.北京：生活·读书·新知三联书店.

（英）亚当·斯密，1974.国民财富的性质和原因的研究[M]（下卷）.郭大力，王亚南译.北京：商务印书馆.

第二章

区域发展的相关经济理论基础

本章主要讨论了与区域发展问题相关的经济理论，用经济理论来解释有关区域发展的各项公共政策。对于不同的国家与地区，如果不引入区域因素，就无法分析国家内部与区域间差异对于经济发展的影响。与此同时，生产要素的跨地区配置会遇到较大的制度障碍，区域间要素流动与制度环境的差异导致了不容忽视的效率损失，而这又与中央与地方政府间关系和不同区域政府间关系有关。鉴于以上现实问题，在研究区域发展经济研究中必须将经济、地理、竞争、演化、制度环境等因素的分析结合在一起。

第一节 区域经济理论

一、国外区域发展经济理论的形成

在 20 世纪 20 年代，英国、美国等已完成工业化的一些资本主义国家内部，开始出现老工业区的结构性衰退现象。20 世纪 30 年代的经济危机使得这些老工业区和贫困地区的处境更加恶化，出现了大量失业人口，城乡之间和地区之间的经济发展严重不平衡。已完成工业化的英、美等资本主义国家，对这种经济发展不平衡现象都采取了一系列措施。如英国于 1936 年成立巴洛委员会，试图遏制产业和人口向英格兰东南部地区的集中趋势，并通过建立工业开发区、税收优惠等手段使产业向萧条地区分散；美国于 1941 年成立田纳西河流域管理局，制订了田纳西河流域综合开发计划，其成功经验后来被许多国家所借鉴。然而，西方发达国家广泛关注区域经济问题是在第二次世界大战（即"二战"）结束以后。

"二战"结束后，世界资本主义经济进入了繁荣昌盛的时代，各国把大量的物力、财力和人力投入在那些经济发达、技术力量比较雄厚、基础设施良好的地区以获得更快的发展速度，同时解决大量劳动力就业问题。这种经济政策，使整个资本主义世界经济获得了高速增长，资本主义国家的失业率因此保持在较低水平上。然而，有些地区的发展速度依然相当缓慢，失业率持续偏高且越来越严重，大量失业人口流入大城市，甚至号称"金元帝国"的美国也出现了一批劳动力过剩、人口大量外流、经济状况日益恶化的地区，这种现象引起了许多学者的关注。缪尔达尔提出了累积因果理论（1957），他认为不管何种原因，一旦区域间出现发展条件和发展水平方面的差距，那么发展快的地区在发展过程中会不断为自己积累有利的因素，遏制落后地区的发展，使得落后地区的处境日趋恶化。赫希曼（1958）认为，一旦增长点形成，这些增长点就会通过累积性聚集不断增强自身的发展，扩大区际差距，虽然涓滴效应可以缩小区际差距，但这种效应要起作用需要很长的时间。

这些说明，企业为利润最大化而做出的区位选择，在很多情况下不能实现区域整体效益的最优；区际发展差距不会因经济的普遍繁荣而缩小，因为在市场力的作用下，生产要素流入高回报率地区的趋势不会因经济的普遍繁荣而减弱；资本和劳动力的外流使得落后地区的处境更加恶化，并陷入恶性循环。随着这种区域问题和城市问题的出现，许多经济学家根据凯恩斯主义的国家干预政策，运用宏观经济学的分析方法研究区域经济政策、劳动力就业以及城市问题。这些研究把解决区域问题纳入到宏观经济学的研究领域，重点研究何种因素促使经济增长发生在国家次一级地域层面上，为何出现发达地区和贫困地区以及经济发展速度上的巨大差异等，与这种区域经济研究相关的理论就是我们经常提到的区域经济增长理论。这样，从单纯的区位研究逐渐转向区域经济研究，从微观逐渐转向宏观。

到20世纪80年代，区域经济学仍无法解释一些经济现象，尤其是经济活动的空间聚集不断自我强化的机制。一百多年以前，新古典经济学的鼻祖马歇尔从三个方面说明了经济活动空间聚集与收益递增现象之间的关系，即知识溢出、劳动力市场形成以及与本地市场相联系的前后向联系。目前解释经济活动的空间聚集主要从前后向联系角度入手，也就是从人们比较熟悉的循环累积因果关系进行解释。对这种前后向联系或循环累积因果关系而导致的空间聚集现象成了区域经济学重要的研究内容之一。然而传统的规模收益不变和完全竞争的新古典理论，无法回答这种前后向联系效应的一些关键性问题。如果在企业层面上存在规模收益递增现象，那么可以解释这种前后向联系效应或循环累积因果关系的存在，但在企业层面上不存在规模收益递增，那么企业不一定选择大市场区为其生产区位，它可以选择多个单个市场，分别建立工厂，这时就不存在这种前后向联系效应或循环累积因果关系。反过来，如果规模收益是递增的，那么企业间竞争不是完全竞争，此时市场份额较大的企业完全可以阻止其他企业的进入，且逐渐成为该行业的垄断企业。再有，就生产区位而言，运输成本起着极其重要的作用，但新古典理论不能把运输成本纳入到一般均衡分析框架中，如果把运输成本纳入到新古典的一般均衡模型中，则就不存在均衡或只存在"零解"，因而也就存在所谓的"空间不可能定理"。这些理论问题直到 20 世纪 70 年代后期，迪克希特和斯蒂格利茨在产业组织领域掀起"收益递增革命"以后才得到解决。从 70 年代后期开始，以克鲁格曼（1991）为代表的一些学者把产业组织理论分析工具大量应用在经济学的诸多领域，为解释经济活动空间聚集现象做出了重大贡献。随着这些基本理论的突破，区域经济学进一步趋于成熟，形成了较为完整的区域经济学理论框架。

无论是发展中国家还是发达国家，城市等级体系内部经济关系错综复杂，每一层级城市规模都可能受到市场、制度、外部环境变化、宏观经济冲击等因素影响，而出现非线性发展趋势。其中，20 世纪 50 年代发展中国家城市化进程加快后，出现以大城市和周围地区高速增长为基本特征的经济、技术和社会发展模式，城市空间迅速扩张，城市之间交通网络的建立以及非农产业的迅速发展，使城郊结合部成为新的发展走廊。加拿大学者麦基将出现在亚洲的城乡空间组织演变现象与城市外围"灰色区域"，界定为城乡融合区（Desakota），是中心城市或核心区域对外扩散功能增强、农业结构加速转变、农民收入提高以及农村市场繁荣共同作用的结果，人口高度密集、交通网络完善又推波助澜。城乡融合区域将改变原有城市等级分布格局，局部区域会因城乡关系日益密切和要素流动增强而快速增长，从而逼迫发展中国家突破传统行政区管理模式，从区域发展和大都市区角度，进一步协调城乡关系、优化城乡资源配置、促进城乡资源尤其是人口流动、建立城乡一体化机制，填补公共产品供给缺口以及加强城郊结合部土地利用管理等，形成区域政策体系，并从单一、微观、一二产业走向多元、宏观和第三产业，其利用地区资源区位优势合理布局产业空间，为区域经济发展研究提供了重要理论依据和启示。

20 世纪 80 年代以来，由于政府统计数据大量公布和计算机网络技术的迅速发展，区域经济学研究范围和领域不断扩展，地理学、社会学、人口学等领域的学者也在区域经济研究方面硕果累累，并且受到许多国家政府高度重视，国家创新体系理论兴盛掀起区域创新体系研究热潮。由英国的梅特卡夫和库克教授首倡，美国的安纳利·萨克森宁用硅谷神奇崛起说明区域在创新体系中的重要作用。哈佛大学的波特和斯特恩教授提出区域技术创新能力概念，丰富区域集聚效应理论。瑞士洛桑国际管理学院发表的《国际竞争力报告》，为各国进行竞争力比较提供参考。

20 世纪 90 年代后期，国内学者王缉慈、赵慕兰等在联合国经济合作与发展组织（即 OECD）及哥瑞波赫基础上倡导区域创新网络新观念，认为区域管理结构是等级式还是网络式，是能否获得竞争力的决定因素有动态性、系统性、开放性、非中心化、本地化五方面。

经济全球化和信息化对城市发展影响主要体现在四个方面：全球城市体系的形成、大城市带更具有发展活力、首位城市主宰世界经济趋势明显、多级多层次世界城市网络体系的形成。经济发达的大城市将率先顺应全球化发展趋势在国际分工中扮演重要角色，国内外城市与区域之间的合作也将日益深化，促使城市内部加速扩散与加速聚集同时并存。在一些生产性服务业，如金融、法律、管理、创新等部门会出现高度聚集趋势，而区域之间和产业之间分工合作也逐渐向产业内和产品内分工协作演变。这意味着在全球化时代，城市将由一个区位转变为生产节点，企业微观经济活动变得与城市和区域发展息息相关，使影响区域经济发展因素变得更加复杂，从而也对转变政府职能、促进区域市场一体化提出更高要求。

二、我国区域发展实践与理论

在我国，区域经济学是为了适应我国区域经济发展需要而产生和发展起来的。随着我国改革开放的不断深入，我国出现了一系列的区域性问题，如区际差距、城乡差距、产业转移、区域协调发展、城乡统筹、城市化、"三农"问题等，在研究和解决这些区域性问题的过程中，我国区域经济学科逐渐形成和完善起来。

（一）"三线建设"与生产力均衡布局理论

在《论十大关系》中，毛泽东提出了优先发展内地、平衡布局生产力的思想，即"沿海的工业基地必须充分利用""为了平衡工业发展的布局，内地工业必须大力发展"。这种生产力均衡布局思想，继承和发扬了马克思、恩格斯的"大工业在全国尽可能均衡分布"的思想和列宁的"使俄国工业布局合理，着眼点是接近原料产地"的思想，也是第一代领导集体指导全国经济发展的总体指导原则和实现我国区域经济均衡发展的重要理论基础。生产力均衡布局理论，首先强调了以内地为中心，在生产力均衡布局理论指导下，实施了以三线建设为中心的中西部开发战略。从 1964 年开始，把工业布局重点转向内地，在我国中西部地区展开了规模浩大的三线建设工程，它主要是通过在中西部三线地区大量建设新的工业企业和沿海地区的大量的工厂向内地转移两种方式进行的。三线建设一直持续到 20 世纪 80 年代初。

生产力均衡布局理论还强调了少数民族地区的经济发展。中央政府采取了一系列的政策和措施，从财政、物资、人力、技术等方面对少数民族地区进行了大量的援助政策实践。但确实也存在较多的问题：一是强调资源配置主体是政府，并视国家指令性计划为实现生产力布局的机制，抛弃了市场机制在配置资源方面的作用；二是重内地轻沿海，抑制了东部地区的经济发展乃至全国总体经济效率的提高；三是各地片面强调建立"完整的工业体系"，形成"大而全、小而全"的局面。尽管生产力均衡布局理论也提出专业化与分工，但在我国中西部与东部之间形成的分工格局，基本上是垂直分工，中西部地区为原料和燃料生产基地，东部为制造基地，正是这种垂直分工加大了东西部的差距。

（二）"先富带后富"与区际非均衡发展理论

改革开放以后，我国区域经济发展的指导思想发生了历史性变化，过去的均衡发展转变为不均衡发展，区域发展战略也由向内地倾斜转向优先发展东部沿海地区。首先，在区域非均衡发展理论指导下制定了优先发展东部沿海地区的战略。为落实优先发展东部沿海地区的战略布局，在 1979 年和 1984 年，分别建立深圳、珠海、汕头和厦门四大经济特区和大连、秦皇岛等 14 个沿海开放城市，1992 年又增加上海浦东，并在投资布局、对外开放、优惠政策、体制改革上向东部沿海地区倾斜。很快，我国东部地区的经济社会发展呈现出蓬勃生机，成为带动整个国民经济快速增长的发动机。其次，在区域非均衡发展理论指导下提出了"两个大局"的发展构想。一国生产力水平和经济发展总是不平衡的，总是在经济发展水平和生产力水平上存在差异；一国经济首先重点发展生产力水平较高的高梯度地区，然后利用高梯度地区的经济扩散，逐步向低梯度地区推移，最终实现区域经济的协调发展。"两个大局"构想，既强调了区域经济非均衡发展，又强调了区域经济非均衡中的均衡，是区域经济非均衡发展理论的进一步发展。这一发展构想也成为新时期我国区域经济发展战略的核心内容，并进一步发展成为区域协调发展理论。

三、区域发展差距与区域协调发展理论

首先，为解决区际发展差距问题，我国提出了区域经济非均衡协调发展理论，其核心思想是适度倾斜与协调发展相结合。该理论认为，区域经济的非均衡发展是欠发达国家和地区经济发展的必然选择，但非均衡发展并非单纯、孤立地发展少数地区、少数优势产业，而是围绕优势地区和优势产业建立一个结构紧密、相互协调的区域产业体系。在上述理论的指导下，我国区域经济学从 20 世纪 90 年代后把区域经济研究领域扩展到包括区域发展模式、优化产业结构、城乡联系、"三农"问题、协调发展等诸多方面，为制定重大方针政策提供了依据。其次，为解决城乡发展差距问题，我国提出了城乡统筹理论。城乡统筹理论主要包括："三农"问题及其解决途径，"三农"问题是制约我国经济发展的主要问题，它曾是我国改革开放

初期的重中之重；提出了不同于西方国家城镇化理论的新型城镇化理论，近年来，我国城镇人口以每年 1.1%的速度递增，据国家统计局统计，中国 2017 年城市化率达到 58.52%；提出了适合于我国的社会主义新农村发展的建设理论、思路与对策。社会主义新农村建设，是统筹城乡发展，以工促农、以城带乡的具体化，是实现城乡共同富裕的根本途径。

四、"一带一路"倡议与经济活动空间拓展理论

在新时期，中央提出统筹实施"四大板块"和"三个支撑带"战略组合，也称为"战略组合的 2.0 版"，即积极推进以西部大开发、振兴东北等老工业基地、中部崛起和东部率先发展战略为核心的"四大板块"战略和以"一带一路""京津冀协同发展"与"长江经济带"建设为核心的"三大支撑带"战略，而这种战略组合的核心是拓展我国经济活动空间。

为扭转我国区际生产力布局失衡以及实现区域协调发展，进入 21 世纪，我国开始调整区域经济发展战略，其最主要的表现形式就是我国区域经济由过去的单极驱动转向为多极驱动。根据邓小平同志提出的"两个大局"战略构想，东部地区首先发展起来，然后东部地区带动中西部地区实现共同发展。但实际上没有出现这种理想化的状态，东部地区的发展并没有有效带动中西部地区的发展，反而东西部差距进一步加大。东部主要依赖国外市场，这可以实现资源的有效配置和利用国外资源促进东部地区经济增长的目标，但这种路径一旦形成，则必然逐渐疏远国内市场，东部地区的发展更大程度上带动了海外相关市场的拓展，而不是中西部地区的相关市场的发展或拓展。2008 年发生的金融危机，深刻影响了我国区域经济空间模式。金融危机爆发以后，主要依赖国外市场的东部地区经济受到了严重打击，劳动力等生产要素成本不断提高，东部地区制造业企业面临的压力与日俱增。要摆脱困境，需要实现自身产业结构的优化升级，而产业结构的优化升级需要那些已丧失比较优势的产业从东部地区转移出去。中西部地区拥有丰富的自然资源、劳动力资源，但长期缺乏充足的资本、技术和知识等高级生产要素，这就为那些在东部失去优势的产业提供了新的生产区位。为此，从 2009 年开始，中央政府高密度地批复各地呈报的各种经济区发展规划，并采取各种措施促使东部地区的产业向中西部地区转移。我国已在四大板块地区先后建立了 13 个国家级新区和 6 个承接产业转移示范区。这意味着，我国区域发展战略思想由过去的以东部地区（以珠三角、长三角和环渤海地区为中心）为中心的单极驱动转向为包括广大中西部地区的多极驱动，这是在新形势下的我国区域发展战略思想的重大变化。其次，我国区域发展战略由过去的以重点项目为主的单项开发模式向以经济聚集为重点的经济区开发模式

转变，经济区开发模式已成为我国区域经济开发的重要的模式。这种开发模式强调以某种功能为主，而这种功能又与本区比较优势相关的分工专业化是密切联系在一起的。

由此可见，我国国内经济活动空间由分割开始趋向于统一，而这种由空间分割趋向空间统一的过程就是拓展国内经济活动空间的过程，也是重塑国内经济地理的过程。

第二节　发展经济学的革命

为什么一些国家或区域发达富裕，而另一些国家或区域却依然贫穷？为什么有些发展中国家与区域能够迅速由贫困向富裕转变，而另一些却似乎总跳不出"低水平陷阱"？制度变迁可以改变经济绩效，可为什么一些机能不良的制度安排会在发展中国家与区域持续存在？技术进步可以促进经济发展，可为什么大多数发展中国家与区域技术进步总是在低水平上徘徊？为什么其经济长期结构性失衡，而结构调整与转型总是举步维艰？经济发展问题，历来是经济学家关注的一个核心课题。从英国古典经济学家李嘉图（David Ricardo）到马克思，再到现代西方各派经济学家，都把经济发展视为自己经济理论的一个贯彻始终的重要问题。他们提出了一系列理论观点，如投入产出效率理论、技术创新理论、最优增长理论、不均衡发展理论、社会选择理论、剩余增长理论、制度动力理论以及利润率递增理论等。

一、古典增长理论

作为古典经济学体系的开创者，亚当·斯密对重商主义将货币作为衡量财富的唯一标准的主张进行了严厉批判，并将研究重点从流通领域转向生产领域，他重点关注影响财富生产的因素、推动经济增长的机制，探究增进国民财富的途径。但就如何实现一国财富生产或经济增长的研究主题而言，斯密与重商主义、重农学派的传统是一脉相承的，这也与当时英国正处于工业革命早期的时代背景相符。

斯密认为劳动分工对形成规模经济、提高劳动生产率、促进财富增长具有重要意义，他在《国富论》开篇就提出"劳动生产力上最大的增进以及运用劳动时所表现的更大的熟练、技巧和判断力，似乎都是分工的结果"。古典经济学派的另一代表人物李嘉图将关注重点从财富增长转向了财富分配，从分配角度考察动态经济增长，指出工资、利润和地租的分配格局会影响资本积累，进而影响经济增长。马尔萨斯（T.R.Malthus）则强调人口因素是影响经济增长不可忽视的重要因素，人口数量内生于人均产出，因此必须利用外生手段控制人口增长以实现经济增长。马克思则分析了分工和技术的互动对经济增长的推动作用。约翰·斯图尔特·穆勒（John Stuart Mill）综合前人的研究成果，将劳动、资本、技术、人口等主要变量与边际收益递减规律相结合，将古典经济增长理论发展到一个新阶段。他认为，由于生产要素边际收益递减导致投资激励下降，经济会从动态增长转变为静止状态。一旦经济处于静止状态，唯有进行财富分配改革经济才能继续增长。在对经济增长的影响因素的研究中，斯密和李嘉图坚持劳动价值论，认为劳动是价值的唯一源泉，也是财富的唯一源泉。萨伊（Say）对这一观点进行了驳斥，提出土地、资本与劳动一样，凡是能带来效用的东西，均为价值的源泉。在探究经济增长的机制和途径过程中，李嘉图和马尔萨斯提出了给定土地上追加劳动的边际生产力递减规律和"自然工资"决定机制，由此引发了经济学的一场"边际革命"，成为新古典经济学研究经济增长的理论起点。

二、新古典增长理论

1929—1933 年的大萧条使人们开始怀疑"萨伊定律"的有效性，由此，引发了经济学史上的第二次革命——凯恩斯革命。凯恩斯革命将经济学的研究主题由微观领域再次转向宏观领域，相应的，研究方法也由个量分析法过渡到总量分析法。第二次世界大战后，西方国家面临着战后重建，再加上第三次科技革命的冲击，实现经济快速增长成为各国的主要任务。在这一历史背景下，经济增长再次成为主流经济学关注的重要主题。

哈罗德–多马模型是对凯恩斯短期宏观经济分析长期化的初步尝试，是对凯恩斯革命所创立的宏观经济理论的进一步扩展。该模型将经济增长的相关研究从静态分析发展为动态分析，开启了主流经济学重新研究经济增长问题的新篇章，成为现代经济增长理论研究的新起点。同时，他们为经济增长理论的研究提供了一个科学的范式，即应用数理工具构建模型研究经济增长。按照哈罗德–多马模型的结论，经济稳态增长的条件是：$G=G_w=G_n$，即实际增长率、合意增长率和自然增长率相等，经济将长期繁荣。一旦出现偏离，经济不仅不能自行纠正"实际增长率"和"合意增长率"之间的偏离，由于乘数效应的作用，还具有将这种偏离积累增大的效应，这使得哈罗德–多马模型提出的经济稳定增长的条件具有"刀刃"（knife-edge）性质。这种内在不稳定性，要求政府对经济实行永久性干预，该模型因与新古典经济学的主体精神不符而受到尖锐批评。

在哈罗德–多马模型基础上，索洛（Solow）和斯旺（T.W.Swan）构建了一个资本和劳动能够完全相互替代的经济增长模型。该模型引入了具有新古典性质的总量生产函数——柯布-道格拉斯生产函数，并且实现了经济增长的自动收敛和动态均衡。以索洛-斯旺模型为代表的新古典经济增长理论描述了一个完全竞争的经济，劳动供给的增加和储蓄率的上升会推动经济持续增长。根据新古典经济增长理论自然引出一些推论：资本将从人口增长率低的发达国家向人口增长率高的发展中国家流动、穷国经济增长会比富国更快、储蓄率和人口增长率下降会引起经济负增长。但各国经济增长的相关统计数据显示，这些结论不符合现实。之所以出现这种情况，是因为索洛-斯旺模型存在一些缺陷。

（1）新古典增长模型中的生产函数连续可微、一次齐次，即总量生产函数具有规模收益不变的特征，同时产出满足稻田条件，即随着资本总量的不断积累，资本的边际产出趋于下降。显然，这必然导致经济增长停滞的结论。

（2）新古典增长理论遵循完全竞争的前提，在完全竞争条件下，单个厂商按照边际成本支付生产要素的租金，即厂商的收益将全部用于对要素成本的支付。这样，在新古典增长理论框架下，厂商就没有多余的资源可以用于技术研发，即生产过程中不存在技术进步。

（3）索洛-斯旺模型用一个外生变量 A 表示除资本和劳动外影响经济增长的生产要素。根据索洛-斯旺模型，在经济增长率中去除资本和劳动的贡献率后会有一个余值，这个余值被称为"索洛余值"。通过对 1909—1949 年美国资本和劳动投入对经济增长的贡献率进行定量核算，索洛发现资本和劳动投入的增加只能解释经济增长的 12.5%。因此，有人讽刺"索洛余值"是"对人类无知的度量"。

尽管索洛-斯旺模型存在诸多缺陷，它为现代经济增长理论研究确定了一个基本范式，是现代经济增长理论模型的基准形式。之后的主流经济学关于经济增长的各种理论模型都是在索洛-斯旺模型基础上发展而来的。比如，拉姆齐（Ramsey）将储蓄内生化，提出了拉姆齐-卡斯-库普曼斯模型。该模型最重要的贡献是将动态最优化方法引入了经济增长模型，运用动态最优化方法分析了家庭和厂商的最优决策问题，使宏观的经济增长理论拥有了坚实的微观基础。然而，令人疑惑的是，经济学家们在运用新古典经济增长理论解释现实经济增长现象时发现，对经济增长驱动作用最大的生产要素竟然被设定为一个外生变量，有学者调侃，新古典经济增长理论能解释很多经济现象，就是不能解释经济增长本身。

三、新增长理论

20 世纪 70 年代以后，第三次科技革命方兴未艾，科技与经济增长的关系日益紧密，许多经济学家提出，知识的积累和技术的革新对经济增长作用很大，甚至是决定性的。为更好地解释经济增长，必须将这些因素纳入模型。而分析工具和经济理论的进步，也为研究经济增长提供了更好的工具和思路。在此背景下，诞生了经济增长研究的新成果——新经济增长理论。新经济增长理论是沿着三条不同思路，来设计技术进步的生产函数，解决技术进步内生化问题的。

思路一：将技术进步视为生产和投资行为的副产品。

阿罗（K.J.Arrow）于 1962 年发表的《干中学的经济含义》提出，技术进步是学习的结果，学习是对生产和投资过程中形成的经验的总结，经验的积累体现为技术的进步。阿罗将来自于生产和投资过程中形成的经验对技术进步的正向作用，称之为干中学。阿罗认为，就单个厂商而言，在技术水平既定条件下，生产具有规模报酬不变的性质。但随着资本投入的增加，在投资和生产过程中形成的经验积累会增加知识生产，提高技术水平。而技术知识是一种公共物品，具有溢出效应（spillover effect），由于技术在全社会的扩散以及技术作为生产要素具有报酬递增的特点，就使得整个社会经济收益递增。但阿罗模型有两个突出问题：一是外部性与竞争性均衡的兼容性问题，即在知识对社会生产具有外部性的条件下，竞争性均衡导致的结果还是"帕累托最优"吗？或仅是次优？二是在阿罗模型中，一般均衡与经济增长虽可兼容，但经济增长却不收敛，即不是稳定增长，而是爆炸式增长，这显然与经济现实不符。1986 年，罗默在《递增报酬与长期增长》一文中，通过假定知识具有外部性、知识在社会生产中呈报酬递增特点、知识自身的生产呈报酬递减特点，对模型进行修正，证明了在一般竞争均衡与要素报酬递增兼容的同时，经济可以持续增长，而且存在稳定均衡增长路径，解决了阿罗模型这两个突出问题。罗默通过上述假设，较好地解决了竞争性均衡与经济稳定增长的兼容性问题和阿罗模型增长路径发散的问题。但罗默模型无法解释技术创新的投资动力问题，即在完全竞争市场条件下，厂商在生产和投资过程中积累形成的技术知识，由于其外部性的存在，而技术知识的私人边际产品小于社会边际产品，由此导致的私人关于科技知识的投资低于社会最优水平，即竞争性均衡结果只是社会次优而非最优。罗默模型（1990）通过引入不完全竞争，设立专门的研发部门从事科技知识生产来解决这一问题。这正是技术进步内生化的第二条思路。

思路二：将技术进步视为专门研发活动的成果。

1990 年，罗默在《内生技术变化》中指出，技术变化是人们在市场刺激作用下主动作为的结果，依靠技术进步生产新产品由于受到专利保护可以获得垄断租金，这对技术进步有刺激作用，也为长期经济增长提供了重要推动力。因而通过设立研发技术的专门"生产函数"，在经济增长模型中将技术进步内生化，可以有力地说明长期经济增长之源，提升主流经济学对经济增长问题的解释力。

罗默模型将不完全竞争引入经济增长模型，是对传统经济增长理论的重大修正。更重要的是，罗默同时提出，新知识的生产增加了知识积累，而知识积累对知识生产具有正外部性，从而知识自身的生产具有报酬递增的特点，这样就可以建立基于专门研发部门的技术知识"生产函数"，从而将技术进步内生化到经济增长模型之中。罗默模型的结论是，经济增长率 g 与人力资本总量 H 相关，这源于模型做出的知识积累对知识生产具有正外部性的假定，即知识生产与社会知识总量呈线性关系，知识生产呈规模报酬递增的特点。然而，技术创新实践表明，知识生产对知识积累不仅具有正外部性，有时还具有负外部性。以 Aghion-Howitt 模型为代表的新熊彼特经济增长理论，继承了熊彼特（J.A.Schumpeter）关于技术创新是一个"创造性破坏"过程的思想，给出了新知识的产生对原有知识同时具有正外部性和负外部性的假设。Aghion-Howitt 模型提出，技术创新增加了知识存量，提高了新知识的生产效率，而新知识出现的同时，也会使得部分原来的知识过时，从而对原来知识的拥有者产生负外部性。Aghion-Howitt 模型将经济增长的动力归因于竞争性厂商的这种垂直产品创新，专利保护制度使得研发成功的厂商获得来自质量领先产品的垄断租金，但这种垄断利润只是暂时的，它将被随后研发成功质量更高产品的下一代厂商所破坏。经济增长在为一部分人创造垄断利润的同时，又在破坏另一部分人垄断利润的"创造性毁灭"的创新过程中实现。显然，尽管 Aghion-Howitt 模型也将技术进步视为经济增长的重要推动力，但这一过程不再是线性的，而是一个不同市场主体的利益相互冲突、市场领先者与追随者相互更替的复杂的社会再生产过程。这证明，经济的动态均衡结果可能是平衡增长的路径，也可能是非增长陷阱，"创造性破坏"过程的存在，使过时研究产品惨遭淘汰，从而降低整个社会的研发努力，使经济的动态均衡增长率低于社会最优增长水平。Grossman-Helpman 从产品质量阶梯内生经济增长出发得出了类似结论。

思路三：把技术进步视为人均"人力资本"的增加。

1988 年，卢卡斯提出，不同国家之间技术进步水平的差距，不体现在"有用知识的存量"方面，而是在不同素质的劳动者身上。为此，卢卡斯通过为"人力资本"的形成和积累设立专门的生产函数，建立人力资本与相应要素投入之间的数量关系，将人力资本存量的变动内生化到经济增长模型之中，从一个新视角解释了技术进步及扩散的特点及其对经济增长的推动作用。

卢卡斯引入舒尔茨和贝克曼提出的人力资本概念，提出作为衡量劳动者技能水平的人力资本，兼具内部效应和外部效应特点。所谓内部效应，即劳动者的技能水平有助于提高劳动者自身的生产效率，从而区分了不同质量或不同熟练程度的劳动投入对产出作用的差异，是对新古典生产函数中"劳动投入"概念内涵的重要拓展；所谓外部效应，即劳动者技能水平会从一个人传递给另一个人，从旧产品传递到新产品，从家庭原有成员传递给新成员，因而对所有生产要素的生产效率都有贡献，从而实现全社会产出的报酬递增。卢卡斯正是基于这一思路，对宇泽（Hirofumi Uzawa）技术进步方程进行适当修改，提出了一个以人力资本外部效应为核心的内生经济增长模型。

按照卢卡斯的思路，技术进步对经济增长的贡献，主要体现在人力资本的形成对产出的贡献明显大于一般劳动投入方面，那么技术的扩散同样体现在增加了与该技术相应的人力资本方面。在新古典增长模型中，技术进步作为外生变量，其对生产过程的作用，集中体现在原有生产函数的整体变化上，即生产可能性边界的整体外移，这里不存在一个技术在不同厂商之间逐步扩散的过程，或者说，技术的扩散是一个无时间、无障碍、无任何成本的过程。在卢卡斯模型基础上，巴罗（R.J. Barro）和萨拉·伊·马丁（Martin）标准国际技术扩散模型、网络外部性技术扩散模型、知识不完全扩散模型等，都是借鉴人力资本概念将技术扩散内生化到经济增长模型中的重要尝试成果。经济增长理论从诞生到成熟可分为两个阶段。在第一阶段，经济学家没能找到合适的方法和工具将技术创新和人力资本等要素对经济增长的作用机理予以清晰体现，所以并不是真正意义上的新经济增长理论。但他们对技术进步、人力资本和创新的研究，为后来的经济增长研究奠定了良好的基础。这一阶段的主要研究成果有：阿罗（1962）的干中学模型，宇泽（1960，1964，1965）对人力资本和技术进步的研究，菲尔普斯（1966）对技术进步和研发最优规则的探讨以及诺德豪斯（1969）对创新、技术进步与增长福利的研究。在第二阶段，经济学家运用新的分析方法和假设，构建不同的生产函数形式，将技术进步、知识创新、人力资本内生化于模型之中，形成了真正意义上的内生经济增长理论，这一阶段的研究成果主要有：罗默（1986，1990）对知识和技术的内生化、卢卡斯（1988）对人力资本的内生化和 Aghion&Howitt（1992）的创新性毁灭模型。

四、多元化增长理论

与新古典经济增长理论一样，新经济增长理论将制度作为外生变量。新经济增长理论通过将技术进步内生化到经济增长模型之中，解释了经济稳定增长的动力机制问题，但技术进步的市场激励作用、技术溢出的外部性特点等问题，只靠市场价格机制已无法解释，必须从制度的角度加以理解，但这些问题在内生经济增长理论中是没有得到深入讨论的。所以有学者说，内生经济增长理论打开了"余值"这个黑箱，给出了技术进步的一个内生解释，但这个黑箱被打开的同时，人们又发现另一个黑箱，即制度要素。要继续打开"制度要素"这个黑箱，就必须把内生经济增长理论与制度分析结合起来。

新古典主义经济学的标准模型排除了制度，而早期结构主义发展理论往往将发展中国家的制度缺陷视为僵硬的外生特征，注重分析它们对经济发展的阻碍作用，而忽视了这些制度适应环境的形成与变异机制，也没有解释那些机能不良的制度为什么会持续存在。当代发展经济学家们认识到，制度一方面反映和塑造着一个社会的经济、政治、社会和文化面貌；另一方面，又要受该社会的文化传统和习俗的严重制约而具有惯性。当采取某种特定形式的制度存在收益递增时，最初采用者基于自身利益选择的路径，会使整个系统长期被锁定，使新的更适合的制度无法立足。而且，这一过程存在多种结果（多重均衡），历史上很多开始时的"小事件"也可能造成较大范围的结构变化。

因此，制度变迁并非总是使社会必然走向最佳的制度安排。这是一种制度演化的路径依赖或自我强化。发展中国家可能陷于一种内生的制度恶性循环之中：市场发展的低水平加大了信息不完善程度，而信息不完善本身又催生了妨碍市场发展的制度。新制度经济学将制度、技术都视为社会经济系统的内生变量，认为技术进步是增长本身而非增长的原因，有效率的制度安排才是经济增长的终极原因，从而根据制度变迁和技术进步解释了经济长期增长机制问题，这无疑是对内生经济增长理论研究视野的新拓展。诺斯建立了一个制度与经济增长关系的分析框架，分析了制度变迁影响经济增长的传导机制。此后，经济增长的研究主题呈多元化发展趋势，除诺斯对制度与经济增长的研究外，格罗斯曼和赫尔普曼研究了贸易对经济增长的影响；卜圭农和莫里松对不平等与经济增长的关系进行了分析；杨小凯等采用超边际分析方法、用非线性规划和其他非古典数学规划方法，重新阐述了斯密的分工理论和国际贸易理论，将分工和专业化的思想模型化，建立起了宏观经济增长的微观模型。经济学的研究主题呈现出多元化发展趋势，这使得经济学的研究领域和研究范围得到延拓和细化，由此演化出多个经济学分支，整个经济学体系变得更加完善。经济学研究主题的多元化特征反映了现实经济现象的复杂性和经济理论对现实解释范围的扩大和解释能力的增强。

五、发展经济学的革命——理论与实践的互动

发展经济学影响着人们的收入与生活水平，也影响着各国之间的政治经济关系。因此，这门学科更容易受到意识形态的影响，其研究目标与研究范式的转变也在深层次上反映着意识形态的要求。事实上，发达国家以及世界银行等国际组织意识形态的转变，曾经而且现在还在深刻地影响着发展经济学的理论演进和政策选择。

"经济成就的取得主要取决于人们的能力和态度，也取决于他们的社会政治制

度。这些决定性因素的差异在很大程度上可以解释经济发展水平和物质进步速度的快慢。"彼特·鲍尔在《关于发展的异议》中,将发展经济理论的重点与注意力集中在制度、激励和信息这些决定经济绩效的因素上面,突破了传统发展理论的缺陷。

"二战"后,传统的发展经济学理论基本认为,要使欠发达国家与区域跳出所谓的贫困陷阱,政府干预是必要的。学者们看到了市场失灵,却有意识地忽略了政府失灵的危害。在新古典经济学完全竞争模型之下,制度被视为外生变量,产权与市场价格的作用被忽视了。优美的模型掩盖了现实的矛盾,恰当的经济推理被社会工程化和过于简单而严苛的模式所替代,这种模式强调了资本积累和外援是经济增长的决定性因素,但并没有把对资本有效利益和动态贸易收益等至关重要的制度体系考虑进去。然而中国的改革开放与市场化转轨,苏联和东欧一系列前计划经济的崩溃与转轨,戏剧性地展示了国家主导型发展政策的失败,市场作为创造长期繁荣的机制的作用则不断体现。著名经济学家、诺贝尔经济学奖获得者阿罗认为,我们在评判某种经济学理论是否合理、是否应该接受时,一个重要的标准就是看它对社会经济问题的分析和解释是否基于个体行为及其反应。任何经济学理论,即使是那些不直接研究微观主体行为的经济学理论,都必须以研究微观经济主体的经济行为以及由此形成的系统均衡为基础,都必须对处于特定社会环境之中、在一定的社会变量影响下的经济主体行为做出合理的解释,或在逻辑上与对经济主体行为的合理解释一致。

科勒德克(Kolodko,2000)在总结"华盛顿共识"缺陷的时候,提出该共识所忽视的八个要素:转轨经济缺乏自由市场经济所必需的组织架构;转轨经济中金融中介较弱,难以有效配置私人资产;转轨经济在私有化之前缺乏对国有企业的商业化;转轨经济中企业管理不善导致管理者难以在放松管制的经济中实施有效的公司治理;转轨经济中缺乏竞争政策有效实施所必需的制度设施;转轨经济的法律框架和司法体系不完善,不能有效实施税收征管和企业合同;地方政府效率低下,难以承担和处理地区发展所面临的挑战;转轨经济国家缺乏非政府组织来支持新兴市场经济和市民社会发挥功能。显然,这些缺陷反映了制度的重要性,表明在市场化、自由化和私有化过程中必须重视制度和组织的建设,重视转轨国家在不同社会历史环境和文化背景下形成的特殊路径依赖特征。

正是针对上述问题,斯蒂格利茨批评指出,"华盛顿共识"是不恰当的,既不是成功增长的必要条件,也不是充分条件,尽管它的政策建议在特定国家的特定时期曾是有意义的。因此,他提出了"后华盛顿共识(post-Washington Consensus)"的问题(约瑟夫.E.斯蒂格利茨,2005),简要来看,"后华盛顿共识"对经济转轨与发展中的信息问题、机会主义与腐败、政府管理职能等方面进行了深刻反思，特别是对于文化差异性和路径多元性有了更全面的认识，强调不同的文化传统和意识形态可能导致和要求完全不同的变迁路径。这些认识，既是新制度经济学的最新探索，也是各国转型与发展实践的启示。但是，正如研究者所指出的，"后华盛顿共识"远还没有形成，在目前尚处于一个多元发展理论的阶段。

【案例】"华盛顿共识"与"北京共识"

20 世纪 80 年代末 90 年代初，在美国财政部、国际货币基金组织、世界银行以及其他拥有一定影响力的思想库之间所达成的所谓"华盛顿共识"，成为新古典增长理论的集中体现。威廉姆森（Williamson，1990）曾经将所谓"华盛顿共识"归结为 10 个要素：财政纪律、公共支出优先性的转变、税收改革、金融自由化、汇率、贸易自由化、外国直接投资、私有化、放松管制、产权。"华盛顿共识"的核心内容是：开放和自由化将导致增长，它对发展中国家的建议是稳定货币和自由贸易、开放国内市场、叫政策制定者早点回家，停止干预。"华盛顿共识"告诉转轨经济国家只要将大规模国有企业私有化并维持相应的金融指标和宏观经济指标，经济增长就会启动而且不断持续下去。然而，这种建立在新古典经济学信条基础之上的过于乐观主义的共识，在整个转轨过程中遭到越来越多的否定和抨击。

中国的发展成就是发展经济学思想的伟大实践，而在实践中探索出的成功经验和有益教训，汇聚成种种思想认识和社会思潮，丰富和深化了发展经济学理论。这些发展经验作为"北京共识"对国际组织和发展中国家及地区具有借鉴价值。

第一，采取以渐进式、双轨制、"摸着石头过河"为特征的转型方式，实现由计划经济体制到市场经济体制的转变。中国的转型特征包括：在社会主义制度下推进经济建设；改变农村和城市的微观激励机制；在一定时期推行双轨制，逐步发挥市场机制的作用，条件成熟时再实行并轨；每一领域的改革通常都在试点成功后再大规模推进。渐进式改革使没有自生能力的企业在转型过程中继续得到保护，所以不会崩溃；而当微观主体的积极性提高后，资源越来越多地流动到比较优势的部门，实现动态经济发展。

第二，发挥地方政府作为区域经济增长发动机的重要功能，利用承包合约来激发地方竞争的活力。中国的发展实践表明，政府与市场的边界并不是固定的，在特定的时期和条件下，地方政府作为竞争主体大大推动了地区经济增长。由于地方政府具有经济职能，因而有很强的动力改善本地的营商环境，促使地区竞争，实现地区经济增长。

第三，顺应全球化趋势，正确面对机遇和挑战，在对外开放中充分发挥外贸、外资的积极作用。中国积极应对全球化浪潮，大力发展外贸，主动引进外资，有效防范金融危机和实现经济安全。"北京共识"或"中国模式"实质上就是中国作为一个发展中国家在全球化背景下实现社会现代化的一种战略选择，它是中国在改革开放过程中逐渐发展起来的一整套应对全球化挑战的发展战略和治理模式。

第四，规划引导经济结构升级，在工业化、信息化、城市化和农业现代化过程中，培植国家竞争优势。中国政府在不同发展阶段及时规划和引导经济结构升级，大大提升了竞争力，并不断增强国家竞争优势。中国彻底改变了传统农业大国的形象，进入中等发达国家行列，并由"世界制造中心"向"世界设计中心"转变。

第五，在"让一部分人先富起来"的基础上促进共同富裕，构建和谐社会，使全体国民共享经济发展的成果。改革开放初期，中国政府确立了"让一部分人先富起来，走向共同富裕"的目标。在社会财富迅速积累的过程中，中国政府具有强烈的社会责任意识，努力构建公平社会与和谐社会，通过推行合理的收入分配政策和转移支付政策，大力消除贫困，切实关注民生。

第六，在发展和转型过程中实现政治和社会稳定，不仅构成经济发展的强大动力和基础条件，而且本身也是一种发展。长期以来，"以经济建设为中心"和"发展是硬道理"成为一种社会共识，中国政府始终处理好改革、稳定与发展之间的关系，既成功地实现了经济发展也促进了政治和社会发展。

第三节　经济地理理论

全球化使人们对经济地理学的兴趣日益增加，经济地理学的研究不断深入和丰富。如图 2-1 所显示的，在过去的二十多年里，经济地理学经历了某种意义上的复兴，包括理论基础的充实、研究方法的丰富以及经验研究范围的拓展。如 20 世纪90 年代末期以来，地理学家将研究重点转向社会转型和文化转型理论，经济地理学由此经历了文化转向、制度转向、关系转向和尺度转向。由以克鲁格曼为代表的西方大经济学家开始对地理或空间产生浓厚的兴趣，并将其引入主流经济学，他们在"重新发现经济地理学"方面的工作被称为"新经济地理学"的来临。

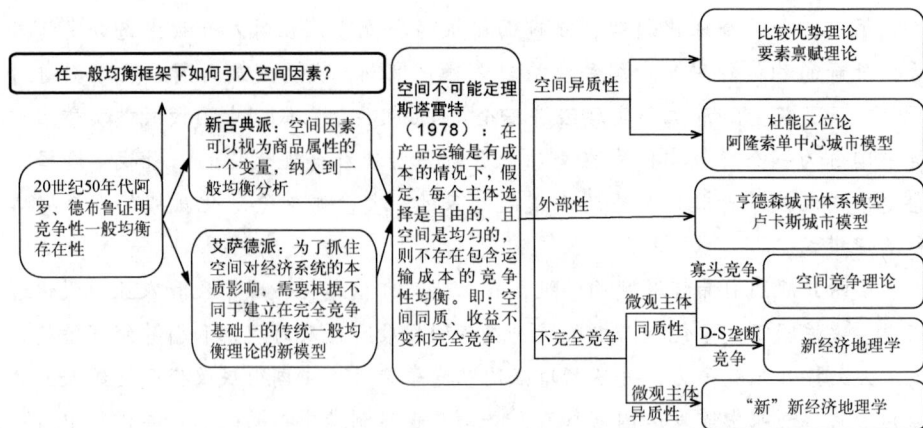

图 2-1　经济地理理论演化

一、新经济地理学

"在哪里生产"是社会如何管理自己的稀缺资源所不得不面临的基本问题。新经济地理使用完全理性，追求效用最大化和有代表性的行为体或同质的行为体假设，新经济地理假设市场结构是给定的，且是不完全竞争的；新经济地理认为宏观层面的聚集经济发生在于微观层面的企业和消费者区位选择的结果；新经济地理是静态的均衡分析方法。

20 世纪 50 年代，阿罗、德布鲁利用角谷（Kakutani）不动点定理证明了竞争性一般均衡存在。之后，在一般均衡框架中如何纳入地理空间因素，就迅速成为学界争论的焦点，并逐渐形成了针锋相对的新古典和艾萨德（Isard）两派。新古典派认为，空间因素可以视为商品属性的一个变量纳入到一般均衡分析，而艾萨德派则认为，为了抓住空间对经济系统的本质影响，需要一种全新的模型。1978 年，斯塔雷特（Starrett）提出了空间不可能定理，即在存在运输成本的情况下，且空间是均匀的，不存在包含运输成本的竞争性均衡。由此给出了上述争论的科学结论，即根据空间不可能定理，将空间因素融入到一般均衡框架的途径至少包括空间异质、外部性以及不完全竞争三个层面。其中，比较优势理论、要素禀赋理论、杜能区位论、阿隆索单中心城市模型，经由空间异质性途径，在完全竞争框架中尝试让空间因素融入到一般均衡框架之中。亨德森（Henderson）的城市体系模型通过直接假定生产的外部性，卢卡斯（Lucas）和汉斯伯格（Hansberg）的城市模型证明了在一个企业和住户任意分布的圆形城市中存在对称均衡的可能性，这些模型均在完全竞争框架内通过外部性的途径考虑了空间因素。然而，在空间异质性模型中，比较优势论、要素禀赋论忽视规模报酬递增、运输成本，杜能区位论和单中心城市模型将城市作为外生变量，本质上是局部均衡的；外部性模型也忽视了厂商层面的规模经济。为了处理厂商层面的规模经济，就不得不在不完全竞争框架中进行。贝克曼（Beckmann）在企业报酬递增和与邻近企业进行寡头竞争的条件下，最先完整严密地揭示了均衡时企业数量如何取决于内部规模报酬递增和运输费用之间的权衡问题。

1977年，迪克西（Dixit）和斯蒂格利茨（Stiglitz）把规模报酬递增和垄断竞争纳入到统一的框架中，建立了规模经济和多样化消费者之间的两难选择如何实现的一般均衡模型。这一工作引起贸易、增长和经济地理理论的革命。1991年，保罗·克鲁格曼在D-S垄断竞争模型中加入空间因素，构建了"中心–外围"模型，这标志着新经济地理学的诞生。之后，他相继提出和发展了自由资本模型（FC模型）、自由企业家模型（FE模型）、资本创造模型（CC模型）、垂直核心–边缘模型（CPVL模型）、垂直自由资本模型（FCVL模型）、垂直自由企业家模型（FEVL模型）、全域溢出模型（GS模型）、局域溢出模型（LS模型）、线性自由资本模型（LFC模型）、线性自由企业家模型（LFE模型）和新经济地理学城市模型。经过多年的发展，新经济地理学已趋于完善和成熟。新经济地理学是当代地理学与经济融合最杰出的桥梁，对经济地理学产生了巨大而深远的影响。

二、制度经济地理学

经济地理学的制度转向可以被认为是制度主义在地理学中的一次成功运用。制度经济地理学认为经济行为的差异很大程度上源于区域制度的不同。区域制度的差异可以以组织惯例和企业化的形式存在于企业中，也可以以法律框架、非正式规则、政策、价值和准则等形式存在于区域层面中。这些差异导致企业利润、区域经济增长率和地区收入分配等的差异，进而进一步导致经济行为体的空间分布差异。为此制度经济地理学必须以假设真实的地理空间为研究前提，因为只有真实的地理空间才有不同的制度，不同制度影响着不同区域经济行为体的决策。所以制度经济地理假设经济行为体是有限理性的，它们的决策依赖于惯例和制度。由此决定了经济行为体并不能简单假设一个具有代表性的个体，行为体在决策过程中并不是一味追求效用最大化，它们本身并不能做到这点。由于每个区域的制度、经济行为体都是不相同的，那么就很难采用标准的模型去刻画行为体和区域制度，采用正式模型的方法是不适合的，而是更多地采用案例研究，遵循从宏观区域制度到微观企业的分析思路，通过归纳推理得出具有普遍性的经济地理规律。经济地理学家们在应用这些不同的制度理论观点时，已经探索性地建立了自己的、具体的空间概念。

"制度空间"是指具体的地理区，在这里构建了特定的制度而且该制度拥有有效范围或影响空间，这样就可以定义制度空间的等级，从超国家制度空间（如国际性的贸易规则），经过国家级的制度空间（如每个国家的福利系统等），到区域和地方的制度空间（如地方政府结构）。"嵌套性"就是指各地不同制度空间的组合、相互作用以及联结模式。这样，在同一个国家经济空间内，当人们从一个区域到另一个区域时，不仅可以感受到制度嵌套性变化的详细情况，还可以感受到它们的相互作用。正是在这层意义上，人们可以谈论不同的"地方制度体制"。制度体制在国家级层面上的差异是导致国家在经济组织、发展和增长动力方面出现差异的一个关键因素。在每一个国家，资本主义都是嵌入在不同国家的具体的制度结构中的，这种制度结构的差异使"美国的资本主义"不同于"法国的资本主义"或者"日本的资本主义"。但同时，国家内部区域之间甚至是地方之间也存在制度体制的重要差异。经济地理学家利用"制度厚度"概念去认识这些差异。

阿明（Amin）和思里夫特（Thrift）定义的"制度厚度"有四个重要的构成部分：一是以制度安排（企业、地方权威、金融机构等）的形式存在着的强大的制度；二是这些制度之间高强度的相互作用，以促进相互的和自反的网络化、合作和交换，从而在地方制度安排的整体中产生一个高度的相互同构现象；三是为了最大限度地降低地方主义和制度间的冲突，制度厚度必须依赖哪些成熟的统治、联盟构建和集体再现的结构；四是包容性和集体动员的观点，也就是共同目标的出现，即区域或地方社会经济的发展得到广泛认同的议程或计划的共同目标。

三、演化经济地理学

演化方法假设行为体是有限理性、行为体异质和行为受惯例影响并不是追求效用最大化假设。演化方法则认为市场结构是由企业进入、退出和创新等导致的内生演化的结果。在产业发展的早期阶段，许多企业可以自由进入，市场结构是一种完全竞争，而随着企业发展以及组织惯例和制度的不断完善，有些企业将因为组织惯例不适面临重重困难而退出，而另外一些新企业进入也面临早期发展较好的企业的竞争和制度的约束，这时市场结构将是不完全竞争。

演化方法则遵循从微观层面的企业组织惯例到中观层面的产业和网络的空间演化得出宏观层面的聚集经济。演化经济地理采用的是动态演化方法。演化经济地理学基础理论的建构主要来源于两个学科，即演化经济学和复杂科学。一方面，演化经济地理学借鉴演化经济学中的核心概念，如选择、路径依赖、机会和报酬递增等应用在经济地理中的核心主题上，从微观、中观和宏观层面的经验研究出发，以此来解释区域环境的空间特性对技术变革的新变化形式的潜在影响和"新奇"如何影响空间系统的长期演化；另一方面，演化经济地理吸收复杂性科学思想，把经济景观看成是一个复杂自适应系统，以此来建构一个演化的经济地理科学。

当前基于复杂科学理论建构一个演化经济地理学需要特别关注如下几个核心问题：一是关于演化经济地理的本体论；二是在研究方法论上更应该倾向于复杂的社会本体论的方法，而不是目前主导的复杂科学的模型方法；三是不管在理论还是经验研究上都必须清晰地界定空间性与复杂性之间的联系；四是出现的空间结构和特征仅仅是结果还是其本身就是一个复杂的系统；五是地理–经济空间是如何被增长和知识转换塑造的。

演化经济地理学与制度经济地理学难以区分的原因之一或许是它们在很多方面是相同的，如都拒绝效用最大和均衡分析，重视制度在经济发展中的作用。然后演化经济地理对制度经济地理的批判和发展就是围绕制度展开，甚至一些相当有影响的演化研究案例中并没有考虑制度的作用。因为从演化视角来看，经济地理学中的制度方法存在以下两个主要的问题。

第一，即使演化主义认识到制度存在的重要性，但是认为这种制度对决定企业行为和产业动态化是松散的。因为即使企业存在于同样的区域制度中，但是集群中的企业之间的地方化网络的联系程度是不均匀的。一些集群企业与当地的知识网络联系紧密，而其他一些联系则很弱甚至根本没有联系。所以大部分制度对企业来说是无约束性的或者在企业层面来讲具体的影响差异是非常大的。另外，一个单一部门的企业可以在不同的区域使用相同的一组惯例，而不必拒绝接受地方化的环境也说明了同样的问题。所以，对企业来说组织惯例比制度更加重要，企业自身发展的组织惯例是构成其竞争优势的一个主要因素。

第二，演化主义学者强调部门制度的重要性。部门制度能够通过供应链和跨区域协调经济和创新行为。在许多部门中，具体制度是在处理产品质量、价格、工资的确定、进入需求、技术标准和津贴等重新发展起来的，是隶属于部门的，而且难以复制。为此，演化经济地理学转向企业的组织惯例，采取从微观企业组织惯例到宏观的研究思路。

所以，演化经济地理由于从企业本身的组织惯例出发作为研究的起点，这并不需要假设真实的地理空间作为研究前提，而是一种中性的空间，这有别于制度经济地理，这种选择具有理论上的原因而不是因为选择采用模型的方法而作的简化。演化经济地理认为地方特性（如地方制度）并不决定新部门的区位，在新部门发展的早期阶段环境的影响是非常小的。随着时间的推移，越来越多的部门建立和部门结构网络的形成，中性空间开始转变成真实的空间。因为新部门的建立、发展以及部门结构网络的形成会导致路径依赖，并引起制度的改变或调整。由此导致新建立的制度支持经济行为体的发展，而不是如制度方法认为的在一开始就决定部门的区位。故演化方法和制度方法在经济地理中的差异就是组织惯例与区域制度之间的差异。演化经济地理认为企业为了市场份额的竞争是基于过去建立和发展完善的具体惯例，而不是区域制度。组织惯例与区域制度是正交的，但是两者可以统一在一个动态的框架中，在这个框架内制度和组织惯例共同演化，特别是在新出现的产业中。为此，演化经济地理须采用正规模型的方法进行动态演绎推理，而不是制度方法的静态分析，当然演化经济地理也并不排斥案例研究，归纳推理的方法不可避免。

四、"新"新经济地理学：空间经济学的新方向

新经济地理学研究区域途径无不以代表性微观主体行为分析为特征，自觉或不自觉地假定了企业之间、个人之间是同质的。在这种假定下，产业内任何企业或个人的区位选择，在一定的地理和市场环境下都是相近的，经济活动空间分布仅仅被解释为环境的产物。因而，上述途径不仅停留在中观的产业层面，而且都是"环境决定论"。然而，在现实的经济地理世界中，同一产业内的不同企业之间、劳动者之间以及消费者之间存在显著差异，在同样的地理和市场环境下，它们的区位选择是不尽相同的。从这一角度讲，经济活动的空间分布是微观主体和环境互动的结果。因此，为了理解和把握经济地理的规律，必须深入微观的企业层面，重视和考虑微观主体异质性的作用。

"新"新经济地理学的基本思路是在集聚效应和选择效应的综合作用下，异质性微观主体（企业、消费者、劳动力）会通过渐进式自组织方式逐步达到均衡稳定的空间结构，而一旦外部环境发生变化时（诸如交通条件、生产技术、人口规模、工业化程度等），原有均衡稳定的空间结构会被打破，系统重新在集聚效应和选择效应的综合作用下以渐进式自组织方式达到新的均衡稳定的空间结构。显然，与新经济地理学相比较，其特别之处主要是空间选择效应和渐进式空间自组织。

（1）空间选择效应。按照新经济地理学，地区之间生产率和发展水平的差距源于经济活动空间集聚带来的成本降低和效率提高。其中，空间集聚机理包括基于需求关联的市场接近效应、成本关联的生活成本效应和市场拥挤效应。市场接近效应、生活成本效应组成集聚力促使企业空间集聚，市场拥挤效应形成分散力促使企业分散。"新"新经济地理学则认为，新经济地理学夸大了集聚经济的作用，地区之间生产率和发展水平的差距还来源于异质性微观主体的空间选择效应。微观主体的空间选择效应是市场竞争优胜劣汰的结果，这种空间主动选择行为在不同的模型框架、不同的市场规模和不同的贸易条件下会表现出不同的特征，但主要包括正向空间选择效应和逆向空间选择效应两类，即具有"双向选择效应"。就正向空间选择效应而言，从异质性企业来看，研究发现，高生产率企业倾向于选择在核心地区，

而低生产率企业选择在边缘地区，这主要是因为市场规模较大的区域存在激烈的竞争，高生产率企业具有更低的边际生产成本而能够在激烈的竞争中生存下来并且出售更多的产品，所以高生产率企业选择布局在核心区以占领更多的市场份额；而低生产率企业为了避免竞争，选择布局在边缘区，力求通过运输成本等壁垒来维持市场份额。对于异质性消费者，研究发现，偏好较强的消费者倾向于选择在核心地区；而微观异质性劳动力会根据个人技能禀赋进行自主区位选择。一般地，高技能劳动力倾向于核心区域，而低技能倾向于边缘地区，人才向大城市集中会吸引高效率企业选择大城市，后者则会吸引高技能人才选择大城市。这与格莱泽（Glaeser）消费者城市理论的结论是一致的。

就逆向空间选择效应而言，目前的研究主要体现在企业层面，研究发现，在特定市场环境中，高生产率企业会选择在边缘地区，而低生产率企业选择在核心地区，认为高效率企业迁移会导致更严重的竞争进而对聚集望而却步。因此，最先迁移的是低效率企业，而低效率企业在区位选择上更自由。这就说明，集聚效应，导致地区间生产率的差距，进而引起进一步的聚集。但反过来，地区间生产率的差别、空间集聚并不一定至少并不全是集聚效应的结果，因此从这个角度来说，新经济地理学夸大了集聚效应的作用。

考察企业异质性在集聚过程中的作用和集聚对区域经济发展的影响，发现不同企业随市场选择而发生分离，生产率较高的企业倾向于向发达的核心地区发展，而生产率较低的企业由于自身竞争能力因素倾向于迁移到不发达的边缘地区生存。不仅如此，由于核心地区都是具有较高生产率的企业集聚区，大多数企业都有出口和内销的能力，更需要市场关联的专业化运作，所以核心区域的产业多样化和市场规模庞大是吸引高效率企业的关键因素，而这些因素都是边缘地区所不能提供的。

（2）异质性劳动力集聚模型研究。工人存在先天的技能差异，产品也具有差异性，优质的产品对工人的技能要求更高，产品卖到外地需要同时支付冰山运输成本和包含固定质量损失的信息成本，从而贸易优化的结果是较高技能的工人选择在较高技术要求和收入较高的地区就业，较低水平的工人则选择在边缘地区。阿米蒂（Amiti）和皮萨里德斯（Pissarides）认为劳动力异质对企业来说，增强了区位市场的垄断力量，也产生了劳动力与企业的匹配问题，劳动力的异质性特征会导致企业与工人之间更容易匹配，匹配的效果影响企业生产效率，进而带来产业集聚和国际贸易，并促进企业在一个区域内集聚，这种马歇尔的劳动力池效应有利于增强产业的集聚力。维纳布尔斯（Venables）认为城市本身是一种自我选择机制，高技能的劳动者主动选择在大城市生活，并把这种区位选择视为高技能的信号显示机制，从而提高了城市中劳动的匹配程度，并最终提高了城市劳动生产率的平均水平。弗雷

第二章　区域发展的相关经济理论基础

31

德（Wrede）在外部性存在条件下分析了生产和住房区位模式对劳动技能异质性的影响，研究发现，异质性技能和相对同质的土地需求之间的相互作用会引起技能分割和集聚，并且对高技能工人更具有吸引力的核心区域在供应链的各个层面上拥有更大的生产份额。

第四节　演化经济理论

对于发展问题，演化经济学理论可以提供哪些不同于发展经济学传统思路的见解呢？首先，从最一般意义上讲，演化理论在论证经济发展问题时，强调发展中国家或区域经济、制度、文化和历史的特定性，强调经济发展过程是一个演化的、不可逆的历史过程。演化理论的研究对象是新奇及其在经济系统中的传播以及这种传播所导致的经济结构的变迁，这种视野比发展经济学的结构主义思路更为开阔。演化理论的优势也是显而易见的，均衡观点和不现实的假定都被放弃了，非经济因素也进入演化分析之中，制度和技术本身的结构、功能及其性质也成为演化分析的重要主题。

一、演化经济学的基础

在"看问题的出发点"上，演化经济学与新古典经济学是非常不同的。钱颖一在《理解现代经济学》中做了简洁的概括："经济学家们看问题的出发点通常基于三项基本假定：经济人（给定）的偏好、生产技术和制度约束、可供使用的资源禀赋……（研究）人们如何在给定的机制下相互作用，达到某种均衡状态。"在新古典经济学理论结构中，经济行为者被视为最优地对强加给他们的假定条件做出反应，他们自身决不会以任何方式创造这些条件，这些假定条件的新变化被视为外生的，或者完全不给予解释，或者把它留给其他学科。因而，现代经济变迁的许多重要方面就被排除在新古典经济学之外了，如新知识的创造、企业家的作用、技术变迁和主导部门重要性的变化等，所以它不仅无法解释自产业革命以来人类生活水平的持续提高和结构转变这些最重要的经济现象。而且，它也无法为知识经济的发展提供解释。演化经济学自诞生之日起就是新古典经济学持久的批评者，在演化经济学家们看来，为解释持久的经济变化过程，生产要素的投入（新古典经济学给定机制下人们通过相互作用所导致的资源配置）只是必要条件，而充分条件则要来自于新古典经济学假定前提的变化，即新偏好的形成、技术和制度的创新以及新资源的创造，换言之，它关键性地取决于"新奇的创生"。新奇的创生是永无休止的经济变化的原因，在演化经济学的框架中它被处理为经济系统内生的。因此，如果说新古典经济学是研究存在（being）的经济学，那么，演化经济学就是研究生成（becoming）的经济学。

演化经济学经历了非常曲折的发展。在第一次世界大战之前，"演化"这个术语主要在生物学界使用，以至于马歇尔宣称："经济学家的麦加在于经济生物学而非经济力学。"凡勃伦广泛地利用了达尔文的思想，试图转变经济学的基础，并创建制度经济学。20世纪80年代初，演化经济学开始引起注意；1981年，博尔丁出版《演化经济学》；1982年，纳尔逊和温特出版了目前已成经典的《经济变迁的演化理论》。

在演化经济学的发展中，熊彼特的理论成为非常重要的灵感来源，继承其传统的经济学家自称为"新熊彼特"学派。在经济学史上，由于熊彼特强烈地反对把他的理论视为"达尔文的"，反对与生物学的进化论作类比，所以经济学家们对熊彼特在多大程度上是演化经济学家曾经发生过争论。争论的结论是：新奇而非生物学类比是判断演化经济学的核心标志，在熊彼特的经济理论中，新奇是重要的本体论预设，他把创新视为经济变化过程的实质，强调了非均衡和质变在经济体系中的重要作用，突出了企业家和技术创新在"创造性毁灭过程"中的核心作用，所以，熊彼特是不使用生物学类比的演化经济学家。然而，"新熊彼特"学派的经济学家们发现，演化框架非常适合于对熊彼特的主题进行分析。

奥地利经济学派奠基者门格尔经济学研究的主要目的是对复杂经济现象的起源和演化的理解，即对经济制度结构的理解，正如门格尔自己所指出的，理论经济学对最重要问题的解答密切地与理论上对"有机地"创造的社会结构的起源和变化的理解这个问题有关。霍奇逊认为，门格尔之所以被视为经济演化思想的先驱就是因为他强调了社会经济制度的演化性质，经典例子之一是门格尔有关货币从物物交换经济中有机和自发地演化出来的理论。奥地利学派一直是新古典理性经济人这个基本假定的批判者，他们认为，没有理由假定所有的个体对同一问题会有同样的感受，尤其是企业家在发现常人无法察觉的机会上具有独创性。在一个充满不确定性的世界，预期和想象力至关重要，该学派突出地强调了主观知识对新奇的重要性。自哈耶克以来，该学派存在着相对统一的基础，即市场作为过程的观念。对演化经济学家来说，在很大程度上是由经济行为者自身所产生的，因此必须假定学习为不同质的，才会有新奇思想的产生、知识的创造和扩展，人类才能在主观想象中创造并扩展可供选择的集合。

演化博弈论首先出现在进化生物学中，其关键性概念是进化稳定策略，自20世纪90年代以来，博弈论研究的重点已转向了以有限理性为基础的演化博弈论。

相对于纳什均衡，进化稳定策略把均衡视为调整过程的产物而不是某种突然出现的东西，所以，它在一定程度上能使博弈过程动态化。在经济演化博弈论中，博弈参与人能够通过模仿、试错和学习过程不断地调整自己的策略，博弈分析的核心不再是博弈参与人的最优策略选择，而是基于有限理性假设对博弈群体成员间的策略调整和受到干扰后重新恢复稳定均衡的探讨，这种方法已被裴顿·杨（P. Young）、青木昌彦和博德（R.Body）等运用于习俗、惯例和经济体制演化的分析。

与达尔文主义对生物演化的解释一样，有关社会经济演化的完整分析框架也是由三种机制所构成：遗传、变异和选择，但其解释必须考虑人类经济活动的特定方面，它远比生物演化更为复杂。第一，遗传机制。正如生物基因一样，制度、习惯、惯例和组织结构等是历史的载体，它通过模仿而传递。凡勃伦观察到制度和惯例具有相对稳定和惰性的品质，因此可以历时传递其重要的特征，它是社会有机体的基因组织，是社会选择的基本单位，是社会结构的演进，是制度的自然淘汰过程。第二，变异或新奇创生机制。有目的地创造新奇和多样性是人类社会演化最重要的特征，新奇创生机制所研究的就是新奇为什么和怎样被创造的问题。新奇创生是现有要素重新组合的结果；更重要的是，由于人们怎样和在什么地方搜寻新知识主要地取决于他们知道什么和他们从前做了什么，并不是所有的技术或制度等发展路径都具有同样被探索的机会，新奇创生必定是路径依赖的。因此，在这种情况下，尽管人们无法明确地预见到哪种新奇将被创生，但我们仍有可能从正在发生的事情中排除某些结果或行动。对此，哈耶克认为是一个可检验的假说。第三，选择机制。选择机制所研究的是变异或新奇在经济系统中为什么、什么时候和怎样才能被传播。

二、演化经济学的分析方法

演化经济学在具体的研究过程中注重历史和地理的相对性分析方法。演化经济理论重视历史和地理差异分析，重视不同国家和地区在不同发展阶段中的特殊性。通过对分析对象的历史发展脉络的研究，同一经济现象在不同的历史阶段表现出不同的内部规律性。在不同的地理条件下，会产生不同的文化体系，意会性知识在同一地理领域中易于传播和扩散，所以，不同地域的经济发展的内部规律和模式会出现差异。演化经济学还特别强调动态分析，通过经验观察，所认识到的经济系统内部机制往往具有不完全规律性，来解释变量如何历时变化，通过说明它是如何达到当前状态的，来解释它现在为什么是这样的。

演化经济学的基本假设归纳为以下六个方面。

（1）复杂行为人假设。在演化经济学看来，人们也是追求经济利益的，但不能抽象为利己主义的、精于计算的完全同质的"经济人"。人们的行为受到本能和后天环境因素的影响，心理因素、制度因素、文化和社会环境都影响着人们的行为，人们的行为也在改造着制度、文化和社会结构。

（2）心智重要假设。心智是经济行为者的思想、智力和情感的综合，也是关于世界的一种镜像，指导着人类行为。心智主要体现在人们的知识状态上，反映了学习与知识的重要性。知识的可能状态是导致世界可能状态变化的关键性力量，演化经济学称之为创造性原理。演化经济学强调知识对个人行为、企业行为和经济增长都起到了重要作用。比如，米塞斯和哈耶克解释了经济现象与个人知识和个人计划的交互作用。理查德.R.纳尔逊和温特也把哲学家迈克尔·波拉尼的意会知识概念引入到经济变迁理论中。心智的重要性同样还意味着非偶然的谬见是重要的，演化经济学提倡一种"可错论"的观点。激进的可错论甚至抛弃了知识是完全真实的看法，承认错误是非偶然的，认为谬见是新知识唯一可能的来源。

（3）满意假设。由于人们的理性程度有限，关于世界的知识经常出现错误，人们不可能预先确切地知道决策的后果，无法选择最优。因此，人们在经济活动中的选择和决策过程往往是一种试错过程，人们并不是追求最大化，而是追求满意即可。演化经济学使用"抱负水平"这一概念，笔者理解，就是指人们对某一行动可能达到后果的期望水平。由于人们的心智状态和历史经验不同，人们的抱负水平也是不同的。如果某一行为的后果达到了抱负水平，行为者就是满意的。随着时间的流逝，抱负水平是变化的，所谓的满意并非静态概念，而是一个动态的历史概念。可变抱负水平成为人们选择的依据，人们在试图达到当前抱负水平时，某一种水平反映了早先的成功和失败。满意假设是演化经济学对"新奇出现"进行解释的逻辑起点。相对于可变抱负水平而言，对现状的不满意就成为人们搜寻新的未知的选择的推动力量。换言之，由于某种状况干扰了当前的抱负水平，即使人们不知道搜寻是否成功，搜寻新的未知的动机也会产生。如果搜寻没有成功，人们会减少搜寻的时间长度，因为抱负水平下降了。抱负水平最终集中于当前的可行的最佳选择上，搜寻动机消失。如果成功，抱负水平将提高至某一新水平。

（4）不确定性假设。不确定性并不是指世界完全杂乱无章，而是指未知的新奇不断，人们不可能把握新奇出现的时间和大部分特征。世界是由复杂的、带有"突现"特征的实体所构成。这些特征不能被归入到某种单一的特征之中。不确定性意味着变化，意味着世界结构变迁，意味着新的世界状态的突现。与此同时，演化经济学区分了经济世界中的不同变量的变化速率，某些事物的变化是相对缓慢的，如制度、习惯和惯例；某些事物的变化是相对较快的，如价格、市场等。演化经济学将制度和惯例等作为经济变迁的基因，其实是在研究不确定的世界时，又肯定了世界状态的相对稳定性和相对确定性。

（5）多样性假设。演化经济学强调多样性，包括世界状态、经济行为者、人的心智和选择行为等都具有多样性，把多样性看作分析的基本起点。在经济体系中，多样性的生成是经济过程的一个基本组成部分，也是劳动分工的结果。演化经济学尽量避免使用代表性个人和标准的加总程序，认为加总的思想必须严格限定在某种选择机制的具体操作上。

（6）历史重要假设。历史重要并不是着重于历史分析，从历史资料中归纳出某些规律，而是指着重于经济发展的过程，重视经济过程中的路径依赖性和经济过程的不可逆性。路径依赖说明了锁定效应和次优行为可以持久存在，历史对于解释这种无效率是非常重要的。这里，"历史"并非简单地指过去对现在和未来的影响，而是突出了经济过程具有路径依赖、不确定性和时间不可逆等重要特征。温特和纳尔逊指出："经济发展过程是一个马尔科夫过程，某一时期一个行业的状况决定它在下一个时期的状况的概率分布。"奥地利经济学派对经济学的贡献也主要集中在市场过程的演化理论方面。

总体而言，演化经济学的假设比主流经济学的假设更具现实性。更具现实性的假设的优点是从研究起点上容易得到证实。但在研究过程中，如何将极其复杂的主体与世界状态结合起来，从而发现其中的规律性，却是个难题。

演化经济学的基本假设和具体方法为我们提供了新的研究思路和工具。科学的进步是一个不断猜测和反驳的过程，必然充满了争议和辩论。演化经济学的基本方法论使得其理论体系具有了侧重哲学思辨性而缺乏实证检验性，侧重于解释而缺乏明确的预测性的鲜明特色。演化理论对人类、世界和他们之间的复杂结构有着深刻的见解，充分考虑了人性、社会性、系统性和动态性，展现了哲学的智慧。

三、演化经济学的发展视角

在对既往的现象进行解释时，系统的遗传机制、创新机制和选择机制都已经是显露出来的，演化经济学理论可以较好地描述其发展的动态过程。但是，面对未来的经济问题时，演化分析框架就缺乏明确的预测性。演化分析可以描述经济遗传基因，但却无法预见"新奇"如何出现。演化分析可以描述选择环境，却无法预见选择结果。在演化理论家看来，对未来缺乏明确的预见性并不是一个缺陷，而恰恰是演化理论的必然逻辑，恰恰是由于人类的无知和环境的复杂多样性，演化并没有一个明确的方向。

个体群思维方法使得演化理论具有较强的应用性和较广的可拓展领域。在社会经济领域中，存在着各种不同层级的系统，如宏观经济系统、产业经济系统、区域经济系统和金融系统等。只要我们把分析对象视为动态的相互联结的经济事物，把它置于多层次的环境中进行分析，就可以应用个体群思维进行阐释，探讨系统中的个体交互作用，从而发现在群体层面上凸显的规律性。这也为研究者提供了一种基本的分析范式，对社会经济各个领域进行分析，并不断开拓新的研究领域。

演化经济学思维以时间不可逆、个体群思维和不确定性为基本特征，超越了新古典主流经济学思维的视野，以演化的观点重新界定和回答经济发展问题。

（一）从不发达走向发达：历史的观点

演化经济学不仅强调历史是不可逆的，更强调经济生活中的累积性力量。认为任何一个国家或区域要从不发达状态走向发达状态，要经过一个"必经点"（the obligatory point），这个点实际上就是经济迈向发达状态的转折点。要通过这个点，不能指望市场的自发作用，而必须借助国家的力量，使经济摆脱报酬递减活动的束缚，使之走向动态报酬递增的道路。演化经济学认为，国家的最重要的作用在于保护新知识的生产，对市场和工业的保护实际上也是为了保护新知识的生产。可以设想这样的一种不发达状态：民族国家已经建立起来，但只有重复简单再生产的大量农业和少量的工商业活动。如果人们发现从事某种特定的活动可以创造更多的产品、产生更大的福利，这种活动完全不同于农业所从事的报酬递减活动或赢利相对较少的活动。此时，由国家出面运用政治手段，强制人们从事产生报酬递增效应的产业活动，成为社会实践的一种客观要求。国家应选择特定的报酬递增产业，使私人进入这些产业，并施以特别的保护，逐渐在这些产业中建立自己的比较优势。

然而，增长到底是如何发生并得以持续的呢？对这个问题的解答涉及发展经济学的许多重大问题。演化经济学认为经济中存在一些正向的反馈机制，这些机制使经济逐渐走上自增强的自我持续之路。动态的报酬递增是其中最重要的一种机制，范围经济、规模经济和协同效应也是经济中正反馈机制的起点。在发展经济学的第一阶段，许多经济学家不仅用外部效应来概括他们所观察到的这种报酬递增现象，还意识到这些系统性的效应对于经济发展的重要性，如佩鲁的增长极思想、赫尔希曼的联系效应理论等。不过，他们并没有意识到引起增长和福利的活动是特定的，如"大推进"理论主张在所有部门同时投资，但实际上在历史上没有哪一个国家采取这种做法。一般来说，发展中国家受到很多限制发展的因素，如资本供给不足、缺乏企业家精神和技能型人才、市场不完善等，这就意味着这些问题的解决需要比较长的过程。所谓"新古典主义复兴"也只可能出现在发展经济学的第二阶段，原因在于，尽管发展中国家由于实行计划化和进口替代的工业化发展战略而出现了许多问题，但是，如果没有这一必要阶段的发展，从一开始就走外向型的经济发展道路，并且推崇市场机制的调节作用，情况可能会更糟糕。当时的"亚洲四小龙"之所以能够在出口导向战略上取得成功，与前一阶段所实施的进口替代战略所奠定的工业基础有很大关系。实际上，进口替代战略的政策措施具有相当长的历史，与重商主义的总体精神是一致的，都主张通过国家的力量保护幼稚工业。

（二）国家作用及其与市场的关系

现有的发展经济学理论对国家作用的认识仍然局限在纠正市场失灵的范围之内，而且认为国家本身也存在失灵现象。这种认识仍然显得抽象，未能从历史的角度认识国家作用、市场作用及其相互关系。在发展中国家谋求自身发展的初期，一般来说，都存在着各种各样的障碍，如市场发育不良（也缺少像发达国家那样运作良好的金融、证券市场），缺少企业家精神（企业家精神发育会受文化和传统观念的影响）、熟练人才以及高层次的专业管理人员。经济系统的某些部分与要素落后于系统的其他要素（如存在着技术的"反向凸角"），政权不稳定且缺乏权威型政府等，这些因素都制约着经济的发展。在经济发展的初期，国家必须承担起相应的组织功能，在很大程度上政府以企业家的面目出现。实际上，从历史的角度来看，国家的作用要比经济学家们通常所想象的要大得多。演化理论认为，在经济发展初期，国家至少具有以下作用。

第一，引导私人资本进入"恰当的产业"。并在"恰当的产业"中创造比较优势，一个国家不可能靠生产鞋帽来维持持久的竞争力。后进国家要实现对先进国家的赶超，必须在恰当的产业中创造技术上而非资源上的比较优势。

第二，国家在提供基础设施、制定标准和构建法律系统方面具有不可忽视的作用。

第三，国家为扶植相关产业的发展，充分利用了补助、税收减免、禁止某些项目的进口和出口、授予独占权利、输入有技能的劳动力等政策措施。国家在这里更像是企业家，引导着经济活动走向报酬递增的道路。在英国、美国、德国、法国等发达国家以及较近的日本和新兴东亚工业化国家几乎都采取过此类措施。

第四，国家作为需求的创造者和高级产品的需求者。如果报酬递增的收益不能在全国范围内分享，就会引起收入的两极分化，而且最终也会引起需求的下跌，打破需求增长、技术进步和收入再分配之间的良性循环。战争和基础设施项目都创造出了巨大的需求，而国家对奢侈品的需求通常会引起技术进步并导致其生产成本降低。美国进行计算机的研究与开发最初考虑的是军事用途，但计算机技术的不断发展和生产成本的不断降低使得计算机逐渐变成生活中的"必需品"。

第五，国家对知识创新的保护、对教育的强调。国家对引进新技术的企业给予税收减免和补助，对新发明进行专利保护以鼓励发明和创新，建立大学、科学研究机构和职业学习系统等。

第六，国家作为最后的企业家。国家在市场体系形成之前或在工业体系建立之前，必须充当企业家的角色。当经济发展到一定阶段，比如市场已经建立起来，并能发挥配置经济资源的功能，工业力量逐渐变得强大，而且国家的管理成本越来越高时，国家与市场的关系就会发生变化。这时，经济对国家引导与干预的要求就会相对减少，国家对经济的作用开始转向间接。可见，国家与市场之间的关系也是演化的，且具有不可逆的性质。按照演化经济学的观点，此时国家的作用是维持国家创新体系并创造对新技能的需求。实际上，关于削弱国家的经济干预职能以及"小政府、大社会"的观点大多出现在发达国家，如果发展中国家盲从此类建议，必然会引发很多问题。可见，发达国家以其当前成熟市场的经验来规范发展中国家经济的做法是有害的。

演化经济学认为，国家的作用远不止纠正市场失灵，但也同时强调国家对经济的干预以及公共政策要受到很多因素的限制。

（1）国家在制定和执行公共政策时面对的是一个开放的世界，其中存在着根本的不确定性。此时的问题不是在一个封闭系统中求解最优解决方案，国家干预和公共政策的目的，主要不是纠正市场失灵，而是培育学习能力、提高人类发展能力、系统地整合增长知识和适应变化着的环境。政策制定者关注的焦点是创新过程，核心的政策问题变成了增加实验行为的概率。

（2）国家也是有限理性的，它面临着激励问题（官僚政治追逐利益、院外游说、寻租等）和知识问题（与私人行为者相比，国家在获取更好的信息方面并不具有优先权），而且政府结果像市场结果一样受不可逆性、过去经历和路径依赖的影响。

（3）经济系统具有敏感性、复杂性和开放性，也是随着时间的变化而演化的。这意味着经济系统的结构可能会发生变化，税收、补贴和反托拉斯政策达到其目标的能力。戏剧性地取决于执行政策的日期和实施政策之前经济系统所遵循的路径。

（三）自组织与干预

经济系统是一个高度复杂的有机系统，各子系统之间存在复杂的非线性作用，而且子系统之间的协同与竞争常常会导致在局部或全局范围内形成一定的秩序或失序。从热力学观点来看，在远离均衡的情况下，通过与外界交换热量和物质，热力学系统有可能出现一种稳定的有序结构，这种有序结构也称为耗散结构。非平衡系统之所以能够走向有序，与非平衡系统的性质有关：第一个性质是对称破缺，这是一切事物演化的基本前提；第二个性质是涨落，即系统的要素行为对系统均值（可理解为总体行为）的偏离，这是系统有序演化的内在基础和动力；第三个性质是非线性相干作用，这意味着子系统或系统的各要素间存在着各种反馈机制，使系统能够不断调整自己的发展方向。

如果系统是开放的和远离均衡的，而且系统内部存在着非线性作用机制，当外界条件的变化达到某一阈值时，系统内部的涨落，有可能导致非平衡系统自组织成为有序结构。经济系统是一个典型的开放的复杂系统，每时每刻都与外界进行物质、能量和信息的交换。当发展经济学说在发展中国家经济处于某种陷阱状态时，从演化经济学角度来看，其实是其经济系统的混乱无序，经济中也不存在正反馈机制，不具有自组织性质，因而无法摆脱这种无序状态。此时，由政府进行自上而下的干预是很自然的事情。当经济逐渐实现报酬递增的自增强时，经济系统已具有抗破坏能力和自组织功能，国家的影响力逐渐降低。尤其是在经济具有自组织功能时，政府作为经济系统的子系统，其行为必须考虑经济系统的敏感性和初始条件，必须细致地考察经济系统的运行状态。必须考虑干预的时间、强度和干预手段等各种问题。例如，税收的变动有可能会导致宏观经济形势的改变，缺乏周全考虑的政府行为可能会导致典型的混沌过程。值得注意的是，虽然干预可能会导致经济失序，但并不能以此为理由反对政府干预和公共政策的实施。在发展中国家的技术发展和制度创新过程中，都存在着类似于技术的"反向凸角"问题——系统的某些要素落后于其他要素，导致经济潜在效率的低下。此时，由国家通过自上而下的方式干预自发的演进过程，则有可能促使技术和制度走向新的秩序，成为能够维持动态不平衡状态的自组织系统。

第五节　制度、制度变迁与区域经济发展

非均衡是区域经济发展的常态，这种非均衡外在表现为要素积累和技术进步的速度和程式上的差异，而这些外在的差异追根究底又来自于人们从事经济活动所不得不依赖的制度环境。传统的区域经济发展差异研究多认为差异是由于地域自然条件、人口素质、技术水平、投资等因素引起的，但是许多研究也同时揭示了上述初始条件大体相当的经济体却有着极为不同的发展差异和发展水平。这从根本上是因为制度因素的作用。

一、制度的内涵

（一）旧制度学派关于制度的阐述

康芒斯在他的《制度经济学》一书中认为，人类社会中的交换关系可以归纳为

三种交易类型，即买卖的交易、管理的交易和限额的交易。从康芒斯的论述中可以发现，制度的实质就是"集体行动控制个体"，正如康芒斯自己所说的"集体行动抑制、解放和扩展个体行动"。凡勃伦也曾指出，"制度实质上就是个人或社会对有关的某些关系或某些作用的一般思想习惯"，"经济制度，就是在生活过程中接触到他处的物质环境时如何继续前进的习惯方式"。

（二）新制度经济学派关于制度的阐述

诺思认为，制度是一种社会博弈规则，是人们所创造的用以限制相互交往的行为的框架。他把这一规则分为两大类：正式规则如宪法、产权制度以及合同和非正式规则规范如习俗。

青木昌彦也是从博弈论的角度来定义制度的，他认为，"制度是关于博弈如何进行的共有信念的一个自我维系系统。制度的本质是对均衡博弈路径显著和固定特征的一种浓缩性表征，该表征被相关领域几乎所有参与人所感知，认为是与他们策略相关的。这样，制度就以一种自我实施的方式制约着参与人的策略互动，并反过来又被他们在连续变化的环境下的实际决策不断再生产出来"。

舒尔茨把制度定义为一种行为规则，这些规则涉及社会、政治以及经济行为。同时新制度经济学认为，制度所提供的一系列规则由社会认可的非正式约束、正式约束以及实施机制构成。非正式约束是人们在长期交往中无意识形成的，具有持久的生命力，并构成代代相传的文化的一部分。从历史来看，在正式约束形成之前，人们之间的关系主要靠非正式约束来维持，即使在现代社会，正式约束也只占整个约束很少的一部分，人们生活的大部分空间仍然由非正式约束来起作用。一般来说，非正式约束包括对正式约束的扩展、细化和限制，社会公认的行为规则以及内部实施的行为规则。而正式约束指人们有意识创造的一系列政策法规，主要包括政治规则、经济规则和契约以及由这一系列的规则构成一种等级结构，从宪法到成文法和不成文法，到特殊细则，最后到个别契约，它们共同约束着人们的行为。

二、制度的变迁

（一）旧制度经济学派的论述

旧制度经济学提出的制度变迁理论着重于研究制度结构自身的历史性变迁，认为制度实质上就是个人或社会对有关的某些关系或某些作用的一般思想习惯必须随着环境的变化而变化，因为就其性质而言，它就是对这类环境引起的刺激发生反应时的一种习惯方式。同时，现有制度对于新制度的形成会产生制约，人们有坚持现存制度的倾向，这种倾向使现存的思想、精神、习惯、观点等构成阻滞制度调整的保守因素。总之，旧制度经济学派的制度变迁理论认为制度变迁并非必然，而是取决于社会对制度演变要求的理解和适应能力。

（二）新制度经济学派的论述

新制度经济学是在"需求–供给"的均衡理论框架下对制度变迁进行研究，认为制度变迁的动力来自于新的且在现有制度安排下无法实现的经济利益时出现，而对这种利益的追求促使制度创新以将经济运行中的外部经济问题内在化。舒尔茨认为特定的经济制度关系重大、会变迁，且变迁正在发生。人们试图对可选择的制度变迁加以考虑，从而进行社会选择，以增进经济效率和经济福利的实绩。

新制度经济学代表人物诺斯指出，制度框架约束着人们的选择集。既然这些规则不仅造就了引导和确定经济活动的激励系统，而且决定了社会福利与收入分配的基础，那么制度结构在静态上就决定了一个经济实体的增长率。制度变迁是从均衡到不均衡又回到均衡的过程，各种因素使潜在的外部利润在现有的制度安排下无法实现时，新的制度就有可能建立以降低成本。他认为，除非现行的经济组织或制度安排是有效率的，否则经济增长不会简单发生。进而诺斯对制度的供给与需求进行了分析，认为当制度的供给与需求相一致时，达到制度均衡。这种制度均衡的实现条件是制度供给者的边际收益等于边际成本。据此，诺斯提出，构建有效率的新制度的基本标准或原则，是使得新制度下个人收益率与社会收益率相等或接近。

三、制度的内生性

新老制度经济学派都承认制度有可能被精心设计和实施，也有可能在未经筹划或自发的过程中演化，因而产生了对内生性制度与外生性制度的概念。

老制度经济学中的凡勃伦、米契尔等关注非经设计的制度演进过程，而康芒斯则强调了相反的过程，但他们并没有把自己不关注的过程从研究中去掉。新制度经济学中的奥地利学派哈耶克等，则强调了制度的内生过程，反对制度的人为设计；但新制度经济学中的诺斯，早期通过对制度这个经济增长变量的分析，强调了制度的人为设计性。正因为如此，新制度经济学中的一系列研究工作又使制度的内生性得到了凸显，如科斯等的外部性问题内部化、尼尔森和温特对企业惯例的研究、威廉姆森关于纵向一体化对市场的替代解释、肖特和萨格登对制度演进过程的博弈模型模拟等。青木昌彦则正式在其进化博弈论的比较制度分析中，运用了内生性制度概念。

凡勃伦认为制度基本上是个社会惯例问题，社会惯例来自制度系统首次出现时，经受实际生活方式磨炼或约束性影响的人们最终所取得的一种意见一致。这些惯例最初产生于该群体的生活习惯和其思想和行为模式，而其思想和行为模式又主要来源于当时流行的生活方式，这些生活方式是由物质和技术环境塑造的。最后，制度系统通过将社会惯例和规范正式确立在法律和宪法之中而获得了稳定性。

在制度研究过程中，凡勃伦反复提及环境变化导致正式制度的适应性变化。他认为，商业"新秩序"的出现就是"许多微小变化的汇聚或正在汇聚的结果，这是环境改变而不是理性设计所带来的结果，这里甚至也许根本不存在主要行为者对效果的任何预见"。正如亚当·斯密论述个人自利行为导致了市场经济秩序那样，凡勃伦认为，个人在采纳通行的金钱标准，追求自己由金钱规定的利益时，他们也带来了未预期的制度后果，如社会时尚制度就是个人通过服装媒介展示个人财富的行为，而非设计者设计的结果。信贷、推销等资本主义各种市场制度的扩展和成长很大程度上源于个体商人对其自身利益的竞争性追求，而非人们本身要追求这些制度。同时，新技术不仅会带来无意的制度结果，还会带来违反新技术引进者或新技术开发者初衷的制度后果，而且，这种后果是最根本制度原则的改变。凡勃伦认为，这种根本性改变可能发生在新技术改变某个重要人群的基本生活模式、生活及思维习惯的地方，旧的行为和思维方式将会失去作用并被其他更符合新生活环境的方式所替代。

哈耶克则从根本上认为经济社会的秩序就是一种自发自生的社会秩序。他认为，在经济活动"这个过程运用了大量的知识，但这些知识并不是集中在任何单个人脑中的知识，而仅仅是作为不计其数的不同的个人的分立的知识而存在的"。那么整个经济活动的秩序是如何实现的呢？哈耶克认为，这是自生自发的社会秩序的作用。而市场秩序只是其中的一个范例，"自发自生的秩序"可以概括整个社会秩序的状态。哈耶克认为，制度是一种显见明确的秩序并非人的智慧预先设计的产物，也并非出自于一种更高级的、超自然的智能的设计，而是适应性的进化的结果，即自生自发的秩序和规则的文化进化。"被人们认为极有作用的种种实在制度，乃是某些显而易见的原则经由自生自发且不同抗拒的发展而形成的结果，并且表明，即使那些最为复杂、表面上看似出于人为设计的政策规划，亦几乎不是人为设计或政治智慧的结果。"

四、中国改革开放进程中区域发展的制度变迁

改革开放以来，我国的制度变迁是供给主导型制度变迁，即在一定的宪法秩序下，权力中心提供新的制度安排的能力和意愿是决定制度变迁的主导因素，而这种

能力和意愿制度创新的供给，主要决定于一个社会的各既得利益集团的权力结构或力量对比。

在自上而下的渐进改革的条件下，随着放权让利改革战略和财政分灶吃饭体制的推行，地方政府具有了独立的目标和行为模式，从而在向市场经济的渐进过渡中扮演着主动谋取潜在制度净收益的"第一行动集团"的角色。同时，非平衡改革战略下试点-推广的潜在制度收益使地方政府通过竞争获得了对制度创新进入权。另外，地方政府还通过自发制度创新的事后追认的方式来供给新制度。

权力中心在多大程度上能容忍乃至追认地方政府的自发制度创新行为，除了取决于地方政府基于经济实力的谈判能力外，还有两个因素。一是与权威扩散化程度有关。权威扩散化程度越高，地方政府的独立利益越强，提供给地方政府在正式规则的边际上发挥作用的空间就越大。二是地方政府为追求潜在制度收益而逐渐改变的制度结构中，权力中心从中获得的收益是否大于维持对进入权管制的成本。[1]当地方政府愿意用上缴部分额外收益来换取上级的事后追认，而权力中心为保护旧的产权结构的成本大于其从新产权规则中获得的收益时，就会容忍和追认地方政府为追求更多的生产性利润所从事的制度创新活动。

由于地方政府在分权化改革中的独立利益，追求地方政府可支配财政收入最大化和垄断租金最大化的目标又依赖于当地企业的竞争力，这使得地方政府在界定和保护产权时偏重效率。这种相互依赖与合作性使地方政府与当地企业走上了与权力中心讨价还价突破制度壁垒的道路，以获得潜在的制度创新收益。这一过程实际上是通过明晰产权关系实现外部利润内部化的过程，它客观上推进了企业向市场竞争性的主体转变。地方政府在本着当地利益最大化的原则进行的制度创新活动具有双重效应。一是突破壁垒的示范效应。只要一地突破进入壁垒，其他地方就会群起模仿。随着壁垒的全线被突破和垄断租金的消失，权力中心在制度供给中的主导地位就弱化了，它主要起到事后追认由地方政府和企业合作实施的制度创新行为。二是在制度创新的中间扩散过程中逐渐确立排他性的产权。排他性产权的确立要求政府对其干预逐渐减少，实际上也提高了政府干预的成本。随着政府的逐步退出和排他性产权的确立，制度变迁是否发生，主要取决于参与创新的个人或团体在制度非均衡条件下捕捉外部利润的预期收益和成本。权力中心的主要职责逐步变为仅仅充当新产权关系的界定和保护者。当建立在排他性产权基础上的微观主体成为制度变迁的"第一行动集团"时，我国的制度变迁方式就由中间扩散型向需求诱致

---

[1] 委托—代理理论认为，委托人与代理人目标函数一般是不同的。在缺乏有效的监督或者监督成本太高的时候，委托人的主观目标就会与代理人的实际行为目标发生偏离。这一点说明了为什么中央出台的全国统一性的政策会在地方政府或部门的执行过程中变形。

型方向转变。

这样，我国制度变迁从市场化改革最初的供给主导型经改革中期的中间扩散型，最终过渡到需求诱致型的制度变迁。从理论上说，也完成了我国由计划经济向市场经济过渡。中国政府由于对改革的动态化设定，所以对改革集①并没有给出一个明确的边界。改革的选择集是具有相当的弹性的，这是为了强调改革资源的内生性，特别是除了为启动改革而不得不动用的可支配的财力和物力外，尽可能多地利用政策资源和制度知识信息资源即所谓的"只给政策，不给钱"的做法，并通过充分利用政策资源和制度、知识、信息资源的非线性的内生性，使改革选择集更多地进行自我调整。结果就是改革选择集更加弹性化。当然改革选择集的弹性化是有条件的：其一，中央政府要下放高度集中的权力；其二，政府决策者始终保留对改革选择集的最终控制权。改革选择集弹性化的好处是激励制度创新者去发现新的信息，在中央政府及各种行为主体的随机应变的互动中促使决策者思想发生变化；同时，也有利于改革知识与信息的快速积累和扩散。当然，分权化改革使地方政府在改革信息的传递过程中也发挥了重要的作用。改革选择集弹性化的设定，对改革的逻辑进程有决定性影响，意味着改革主体多元化，其结果是改革的多样性。

五、制度与经济发展

新制度经济学认为，影响经济发展的因素很多，其主要的因素有资本、人力资源和技术进步等。这些因素都是在一定的制度条件下发挥作用，不同的制度条件其作用是不同的，从而对经济效率和经济发展产生不同的影响。

在新古典经济增长模型中，制度因素总是作为既定的前提，即制度结构具有外生性特征，暗含的假设包括明确界定的私有产权、完备的信息结构、足够的激励机制以及无摩擦的交易行为。在这些既定的假设下，消费者遵循效用最大化原则、厂商遵循利润最大化原则进行经济活动。斯密–瓦尔拉斯–阿罗–德布鲁体系证明，建立在私有产权基础上的自由竞争市场制度可以实现经济效率和"帕累托最优"。所以，在新古典的框架内，制度是经济增长理论中未打开的"黑箱"。

（一）"制度决定论"中的经济增长

兰斯·戴维斯和道格拉斯·诺斯以经济史学和新制度经济学的基本理论为基础，认为资本积累、技术进步等因素与其说是经济增长的原因，倒不如说是经济增

---

① 改革集指具体改革路径的集合，因为中国改革遵循"摸着石头过河"的试错过程，可能会有多种改革路径的可能选择集合。

长本身经济增长的根本原因是制度，包括所有制、分配、管理、法律政策等，一种提供适当个人刺激的有效产权制度是促进经济增长的决定性因素。这使其成为经济增长理论流派中"制度决定论"的代表。

为什么制度创新能提高生产率和实现经济增长？诺斯认为，经济学家们在构造他们的模型时，忽略了在专业化和劳动分工发展的情况下，生产要素交易所产生的费用，而这些交易费用是制度建立的基础。专业化和劳动分工的发展会增加交易费用，而这会阻碍专业化和劳动分工的进一步发展，导致经济衰退。制度的建立是为了减少交易成本，减少个人收益与社会收益之间的差异，激励个人或组织从事生产性活动，最终导致经济增长。发展经济学家刘易斯在对制度与经济增长一致性的研究中得出一个结论：制度对经济增长的促进作用取决于制度把努力和报酬联系起来的程度，取决于制度专业化和贸易所提供的范围以及制度允许寻求并抓住经济机会的自由。

对此领域做出突出贡献的学者包括舒尔茨、威廉姆斯、拉坦等。舒尔茨较早将制度作为经济体系中的内生变量进行研究，他批评新古典经济学只注重最大化范式，从不考察实现最大化的现实制度与组织条件。舒尔茨认为，经济增长与经济制度结构之间存在着内在联系，经济制度不仅会发生变迁，而且事实上正在不断地发生变迁，人们做出制度变迁的选择和组织制度的创新不过是为了增进经济效率和经济福利。

为了将制度置于经济学的核心，舒尔茨提出两个关键的概念——制度功能的经济价值和经济均衡。为了进行供求均衡分析，他将制度视为某些服务的供给者，应经济增长的需求而产生。这样作为对经济增长的动态反应的制度变迁，就可以用制度需求的均衡分析来处理。制度作为一种服务，可以有各种功能和形式。在制度与技术、人力、资本等决定经济增长的要素之间，制度更容易成为瓶颈，制约技术、资本、人力发挥其应有的效用。因而，制度在经济发展中起着关键性的促进或阻碍作用。

新制度经济学的制度变迁理论以新古典经济学的"理性人"范式为基点，以产权理论和交易费用学说为理论背景，以新古典经济学的基本分析方法为工具，致力于分析制度的功能以及制度变迁的机制和过程，企图说明制度在社会经济发展中的作用和地位，说明制度变迁原因以及这些原因之间的相互关系。新制度经济学将制度视为商品，用新古典经济学分析市场均衡的方法来分析社会经济和政治制度的供求均衡，并在制度从均衡到不均衡的演变过程中寻找对经济绩效的解释。新制度经济学超越了制度主义，成功地将制度结构分析纳入主流体系，使我们能在更具整体性的层次上观察主流工具的运用，无疑是对纯化的新古典范式的革命性突破。然而新制度经济学的局限性也是明显的，首先，作为分析基础的交易成本范畴没有明确的规定性，而且难以量化，这限制了新制度主义力图与新古典体系融合的倾向；其次，新制度主义不拒绝新古典边际主义，只是将经济系统中选择的对象扩展到了制度。

（二）专业化与分工模型中的经济增长

在 20 世纪 20 年代，美国经济学家阿林·扬已从交易费用的角度对新古典经济学提出了批评。他继承了斯密注重分工的研究传统，认为新古典经济学用效用函数和规模报酬不变生产函数所描述的市场机制，丢弃了斯密的关于劳动分工的思想。扬还认为，新古典经济理论简单地用人均资本的增加和外生技术进步来解释经济增长的做法是知其然不知其所以然，应该用劳动分工与交易及专业化与经济组织结构的演进之间的相互关系来解释技术进步和经济增长。扬指出，古典经济理论的精华是技术条件与社会经济组织相互影响的思想，而新古典理论只看到企业的技术条件，这是舍本逐末的做法。在《递增报酬与技术进步》一文中，扬提出如下观点。

（1）技术进步不是外生的，而是劳动分工演进的结果。扬认为在经济学中起中心作用的应是"劳动分工受市场范围限制"的定理，由于新古典经济学没有递增报酬，因此不能解释为什么生产组织从自给自足发展到依赖高度的分工。他完全继承了斯密的看法，技术进步既是分工演进的结果，也是经济组织结构演进的结果。同样，报酬递增也是制度内生理论的基本假定。

（2）经济增长是劳动分工演进的结果，技术进步只是这个演进过程的表面特征。分工的发展正是生产组织方式的演进，针对新古典经济学只是将经济增长视为人均资本的增加和外生技术进步出现的结果的观点，他反问为什么生产率会提高？他反驳新古典将之归因于外生技术进步，认为技术进步是劳动分工的结果，这是经济组织的自我繁殖过程。即使没有任何投资，用分工的自我演进也能解释人均资本的增加，因为这种演进会增加很多生产工具、设备、半成品的专业化，从而增加人均资本。有意思的是，诺斯也采用了类似的推理：如果没有技术进步，合意的制度变迁也可以增进总的产出量和人均产出量，因此制度变迁与技术进步相比，是经济增长更为基本的原动力。

（3）把供给和需求放入劳动分工演进过程中考察。这样企业生产制度与市场交易制度之间就有了一种替代关系。一个人既可以从事专业化生产从而向他人提供专业化产品，也可以从事自给自足的生产和消费，分工水平可以通过供求分析来得到。其基本思路为：分工带来专业化生产，从而引起生产成本的递减或称递增报酬，进而引起自给自足生产的减少，分工的进一步演进使得每个人依赖他人的程度加剧；另一方面，专业化生产引起人们购买力的提高，从而扩大了市场规模，反过来又促进劳动分工的加深，这一切都伴随着生产制度和交易制度的演进发生。

杨小凯、博兰德和贝克尔等的分析直接继承了关于劳动分工水平的提高会产生经济增长的命题，侧重于考察专业化和分工水平的演进与经济增长的关系。在杨小凯-博兰德模型中建立了一个专业化经济的劳动分工模式，这个模式的基本点是用了一个不同于以往的生产函数。该生产函数描述了生产率与专业化水平的关系，即技术与经济组织结构之间的关系。该模型的基本思想是，劳动分工虽然能带来递增收益，却受到交易成本的限制。当人们从专业化中得到的收益等于市场规模决定的交易成本时，劳动分工水平和经济增长就达到了均衡状态。随着人们的不断实践学习，生产能力得以提高，专业化收益也不断提高，当人们从专业化中得到的收益大于市场规模决定的交易成本时，就又会选择更高的专业化水平，劳动分工就进一步向更高水平演进。只要劳动分工演进到一定水平并保持了进一步分工的潜力，人均收入的增长率就会随时间不断提高，从而使经济增长率的持续提高成为可能。因此，即使是在人口不断增长的情况下，只要保持了进一步分工的潜力，经济增长率就能不断提高。

在贝克尔的模型中，一方面继续强调了分工的扩展与知识积累的相互作用；另一方面，在模型中引入"协调成本"变量。得出结论是，劳动分工主要是受"协调成本"的限制，均衡增长率依赖于协调成本的弹性，"该弹性反映了协调分工的效率"，因此，法律健全有效且政治稳定的国家，不仅可以有较高的人均收入，而且有较高的增长率。

六、经济增长与制度变迁的互动

经济增长与制度变迁是一种互动的关系，制度变迁通过调整制度安排的效率来影响经济增长，恰当的制度是经济增长的必要条件。在缺乏有效制度的领域或地区，或者长期处在新旧体制转轨时期的地区，制度发挥作用的空间极大，因而改进制度所带来的效率是最高的。因为制度可能是无效率的，而且无效率的制度可能会持续存在，影响经济的发展，所以，从一开始就把制度尽量制定好是非常重要的。科斯在《财产权利与制度变迁》中明确指出："制度与经济发展之间存在着清晰的双向关系：一方面，制度会影响经济发展的水平和进程；另一方面，经济发展可以而且经常导致制度变迁。"在经济不断发展的同时，制度也在不断演化、完善，并逐步形成系统完整的制度体系。一种制度不会永远存续，它能激励经济发展，也能阻碍经济发展。诺思和托马斯在《西方世界的兴起》中建立了一个制度变迁模式的分析框架，即在现行制度结构下，当外部性、规模经济、不确定性等因素使得收入的潜在增加不能内化时，一种新的制度创新可能应运而生。所以，区域经济发展是在创造性破坏中推进。不仅制度创新会促进经济发展，影响经济发展的速度，而且经济发展也能促进制度变迁。

区域经济发展和区域制度创新是互动的。当区域间竞争和经济发展到一定程度后，首先要求区域制度创新成功。区域制度创新则会以有效的约束与激励、降低的成本、提升的经济效率成为影响区域经济发展最重要的因素。我国改革开放以来，实质是中央政府主导的、以供给型制度创新为主要模式的制度变迁过程。制度创新是区域经济增长的关键因素，是后发地区赶超先发地区的前提条件和原动力，后发地区可以通过合理、有效的制度创新，利用后发优势，促进区域经济发展。由于西部地区制度供给相对滞后，与东部地区无论在市场发育水平、基础设施，还是在企业制度和交易规范等方面，都存在一定的差距。因此，发达地区与不发达地区市场对接的难度进一步增大，这也对西部区域制度创新提出了巨大挑战。西部要实现赶超，只有依靠高效率制度主导系统创新才能提高西部区域竞争力，只有充分认识并有效发挥政府在区域制度创新中不可替代的主导作用，提高区域制度创新对区域经济发展的贡献度，才能积极推动区域经济发展。

总之，经济发展和制度创新之间是一个互动的过程，制度创新会促进经济发展，同时经济发展反过来也会促进制度创新。随着制度安排发挥效率的基础和条件发生变化，不同的经济相关主体在经济发展中的作用和地位随之发生变化，原有的制度安排就会变得不适宜。为了对新的经济发展条件做出反应，社会成员就会尽力修正制度安排，而修正制度安排的过程就是制度创新过程。制度创新是新一轮经济增长的引擎。

七、制度理论对我国区域经济发展的解释

（一）产权制度变迁与中国经济发展

有效率的产权是经济增长的基础，而国家的行为选择则是经济增长的关键。在任何一个有组织的社会中，不论是否承认财产所有权，都是以某种产权体系的存在和作用为特征，区别在于不同的产权结构在保障个人或集团实施权能和获取利益方面的专一和有效程度不同。一个社会的所有权体系如果能够明确规定个人的经济自由权利，并对之提供有效的保护，就能减少个人活动和努力的成本和费用，增加获利的可能，使个人收益接近社会收益。这样就能增大经济激励，使整个社会更富于创造精神，从而实现经济增长。然而，任何一种产权结构的建立都必须有国家的参与，都是一个复杂的社会博弈过程。作为一个合法使用强制手段且具有自然垄断性质的机构，国家处于建立和保护产权的地位，国家活动的规模经济特征，使得由其

提供界定形成产权结构的基本规则，能够降低交易费用，因而，个人要求并愿以一定的权利限制和利益损失为代价，来换取国家的服务。但是，这种代价以不超过建立和行使产权增加的收益为限。国家既可以此为限，确认个人经济自由权利，建立起有效率的产权结构，也可以超过这个限度，侵害个人权利，建立一种能够最大化自己短期利益但却是无效率的产权结构。国家究竟采取何种行为选择，取决于来自社会和外界的压力和约束，包括作为选民的个人的态度、统治者的国内竞争对手和竞争国家的压力。至于意识形态，其基本功能是使个人和团体的行为方式理性化，成功的意识形态能够通过人们对制度公平的认同减少"搭便车"行为。尼德兰和英格兰的成功以及法国和西班牙的失败，正是由于前者形成了比较强大的市民社会，约束了国家的行为，因而建立了有效率的产权结构，实现了经济增长，后者出现了国家权力的过分扩张，侵害了个人的权利，建立了无效率的产权，因而在竞争中败北。

用产权理论来考察中国改革前后的经济发展，仍然可以说明很多重要问题。改革前，中国经济发展的绩效之所以不够理想，之所以未能实现赶超的初衷，就是由于国家当时建立的产权制度，不仅其建立和行使的成本超过了它的收益，而且在于它无法阻止甚至是鼓励了"搭便车"行为。改革以来，中国经济增长奇迹的出现，就是由于着手建立和发展一种有效率的产权结构，逐步缩小了个人收益和社会收益的差距，增大了整个社会的创新激励。

从 20 世纪 70 年代末开始，农业中实现家庭联产承包责任制和废除人民公社的改革，一举解决了长期存在的农业劳动和经营激励问题，并且在农户获得剩余索取权的同时，也相应赋予和逐渐扩大了他们对生产要素的配置权和经营活动的自主权。这一变化大幅度增加了城市农产品供给，为几年后取消粮票制度创造了条件。

类似的改革同样发生在国有企业。1978 年，企业恢复奖金制，实际上是关于工资制度的放权和改革，解决的是职工劳动激励问题，涉及的是职工与企业的关系。与此同时，也开始了以放权让利为主要内容的企业改革。

概括而言，作为城市经济改革核心的企业改革，主要沿着三条主线进行：第一，从赋予并不断扩大国有企业经营自主权开始，逐步构造有活力的经营主体，最终落脚于建立现代企业制度即公司制改造；第二，重新界定国有企业与国家的关系。最初的改革以国家向企业让利为特征，增强了企业作为市场经济主体的责任，调整了国家管理国有企业的方式；第三，允许和鼓励非国有经济发展，抓大放小以及引进外商直接投资，为国有企业提供了竞争压力和经营动力。

（二）中国区域发展差异分析

在我国现阶段，各地区经济发展不平衡问题引起各方面的高度重视。近年来学术界关于区域经济发展差异研究的文献也非常多，把中国区域经济发展差异归因为制度瓶颈的文献也比比皆是。归纳起来，有代表性的大致可分为两类：一是从经济发展战略方面提出"政策倾斜论"；二是从宏观经济和政治体制方面提出"体制因素论"。

政策倾斜论者认为，我国东部和中西部地区差距扩大的主要原因是改革开放以来国家实行的一系列鼓励沿海地区发展的优惠政策和措施，在促进东部地区发展的同时，也扩大了东部地区与中西部地区的差距。国家在政策上向东南沿海地区倾斜，使东部地区得到了财政税收、信贷、对外开放等多方面的优惠政策，加上东部地区充分利用国外资金和国际市场，经济发展环境和条件明显优于中西部地区。最终导致了东西部差距的拉大。

体制因素论者认为，外部宏观经济、政治体制和政策环境的作用是导致地区差异的根本原因。林毅夫、刘培林认为，各省市区之间经济发展差距拉大的主要原因，是旧体制下的赶超战略及政府对企业的过分扶持。在旧的计划经济体制下，政府制定了优先发展重工业的赶超型战略，由此形成的生产要素存量结构与许多省市区的经济要素禀赋结构决定的比较优势相违背，从而导致大量的赶超型企业没有自生能力，政府对这些企业不断的扶持制约了相关省市资本积累速度，也制约了其技术进步和生产率的提高。在旧体制下，以扭曲要素和产品价格为特征的宏观政策环境致使现存的价格体系所形成的"经济上"的相对比较优势和该地区"资源结构上"的相对比较优势相背离。比如，拥有土地和矿产资源优势的中西部地区，因其优势产品价格受到抑制而无法依靠比较优势来发展地方经济，而且在这种宏观政策环境下，全国统一的大市场无法建立，一个地区的发展无法成为其他地区发展的拉动力。胡鞍钢认为，经济资源和政治资源不公平分配以及政策不平衡倾斜，是近年来中央与地方、发达地区与欠发达地区矛盾愈来愈突出的根源。若均衡各地区发展，平衡各地区经济资源，必须首先重新调整各地区的政治资源，使它们能够在中央决策过程中具有平等表达权和平等参与权。把制度问题理解为导致中国区域经济发展差异的主要原因反映了新制度经济学理论在中国实际的运用，但令人遗憾的是，人们在分析制度因素时，往往把制度作为影响经济增长的外生变量（exogenous variables）来对待的。

（三）中国区域发展差异性分析的制度变量的选择

传统的以要素积累来解释地区经济增长差异的做法无法深入到问题的本质，而制度变量的引入就将要素积累的模式与经济发展的绩效有机地联系在了一起。实证结果也表明：政府与市场关系、对外开放程度、非公经济的发展水平、信贷市场化程度以及法治环境等制度变量都对地区要素积累，进而对经济发展产生重要的影响。

（1）市场分配经济资源的比重。市场化的改革中，一个最重要的方面就是原本由政府通过计划方式分配经济资源，逐步转向由市场来分配经济资源。一般而言，市场化发展水平较高的国家或地区，政府分配资源的程度也较低。该指标采用了各地通过政府财政预算分配的资金占当地国内生产总值的比重作为一个负相关指标。它的剩余项代表由市场分配资源的比重。财政支出比重越低说明由市场分配资源的比重相对越高。应当说明的是，财政支出比重与市场化程度之间的关系并不是简单的线性负相关，不能离开特定的历史条件和市场化发展阶段。简单地说，财政支出比重越低，市场化程度就越高，这与财政支出的结构有密切关系；如果政府支出与市场化进程具有互补关系，则政府支出的增加，或者说市场分配资源的比重指标的下降则是有利于经济结构调整和市场深化的。

（2）政府对企业的干预。一个廉洁、高效、运作透明的政府是市场正常运转的必要条件。如果政府机关办事效率低、规章制度和手续繁杂、政策和操作不透明，甚至某些政府工作人员滥用职权向企业和居民设租、寻租，都会给企业造成额外的负担，导致市场扭曲。另一方面，也有个别企业通过拉拢收买政府工作人员，在正当的市场竞争以外谋取额外的利益。因此，减少政府对企业的干预有利于经济的自主增长。

（3）非国有经济的发展。非国有经济面临着更强的市场约束，自身存在内在的提升效率的要求。国有经济与非国有经济面临不同的产权约束，从而导致不同的经济绩效。这一指标考虑了三个子项目：非国有经济在工业总产值中的比重、非国有经济在全社会固定资产总投资中的比重和非国有经济就业人数占城镇总就业人数的比例。非国有经济的发展是我国经济制度方面的最重要指标之一。

（4）引进外资的程度。引进外资的程度是一国或一个地区经济开放度的重要体现，开放经济与封闭经济存在本质的不同，开放程度与专业化分工、创新动力等密切相关。较高的外商投资反映较完善的市场环境，从而在一定程度上说明要素市场的发育程度较高。理论上预期引进外资程度越高的地区，经济发展水平应该越高。

（5）信贷资金分配的市场化。目前，非国有经济在我国经济中已占有基础性作用，但至今金融机构对非国有企业的贷款还只占一个相对小的比重。国有企业使用了大部分的银行贷款，却只对总产出做出了一个相对小的贡献。这一状况与通过市场机制合理分配金融资源的目标很不相称，而且不利于未来的经济发展。信贷资金分配结构与产出结构之间偏离越大，大体上说明信贷资金分配的市场化程度越低。

经济市场化程度相对较低的中西部地区，金融市场与产业市场的国有垄断程度都非常高，金融垄断与产业垄断相匹配在短期内确实能够推动经济发展，但不具有动态效率的改进机制。与东部地区的经济和金融市场化形成良性开放式互动不同，中西部地区的经济和金融生态陷入了一个封闭的、自我加强的"陷阱"，要打破这一怪圈必须要有相应的制度变革。

（6）对生产者合法权益的保护。市场经济中政府对生产者合法权益的保护是市场正常运行的必要条件。这与产权理论所预言的结论一致，产权保护是经济发展的必要前提。对生产者合法权益的保护这一指标理论上应该与本地经济发展水平正相关，经济发展水平较高的地区本身就有加强产权保护的动机。

第六节　集群理论

随着经济全球化和知识经济在世界范围内的逐渐深入，基于成本最小化的传统产业竞争方式正在发生深刻的改变。产品竞争的战略转向了产品差异化和地域集中化战略，尤其是在高新技术领域，这种变化表现得更为突出，在传统产业特别是劳动密集型产品的生产领域，产品的差异化和地域集中化战略也在广大的发展中国家凸显。按照经济学关于产品成本最低化的假设，在经济全球化和经济自由化日益强劲的今天，按理应该出现产业在全球范围平衡分布的趋势，因为在落后的地区进行产业布局具有生产力、地租等生产要素成本低的优势。但在事实上，具有竞争优势的产业却出现了产业发展的集聚趋势，即产业集群现象，它的典型特征就是同一产业及相关产业的企业及其支撑机构在地理上集中形成产业群。研究对象是意大利北部地区，那里的皮革与服装产业集聚成群，在欧洲国家经济普遍衰退的情况下，这一地区的产业却获得了飞速的发展。同样情况还有美国硅谷的半导体和信息产业、加州的葡萄酒业以及我国沿海地区的劳动密集型产业集群，如温州的制鞋业、上海的纺织业等。

一、集群理论形成和发展

集群（cluster），本义是指相同或相似的事物在某地的集中出现，早在 1974 年就被引入到经济学领域，当时它的意思是集聚。20 世纪 80 年代中期经济地理学者对新产业区的讨论以及 90 年代初波特教授提出产业集群（industrial cluster），形成了目前的集群概念。其实在国外，产业集聚和产业集群两个概念基本是一致的，没有大的区别，在国内也有很多的学者将其译为产业集聚，也有人将其称为产业群、地方企业集群、地方生产系统、区域集群、专业化产业区、集群和簇群等。但是绝大多数的学者还是将其译为产业集群，并认为产业集聚和产业集群存在着明显的差异：产业集聚是指产业在空间上的集中分布现象，属于经济地理学研究的内容，尤其是产业从分散到集中的空间转变过程及促使产业集中的机理；而产业集群强调更多的是集中在一起的产业之间复杂和紧密的联系，如果产业之间不存在这种紧密的联系，光是集中不能称为产业集群。因此，产业集聚只是产业集群形成的一个必要条件而不是充分条件。就集群的概念，各种文献都给出了许多相似甚至差别很大的界定。一个区域集群是一个产业集群，其中成员企业相互之间紧密联系，不仅是指相关的支持性的产业和机构，更指那些由于关联性而更有竞争力的相关和支持性机构。一个集群是指在某一特定领域，由于共同性和互补性，由相互联系的企业和相关的机构形成的一个地理上集中的群体。所有这些对集群的定义共同的地方是都强调了集群具有地方集聚的特征。现代意义上的产业集群最初来自于"第三意大利"的成功经验，意大利研究者用产业区概念来描述在区域内小企业集聚的特征，这一概念与马歇尔在《经济学原理》中描述的具有创新和学习能力的手工业集聚有很多相似的地方。

"产业集群"这个概念最早是美国的波特教授 1990 年在《国家竞争优势》一书中正式提出的，他认为产业集群是一组在地理上靠近的相互联系的机构，它们处于相同或相关的特定产业领域，因为具有共性或者互补性而联系在一起。波特教授尤其强调了产业在地理上的集聚所带来的生产力提高和创新的重要意义。19 世纪末出现的产业集群现象主要是基于自然资源的共生和节约交通成本的区位布局，而到 20 世纪以后对产业集群的认识主要是基于产业集群内部的联系和它具有的创新和学习等效应。产业集群概念出现时间不长，但是其产生的思想渊源却可以追溯到古典经济学时期。

在古典政治经济学时期，斯密提出了绝对利益学说和专业化分工理论，其中绝对利益是关于生产特定商品的区位理论，而其思想的精髓是关于劳动分工理论。专业化分工是规模报酬递增的根本原因，规模经济的实质是专业化经济。分工的扩大不仅可以产生各种需求，还会促使内部分工进一步深化。从而使分工具有一种自我强化和增强的机制，即分工一般取决于分工。分工与专业化的发展促进迂回生产方式的出现和生产部门的细化，这样就在一定的区域范围内形成了围绕某一产业或是几个产业的经济活动的空间集聚。李嘉图提出的比较利益学说，指出了由于地域差异引起的产品生产的比较成本优势；马克思提出的级差地租，也从土地的位置对生产成本的影响说明了生产地的区位对经济的作用。在这些古典经济学者的著作里，都能找见产业集聚思想的影子。

产业集群理论产生的另一个渊源是古典区位理论，古典区位理论的创始人杜能最早将空间因素引入到经济学研究领域，在他的代表作《孤立国同农业和国民经济的关系》一书中，提出由于运输成本与生产地和市场之间的距离存在密切的关系，根据市场到生产地间距离的远近，种植的产品类别会出现圈层结构，从而在考察事实的基础上构建了农业区位论。后来，韦伯在 1909 年出版的《工业区位论》中强调了运输费用对集聚行为的影响。韦伯认为，集聚的产生是因为工厂为了追求集聚的好处而迁移，只要迁移的成本小于集聚带来的收益，工厂就有主动迁移的内在动力。后来，法国的学者佩鲁提出了增长极理论，认为经济发展并不是在空间上均衡的发展，它首先出现在一些增长点或增长极上，然后才通过一定的渠道向外扩散。增长极具有技术、经济等方面的先进性，能够通过与周围地区的要素流动和商品交流等形式来影响周围地区的经济发展，在区域的经济发展中增长极总是处于支配地位。佩鲁称这种一个单位对另一个单位施加的不可逆转或部分可逆转的影响为支配效应，并认为占支配地位的企业是高效率的，它具有创新能力并实现规模经济。当政府把某一产业引入到该地区后，会产生围绕这一产业的推动性的产业集聚，再通过关联效应和乘数效应促使该地区经济的增长。由此可见，增长极理论不仅强调了推动性产业对区域经济发展的作用，也强调了政府和企业在推动性企业产生中的巨大作用，这种集聚的形成和发展的过程需要政府作为重要的角色来引导和支持。

对产业集群理论产生直接影响的要数产业区理论，产业区理论除了来源于上面提到的理论外，更直接的理论来源是马歇尔的产业区理论，它奠定了产业集群理论的思想基础。马歇尔在《经济学原理》一书中从古典经济学的角度，通过研究工业组织，揭示了企业为追求外部规模经济而集群。他把规模经济分为两类：一类是与专业的地区性集中有关系的产业发展的规模；第二类是取决于从事工业的单个企业和资源。并将第一类称为外部规模经济，把第二类称为内部规模经济。其中，与产业集群有关的是外部规模经济，马歇尔用随着产业规模扩大引起知识量的增加和技术信息的传播来说明产业集群现象。马歇尔在 19 世纪 90 年代提出了集聚即空间外部性的概念，他将产业空间集聚又称为"地方化"。据此，他提出了著名的产业空间集聚的三个原因：第一，促进专业化投入和服务的发展；第二，为具有专业化技能的工人提供了共享的市场；第三，使公司从技术溢出中获益。从中可以看出，马歇尔关于产业集群中企业外部规模经济的论述是从企业降低成本和增进收益的角度来论述由于集聚给区域内企业带来的益处。他认为，集聚产生的学习和创新也是为增进企业收益而服务的。在他的理论中，马歇尔没有考虑区域内企业的成长和区域间企业的迁入等动态因素的变化。

新经济地理学的兴起也为产业集群理论的产生和发展带来深刻的影响。长期以来，空间因素在经济学研究中一直没有引起主流经济学家们的关注，尽管空间因素对经济的发展产生着巨大的影响。但是，克鲁格曼提出空间问题没有引起主流经济学家关注的真正原因，是因为缺少精确模式分析报酬递增的假设，他正式把空间思想引入经济分析中，并把区位和规模经济、竞争、均衡这些内容结合起来。克鲁格曼认为，经济活动在空间上的集聚与规模经济有关，它能够导致收益递增，并从理论上证明了工业活动倾向于空间集聚的一般趋势，现实中的产业集聚具有路径依赖性，产业的空间集聚一旦建立起来，就具有自我延续的态势。

二、产业集群理论的主要内容

从国外对产业集群研究的情况看，学者们对产业集群的研究主要是从竞争、合作与产业集群之间的关系，从创新的角度研究产业集群以及从产业集群与社会资本、经济增长之间的关系来展开论述并取得了一系列的成果。

波特认为集群形成的原因是企业之间的竞争，而这种竞争又是充满合作的，即合作竞争促进了创新和发展。他讨论了竞争产业结构，认为许多公司在同一产业领域的竞争增加了提升技术、降低成本、创新等技术压力，竞争领域的扩大促进了产业集群的形成。恩赖特则更多地从合作的角度去研究产业集群，认为合作意味着企业有更多的机会去共享资产、营销和技能培训等方面的好处，对企业而言，合作就是向竞争者提供有价值的专有信息。当然，企业之间也是充满竞争的，这种企业间既竞争又合作成了产业集群模式的核心保证。在波特提出产业集群思想后，创新环境或创新体系的研究一直是产业集群研究的重要视角，与熊比特的企业家创新模式不同，创新体系或创新环境的研究强调的是主体之间的相互学习与合作，认为创新环境是"孕育创新过程的区域组织"，一是指本地化的网络结构，二是指从外部的学习和企业内部创新的结合。创新与学习不仅局限于尝试，"干中学""用中学""交互中学习"等方式受到更多的关注。通过企业之间的相互作用和相互学习，企业才能具有根据环境的变化不断调整自己行为的能力。创新体系包括在生产、传播、利用科学性、经济性知识过程中相互作用的各种要素及相互关系，产业集群的形成有赖于这种创新环境的支持，环境为创新提供了条件，而创新过程的结果就是形成产业集群。

产业集群研究的另一个重要的角度是社会资本理论，运用社会资本理论，主要从网络、信任和信息等方面研究产业集群的发展。普南特将社会资本归纳为三个方面：信任，共同的规范、准则和内容，协会。根据社会资本理论，集群中的个人之间的关系依赖于彼此的信任关系，作为不完全合同的替代品，这些信任关系的存在意味着个人和团体的集体行动不同于市场契约。在集群的社会资本中，企业愿意进行合作和交流，而不用担心对方的机会主义行为。同时，企业也愿意重新组织他们的关系，以减少风险。互相信任和开放的心态促进了人们的交流和互动，加快了新思想、信息和创新扩散的速度。集群中的企业除了正式的合作和联系外，其非正式接触的频率也很高，集群中的企业之间、企业与机构的界限是多孔的，它们相互渗透，企业在竞争中互相学习，建立在信任基础上的社会资本暗示着信任是由一组可传递的私人关系组成，这种关系作为一种约束机制，可以保证特定计划或活动的实施。这种关系的优势是由网络嵌入性带来的。社会资本强调产业集群是对机会和互补模式的经济反应，是由行动者所构成的网络空间在经济活动上的一个反应。总之，产业集群内行为主体交往时遵循相似的文化价值观，信息沟通会更加畅通，竞争中的创新成果会不断扩散，从而使集群经济的交易成本大大降低，经济效益会显著提高。

产业集群新增长学派从知识内生和知识扩散的角度来研究产业集群，其贡献在于从知识集群和人力资本集群出发说明产业集群问题；综合了克鲁格曼的新经济地理理论和罗默的新增长理论，建立起经济增长和经济活动的空间集聚间的自我强化模型；证明了区域经济活动的空间集聚由于降低了创新成本，从而刺激了经济的增长。同时，由于向心力使新企业倾向于选址该地区，经济增长进一步推动了企业的空间集聚。也就是说，企业偏好市场规模扩大的地区，而市场的扩大与地区企业数量相关。

对产业集群特征的描述还有很多，但是总起来看，主要包括了以下方面的内容：一是集群具有的空间形态上的集聚特征，二是具有技术经济上的创新扩散、学习等特征，三是具有社会学意义上的信任、网络和制度等环境条件下的成本降低的特征。

三、产业集群成为工业化与城市发展的重要载体

产业集群成为工业化与城市发展的重要载体，从最初产业集群的发端到它在世界范围内的逐步兴起，这种趋势逐渐明朗起来。尤其是随着知识经济和经济全球化的发展，产业集群在工业化和城市发展中的作用和地位越来越突出，日益受到学界和政策规划等人员的高度关注。产业集群成为工业化和城市发展的重要载体，是与产业集群所具有的特点和优势分不开的，产业集群在今后的发展中将面临着更广阔的空间。

（一）工业化与城市发展要以产业发展为基础

工业化与城市化共同的特点就是要在一定区域范围特别是城市内实现工业对

农业和手工业的替代，通过工业的发展把农业劳动力转化为工业劳动力，改变人民传统的生产和生活方式，在空间上表现为乡村人口和资源向城市的集聚和转移。工业化强调的是工业对农业的替代的过程，这个过程也是生产力发展和科技进步推动的必然结果，也是世界经济发展的趋势。城市发展表现在诸多方面。但是城市发展最主要的，起基础性作用的是城市经济的发展，其关键在于城市工业化的发展，即使到了城市发展的后期，第三产业成为推动城市发展的动力的时候，工业依然在城市发展中起着基础性作用。离开了产业尤其是工业发展，城市的发展就失去了基础和动力，从这个意义上讲，城市发展要以产业发展为基础。

工业化的进程随着科技和生产力的发展有着不同的发展重点和形式，这对城市和工业的发展会产生很大的影响。在工业化早期，工业发展的重点是以机械制造为代表的重工业和以开采为主的挖掘、矿业等产业，由于受到动力、资源分布、运输条件等多方面的制约，当时的工业在分布上主要采取靠近资源、动力、江河等方便生产和运输的地方，它对城市经济发展的影响相对现代工业来讲要明显小一些。当时工业发展集中的地区可能只是在一个小镇甚至偏僻的乡村，那里集中了来自全国各地的贫苦农民和失业者，大家为养家糊口而日夜劳动，对城市消费的拉动作用很小。但是，他们的劳动却是主要为城市里的居民服务的。在工业发展过程中主要采用的是较分散的组织形式，这与以后出现的"福特制"方式有很大的不同，那时流水线作业还基本不存在，计件或计时等报酬方式与产业发展的落后状况相适应。

20 世纪以后，随着科技进步和生产力的发展，工业取得惊人发展。以钢铁和汽车产业为代表，随后是以家用电器制造为代表的工业替代了产业革命以来机械制造和采掘为主的工业，"福特制"生产方式兴起，使工业的面目发生了深刻的改变。由于采用流水线生产作业方式，工人被高度地组织起来，按照严格的规范和制度进行配合作业，任何一个环节出了问题都将直接影响到整条生产线正常的运行，工人的待遇也与整条生产线的效率联系起来。由于动力和交通、通信的发展，工业布局不再受到资源分布、交通、信息等方面太大的制约，而更多地集中在消费市场所在的城市，城市自身的集聚功能为工业的发展提供了劳动力、信息、市场、技术等各方面的便利。在较长的一段时期，工业化的发展一方面为城市的发展奠定了基础，成为了城市发展的产业支撑；另一方面，城市的发展也为工业化进程的加速提供了条件，起到了加速器的作用，城市里的工人开始转变身份，从农民转变为城市居民。

20 世纪末以来，随着计算机和信息技术的发展，工业发展的重点在保持加工工业强势地位的同时，以计算机设备、网络、软件开发等为代表的新型产业崛起，这种端倪初显并逐渐明朗的产业被称为知识产业或信息产业，它不同于传统工业，与福特制工业也有明显的不同，它的生产更多地体现着知识和技术的创新，它那令人惊讶的发展和升级速度都是以前的工业所无法比拟的，需要新的工业生产和组织形式与之相适应。同时，随着人民生活水平的提高，消费者的个性化消费倾向日益突出，在消费品的选择上更倾向于选择与众不同的具有明显个性化的商品，这种选择从日常生活需要的小商品到汽车，那种建立在"福特制"和流水线基础之上的标准化产品已经不能满足消费变化，工业企业适应新的形势，开始推出批量小、特色化和个人定制的产品，这些新的变化都需要有新的工业生产和组织形式与其相适应。

（二）产业集群在产业发展中具有突出的优势

产业集群兴起的原因不仅在于它满足和适应了新的需要和新的形势，更在于它对于产业发展具有十分突出的优势，这种优势是在科技发展和信息化加强的新时代背景下其他产业形式所不具备的。产业集群是一种高效的产业组织形式，它是介于市场和企业之间的一种组织形式，兼具市场和大企业的优点，克服了它们的不足，所以效果就更好。产业集群有利于形成企业核心竞争力，有利于调动生产积极性，有利于形成专业市场，易于激发创新意识，有利于地方经济招商引资。产业集群还能治理"信用缺失症"，创立区域品牌等优势。产业集群在产业发展中的优势十分突出，最主要的优势当属专业分工优势、成本优势、创新优势和社会资本优势。

（1）专业分工优势。分工和专业化生产一直是经济学研究的重点领域，斯密在《国富论》中提出推动经济增长的根本原因就是劳动分工的日益深化，而新的劳动分工的深化取决于市场范围的扩大。分工带来的专业化导致技术进步，技术进步产生报酬递增，这是一个因果累积的过程。产业集群的专业化分工优势十分突出，产业集群不同于传统的大企业生产组织形式，它把原来一个大企业流水线的生产转变为多个企业之间的合作，使集群个体之间的专业化分工介于市场和大企业之间，尤其是集群中存在大量的同类企业的高度集聚，使得分工和专业化日益突出，在市场需求瞬息万变的消费环境下，这种集中度高的专业化分工十分有利于集群内企业适应市场的变化，对市场的新需求做出灵活的反应。而这是一体化的大企业和市场很难做到的——大企业反应慢，需要很长的时间来调整，而过于分散的市场小生产者缺乏联系和合作，对市场需求变化的反应只能处于满足适宜个体生产的产品上面。

（2）成本优势。产业集群的成本优势表现在集群内企业由于集聚带来的交易成本的减少、外部经济和专业化的市场等带来的成本的节约。降低成本一直是经济活动单位决策的主要标准，在企业收入一定的前提下，企业成本的降低就意味着利润的提高。早期研究者在研究企业的选址问题时发现，在交通和动力落后的时代，企业更愿意选址在原材料的附近以降低运输成本，随着运输设备的改善，企业才从原材料附近搬迁到接近消费市场的城市地区。产业集群在成本节约上有着多重的优势。首先是集群带来的交易成本降低，按照制度经济学的研究，一次完整的交易包括界定产权、寻找交易对象、获得相关交易信息、讨价还价、签订契约、监督交易实施等程序。在这个过程中会产生相应的费用，这就是交易的成本。威廉姆森认为，交易费用的大小与资产专用性、不确定性和交易频率之间有很大的关系。产业集群由于高度的集聚能有效地降低寻找交易对象、获得交易信息以及减少不确定性等方面的成本，从而能很大程度地降低集群企业的交易成本。同时，由于集群的高度集聚的特点还带来了外部经济和专业化市场：一是社会生产条件和辅助行业提供的专业化服务的共享；二是技术和知识的溢出效应；三是形成较高效率的地方劳动力市场。

马歇尔所提到的技术溢出效应和地方劳动力市场，在大机器工业经济时代对降低集群内企业成本的作用表现得很明显。但是，在知识经济时代的背景下，技术的溢出和专业化劳动力的充分供给更是对信息等高新技术产业具有决定性的意义，从而具有更强烈的现实性。除了上面提到的劳动力市场外，还由于集群企业在生产产品上的相似和相关性，在集群企业所在地还发展出比较集中的专业化商品批发市场，这也能有效地降低企业营销的费用，与市场的高度接近还使得企业能紧紧把握住市场的变化，快速地对需求变化做出及时的反应。总之，外部经济和专业化市场对集群降低成本具有显著的作用，降低成本也是集群产生的主要动力之一。

（3）创新优势。产业集群的创新优势十分突出，传统经济学认为，企业的活动集中在特定区位点上，企业所处的位置与创新的能力没有关系，随着交通、通信等技术的发展，区位因素对企业经济活动的影响正在降低。但是，这种认识受到多方批评，大量的创新活动越来越以产业集聚区的形式表现出来，创新的空间特性受到了前所未有的关注，比较典型的是美国的硅谷、德国的巴登-符腾堡地区等都成为标志性地区。这说明创新具有明显的地域空间特点，所有这些集聚区的共性是区域性贸易网络和完善的制度支持机制，同时在这些地区存在特有的低交易费用和高外溢效应。当然，除了这些高科技集聚的地区以外，一般性的中、小企业或一般技术的企业也存在着创新和学习的问题。集群创新的优势来自于集聚产生的信息交流、创新思想的碰撞以及激励竞争产生的压力，而这些条件是单一企业很难具备的，集群之间存在的学习效应和外溢效应也为产业集群的创新带来好处。从结果上看，集群的创新直接推动了技术的进步和产业的发展；从更深的层次看，集群创新的好处在于通过创新、学习和竞争，推动了技术进步，使得产品处于类似于垄断地位的状态，从而在强烈的竞争中处于优势地位，当后来者普遍地采用新技术从而使产品价格降低时，创新企业便开始选择更新的技术。

（4）社会资本优势。产业集群的社会资本优势也很明显，在产业集群中，社会资本是指在一个特定的区域内，企业内部、企业之间、企业与相关产业之间以及企业与企业外相关实体、群体之间的社会联系等社会关系的总和，也包括企业获取并利用这些关系来摄取外部信息和其他资源的能力总和。产业集群的社会资本研究集中体现在网络和信任两个方面。集群中的社会网络是集群企业相互之间以及集群内部与集群外的机构和人员之间的联系形成的复杂的动态的网络体系。社会网络具有动态性、根植性、开放性的特征。从集群典型的社会网络看主要有这样几种：上下游企业联结成的生产链条，生产或销售同种产品的企业聚集网络，教育科研机构、地方政府、中介组织、服务机构和金融组织等形成的制度支持网络、产业集群内的企业家网络。社会资本是一种处在网络或更广泛社会结构中的个人动员稀缺资源的能力。在这些网络中，企业家网络对集群的发展尤为重要，这种有集群内企业家广泛参与的网络能够及时、快捷和面对面地沟通和交流，它不仅能够有效地降低交易和谈判的成本，更主要的是这种面对面的沟通和交流有助于集群内企业家之间加强了解，在彼此长期交往的过程中形成比较稳固的业务关系和建立信任。企业家网络提供了一种声誉，加大了对道德风险的抑制，保证了企业主之间信任的长期维系。在一定程度上可以说集群就是一个大的关系网络。由于地理位置靠近，交易行为大量发生在相互熟悉的企业之间、企业和知识生产机构之间。通过长期交往企业之间形成的相互信任的程度很深，各企业之间在信任的基础上也努力维护自己的声誉，而声誉对企业很重要。在集群这个大关系圈里，各个行为主体可以凭借其社会关系获取对自己有利的信息资源。集群内各企业间的交流很频繁，它们之间的合作是重复多次的。由于处于同一地区，存在特有的地缘、亲缘关系网络，使得人们之间的可信任度非常高，形成了在相互信任基础上的共同行为准则，他们必须诚实守信，减少机会主义的行为。同时，建立在信任基础上的非正式关系网络促进了合作，使得信息和资源在企业中能够共享。

总之，产业集群具有明显的优势，这些优势表现各异，作用的范围和方式也不相同。但是，无论是何种优势，其对产业集群的最主要的功能就是这种优势能够有效地降低集群内企业的成本，包括生产成本和交易成本等，这实际上就增加了企业的利润。除此之外，产业集群的优势还有助于集群在与同行或相关产业单位的激烈竞争中保持自己的优势地位，特别是在技术和信息的掌握上。

（三）产业集群已经成为工业化与城市经济发展的重要载体

正是因为工业化与城市经济的发展需要以产业主要是工业作为支撑，而产业集群又具有上述种种优势，在经济发展过程中，产业集群已经成为工业化与城市经济发展的重要载体。甚至可以预见，随着工业化和城市经济发展进程的加快，产业集群将发展成为工业化与城市经济发展的主要表现形式，这种趋势体现在产业集群突飞猛进的发展势头上。产业集群成为工业化与城市经济发展的重要载体，这种现象在国外表现得比较突出，我们在谈到现代工业和城市时经常会想起那些具有以产业集群为主要载体的产业区，比如美国的硅谷、128公路地区的信息产业，底特律的汽车城还有在欧洲和亚太地区广泛存在的产业集群。它们一方面是当地工业化发展中形成的具有鲜明地域特色的产业形式；另一方面，这些产业集群也成为城市经济发展的支柱，成为了城市的标志和象征。除了这些信息、工业制造等新型产业外，即使是一些传统的产业也在一些地区形成产业集群，比如传统的纺织、制鞋、玩具等劳动力密集型的产业。这说明产业集群作为工业化和城市经济发展的载体具有广泛的产业领域分布和广泛的地域分布，不再是独特的现象，而是正在逐步发展和扩散。

产业集群现象在我国也有较好的发展，尤其是在经济较发达的东部沿海地区和中西部一些经济发展基础良好的城市。东部沿海地区工业化进程速度快，尤其以劳动力密集型的外来企业为主，在外资经济的带动下，与其配套的上下游产业迅速地在沿海的城市集中发展起来，尽管这些产业的附加值很低，技术含量有限，但是它有效地缓解了就业的压力，示范作用也不可忽视。在外资的带动下，在浙江、广东和福建涌现出大批当地居民投资兴建的中小企业，它们在发展的初期就表现出产业集群的特点，即同类产品生产高度地集聚在一起，形成了具有明显地域特征的生产集聚，带动了当地工业化的发展，同时也加快了当地农村向城市或城镇转化的进程，比较典型的如温州、中山、深圳等珠三角和长三角地区。目前，北方以天津和北京为中心的京津唐地区也在加快产业集群的发展步伐；中部地区的武汉提出了建设"中国光谷"的口号；西部地区的重庆产业发展以电子、汽车、摩托车制造等为主要产业，形成了具有产业集群特点的集聚。

在我国，产业集群的形成和发展既有产业集群自身发展的内在动力，也有地方政府的直接或间接地参与和推动。在传统产业方面，产业集群的形成主要靠的是集聚本身的力量，投资的主体也是以当地或外资等非公经济为主。但是一些大的项目，尤其是技术含量高，投资数目大的产业集群背后都能找到政府推动之手，有的地方政府甚至直接参与建设和投资。产业集群得到政府的支持和倡导，在我国的很多地方蓬勃发展，具有必然性。一个地区在发展产业时不可能面面俱到，它必然有所选择，因为区域工业的发展受到多重的制约，比较重要的是人力资源、技术、资本、地理和自然条件、历史传统等。尽管如此，比较普遍的情况是产业结构由重工业、轻工业和其他产业形成一个适当的比例结构。而重工业和轻工业内部也有一个结构问题，但是一定有一个或两三个重点发展的产业。在数量上表现为所占比例较大，在质量上表现为具有领先的技术和产品，与全国甚至国际上同类产品相比具有一定的竞争优势或比较优势。利用产业集群所具有的优势，一方面可以发挥集聚优势，形成企业数量众多的产业区，能有效地降低固定成本和管理费用，提高单位土地面积的使用效率，这对地方政府来说是十分有益的事情，在空间形式上表现为各种形式的技术开发区和产业园区等；另一方面，地方形成的产业集群还具有地域的品牌效应，这种效应无论是对产业集群内的企业还是对当地经济的发展都具有积极的宣传作用，更是当地产业的一笔无形资产。

四、路径分析：产业集群、城市与区域经济发展

从前述内容可以发现从产业集群到区域经济的发展之间存在着一条清晰的路径。从最初的产业发展通过城市化和城市经济发展来推动整个区域经济的发展，在这样的过程中，工业化与工业的发展与城市化和城市经济的发展起着传动作用。起点应该是工业化，而产业集群是现代工业发展过程中的重要而高效的组织形式，在产业发展的基础上，工业经济发展和由此带来的城市的产生以及城市经济的发展为区域经济的发展奠定了坚实的产业和经济基础。

当然，从产业发展到区域经济发展之间存在着多种不同的路径和发展的方向，也会产生不一样的结果，比如以农业为主导的产业发展可能会有力地促进乡镇经济的发展和小城镇的崛起；而以旅游业和娱乐为主导的产业发展可能会促进服务业的发展，在此基础上形成的城市经济也是建立在第三产业的基础上，城市规模可能要小一些。这里提出的从产业集群到区域经济发展的路径只是众多路径和发展方式中的一种，主要是一般性的、以工业发展为基础的城市与区域经济发展的一般形式和路径。从经济发展的案例来看，无论是从我国还是从世界范围内，以工业发展来带动城市经济发展并推动区域经济发展的地区都占主要的部分，属于一般的发展途径，表现出相似的规律和发展道路，这也是选择产业集群、城市与区域经济发展作为研究对象的原因。从时间上来看，产业集群、城市与区域经济发展的路径存在比较严格的时间顺序，它表现为这种路径在发展过程中顺序不能颠倒，是逐步推进的过程。这个路径的起点是工业化的发展，离开工业化的发展就不会有产业集群这种形式存在。在工业化发展的过程中形成了产业集群这种组织形式和生产方式，也存在大量的其他组织形式和生产方式，产业集群只是其中的一种，但是它表现出了较强的优势，代表着某种新兴的力量和发展的方向。

产业集群最主要的特点就是集聚。集聚经济的发展必然带来各种生产要素的高

度集中，相关的服务设施、基础设施比如运输、通信、水电等的建设，这些都为城市的形成打下了基础，使许多原来以农业服务为主要功能的乡镇或县城、中小城市发生质变，成为了具有相当工业基础和经济基础的更高层次的城市。在此基础上，城市经济由于产业集群带来的经济实力和经济发展后劲增强。以前由于本区域的经济发展长期建立在落后的农业和小生产基础之上，现在被产业集群带动起来，城市经济的崛起为区域经济的发展注入了活力和动力。工业成为了区域经济发展的主导力量，主导产业也从农业和小生产升级为具有现代组织形态的工业，区域经济发展也出现了质的飞跃，它不仅表现为本区域城市的兴起和城市经济的发展，更表现为基础设施的改善，人民生活水平的提高，生活方式和生产方式的变化；还表现为人的思想观念、习惯等的改变。总之，现代工业和城市生活方式影响到区域内的每一个人。

从产业集群、城市与区域经济发展的路径的空间特征来看，这条路径也具有明晰的空间演化和发展顺序，具体表现在从工业化发展中产业集群所具有的点状分布到城市形成和发展的块状特征，最后到整个区域经济发展的网络状分布，可以理解为一个由点到面再到网络状的空间演化过程。工业化进程表现为各种生产要素在空间上高度地集聚到点状的工业集聚区，不仅是企业在空间上的简单集聚，更体现出围绕一定中心产业形成的外围企业和服务企业的一定秩序和结构的集聚。在一般大型企业中，很注重配套生产和上下游企业的集中，但是同类企业并不一定表现得高度集中，而传统的小生产和手工业更多地分散于市场或农户家里。点状分布的产业集群在城市里的空间分布表现在各种形式的开发区、产业区和高新技术园区等土地面积高度密集使用的地方，一般位于城市的部分地区或城市边缘区等，在一些落后的农业区或缺乏工业的城市地区，产业集群就直接地分布于城市最繁华的地区，成为了城市最主要的组成部分。

工业产业集群为城市的形成和发展带来动力，但由于过度的集中产生了过高的集聚成本，一些效益低的企业和单位最先搬出城市的核心区，尤其是一些对交通条件和便捷性要求高的企业需要搬到交通阻力小的城郊，过高的地租也是阻止产业集聚的原因。这样一方面导致了产业分布在空间上的分散，在分散的过程中更多的企业参与进来，促进了城市产业的更大发展；另一方面，产业集群的发展通过自身创造的利润和就业等方面的贡献为城市经济的发展打下了基础，使得经济力量的分布从点状分散到城市的各个角落，惠及城市里的所有人口。

在城市经济发展的基础上，整个区域的经济状况因为工业经济和由此产生的各种相关产业的发展被带动起来。首先就表现在对推动和改善农村地区剩余劳动力的就业上，城市人口更倾向于在正规部门就业，而农村剩余劳动力对在非正规部门比如民营企业就业很感兴趣。另外，城市经济的发展和城市规模的扩大，带动了本区域农产品的消费和生产，这有助于提高农民的收入水平，工业发展提供的利润在满足了城市基础设施建设的基础上将逐步地向农村地区倾斜。最典型的就是目前我国启动的新农村建设。这可以视为农业在补贴工业发展多年之后，工业和城市对农业和农村的反哺，即使没有这个政策，按照正常的发展过程，这样的措施和进程也一定会出现，因为区域内过度的发展不均衡会影响到整个区域经济的发展。这样，城市通过对农村的带动从而推动了整个区域的发展，这也是一个城乡经济一体化的过程。在这样的过程中，城市对农村地区和其他中小城市的发展通过空间上的辐射、连接和沟通等方式，形成了商品、资金、信息、技术等各方面的交流，这种交流更多地表现为城市向农村地区的输入。在方式上，这种交流和带动是通过投资、交易、支援、交通通信等途径来实现，这种带动是以中心城市为焦点，向外围地区的全方位的辐射，这里也存在着幅度大小的不同，存在着距离对能量的影响，一般是离城市近的地区受到的影响最大。产业集群、城市与区域经济发展的路径如图 2-2 所示。

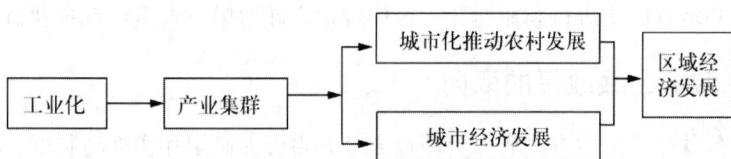

图 2-2　产业集群、城市与区域经济发展

总之，产业集群是工业化发展中的重要组织和生产形式，它对城市的形成和发展具有积极的促进作用，产业集群通过带动城市经济的发展来最终推动整个区域经济的发展。这在现实经济生活中不仅普遍存在，而且有逐渐加强的趋势，通过正确的引导，营造优越的环境，为产业集群、城市和区域经济发展的路径的正常演化提供良好的条件。总而言之，产业集群对发达地区和发展中地区都具有十分现实的意义。

第七节　区域公共政策

区域政策是根据区域差异而制定的，协调区域间关系和区域宏观运行机制的一系列政策之和，在宏观层次上影响着区域的发展。由于区域政策是一门动态性很强的学科，在不同的体制背景、不同的发展阶段下，会有不同的区域政策。区域政策的提出依据的基本思路是政府干预主义，致力于解决区域问题与协调区域利益矛盾。

一、地方政府的实质

《国际社会科学百科全书》认为，地方政府一般来说是一种公共组织，它有权决定和管理一个较小地域内的有限公共事务，这一地域是某个区域性政府或全国性政府的分治区。公共选择理论把经济学中的"经济人"范式应用到政治领域，认为政府只是在个人相互作用基础上的一种制度安排。人是自利的、理性的、追求效用最大化的，在市场中如此，在公共领域也是如此。所以，政府并不是人们通常所想象的一心一意为人民的。政府的行动实质上反映了追求自身利益的各种经济主体的利益关系，政府只是对这些利益关系权衡取舍从而做出决策，而且这一决策过程为政府官员所操纵。

作为政府机构框架基层单位，地方政府显然具有政府的实质性特征，是公益性与自利性的结合体：一方面，地方政府是公共管理者，存在着与中央政府和地方民众的双重委托–代理关系；另一方面，地方政府又是自利的，表现在既与上级政府、平级政府和地方民众进行利益博弈，也体现地方政府组成人员对自身利益的追求。

二、政府公共政策的取向

地方公共政策是地方政府为管理地方公共事务而制定和实施的制度、方针和措施的总和。地方公共政策的制定受到各种因素的制约，如地方资源、环境、民众心理、国家宏观政策等。作为政策的制定者，地方政府需要考虑各方面因素，在衡量各种利益关系的基础上，综合形成某种政策，而这种政策是地方政府自身利益最优化表达。这种最优化表达同时也意味着地方政府使公益性与自利性达到了某种均衡状态。

地方政府所具有的双重委托–代理关系，其收益由两部分组成：一部分是上级政府为使地方政府完成自己委托的公共管理职责而付出的成本，即财政拨款；另一部分是地方民众为享有公共产品而支付的成本，即地方税收。由此可见，地方政府的收益实质上是一个财政过程。地方政府的自利行为就是围绕着财政获取和政府官员的自身利益追求而展开的。一方面，地方政府为了获取更多的财政拨款与上级、同级政府博弈。在这个过程中，地方政府的讨价还价能力是其获得更多财政拨款的决定因素。而为了增加这种能力又促使其不得不与同级政府之间展开利益博弈，这就是为什么地方政府之间恶性竞争不可避免的原因。财政获取对地方政府利益驱动的另外一个表现就是地方政府对市场的不必要干预，地方政府会采取保护政策干预企业之间的市场竞争。另一方面，地方政府官员为了追求私利而进行的创租、抽租、设租、寻租等行为也使地方政府在政策制定上表现出自利倾向。虽然有人认为，政府官员的个人行为与政府行为是不同的,政府官员的自利行为不代表政府也是自利的,但政府官员是在行使政府职权,其自利行为如果不具备公共权力的背景,其行为结果必然是不同的。

为了更清楚地分析地方政府的政策取向,可以从长短两个时期考察地方政府行为:从长期来看,地方政府政策要具备长远性,符合地方未来发展的需要;从短期来看,因为任期限制,地方政府必须要做出成绩,而政绩的取得往往取决于可支配财力的大小。财政充裕的地方政府能大展拳脚,顺利完成其代理人职责;财政有限的地方政府就会处处捉襟见肘,难以施为。因此,在财政条件和政府任期的双重约束作用下,基于政绩考核和个人升迁前景的考虑,地方政府在长期目标和短期利益之间必然偏向于后者。尤其是政府任期对政府官的自利行为有着强烈的刺激作用。政府官员固有的政治报酬递增和任期限制使得其个人时间贴现率要高于社会时间贴现率,因此政府及其官员的短期行为具有"有权不用,过期作废"的意味就不难理解了。正是地方政府对于短期收益最大化的偏好,决定了地方公共政策的取向。在各种影响因素的作用下,地方政府通过选择短期收益最大化方案来实现公益性和自利性的均衡,最终形成地方公共政策。

三、地方公共政策的影响

在区域经济发展中,地方政府的地位无可替代,地方公共政策取向对区域经济发展有着实质性的导向作用。分析地方政府短期收益最大化的政策取向对区域经济发展的影响,是了解利弊所在,进而寻找区域经济发展良方的前提。地方政府短期收益最大化取向对区域经济发展既有积极影响又有消极作用。

(一)积极影响

虽然短期收益最大化追求容易产生短期行为,对长期利益造成损害,但是并不能就此认为,这种政策取向毫无可取之处,在一定范围和限度内,这种政策取向对区域经济发展也有积极作用。

(1)提供了较大型的公共产品。由于讲究短期收益,地方政府往往喜欢搞一些比较大型的工程项目,如广场、桥梁、沿江绿化工程和城区大片改造等。一是显示政绩,大型工程项目往往是地方的亮点;二是获得争取上级政府拨款的正当理由。当然,一些劳民伤财的政绩工程的确是给地方造成了损失,但是不容否认的是,较大型的公共工程项目事实上的确起到了增进地方居民福利的作用。这表现在三个方面:其一,基础设施和环境的不断改善提高了居民的生活质量;其二,有利于吸引投资,地方居民能享受经济发展带来的好处;其三,大型公共项目往往能争取到上级财政拨款，这在客观上降低了地方居民享用公共产品的成本。

（2）一定程度上保证了地方的稳定。从公共经济学的角度来看，地方政府具有提供公共产品的规模效益优势，其前提是公共产品的政府供给价格低于市场和私人供给价格。一旦公共产品出现价高质次问题，地方政府与其民众之间的合约便有中断的可能。当作为代理者的地方政府不能有效完成委托人的任务（有效提供公共产品）时，信任危机就会出现，地方政府更迭可能发生，进而产生危机。地方政府的一些短期收益偏好，如地方保护主义、借债以及与上级政府的利益博弈等，客观上保证了其对委托任务的顺利履行，从而使信任得以维持，保证了地方经济和社会的稳定。

（3）促进了区域经济发展。从某种角度来说，政府的某些短期行为也是不得已而为之，其基本出发点也是为了发展区域经济。为了吸引投资，地方政府在税收和土地使用等方面不得不开出种种优惠条件，否则，投资企业就会"以脚投票"进行惩罚，落户它处，这也是地方政府之间进行利益博弈的另外一个原因。尽管如此，地方政府一旦引进了投资，对区域产业结构调整和技术进步就有着不可忽视的作用，并在区域内形成联动效应，会带动诸如就业、运输、消费等经济活动，客观上促进了区域经济发展。

（二）消极作用

从综合效应上来说，地方政府短期收益最大化的政策取向所造成的消极影响要大于积极影响。这些消极作用集中体现在地方政府的种种短期行为上，带来的危害也较大。

（1）资源浪费。地方政府短期收益最大化偏好往往导致本位主义决策，容易忽略地方经济发展的客观规律。如为了扩大税源，地方政府会优先发展那些能带来高税收的产业，而不是依据自身的比较优势，选择合适的专业分工，其结果就是重复建设和地方产业结构趋同。正是地方政府的短期行为造成了资源的巨大浪费，原本一些比较充裕的资源，现在已经逐渐变得稀缺。在沿海发达城市，土地已经成为制约其可持续发展的瓶颈。

（2）地方巨额负债。自从1994年实行分税制改革后，中央通过提高财政分配比例加强了权威，而地方政府处境则变得不乐观。"财权上移、事权下放"的做法使地方政府感受到了前所未有的财政压力。为了缓解压力，地方政府一方面加大向中央政府争取财政拨款的力度，另一方面不得不想尽办法筹集资金。由于我国《预算法》明确规定地方政府不具有发行公债的权力，并要求实行无赤字的"平衡预算"，地方政府只能转而间接举债。尽管相关法律有严格规定，地方政府依然能通过变通的方式达到目的，这就是"预算软约束"。"预算软约束"的严重后果就是地方政府通过各种迂回方式大量举债，形成了巨额地方债务。国务院发展研究中心地方政府债务课题组的一份报告指出，地方债务最主要的形式包括：由地方政府出面担保或提供变相担保；为企业向银行贷款融资提供方便（规模最大）；地方政府部门拖欠企业工程建设项目施工款的各种"白条"等。地方政府的巨额负债已经是不争的事实，大规模的地方负债会对区域经济和社会产生颠覆性的危害，且治理难度极大。而其主要根源就是地方政府大搞"政绩工程"的短期行为。

（3）有害区域的长远发展。地方政府的长期目标就是区域的可持续发展，这就要求合理规划和科学制定地方经济政策。而对地方政府的政策取向分析表明，由于财政约束和政府任期限制，地方政府更注重的是短期收益。这对区域的长远发展会造成三方面的危害。其一，地方政府信用缺失，"政令无常""朝令夕改"等现象足以说明地方政府信用的社会评价级别。地方政府信用是地方声誉的基石，若缺失不仅影响政府自身形象，而且会对企业和居民形成负面示范效应，从而降低地方声誉，这对投资者来说是一种风险预警信号，引起投资行为的终止。其二，地方经济政策的非连续性，"一届政府一个政策"。其后果就是造成区域产业分散，难以形成经济集聚效应，影响区域竞争力的培育，不利于区域的长远发展。其三，地方政府短期行为的示范效应。地方政府的地方主导地位使其行为具有强烈的示范效应，其短期行为会引起地方各部门、企业甚至个人的效仿，造成地方主体经济行为和社会行为的整体不良。如地方政府之间的引资竞争也会传递到其内部，引起内部各主体间的恶性竞争。如此恶性循环对区域的长远发展无异于釜底抽薪。

（4）不利于区域经济协调发展。从严格意义上讲，区域政策是中央政府的政策工具，地方政府在自己的权限范围内提出的政策只是地方政策，而不是区域政策，但在某些区域政策问题上，却往往出现政策主体的混乱，中央政府的政策替代了地方政府的地方政策，地方政策替代了中央政府区域政策的情况常有出现，对区域发展造成了不利影响。地方政策的短期收益最大化取向所造成的后果属于后者，即地方政策取代区域政策。即使不是替代关系，也难以保持一致。中央政府实施区域经济政策的目的就是协调区域经济发展，促进区域合理分工和产业布局，合理利用资源，实现区域经济可持续发展。但是正如地方长期目标和短期利益的取舍一样，在与中央区域政策的博弈上，地方政府依然倾向于选择短期利益最大化。"上有政策，下有对策"也许是对地方政府这一行为的最好诠释。正是中央政府与地方政府目标的不一致性，才产生了二者的政策博弈，结果就是中央政府区域政策部分甚至完全失效。看看现在仍然大量存在的重复建设、资源浪费现象和屡禁不止的投资热潮以及举步维艰的中央区域发展宏观调控，就能明白地方政府短期行为对区域经济协调发展带来的严重危害。

（三）进一步讨论

地方公共政策短期收益最大化取向对于区域经济发展的影响利害兼有，且弊大于利。如何限制地方政府的短期行为，使其向注重区域长远发展转变，是需要深入思考并加以解决的问题。其中的关键在于找到使地方政府短期行为向长远规划转变的刺激条件。从此着眼，改变现有的政绩考核和奖励机制、强化决策责任制度、明确产权归属、促进社会公平发展等不失为有效的路径选择。

四、有效的政府是区域经济发展的保障

正如世界银行发布的《世界发展报告》所言，在几个世纪里，获得自然资源——土地和矿藏——曾被认为是发展的前提条件。非洲、亚洲和美洲的大部分地区被殖民地化，而且很多国家为了获得资源而进行了战争。后来，这种思想发生了变化，物质资本——机器与设备——被认为是发展的关键。"工业化"成为"发达"的同义语。但从 20 世纪中叶开始，经济理论家们认识到，即使是这种观点也是过于简单化的。蕴涵于机器与设备中的是技术、知识和思想。自那时起，如人力资本等因素作为解决方法吸引了人们更多的注意。80 年代以来，在解释各国在人力资本和物质资本积累方面为什么会有不同的速度时，人们将着重点转向了稳健政策所起的作用上。这导致重点再次转移，即政府机构的质量提高。历史和现实说明，没有一个有效的政府，发展是不可能实现的。政府不仅是市场规则的仲裁人，还通过自身的经济活动为其他活动创造环境。区域内市场机制的建立与完善、基础设施的投资建设、技术的进步、人力资源的开发、产业结构的协调、城镇体系的完善等，如果没有政府协调将是一个自发的、漫长的过程。政府不仅要制定市场经济体制所需要的法律、制度，还要通过实施产业政策和投资活动促进产业结构的调整，满足市场经济的发展所需要的基础设施等公共物品。通过法律制度的建设、产业结构的调整、基础设施的建设，为区域经济的发展提供了优良的投资环境，就可以建立起资本形成与技术进步的良性循环，不断提高区域的竞争能力，使区域经济得到快速健康的发展。

（1）区域经济发展管理。区域经济发展管理面对的主要是宏观经济问题，其面临的两大挑战是：经济增长和充分就业。区域经济发展管理是在公平竞争的前提下，通过对区域内经济资源的有效协调，使区域经济能够健康有效地发展。区域经济管理的主要方法，其一是管理学的方法，其二是法律的方法，其三是行政的方法。

（2）区域人口管理。区域管理的基本目标是服务于人，人口管理是区域管理的基本问题。区域的适度人口主要应考虑区域内的资源状况、经济发展基础和人口就业的形势。通过对人口的管理和人力资源开发，使区域的发展能够上一个新台阶。

人力资源开发是近年来颇受重视的一个区域发展的题目。在新经济时代，人力资源已逐渐成为创造财富的主体资源，区域的发展状况，很大程度上取决于这个区域人口教育水平、科技开发能力和技术创新精神。所以，人力资源开发正成为区域管理的重要组成部分。

（3）区域环境管理。区域环境管理正在成为区域管理的主要内容。近年来，一些学者提出区域环境管理应当是造就一种发展的模式，在对环境进行严格控制的前提下，造就一种经济发展的良好空间。这种被称为"环境经济模式"的观点认为，环境经济模式是以区域或城市的区位优势和环境优势为前提条件，发展相应的经济中心，带动周边地区的发展。这种模式将区域或城市视为最大的产品，以城市自身形象为品牌，吸引投资者，促进区域和城市发展。由于这种模式的行为主体是地方政府，所以更能够突出其环境管理的功能，其引起的累积效应也就更大。

问题及推荐阅读

（波）科勒德克，2000.从休克到治疗[M].刘小勇，应春子，纪志宏等译.上海：上海远东出版社.

陈瑞莲等，2013.区域治理研究：国际比较的视角[M].北京：中央编译出版社.

林毅夫.发展与转型——思潮、战略和自生能力[N].文汇报，2007-11-04（01）.

（美）布莱恩·阿瑟，2018.复杂经济学：经济思想的新框架[M].贾拥民译.杭州：浙江人民出版社.

（美）罗伯特.J.巴罗.经济增长的决定因素——跨国经验研究[M].李剑译.北京：中国人民大学出版社，2004.

（美）罗伯特.M.索洛.经济增长理论：一种解说[M].朱保华译.上海：上海世纪出版股份有限公司，2015.

（美）马歇尔，1997.经济学原理[M].上卷.陈良碧译.北京：商务印书馆.

（美）H.钱纳里，（美）S.鲁宾逊，（美）M.赛尔昆，1989.工业化与经济增长的比较研究[M].吴奇等译.上海：上海三联书店.

（美）谢泼德等.经济地理学指南[M].北京：商务印书馆，2008.

（美）詹姆斯.A.道等.发展经济学的革命[M].黄祖辉，蒋文华译.上海：上海人民出版社，2000.

（英）理查德.R.纳尔逊，悉尼.G.温特，1997.经济变迁的演化理论[M].胡世凯译.北京：商务印书馆.

约瑟夫.E.斯蒂格利茨，2005.后华盛顿共识的共识//黄平，崔之元.中国与全球化：华盛顿共识还是北京共识[C].北京：社会科学文献出版社.

第三章

区域发展差异

区域经济发展是与区域经济增长密切相关的问题，区域经济增长是区域经济发展的基础。区域经济发展是一个包括经济增长、结构升级、技术创新、社会进步、社会福利提高等在内的更为宽泛、更为深刻的过程，包括三方面的含义：人均收入的提高、以技术进步为基础的产业结构升级、城市化水平的提高。经济发展意味着更多的民众参与到经济发展过程中来，他们由传统的农民转化为现代产业工人，集聚到城镇中从事着效率更高的第二、第三产业活动，从而带动城市化水平的不断提高。本章主要讨论了影响区域经济发展的主要因素与问题。

第一节 区域发展差异：理论与事实

分析区域经济发展差异的合理逻辑是：地区投入要素的状况包括质和量两方面→这些投入要素按一定方式"配置"→经过配置后这些投入要素的"使用"效率→在空间配置格局的作用→促进经济发展→增加区域要素存量的积累。即使区域内所有地区要素的状况包括质和量、要素的配置方式、要素的使用效率都一样，这个区域内的经济活动仍会向某些地点集中，导致地区的非均衡发展，这就是空间格局变动力量的作用。而经济发展带来了更多的区域要素存量，并带动相关制度的自发变革，从而使经济发展与制度变迁进入一个在环境作用下良性互动的具有自我演进能力的系统。

一、区域经济均衡发展理论

区域经济均衡发展理论是从发展经济学的有关理论引进并发展而形成的。这一理论主要包括均衡增长理论和大推进理论。其中，哈维·赖宾斯坦的临界最小努力命题理论、内尔森的低水平陷阱理论和 R.纳克斯（R.Nurkse）的恶性循环理论是它们产生的逻辑起点。

（一）纳克斯的"贫困恶性循环理论"

美国发展经济学家纳克斯在 20 世纪 50 年代初期，深入探讨了发展中国家为何经济落后却又停滞不前的原因，提出了著名的"贫困恶性循环理论"。纳克斯指出，不发达地区之所以不发达，是因为它们存在着"贫困的恶性循环"。好比一个穷人：他之所以穷，是因为收入少；收入少是因为工作效率低；效率低是因为吃不饱、身体差；吃不饱又是因为穷。这便是一个恶性循环。而作为一个国家也同样存在着这种"越穷就越差，而越差就越穷"的"马太效应"。从资本供给方面看，国民收入低导致储蓄少，储蓄少导致资本匮乏，资本匮乏又导致生产率低，生产率低又导致收入少。因此，资本匮乏、收入低下、储蓄少三者互为因果，形成一个恶性循环。从资本需求方面看，国民收入低造成购买力低，购买力低对资本投资缺乏引诱力，缺乏引诱力又导致投资不足，投资不足造成生产率低，生产率低又导致收入低。因此，收入低下、投资不足、购买力低三者互为因果，又形成另一个恶性循环。上述两个恶性循环相互制约，相互叠加，任何一个循环都无法自行突破，转为良性循环。

纳克斯认为，要真正打破这两个贫困恶性循环，就必须在各个部门、各个企业之间谋求平衡增长。只有同时、全面地投资于工业、农业、外贸等国民经济各部门，使一切部门同时扩大，才能形成广大的市场，并对经济增长起决定性作用。当然，谋求平衡增长并不是在国民经济各部门按同一比例来投资，而是按不同的比例，对发展薄弱和有关键作用的部门多投资，以便实现各部门的协调发展。

（二）罗森斯坦·罗丹的"大推进"理论

"大推进"理论是关于发展中国家各工业部门必须同时平衡发展的一种理论。英籍美国经济学家罗森斯坦·罗丹，在《东欧和东南欧的工业化问题》一文中首先提出这一理论，后来又在《关于"大推进"理论的说明》中进一步阐述。罗森斯坦·罗丹认为，发展中国家摆脱贫困，实现经济发展的途径是工业化，必须对各个工业部门全面地、大规模地投入资本，工业化才能实现，经济才能发展。这是因为，一方面只有扩大投资规模，同时创建各种企业，才能取得规模经济效益，发挥外部经济效应；另一方面，经济中存在着三种不可分性（第一，资本供给，特别是社会分摊资本供给的不可分性。一个项目，尤其是基础设施建设，需要有一个最低限度的投资量才能建成，如果只单项投资是不能产生预期经济效益的，只有在各有关部门同时投资，才能形成生产能力。第二，储蓄的不可分性。发展经济需要大量的投资，

第三章　区域发展差异

因此要有大量的储蓄，而储蓄是受制于收入水平的，收入水平低，消费所占比重大，储蓄就不能提高很快，只有收入水平达到一定限度后，储蓄才可能大幅度提高，而收入的提高有赖于大规模投资生产力。第三，需求的不可分性。投资成功与否同市场需求密切相关，为了形成广大的市场，必须大规模地在各个部门和各个行业同时进行必要的投资，才能形成彼此联系的广大国内市场）。总之"大推进"理论的结论是：对经济进行大规模的投资是至关重要的，应当按照同一投资率和增长率来全面发展工业，把现有的资源均等地分配于一切工业，从而实现投资的最优布局。

二、区域经济非均衡发展理论

（一）佩鲁的"增长极"理论

佩鲁的"增长极"理论是建立在现代系统科学和现代自然科学（特别是现代物理学）基础之上的非均衡发展理论。他认为，经济发展并不是在每个地区以同样速度平衡进行的，相反，在不同时期的增长势头往往集中在某些主导部门和创新能力的行业，而这些主导部门和行业一般聚集在某些大城市或地区，并在这些中心地带优先发展起来，这些大城市或地区便成为"增长极"。增长极往往又是生产中心、贸易中心、金融中心、信息中心、交通中心和决策服务中心等，在受力场作用的影响下，增长极产生着类似磁极作用的各种离心力和向心力，每一个中心的吸引力和排斥力都会产生一定的场，能够产生吸引和辐射作用，从而促进自身并推动其他部门和地区的发展。这些中心对其他经济单位会产生支配效应，这种支配效应主要来自其创新能力。形成增长极要具备三个条件：在该地区必须有足够创新能力的企业和企业家群体；必须具有一定的规模经济效益；必须有适当的有利于经济发展的环境。

20世纪60年代以后，许多学者又将"增长极"的概念从抽象的经济意义推广到具体的地理空间之中。罗德文（Rodin）开始将增长极理论应用于区域规划之中，提出了增长极的空间含义。布代维尔又系统分析了经济空间的概念，提出并拓展了佩鲁的"增长极"理论。他基于外部经济和聚集经济的分析，将"增长极"的经济含义推广到地理含义，认为经济空间不仅包含了一定地理范围相联系的经济变量之间的结构关系，而且也包含了经济现象的区位关系。这些关系强调了增长极的结构特征。此后，尼科尔斯、达温特等学者把增长极作为增长中心或城市，进一步把增长极视为具体的空间单元。艾萨德（W.Isard）还研究和探讨了空间相互作用引力等问题，使这一问题进一步得到深化。

（二）缪尔达尔的"地理上的二元结构理论"与"循环累积因果理论"

缪尔达尔认为，发展中国家一般都存在着"地理上的二元经济结构"，即经济发达地区和经济不发达地区并存。经济发达地区（增长极）的发展对不发达地区产生两种效应：一种是回波效应，一种是扩散效应。经济发达地区优先发展，不仅对自身和经济落后地区具有促进作用，对落后地区也产生不利影响。发达地区人均收入、工资和利润水平及其他要素的收益都高于落后地区，必然会吸引着落后地区的资金、劳动力、技术、资源流向发达地区，这就是回波效应（极化效应）。这种效应使发达地区越来越发达，落后地区越来越落后。同时，发达地区发展到一定程度后，由于人口稠密、交通拥挤、环境污染、资源短缺等问题出现，使生产成本上升，外部经济效益下降，从而又使资金、劳动力、技术等生产要素倒流向经济落后地区，这就是扩散效应（涓流效应）。扩散效应会带动落后地区的发展。

缪尔达尔用"累积因果关系理论"来说明发展中国家"地理上二元经济结构"的消除。他指出，地理上二元经济结构之所以产生，是由于地区间经济发展差距，包括人均收入、工资水平差距。这种差距会引起"累积性因果循环"，使发达地区越来越发达，对生产要素的吸引力越来越大，这两者又相互促进，螺旋式上升。与此同时，落后地区由于生产要素外流，也变得越来越落后，两者也相互促进，形成螺旋式下降，使落后地区与发达地区的差距越来越大。这种由于要素收益差距形成的劳动力、资金、技术和资源等由落后地区流向发达地区的现象，就形成了"回波效应"。但回波效应不会无限制地存在下去，当发达地区发展到一定程度时，由于产生外部不经济，形成扩散效应时，发达地区就会逐渐带动落后地区的发展。从而使落后地区与发达地区的差距慢慢缩小，最终实现两者的均衡协调发展，二元经济结构自动消除。

（三）赫希曼的"不平衡增长"理论

艾伯特·赫希曼（A.O.Hirschman）是著名的发展经济学家，他在1958年出版的《经济发展战略》一书中正式提出了"不平衡增长"理论。赫希曼由衷地反对"平衡学说"，他认为，发展是一种不平衡的连锁演变过程。赫希曼提出了联系效应的概念，其中前向联系效应是指一个生产中间产品的企业或产业的建立，将导致利用其产品作为某种新生产活动的半成品投入的新企业或新产业的建立和发展。后向联系效应是指一个生产中间产品的企业或产业的建立，将会导致为其提供原材料、零部件及动力等的产业的建立和发展。

赫希曼认为，经济发展不会在所有地方同时出现，而是常常由于各种因素使经济增长集中于起始点附近地域。除了一个地方的区位优势之外,其他优势来自靠近工业气氛浓厚,对创新与冒险特别能接受的增长中心,这些增长中心就是"增长极"。经济增长在区域间与国际间由发达地区向欠发达地区传递,这种传递是通过极化效应与淋下效应实现的。"极化效应"是指经济、技术等由增长极向发展极集中的趋势,而"淋下效应"则是指发达地区对欠发达地区的经济、技术、信息等的扩散作用和辐射作用。淋下效应与极化效应相比,最终将取得优势,因此落后地区在淋下效应作用下,与发达地区的差距会越来越小,最终实现地区间的均衡发展。

(四)区域发展趋同理论

传统的新古典经济学认为,区域经济不平衡是短期现象,长期来看终会走向平衡。在生产要素自由流动和经济开放的前提假设下,索洛等著名经济学家认为,随着区域经济的增长,各个国家间的差距或一国之内不同区域的差距都会缩小。这实际上是经济学的均衡思想在区域经济发展上的体现,但经济发展的事实却并不支持上述论断。如图3-1所示,从世界范围看,自二战以来,北美和欧洲发达经济体的经济持续增长,其与亚非拉大部分发展中经济体的差距越拉越大,并没有收敛的势头。从国际经济发展的实践看,地区间发展的平衡是相对的,是人们的美好期望,不平衡却是绝对的。正如赫希曼在《经济发展战略》中所指出的,经济进步并不同时出现在每一处,增长极的出现必然意味着增长在区域间的不平等是经济增长不可避免的伴生物,是经济发展的前提条件。

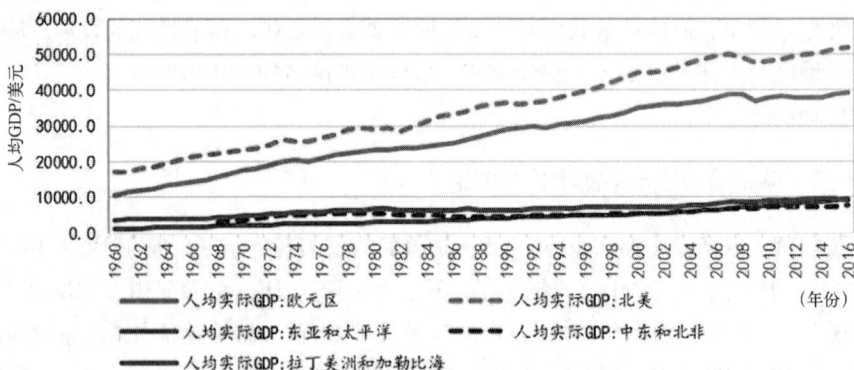

图 3-1　世界各区域人均 GDP

从特定经济体内部看也是如此。若以经济密度即单位土地面积上的经济产出来衡量,美国的经济活动主要集中在波士顿—纽约—华盛顿沿线、以芝加哥为核心的五大湖区域、以洛杉矶—旧金山—波特兰—西雅图为代表的西海岸、休斯顿—达拉斯区域以及迈阿密等少数国土，其他广袤地区的经济密度则极低。日本也有类似现象，东京—名古屋—大阪一线的经济密度明显高于其他地区。不过，地区间经济密度的巨大差异并不必然意味着地区间人均收入的差距也会如此悬殊，因为人口会向工作机会多、工作待遇好的高经济密度地区流动，经济密度低的地区往往人口密度也低。人口密度就是单位土地面积上的人口数。以经济密度排名美国倒数第二的西部山区州——蒙大拿州为例，2016 年其人口密度为 2.7 人/千米 ^{2}，远低于纽约州的139.7 人/千米 ^{2}。确实，由于人口密度的差异部分抵消了经济水平上的差距，蒙大拿州和纽约州人均 GDP 差距要小于二者人口密度的差距。值得注意的是，虽然美国人口可以自由迁徙，但这并没有完全抹平各地区间的发展差距。

三、中国区域竞争与区域发展失衡

改革开放后，中国地方政府层面展现出发展经济的强大动力。中国地方政府对经济增长、投资，特别是出口导向型制造业的发展表现出了超强的欲望。有意思的是，地方政府发展经济的强烈愿望，在 20 世纪 90 年代中期以后中央政府集权式的分税制下甚至得到了进一步的强化。这好像与常识相悖，毕竟地方政府从推动本地制造业发展中获得的财政收益比例显著下降了。要解释地方政府在分税制下经济发展愿望的增强，就需要深入地讨论造成这种结果的主要原因及其变化。对这些原因及其变化的分析，不仅构成了中国当前增长模式形成的政治经济学背景，从而成为我们理解中国当前增长模式的关键所在，也同样有助于我们考察如何才能改变这种增长模式所带来的扭曲。

自 20 世纪 90 年代中期以来，以下三方面的变化激励了地方政府开始利用各种政策工具激烈竞争制造业投资，并同时推动本地房地产业的发展，从而催生了地方发展主义的重新抬头。

首先，地方国有与乡镇企业私有化带来政府与企业之间关系的变化，并导致日益激烈的区域间招商引资竞争。自 1992 年邓小平南巡发表讲话后，政府与社会对私营企业的歧视开始逐渐减少。20 世纪 90 年代中期之后，随全国市场的一体化，资本、劳动力、原材料和产品才逐渐开始在全国范围内比较自由地流动。一方面，"南巡讲话"自上而下有力地推动了经济的自由化；另一方面，由于制造业产能开始过剩，原来地方政府兴办的、可以为地方政府创造财政收入和就业机会的国有企业和乡镇企业开始亏损，从地方政府的资产变成了负债。在面临巨大财政压力之下，地方政府开始悄悄地对本地中小型国有企业实行民营化。甚至早在 1998 年中央政府同意大规模实行民营化之前，一些省份超过 70% 的小型国有企业已经完成民营化或者关门倒闭。进入 21 世纪，大部分地方国有企业和乡镇企业已经完成了改制。

这些变化带来的结果是，地方政府从企业所有者变成税收征收者，这种政府角色的重新定位对地方政府行为产生了极大的影响。作为企业所有者，地方官员有很强的"父爱"动机照顾自己的"孩子"并确保他们赚取利润；而作为税收征收者，地方政府则必须为所有的潜在纳税者提供服务。除了更有效率的民营企业外，外资企业在 20 世纪 90 年代后期也开始大量进入中国。与国有企业和乡镇企业不同，这些私企具有更大的流动性，而且对于地方的优惠政策也更敏感。如果其他地区能提供更有利的税收优惠、土地优惠以及更好的基础设施，这些企业就会离开，结果是地方政府不得不进行非常激烈的招商引资竞争来扩大税基。

其次，以"分税制"为主要内容的财政集权改革带来的中央—地方财政关系变化，给地方政府造成巨大财政压力。出于对中央财政能力的担忧，1994 年，中国对税收制度进行了大幅度调整，具有普适规则的分税制代替了按照（各级政府）所有制确定的、可谈判上缴利税的财政承包制。中央政府独享消费税和关税，而营业税和所得税则归地方政府所有；对于增值税这个最大的税种，中央拿走 75% 的份额。分税制改革基本上使预算内收入重新集中，并使中央政府可以对地方支出行为进行更加直接的控制，但与此同时，中央—地方之间的支出责任并没有调整。而在 90 年代中后期，许多地方性中小型国有企业的破产或重组，加大了地方政府所承担的提前退休员工和下岗职工的社会保障支出，这就导致地方财政压力急剧增大。地方政府不得不努力扩大收入来源，其最佳策略就是促进本地经济发展，以此增加独享的营业税和所得税。地方政府尽管只分到增值税的 25%（如果考虑部分按公式计算的增值税返还，应该超过 30%），但增值税却构成了全部政府预算收入中的很大一部分（在 1995—1999 年大约是 40%），因此地方政府仍会鼓励制造业发展。除了预算收入，地方政府渴望开辟预算外收入的新来源，如土地出让金和各种各样的行政管理费。

第三，制造业对服务业，尤其是房地产业的产业间联系与溢出效应，在 20 世纪 90 年代中期之后开始得到强化。制造业首先能为地方政府直接带来两种税收，即增值税和企业所得税。基本上，地方政府可以获得 25%~30% 的增值税和 100% 的企业所得税。但为了招商引资，地方政府必须大规模投资基础设施，包括土地、道路、水电、通信等。此外，90 年代时，地方政府往往在企业所得税方面给予"两免三减半"的优惠。在一些较发达的县市，大部分乡镇都设有"开发区"或所谓的"城镇工业功能区"，以吸引工业投资者。这些开发区一方面事先进行"三通一平"等配套基础设施投资，另一方面制定各种优惠政策招商引资，包括减免企业所得税。在 2003 年前后的一波开发区热潮中，各地制定的招商引资政策中几乎毫无例外地推出用地优惠政策，包括以低价协议出让工业用地、按投资额度返还部分出让金等。

这些开发区甚至每隔一段时间就会根据招商引资的进度，分析本地商务环境和生产成本的优劣，并随时调整包括用地优惠在内的招商引资政策。经常出现的情况是，基础设施完备的工业用地仅以名义价格、甚至是所谓的"零地价"出让给投资者50年。由于地方政府需要事先付出土地征收成本和基础设施配套成本，因此低价出让工业用地往往意味地方政府从土地征收到招商入门这个过程中出现财政净损失。要理解地方政府的低价出让工业用地行为，必须考虑到制造业企业对服务业的溢出效应。一旦制造业工厂开始生产，就可以产生就业机会和税收收入，而这会进一步带动对本地服务业的需求，从而推动服务业部门发展并给地方政府带来独享的营业税和高额的商住用地出让金收入。

因此，地方政府在工业用地出让上的盘算是，只要吸引到投资后直接带来的未来增值税流贴现值以及其对本地服务行业推动后间接带来的营业税收入流贴现值，再加上土地出让金的收入超过地方政府的土地征收和建设成本，那么就值得继续低价出让工业用地。与低价出让工业用地不同，在商住用地出让上，地方政府往往采取高价策略。很多地方政府成立土地储备中心，垄断城市土地一级市场，通过限制商住用地的供应，并以"招拍挂"的竞争性方式出让土地来最大化出让金收入。而恰恰是90年代中后期以来，中国的服务业部门开始迅速发展，营业税逐渐成为地方政府的主要税种。尤其是1998年之后，住房体制改革逐渐使得地方政府通过"招拍挂"高价出让住宅用地（以及商业用地）获得高额土地出让金成为可能，这就进一步强化了上述制造业对服务业的财政溢出效应，推动地方政府进一步通过压低土地等生产要素的价格来进行招商引资竞争。

中国独特的土地管理制度使得土地成为实现制造业–服务业联系与产业间溢出效应的完美媒介。中国城市土地属于国家所有，农村土地归村集体所有。城市扩张和工业园区建设所需的土地绝大多数来自农村集体土地，但这些土地必须通过政府征地后才能进行开发和出让。实际上，这种地方性的土地垄断供应使地方政府能够以土地为经济发展的杠杆，并歧视特定类型的土地使用者。在实际操作中，地方政府有意限制辖区内的商住用地规模，这样可以抬高商住用地出让金；而商住用地者则别无选择，只能向地方政府支付很高的土地出让金，并将成本转移给了作为商住业消费者的本地居民。以省级数据来看，近年来土地出让金达到了省预算内收入的50%，在一些地区这个比例更高达170%。正是这些预算外收入，使地方政府有能力在制造业招商引资的过程中提供一揽子刺激性补贴，包括以廉价的土地和税收减免进行竞争。

总之，20世纪90年代中期以来发生的地方国有与乡镇企业改制后带来的制造业资本流动性、以分税制为代表的财政集权对地方政府财力的挤压以及地方政府内部化制造业对服务业的财政溢出效应，三者共同作用，造就了中国 20 世纪 90 年代中期以来地方政府发展经济的强大激励。

从 20 世纪 90 年代以来，中国的投资占 GDP 的比重逐年攀升并达到非常高的水平，这正是地方政府通过压制工业用地价格来吸引制造业投资，努力建造更多、更大、更好的工业园区以及通过放松劳工与环境保护来创造制造业"良好投资环境"所必然带来的结果。以开发区为例，2003 年 7 月全国各类开发区清理整顿结果显示，全国各类开发区达到 6 866 个，规划面积达 3.86 万平方千米，这些开发区到 2006 年年底被中央核减至 1 568 个，规划面积压缩至 9 949 平方千米。事实上，这些被核减掉的开发区大多数只是换掉了开发区的名称而已，多数转变成所谓的"城镇工业功能区"或"城镇工业集中区"，原有的开发区功能几乎没有任何改变。考虑到中国只有 2 862 个县级行政单位，这个数字意味平均每个县级行政单位至少有两个开发区。地方政府发展经济的热情造成了中国制造业迅速发展。

但上述超高速增长，是以地方政府通过压低土地、劳工乃至环境价格为基础的。这种发展模式带来了一系列经济、社会乃至环境方面的负面影响。

从经济效应来看，区域竞争中压低生产要素价格，如工业用地价格、劳工价格（与劳动保护不足和社会保险低覆盖相关）以及环境管制的松懈，必然导致中国制造业投资过多；另一方面，百姓收入水平增长过慢、消费能力不足，结果必然是产能相对于国内需求过剩。

此外，区域发展中土地利用结构也是失衡的。一方面，廉价的工业用地导致各类开发区大量圈占土地，浪费了有限的土地资源；各城市经济的高速增长大多依靠土地使用面积的扩展、土地和空间的利益效率都较低。另一方面，虽然城市发展占用了大量土地资源，但这些资源的大部分却没有用到居民生活最需要的居住用地上，地方政府为最大化商住用地出让金收入采取了垄断、限量控制供给。流动性过剩与住宅用地的供给不足共同导致了房价快速上升，甚至出现泡沫化，进而致使作为人口城市化主力的绝大部分农村流动人口根本无力承受城市的商品房价格，而这显然阻碍了农村人口城市化的进程。

从环境方面来说，各地方政府积极的招商引资，开办各种开发区，不少地区引进的高污染、高能耗的产业也破坏了生态、污染了环境，进而严重地影响了人们的生活。

由于城市和农村的资源投入对于经济增长或经济绩效的贡献有着显著的差异，城市的资源投入更有利于形成规模效应，也更有利于实现经济的快速增长，因此地方政府将更多的财政资源投入到了城市建设中，出现了现实中一轮又一轮的"造城运动"。"城市化"成为了地方政府新的经济增长点，有力地促进了当地 GDP 的快速增长。地方政府财政资源的这种配置倾向实际上形成了"增长型"的财政支出结构，这种支出结构在经济发展的早期，有力地促进了当地经济的快速增长，然而随着经济体制改革的不断深入，这种财政支出模式的弊端也逐步显现，比如教育、医疗、社会保障等公共产品供给的缺失，导致了社会矛盾的凸显以及经济长期增长的动力不足。

第二节　新古典区域增长模型

经济增长理论的发展史就是经济学家对促成经济增长的诸多因素进行深入研究，并不断深化认识的过程。区域经济增长模型就是通过对影响区域经济增长的某个或某些要素的分析，在一系列假设前提下，所建立的影响区域经济增长的若干变量间的数学关系模式。较常见的区域经济增长模型有：新古典区域经济增长模型、希伯特区域经济增长模型和理查森区域经济增长模型。

新古典区域经济增长模型是运用新古典学派的经济增长理论，以纯供给要素为出发点所建立起来的理论模式。它认为，在规模收益不变，存在完全竞争的产品和要素市场的前提下，区域经济长期增长来源于资本、劳动力和技术进步三个要素的区内供给率差异和区际流动。由于假定随着区域资本劳动力的提高，边际劳动生产率也提高，而边际资本生产率则降低。因而，资本与劳动力的流向相反，即劳动力将由低工资区域流向高工资区域，而资本则将由高工资区域流向低工资区域。其结果导致区域间的差距趋于缩小，区域经济趋于均衡增长。

新古典区域经济增长模型可用式（3-1）表示：

$$Y_i=a_iK_i+（1-a_i）L_i+T_i \tag{3-1}$$

式中，Y_i 为区域 i 的产出增长率；a_i 为资本对收入的弹性系数；K_i 为区域 i 的资本增长率；L_i 为区域 i 的劳动增长率；T_i 为区域 i 的技术进步增长率。

其中：$K_i=S_i/V_i\pm\sum K_{ji}$，$(j\neq i)$；$L_i=N_i/V_i\pm\sum M_{ji}$，$(j\neq i)$；$K_{ji}=f(R_i-R_j)$；$M_{ji}=f(W_i-W_j)$。

式中，S_i 为储蓄率对收入的弹性系数；V_i 为资本产出率；K_{ji} 为资本每年从 j 区域流向 i 区域的数量占 i 区域资本存量的比例；M_{ji} 为 j 区域流向 i 区域的每年净迁移人口数量占 i 区域总人口数量的比例；R_i、R_j 为 i 区域、j 区域的资本收益率；W_i、W_j 为 i 区域、j 区域的工资率；N_i 为 i 区域的人口自然增长率。

新古典区域经济增长模型主要是从要素供给的角度，讨论要素对区域经济增长的影响。希伯特（H.Siebert）运用宏观经济分析方法，综合了供给、需求、内外部效果等因素的分析，通过一系列假设和恒等式，提出了一个一般性、总体性的区域经济增长模型。理查森又进一步把区域空间结构的变动对区域经济增长的影响，引入新古典区域经济增长模型，提出了一个空间维的区域经济增长理论模型，可用式（3-2）表达：

$$Y=[ak+(1-a)L]^a+T \qquad (3-2)$$

式中，Y 为产出率和规模收益变动系数；a 为资本对收入的弹性系数；K 为资本增长率；L 为劳动供给增长率；T 为技术进步率；a 为规模收益递增（$a>1$）、递减（$a<1$）与不变（$a=1$）。

其中：

$$K=b_1A+b_2y-b_3K_0-b_4CV_z+b_5(R-R_0) \qquad (3-3)$$

式中，A 为聚集经济[①]；Y 为区域收入增长率；K_0 为区域资本存量；CV_z 为区域 z 个城市每一单位面积资本存量的变异系数，R 为该区域资本收益率，R_0 为全国资本收益率。

劳动供给增长率，可按式（3-4）计算：

$$L=b_6n+b_7A+b_8F+b_9(W-W_0) \qquad (3-4)$$

式中，n 为人口自然增长率；A 为聚集经济；F 为区位偏好；W 为区域工资率；W_0 为全国工资率。

技术进步率可用式（3-5）计算：

$$T=b_{10}A+b_{11}K+b_{12}GN_1+b_{13}QT_0 \qquad (3-5)$$

式中，A 为聚集经济；K 为资本增长率；GN_1 为区域首位城市在全国城市体系中的位次；Q 为区域和其他区域联系的程度；T_0 为全国技术进步率技术进步率。

理查森的区域经济增长模型明显地合并了空间不平衡增长与经济由区域间要素流动所导致的平衡增长过程。聚集经济及各种聚集变量决定了劳动力、资本、技术进步在空间上的聚集，从而导致区域间的不平衡发展及区域内经济的增长。而各种区域差异变量与区域资本存量的大小，则可能导致区域间的均衡发展。因而，区域间的均衡或非均衡发展取决于集中与分散这两股力量相互作用的结果。

---

① 聚集经济是指当企业和人口布局在一个城市和产业集群且相互临近时产生的收益。这些收益都最终来源于交通运输成本的节约。当然，交通运输成本应该广泛地看，它包括商品交换、人员流动以及思想观念交流的诸多困难。

第三节　区域经济增长因素

区域经济发展是大国公共政策的核心问题之一。寻找与解释影响区域经济增长因素问题一直是区域经济学、经济地理学、发展经济学和新制度经济学等理论长期研究的重点领域。实践表明，区域经济发展是多要素共同作用的结果，没有任何一种要素能够独立控制经济的发展。尽管每一种要素都在经济过程中起着自己独特的作用，但由于不同要素在经济发展中所处的地位不同，对经济发展的作用也不尽相同。影响区域经济增长的因素很多，有多种分类方式。

一、按影响方式分类

影响区域经济增长的主要因素，按影响方式一般可分为内部因素和外部因素两大类。

（一）内部因素

内部因素包括供给因素、需求因素和区域空间结构；外部因素则是指区域间生产要素流动和区域间贸易。

（1）供给因素。内部因素中的供给因素就是生产要素的供给，主要包括劳动力、资本和技术，它们是衡量一个区域经济增长潜力的基本指标，可以用生产函数 $Y=AK^{\alpha}L^{\beta}$ 来表示。其中：Y 为产出；A 为技术；K 为资本；L 为劳动力；$0<\alpha+\beta<1$。

（2）需求因素。需求因素包括消费和投资两方面，也就是区域总需求。而总需求的变动具有乘数效应，即消费或投资的增加往往会导致区域收入呈倍数增加。由于经济活动空间的不均匀分布，所以良好的区域空间结构可使经济活动在空间上呈有效率的分布并达到最大的聚集经济。

（二）外部因素

外部因素中的区域间生产要素流动包括劳动力迁移、资本流动和技术知识的传播等。高收入区域将吸引劳动力的迁入，资本则多由低资本收益率区域流向高收益率区域，从理论上讲，区域间的资本收益率在市场机制作用下将趋于均等化，但由于市场信息的不完备、风险的不确定性和资本空间聚集效益的存在，使得区域间资本收益率无法达到均等。技术知识则多从较发达地区传播到其他较不发达地区。

二、按具体因素分类

根据已有文献和学者们的研究，现将影响区域经济发展相关因素做简单梳理。

（一）劳动分工和专业化因素

著名经济学家亚当·斯密（Adam Smith）认为，分工是导致经济进步的唯一原因，是经济进步的巨大原动力。阿林·杨（Allyn A. Young）深化和发展了斯密的思想。在他们之后，经济学界存在着两种分工观点：其一认为分工意味着经济的多样化，分工表现为新行业的出现及生产迂回程度的加强，分工经济是一种多样化经济；其二认为分工表现为工人将越来越多的时间用于生产一种产品，即工人专业化程度的加深，分工经济是一种专业化经济。亚当·斯密的《国富论》是第一部较为系统的经济发展理论著作，根据斯密的分析，经济增长是以劳动分工深化为基础的社会经济组织结构自发演进的结果，分工深化导致技术进步和生产率提高。可见分工程度的高低，将直接影响劳动生产力的水平和国民财富增长的速度。

（二）劳动因素

1662年，威廉·配第在《赋税论》中认为，"土地为财富之母，而劳动则为财富之父和能动的要素"。从斯密、李嘉图、马克思对劳动价值问题的讨论，持续到现在，如今的人力资本、智力资本理论，应该说更加系统地论证了"劳动"在经济发展中的动力作用。

（三）资本积累因素

18世纪以前，甚至19世纪的头几十年，经济学家基本不使用"资本"这个概念。这个词一直是法律和商业上的术语，是弗朗索瓦·魁奈（Francois Quesnay）奠定了资本理论基础；西斯蒙第是第一个研究资本主义生产和积累的条件和极限的思想家；杜尔阁把资本作为生产要素来看待；李嘉图认为资本积累乃是资本主义的动力；马克思认为资本积累是资本主义扩大再生产的源泉；从古典经济学至20世纪初的哈罗德-多马模型，都把资本积累作为经济增长的决定因素。

（四）消费需求因素

英国著名经济学家马歇尔指出："一切需要的最终调节者是消费者的需要。"关于消费需要的作用，马克思早就说过，"没有需要就没有生产，而消费则把需要再生产出来"，"消费的需要决定着生产"。生产和消费是相互促进，互为条件的。人们通过消费，满足了需要，又会产生新的需要，新的需要又推动生产不断发展。

消费改变中国的方方面面，最重要的是：通过消费升级带动制造业升级；从出口大国到消费大国的转变，是一个从外贸顺差向外贸逆差转变的过程；消费驱动的外贸逆差，是人民币先区域化后国际化的基础性支撑。应该说，最终需求是经济增长的根本动力。

（五）投资因素

熊彼特在其《经济分析史》里分析马克思关于"工业剥削收益"的观点时说，投资是经济发展的主要原动力。欧文在《经济魔杖》中说："投资是经济启动力，这是汉森理论的出发点。"凯恩斯认为，投资需求是推动经济发展的动力之一——这个观点已被各国普遍接受。

（六）制度因素

区域经济发展的限制因素可归纳为：资源、地理环境、人口、制度、文化传统以及国际经济政治秩序等。前两者是自然方面的限制要素，后面的则是社会方面的限制因素。在这两类限制要素中，对经济发展的影响表现形式各不相同。在过去的几十年中，经济学家们越来越重视制度在经济体系中所发挥的作用，制度是经济发展的关键因素。文化传统要素是一个区域的文化传统和社会价值观念，如果与现代社会所需要的文明程度相差甚远，就构成了经济发展深层的阻碍要素。例如，保守的传统文化及其历史包袱对经济的负面影响是相当严重的。制度要素对经济发展既有促进作用，也有阻碍作用。正式约束和非正式约束能否健全地发挥作用，主要取决于制度的实施机制如何。离开了实施机制，任何制度尤其是正式约束就形同虚设。正式约束和非正式约束及实施细则，通过共同作用，构成了影响人的行为与生产要素运行效率的制度结构和制度环境。

（1）要素配置方式是指如何配置要素，主要包括计划配置和市场配置。区域拥有的要素数量和质量只构成了经济增长的第一个必要条件，这些要素如何配置则是决定经济增长的另一个重要因素。在改革开放以前，全国的要素配置是通过统一的计划机制进行的，实践证明了这种要素配置效率不高。改革开放，即市场化改革开始后，逐渐以市场取代计划来配置要素，以提高要素配置效率。但我国渐进式的改革方式决定了市场经济的建立需要一个较长的时间，而且改革在空间上是逐步推进的。这就意味着，市场化进程在不同的时间和空间范围内存在差异，而市场化进程的差异直接导致了要素配置方式的差异，并进而导致了经济发展的差异，它是影响区域发展差异的另一个重要影响因素。

（2）要素使用效率主要是指技术进步、要素的空间集聚状况、劳动分工发挥比较优势、社会文化制度因素、企业自生能力等。在要素的量和质既定，并且已经得到了某种形式的配置的条件下，经济增长还要取决于使用效率这一要素。在微观层面上，要素最终是交由企业使用。企业使用要素的效率和企业内部的技术水平密切相关，而技术进步最根本的源头是劳动分工。所以，社会的分工越细化，要素的使用效率就越高。另外一个和使用效率相关的问题是"企业自生能力"。如果一个企业的产品不能为社会所接受，企业就不能生存，投入这个企业生产中的要素是没有效率的。

在西方经济学的隐含假设中，企业都是具有自生能力的，没有自生能力的企业会被市场自然淘汰。一个企业使用要素的效率还受其他企业所构建的外部环境的影响，即空间集聚效应。空间集聚效应包括内部效应和外部效应。内部效应是指企业间、企业与消费者之间的相互作用进入企业内部后产生的效应。外部效应则是不同的经济主体之间形成的效应。在外部效应中，企业网络的作用被强调。企业网络的形成，不仅可以减少和节约市场交易成本，而且也为企业学习、模仿和创新提供了途径与可能，可以帮助和促进企业建立相互交流和学习的机制。通过组建企业网络，可以将外部的信息、知识内部化，最终提升企业网络要素内整体的使用效率。

（七）城市化因素

城市化是区域经济增长的重要源泉，是人类制度创新的重要组成部分，城市化过程也是人口集中、经济和社会活动集中的过程。国家统计局的数据显示，2015 年，京津冀、长江三角洲、珠江三角洲三大城市群以 5.2%的国土面积集聚了 23%的人口，GDP 占比达到 39.4%。这三个地区以超过 60%的城镇化率，成为带动我国经济快速增长和参与国际经济合作与竞争的主要平台。

（八）创新因素

创新是经济发展和社会进步的重要原动力，具有十分广泛的内涵，具体包括知识创新、技术创新、知识传播和知识应用等诸多方面的内容。熊彼特用"创新理论"开创性地解释经济发展的先河，他认为，一个经济，若没有创新，就是静态的、没有发展和增长的经济。经济之所以不断发展，是因为在经济体系中不断地引入创新。

在现实经济中，创新还具有强烈的本地化倾向。新增长理论和新经济地理学，认为经济活动和增长具有空间聚集的特点，这是由于在地理上存在知识的本地化外部性和空间限定的收益递增。知识溢出是创新活动聚集的主要原因，因为公司不是在孤立状态下运行，他们在研究开发新产品和新工艺的过程中，建立了同使用者、供应商、竞争者、大学、公共研究中心以及其他公共和私人机构的关系网络。同时，由于地理和文化的邻近性，这些网络具有明显的本地化特征，它将有助于通信编码、社会准则、信任以及相关机构和制度的形成，这些对于知识的产生和扩散具有决定性作用。

导致创新本地化的另一个重要原因，就是隐含性知识（tacit knowledge）的存在。一般说来，知识可分为可编码化知识和隐含性知识两大类。可编码化知识是可以用语言清晰地表达出来的知识，包括编码化知识（codified knowledge）和未编码化知识。隐含性知识是指从实践经验中获得的，但不易被编码记录的知识；这种知识同人们的工作经验相关，它是人们在工作中长期积累起来的，这种知识往往只能在工作交流中意会。因此，当知识为隐含性知识时，特别是对一些意义重要且复杂的应用领域，它们需要对各种不同的学科进行广泛的综合与应用。此时，只有通过非正式的手段，如面对面的个人接触、个人训练、人员的流动等，隐含性知识才能够传播。

第四节　区域创新与经济发展

纵观世界历史发展进程，每一次社会结构的变迁都要经历科技革命和产业变革，科学技术也因此成为推动历史车轮前进的核心驱动力，这点在马克思《资本论》中提出的"科学技术是历史上起推动作用的革命力量"经典论断中也有所体现。而科技进步对社会结构的最直接促进就是带来颠覆性的经济增长。创新是推动区域经济发展的根本动力，它不仅可以促进区域经济增长，提高区域生产率和竞争力，而且有助于产业结构调整和升级，推动区域经济增长方式的转变，提高区域增长质量和福利水平。现代经济理论十分强调技术创新和人力资本在解释经济增长中的重要性，一般认为，那些技术创新水平较高的地区将会呈现出更快的经济增长。为了检验创新对区域增长的影响，近年来已有一些学者从地区层面进行了实证研究。

一、区域创新概念

所谓区域创新，是指在特定地域范围内发生的所有创新活动和创新成果的总称。它包括创新环境、创新主体、创新网络、创新活动几个方面的内容，其中创新环境是基础，创新网络是平台，创新主体和创新活动是核心，这几方面的结合和相互作用，显示了区域创新的能力和质量。区域创新作为一个区域性、社会性的互动过程，它不仅依赖于当地的创新网络和创新环境，更要靠当地的知识结构和存量，特别是地方性的、隐含性的知识，还依赖于与其他地区的相互作用，包括资源流动、知识扩散、制度学习等。

一般地说，区域创新具有路径依赖和锁定的特征，这种特征将促使区域保持其以往的发展路径，积累以往的发展特征，并呈现出区域差异性。在这种情况下，一个国家的创新活动在地理分布上往往呈现明显的不均衡性。研究表明，无论是发达国家还是发展中国家，其创新活动都高度集中在少数地区。例如，美国计算机创新活动主要集中在加利福尼亚州和马萨诸塞州。正因为如此，在许多国家，一些条件较好的地区都提出要打造成为创新型区域和创新型城市。

二、区域创新模式

由于各地区经济和社会发展条件的差异，区域创新往往呈现出不同的地方特色。通过对一些典型地区的实证研究，近年来，学术界从不同角度提出了不同的区域创新模式或理论流派，如创新环境、产业区、新产业空间、地方生产系统、区域创新网络、学习型区域等。区域创新模式是不同学者从不同角度提出来的，它们在内涵和特征上既具有共性，也有一定的差异。例如，产业区和地方生产系统都强调合作和企业家精神在创新过程中的作用，创新环境和产业区都十分关注区域制度的内生性，而新产业空间综合了产业区和柔性生产体系、社会规制、地区动力学等方面的观点。

（一）创新环境

1986 年，欧洲区域创新环境研究小组对欧洲一些地区和美国的硅谷进行了研究，首先提出了创新环境的概念，这个概念把产业的空间集聚与创新活动有机地联系在一起。所谓创新环境，是指区域内一组有利于创新的实物与非实物因素的集合，既包括社会制度、法律体系、社会心理、社会习俗、经营文化、社会网络等软性因素，也包括基础设施、劳动力、技术与经济存量等硬性因素。环境是区域创新的基础条件，它使得创新性的机构能够创新并能和其他创新机构相互协调。在他们看来，有创新环境的地方才会有创新，而创新环境是在那些有创新的地方存在着的。新近的研究表明，区域能否提供企业获取知识的途径，并产生学习和交流知识的网络，取决于区域创新环境的质量。

（二）产业区

马歇尔在《经济学原理》一书中把专业化产业集聚的特定地区称为"产业区"。

在这种区域内，拥有一种协同创新的环境，大量中小企业积极地相互作用，竞争与协作并存，企业群与社会趋向融合。1984 年，皮埃尔和赛伯对 20 世纪的产业区再现的现象进行了重新解释，认为新产业区的特点是灵活性加专业化。此后，新产业区研究引起了国内外学术界的广泛注意。目前，学术界主要是从区域内的弹性专精和创新网络来解释新产业区的形成和发展机制，一般认为，新产业区是弹性专精的中小企业集群所组成的地方生产系统，其主要识别标志是区内小企业密集，企业间形成稳定的本地合作网络包括正式的合同和非正式的信息交流以及扎根于本地文化的性质即根植性。

（三）新产业空间

最早在 1985 年，在卡斯特尔的《高技术、空间与社会》一书中，首先提出了新产业空间的概念，其目的是将高技术产业的发展置于技术、空间和社会三者交织的网络中进行研究。后来，美国著名学者斯科特以"新产业空间"为题，系统分析了北美和西欧高技术的空间发展。这里所指的新产业空间，既包括高技术渗入的传统工业地区，也包括高技术创造的新工业化地区，它通常在靠近大城市或老工业区的边缘出现。新产业空间的核心是柔性生产体系，其理论基础是交易成本理论。该理论强调，企业特别是高科技企业本身具有力量去吸引资源，以创造适合它们的生产空间，也就是说，企业对区位条件具有主动性。在一个急剧变化的市场环境下，本地化的生产协作网络存在降低社会交易成本和保护合作的因素，因此有利于提高企业的创新能力和灵活适应性。

（四）地方生产系统

虽然目前学术界广泛使用地方生产系统这一概念，但要准确地进行界定却十分困难。一般来说，地方生产系统是各种生产单位如工业和服务企业、研究和培训中心、中间机构等在地理上相互邻近，并或多或少保持一定紧密联系的系统。生产系统的组织和功能决定了不同生产单位之间联系的强度，这种联系是多种多样的。其主要形式包括货物、劳动力、技术或知识、资金、信息等的流动。可以说，新产业区或产业集群就是一种典型的地方生产系统，在地方生产系统中，同种或相关产业的企业按照产业关联有机地集聚在一起，通过不断创新获得竞争优势。特别是，通过这种产业集聚以及企业和机构之间的分工协作，地方生产系统能够创造一种创新氛围和外部范围经济。随着技术和生产组织的变化，目前发达的地方生产系统正在向地方学习系统、知识系统和创新系统演变。

（五）区域创新网络

在各种区域创新模式中，创新网络是一个十分关键的概念。所谓创新网络，是指区域内一组纵横交错、不可贸易的相互依存关系，是区域内包括政府、企业、研发机构、金融机构、协会、个人等主体，为实现互动学习和创新活动，并在互动学习和创新过程中形成的正式与非正式的关系的总和。创新网络不同于创新环境，它是一种旨在促进学习和创新的社会网络，是一种社会关系的集合。创新网络具有开放性、高弹性、平等性等特征，它有利于企业和其他主体之间的互动学习、合作和创新。同时，创新网络以成员间的信任关系为基础，网络的稳定性取决于成员间的相互信任、依存感、信誉和规则，即彼此的价值和心理的认同。创新网络的形成，将可以减少其成员互动学习和创新的交易成本，降低企业因外部环境不确定所产生的决策风险，而网络的维持则取决于成员们所拥有的各种资源以及个人影响力，按照其形成的动力机制，区域创新网络大体可分为两种类型。

（1）内生性创新网络（endogenous innovation network）。它是以区域或地方为基础产生的中小企业集群，集群内的企业有长期的互动和相互学习的历史，也有建立在合作创新实践基础上的竞争力。典型的例子是德国巴登–符腾堡地区和"第三意大利"的新产业区。

（2）外生性创新网络（exogenous innovation network）。主要以科学园和技术极（technopoles）的形式存在。具体可分为两种情况：一是大企业根据专业功能分解其产品结构和研发活动的分布，并产生共同区位（co-location）或集中布局，如法国的里尔；二是由大学和中小企业构成的合作性的、有规划的创新网络，如美国和英国的科学园。

三、区域创新系统与区域经济发展

区域创新系统（Regional Innovation System，RIS）概念自提出以来，RIS 就一直受到学术界和政策制定者的强烈关注，部分归因于理论分析的进步，也是由于新政策强调区域差异的需求。区域创新系统突出区域维度新知识的创造和开发，可概括为影响创新行为并有经济表现的区域层面的企业、组织和制度的集合。它由现有的产业结构和技术路径、知识组织集合以及现行的机构和网络构成。其结果是，它们表现出高度的惯性。这可能会导致路径依赖，使其"锁定"在特定的区域，并使地区之间创新和经济的差异也保持一定的稳定性。但区域及其创新系统并不是静态的实体，其产业结构、创新行为和网络模式经过长期的变化往往表现出超越旧有的发展路径。例如，经济落后地区在转型追赶过程中，工业区在新产业和新技术路径的转型过程中以及领先地区在创新能力后劲不足时，区域创新模式都有所改变。

区域创新系统能够促进创新，提高区域的创新力和竞争力。但是，区域创新系统也存在着一些障碍，它在一定程度上会阻碍企业的创新活动。艾萨克森将这种障碍归纳为三个方面，即组织"薄弱"、断裂和锁定（表3-1）。在经济落后的边缘地区，由于缺乏相关的本地创新主体即存在组织"薄弱"问题，区域创新系统并不存在。一般说来，一个区域要形成创新系统，需要有一大批企业以及能够支持集体学习的知识基础设施。许多欠发达地区并不具备这方面的条件，它们所拥有的产业很少具有技术互补性，也缺乏重要的用户–生产者联系。在那些以小企业为主且远离有关科技机构的边缘地区，缺乏集体学习也是一个重要的问题。此外，不同地区在建立促进企业创新活动的机构方面，其能力也具有较大的差异。而相关机构的缺乏将会影响区域的决策权、财政资源和政策导向。对这类地区来说，刺激创新的主要工具有强化区内企业与国内外大学、科研机构和企业之间的联系，积极引进创新型企业和高素质劳动力加快中间组织的培育等。

表3-1 一些典型的区域创新系统障碍

区域创新系统问题	问题类型	典型问题地区	可能的政策工具
组织"薄弱"	缺乏相关的本地创新主体	边缘地区	加强企业与外部资源的联系+并购
断裂	缺乏区域合作和相互信任	某些区域集群	发展区域性"俱乐部产品"与促进合作
锁定	采用过时技术的地区工业	老工业区和以原材料工业为基础的边缘地区	对外部创新主体开放网络+本地流动

在某些地区，尽管存在相关的本地创新主体，但却没有形成一个有效的区域创新系统，由此出现了"断裂"现象。所以出现这种情况，主要是某些企业和组织虽然集聚在一起，即产生所谓的"扎堆"现象，但它们之间缺乏有机联系和相互作用。很明显，地理集中只为相互作用提供了可能，而并非一定形成紧密的地方关系。在这种情况下，各主体之间的相互作用将受到阻碍，由此形成一个支离破碎的系统。对这类地区来说，要强化其创新活动，必须先改善能在各主体之间形成紧密合作的有关资产，尤其是要发展区域性"俱乐部物品（club goods）"。所谓"俱乐部物品"，是指在某一地点对特定类型的企业和组织有用且易于接近的资产，它能够提高区域集群的集体学习能力。具体的政策措施包括邀请并鼓励企业和知识组织帮助制定区域创新战略，为地方创新合作创建公共平台在企业与大学和科研机构之间搭建桥梁。

在第三类地区中，尽管存在区域创新系统，但由于系统太封闭或者网络太僵化而容易进入锁定（lock-in）状态。这种锁定通常是那些较强创新系统中累积学习和路径依赖的对立面，包括商业行为的制度、社会和文化锁定。在一些老工业区，尽管其创新系统较强，但由于核心研发机构主要从事那些处于衰退中的产业技术研究，最容易出现这种情况。这些在技术上已经成熟的区域生产和创新系统，必须及时提升其知识基础，促进产品创新，以打破路径依赖。思想观念的僵化陈旧也会成为结构调整的障碍，由此导致区域创新系统出现锁定的危险。为此，在这些地区中，需要创建强有力的区域网络，对地方机构进行重组，加强宣传和动员，以使当地社区能改变陈腐的观念和知识，并能够接近区外的知识资源（图3-2）。同时，要根据技术和结构变化重建区域技术支撑体系，鼓励新企业的建立。

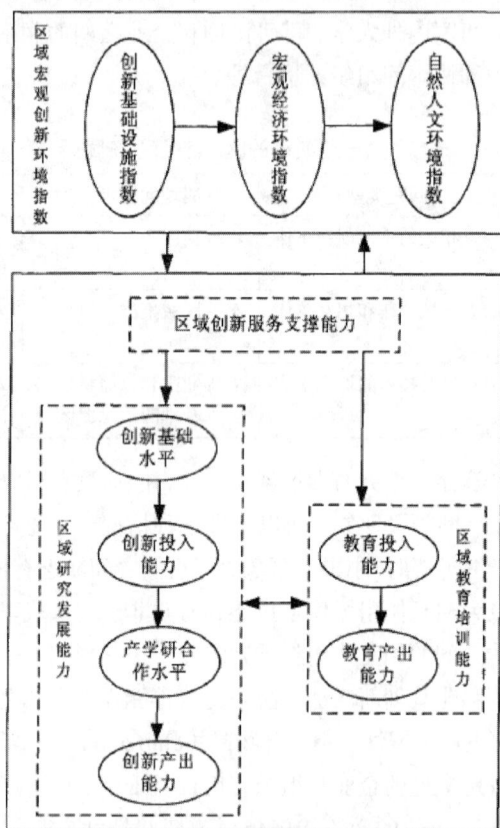

图 3-2　区域创新能力构成要素

四、区域创新能力与区域经济发展关系

（一）区域创新对区域经济发展的影响

（1）区域创新对区域经济发展的带动作用表现在通过区域创新可以优化、整合区域内的创新资源，提高区域的创新能力，形成区域的创新合力。这不仅可以提高企业自身对先进技术的消化吸收能力，还可以逐步形成企业的自主创新能力。区域创新环境还可以为区域内的大量中小企业提供新技术和各种技术服务，进行技术扩散，形成更大规模的经济增长效应。

技术创新对区域经济的巨大"乘数"效应，是技术创新推动区域经济增长的一个关键。具体而言，技术创新使主导产业或产业集群成为相关行业新的"增长极"。该增长极就像一个巨大的磁场，不断吸引着周围的各要素，通过增长极的积聚作用使"磁场"磁性越来越强。增长极的扩散作用越来越明显，具体表现在两个方面：一是回顾效应，指增长极的高速增长对生产要素供应部门产生的影响，这种影响会对各种投入要素产生新的要求，从而刺激这些投入品产业的增长；二是旁侧效应，指增长极高速增长会对它的周围地区在社会经济发展方面起到积极的带动作用，并导致新兴工业部门、新技术、新原料、新能源等的出现，进而使由于产业结构改变而产生的新的瓶颈问题得到解决。这样，由于增长极的积聚与扩散使整个区域各产业、各部门都不同程度、不同比例地增长，从而引发区域经济全方位的增长。

（2）技术创新促进了区域产业集群的发展。产业群的发展和建设可以促进地区间资源的有效配置和合理分工，减少产业结构趋同化和重复建设等问题，达到规模效应，从而促进区域产业结构优化升级和健康发展。技术创新加快了产业集群的形成与发展，这是由于技术创新的内在属性与产业集群的一般特性在本质上是一致的。首先，技术创新的系统性要求与产业集群内各主体的互惠共生性要求是一致的。技术创新的系统性是指从研发到生产再到营销，直到创新思想转变为现实的商品并在市场上最终实现销售。由于创新系统的复杂性，全部过程必须有多种主体共同参与完成，政府、高校、科研院所、企业、中介等在创新系统中都有不可替代的作用。而在产业集群内，互惠共生的各方尽管分离后能够独立生存，但它们在某种方式下紧密结合，通过功能互补，可以使得各方都有更广阔的生存发展空间。

其次，技术创新系统中的外部经济效益与产业集群中的集聚原理是一致的。技术创新各主体之间除了直接的业务关系和财务关系外，还衍生出大量有价值的机会、信息等资源。这些衍生资源不仅在创新系统内可供所有的主体共享，而且可以

向外部扩散，从而推动整个社会经济系统的进步。在产业集群中，众多相互关联的企业聚集在一起，可以实现资源共享、优势互补，克服单个企业创新资源不足的缺陷。它们可以利用共同的交通、实验基地等基础设施；可以分享共同的信息资源；可以拥有共同的专业人才市场；可以共同吸引风险基金；可以相互利用对方的创新特长；可以互为创新成果的传播者和使用者。

在中国，无论沿海地区还是中西部地区，都已形成或正在形成一些主导产业或产业集群带动的区域发展典型。如中国的"硅谷"——中关村、以通信产业群为主导的深圳、以大型家电企业为主导的青岛，"中国光谷"——武汉高新区、以新材料产业群为主导的郑州高新区、以大型制药企业为主导的成都、以高新技术农业为主导的杨陵、被誉为"中国西部科学城""电子城"的绵阳等。

（3）区域创新是区域内产业结构升级的根本技术支撑。一般来说，产业结构的升级仅靠技术引进和模仿是不够的，还必须要有自主创新的能力，而自主创新能力的形成要依靠区域创新环境的建立和完善。

技术创新引起产业结构的变动、主要体现在新兴产业的形成与落后产业被淘汰这两个方面。这种变动的原因是由于技术创新，使产品的成本降低，如果该产品的需求弹性较小，那么产品的产量受这种产品价格变化的影响就会较小，从而造成产品利润下降，该产业的某些生产要素如劳动力、资金就会流到其他产业部门，最终导致该产业的萎缩。对于产品需求较大的行业，采用新技术生产的产品刚进入市场，其价格对成本的反应以及需求对价格的反应都比较敏感，产出数量的提高将有可能获取较高的收益。因此，当技术创新城市基础设施建设与区域经济发展研究导致某一部门的收益提高，该部门就可以获得高于一般产业部门的平均收益的超额收益，社会生产要素就通过利润率平均化原理，向该部门转移，从而使要素的供求结构发生变化，最终影响到产业结构的变化。

（4）区域创新提高全要素生产率（total factor productivity，TFP）促进长期增长。全要素生产率在生产函数中表现为一个残差，其中分离出资源重新配置效率部分所余下的部分，就是全要素生产率中的微观生产效率。能够提高企业微观生产效率的因素很多，如许多与体制、管理和技术创新相关的因素，总而言之，一切由创意和创新带来的效率提高，通常体现在全要素生产率的这个部分。从计量经济学的角度看，如果仅仅把产业结构升级变化作为资源重新配置效率的度量指标，则产业内部的资源重新配置，即最富有效率的企业得以生存、发展，从而达到较大的规模，常常也可以包含在微观生产效率中。这个效率源泉至关重要，对美国的研究表明，制造业内部表现为企业进入、退出、扩张和萎缩的资源重新配置，对生产率提高的贡献率高达 30%~50%。

对于早已实现工业化的发达国家，微观生产效率特别是其中技术进步带来的效率改进，是全要素生产率的主要形式。这是因为在这些国家，体制是相对稳定和成熟的，甚至可以在理论上认为是给定的；同时，总体上说，这样的国家与其他国家的技术差距不再明显，因而没有后发优势可供利用。因此，对大多数发达国家来说，由于稳态经济增长率较低，其经济增长是艰难且缓慢的，最终取决于技术进步的速度。凡是不能做到依靠科技创新、实现生产可能性边界向外扩展的国家，都难以长期保持较高的增长速度。

如果说保持全要素生产率的增长，是任何国家或区域通过自身的持续经济增长，最终跨入高收入阶段的必由之路，那么这个任务对所有国家或区域来说，都是最富有挑战性的，实践起来十分艰难。在一些国家或区域，提高并保持全要素生产率的增长，甚至成为"不可能的任务"。事实上，在提高全要素生产率的任务变得越加紧迫时，往往也最容易形成对其不利的政策倾向。由此便可以解答为什么许多国家或区域的经济增长提前减速，处于中等收入水平的国家或区域长期不能摆脱"中等收入陷阱"的困扰以及像日本这样的国家在高收入水平上陷入经济停滞等谜题。

日本经济学家林文夫和美国经济学家普雷斯科特的研究表明，造成日本经济在20世纪90年代以来徘徊不前的原因，并非由于资本市场未能帮助企业获得盈利性投资所需的资金，归根结底是全要素生产率表现不佳。90年代"人口红利"消失的同时，日本成为一个高收入国家，经济增长不再能够依靠缩小技术差距的后发优势。但是，对于这种发展阶段的变化造成生产要素禀赋结构的变化，日本经济的反应是投入更多的物质资本（即资本深化），与此同时，在全要素生产率上的表现却不尽如人意。最终的结果则是，在日本经济平均劳动生产率的增长中，资本深化的贡献率从1985—1991年的51%，大幅度提高到1991—2000年的94%，而同期全要素生产率的贡献率则从37%跌落至-15%。全要素生产率表现不佳的另一个原因是，政府对低效率企业和衰落的产业进行补贴。这造成了低效率企业甚至"僵尸企业"的产出份额过高，而有利于提高生产率的投资相应减少。

中国在科技发展水平上与发达国家尚有巨大差距，资源配置的市场体制和制度也不尽成熟。这些都意味着，中国的经济发展仍然具有后发优势，在体制改革、管理效率提高、新技术应用等诸多领域中，仍有一些成果可以显著改善微观生产效率。在高速经济增长时期，中国全要素生产率的主要来源是通过劳动力在部门和地区间转移，而获得资源重新配置效率，在新的经济发展阶段上，微观生产效率须成为全要素生产率提高的更重要来源。

目前，中国政府主导型经济增长模式的继续，不利于"创造性毁灭"机制的形成，妨碍全要素生产率的提高。政府主导的经济增长主要表现为政府投资比重过高，相应地，中小企业遇到进入障碍以及其他发展条件如融资方面的歧视对待。

除了自身的规模经济因素外，一些国有企业的垄断地位往往倚靠行政保护获得，虽然企业效率低下却因行政保护而盈利。这会妨碍企业效率的提高，从而影响整体经济的健康程度。政府如果出于对产值、税收、就业稳定性从而社会稳定的考虑，不愿让低效率的大型国有企业退出经营，结果必然产生对新技术应用的阻碍。

在中国目前的发展阶段，可持续性的要求使加快技术进步、尽快把企业发展和经济增长转到技术进步等效率驱动轨道上具有紧迫性。无论在全国经济层面还是在企业层面，制约因素并不是新技术，而是采用新技术的激励机制和技术选择的适宜性。有经济学家认为，世界已有的经验、创意、科学知识等存量，是每个国家、每个企业都可以获得的。因此，这不是造成全要素生产率差异的原因。而企业若长期处于行政保护下，则会出现技术应用的激励不足以及技术选择不当等问题。这两个问题又是互相关联的，因为缺乏技术应用的激励，也就意味着缺乏合理选择适宜技术的激励。

（二）区域经济对区域创新的影响

区域经济的创新基础是其现有的条件和特点。由于各地区的自然资源、社会经济条件、历史发展特点等因素的区别，各地区的经济发展必然会产生差异。区域差异性大体上可分为：①自然差，如区域位置、自然条件、资源禀赋、历史基础、人文观念等的差异；②位势差，如区域经济发展水平、总量、质量、结构、技术水平、市场发育程度等差异；③环境差，如区域政策、政府管理水平等差异和发展潜力差。发展科学技术、实行产业创新脱离不开地区的经济、文化和资源等条件与水平。

国外的研究也证明，区域技术创新的发展受到区域具体的发展历史、文化、传统及其所形成的制度、结构因素的影响，一些区域不论先进或落后，可能因为建立的区域创新系统与原来的制度、结构和历史相匹配而产生了协同效应，取得了创新的成功；而另一些区域可能因为其所建创新系统与原来的制度、结构和历史无法形成很好的协调，而渐渐失去领先地位。因此，区域创新系统是多样的，各个区域应根据自身特点，找到适合自身的区域创新之路，要发展自身独具优势的产业，避免因趋同而造成过度竞争和资源浪费。

例如，中国有些地区经济发展程度还不够高，加上资源优势，有些传统产业还有发展的必要性；而有些地区经济发展程度高，且集聚了大量的人才，在这些地区就应发展高新技术产业；有些沿海地区原有的科技发展基础并不强，但由于其优越的地理位置，使之易于吸收、引进国内外技术与人才；而有些内陆地区则由于多年发展，自身的科技和经济基础较为雄厚。由于这些条件和特点，各个区域的创新活动必然会有不同的起点，且内容和途径也会有所区别。强调区域多样性可为创新提供更多更大的空间。从中国现有区域系统的实践来看，在上海，非常注重大企业的作用；而在北京，强调高科技中小企业的作用。北京高技术开发区依据北京地区雄厚的科技资源，实行的是内向型创新模式；而深圳开发区则因为本身科技资源较薄弱，通过从区外引进人才和技术实行外向型创新、也取得了很好的效果。

第五节　区域间技术转移

随着人们对经济增长问题研究的不断深入，有关技术转移与技术进步之间的作用关系开始受到关注。大量研究成果表明，技术转移已成为后发地区弥补技术差距、促进技术进步的重要途径。跨国（区域）技术转移对东道国技术革新有巨大的促进作用。开放经济条件下，通过技术引进、模仿到自我创新的路径实现技术追赶，已成为后发地区经济增长的主要模式。

一、技术转移的界定

关于技术转移的界定，目前的认识并不一致。联合国把技术转移定义为："关于制造产品、应用生产方法或提供服务的系统知识的转移，其转移的内容是知识、信息和专利等软件，不包括货物、设备的单纯买卖或租赁。"经济合作与发展组织（即经合组织，OECD）和欧盟统计署认为技术转移是指一国的发明（包括新产品和新技术）转移到另一国的过程。大致可以把跨区域技术转移定义为指技术成果及知识从一个国家（或地区）以某种形式转移到另一个国家（或地区）的过程。这种转移既可发生在不同国家（或地区）之间，也可发生于同一国家的不同地区之间以及同一地区的不同企业之间。因此，技术转移便表现出跨区域的空间转移特征和跨部门的时间转换特征。基于此，可从空间（横向）和时间（纵向）两重维度对技术转移活动进行类型划分。从空间维度看，技术转移是技术跨区域的转移，既包括跨国转移，也包括国内不同地区之间以及同一区域不同企业之间的转移；从时间维度看，技术转移是指从技术生成部门（研究机构）向技术使用部门（企业和商业经营部门）的转移，即通常所说的科技成果转化。按照技术转移的具体表现形式，可将其归纳为三种基本类型：一是国家之间以及国内跨区域技术转移；二是从技术生成部门（研究机构）向技术使用部门（企业和商业经营部门）的跨部门技术转移，即科技成果转化；三是既跨区域又跨部门的技术转移。

技术转移活动与经济发展阶段密切相关。对后发地区的经济追赶来说，技术选择至关重要，因为后发地区的发展战略一旦背离了最优技术选择，将影响其经济增长速度。技术转移过程带来的扩散效应和溢出效应对带动后发地区的技术进步和产业升级有着重要的作用，通过对 OECD 国家技术转移的研究发现，技术落后地区主要通过邻近区域的技术延伸或扩散的方式获取研发技术。随着新一轮全球化分工合作浪潮的加速推进，后发地区作为加工环节嵌入全球产业分工链条，通过"干中学""吸收技术外溢"等方式进行技术的获取与积累。但单靠技术引进容易导致路径依赖，后发地区的技术进步不能完全复制发达地区的技术路径，而应该着重提升自主创新能力以获取后发优势。

新古典主义增长理论较早提出技术转移是后发地区技术进步的重要源泉，新经济增长理论将其进一步完善，提出技术进步是产业创新与经济增长的原动力，而技术转移是促进技术进步的重要途径。对后发地区来说，技术基础不牢、创新能力不强、外溢效率不高成为制约经济跨越发展的桎梏，因此依靠发达国家或地区的技术转移及溢出效应带动自身技术进步，进而缩小技术差距和地区差距，成为后发地区经济赶超的主要路径。长期以来，中国区域经济发展不平衡导致地区间技术差距较大，形成了技术上的"二元结构"，东部地区成为技术转移的"中心"地区，据《中国区域创新能力监测报告 2016—2017》显示，2016 年，西部地区技术市场吸纳技术成交额增长 215.2%，远高于中东部地区。对于西部地区来说，相比自主技术创新，承接技术转移是一种成本更低廉的技术进步方式。

二、区域技术转移

技术市场交易活动与经济发展阶段密切相关，在经济相对落后阶段，技术交易主要是技术吸纳，先进技术的吸纳有利于推动经济发展；而到经济发达阶段，技术交易则主要表现为技术输出。20 世纪 60 年代，日本经济快速发展的初期，技术吸纳金额远高于技术输出金额，随着日本经济日益发展，技术"纯输出"由负转正。这说明，对中国而言，跨区域技术转移也具有相似的特征。一方面，从国际看，与发达国家相比，中国经济发展水平总体偏低，跨国技术转移主要表现为从国外引进技术，引进技术越多，跨区域技术转移水平越高；另一方面，从国内看，与其他地区相比，三大经济圈经济发展水平相对较高，技术输出更能体现一个地区的技术转移水平，向其他区域输出技术越多，跨区域技术转移水平越高。

（一）跨区域技术转移验证

用国外技术引进成交额 TF_1 加"纯输出"[①]额 T_{NOF} 考察跨区域技术转移绩效情况，即考虑跨区域技术转移的"纯输出"指标 $P=TF_1+T_{NOF}$。由于技术市场合同数与技术市场合同金额高度相关，两个指标反映的技术转移水平大致相同，所以进行跨区域技术转移绩效评价时仅考虑技术市场合同金额。

从数据来看，北京地区技术转移绩效值最大，且远高于其他省/市，说明北京国外技术引进和国内技术输出成交金额最多，且增长速度较快。这与北京对外交流活跃、技术创新水平高和技术市场交易活跃等有关。也显示出北京作为全国技术创新与成果转移中心的地位。其次是位于泛长江三角洲经济圈中的上海和江苏。上海技术转移绩效值的标准差较小，说明近年来，上海技术市场交易活动增长速度较低，维持相对稳定状态。而江苏技术市场交易波动较大，2009—2012 年呈现快速增长态势，2013—2014 年国外引进技术交易大幅度减少致使技术转移绩效值快速下降，导致江苏技术转移绩效值的标准差偏大。紧随其后的是泛珠江三角洲经济圈的广东和泛环渤海经济圈的天津技术转移绩效值也较大，且增长速度也较快。值得注意的是，福建技术转移绩效标准差与广东不相上下，但其均值仅为−101.429，说明福建主要是国内技术吸纳，且吸纳增长速度较快。综合来看，北京、上海、江苏、广东和天津是跨区域技术转移绩效值最大的五个省/市，且其技术转移绩效值在各自经济圈中也远高于其他省/市。这表明三大经济圈中各有一两个省/市处于技术转移的"领头羊"地位，它们一方面吸引大量国外技术；另一方面大量输出本地技术，这些省/市本身也是所在经济圈经济技术发展水平相对较高的地区。

此外，吉林、黑龙江、安徽和湖南的技术转移绩效平均值均为正，但与绩效值最高的五个省/市相比仍存在不小的差距。其余省/市的技术转移绩效平均值均为负，其中福建跨区域技术转移绩效值最小，四川和浙江跨区域技术转移绩效值相对较大。总体来看，现阶段中国技术转移绩效总体偏低且区域差异明显，这与区域创新要素分布及创新能力的非均衡性直接相关。

三大经济圈跨区域技术转移绩效存在较明显的差异。泛环渤海经济圈技术转移绩效值的领先主要得益于北京较高的技术转移绩效值，且近年来该经济圈内部各省/市技术交易活动较活跃。泛长江三角洲经济圈内既包括经济、技术较为发达的江苏、浙江和上海，又包括近几年快速发展的安徽等，技术转移绩效值也较高。泛珠江三角洲经济圈内除广东和湖南外，其余省份技术转移绩效值均为负值，且该经济圈内技术转移绩效值最高的广东与北京、上海相比仍存在较大差距。泛珠江三角

[①] 所谓技术"纯输出"是指某个省区跨省区输出的技术成交金额减去该省区跨省区吸纳的技术成交金额。

洲经济圈是在仅包括广东9个城市的珠江三角洲经济带基础上建立起来的，该经济圈内其余省份与广东的经济交流相对偏少，内部技术溢出效应较差，从而导致经济圈内部各省份技术转移差异较大。

跨区域技术转移绩效值最高的五个省份均为经济较为发达的省份。这说明跨区域技术转移绩效与区域经济发展水平直接相关，二者事实上存在相互促进的关系。一方面，跨区域技术转移绩效越高，说明该区域技术交易活动越活跃，从而越有利于促进当地经济发展；另一方面，经济发展水平越高的区域，技术创新能力和技术交易活跃度越高，从而越有利于促进跨区域技术转移。相应地，区域经济的差异性或不均衡性，也导致了跨区域技术转移绩效的差异和不均衡。

（二）跨部门技术转移验证

2009—2013年，三大经济圈各省/市跨部门技术转移绩效综合排名前五名依次为广东、江苏、浙江、北京和上海。泛长江三角洲经济圈各省/市排名较靠前；泛珠江三角洲经济圈中除广东外，其余各省/市排名均不理想；泛环渤海经济圈中北京、山东和天津排名相对靠前，而其余省/市排名则处于中下游位置，该经济圈整体排名情况好于泛珠江三角洲经济圈，但相较于泛长江三角洲经济圈仍然存在一定的差距。

三大经济圈跨部门技术转移绩效的综合排名与现实区域经济、技术发展状况大致吻合。近年来，泛长江三角洲经济圈高技术产业激增，在三大经济圈中，高技术产业产值最高，大大提高了该区域的技术转移绩效。同时，泛长江三角洲经济圈中江苏、浙江和上海总体经济发展水平较高，制造业较发达，因而极大地带动了该区域技术转移绩效。相比之下，泛珠江三角洲地区曾是改革开放的前沿阵地，但近年来随着其他地区改革开放的不断推进，该区域政策优势逐渐减弱。泛珠江三角洲经济圈其余各省份经济发展水平都与广东存在较大差距，这在一定程度上降低了该经济圈整体的技术转移能力。京津冀地区科技创新成果转化能力也较强，并在泛环渤海经济圈中发挥了重要的带动作用。值得注意的是，囿于数据可得性，本书仅测算了基于本省份跨部门技术转移的绩效，难以对既跨省份又跨部门的技术转移绩效进行衡量，而现实中这种"双跨"型的科技成果转化现象并不罕见，尤其是北京和上海这样的全国科技创新中心表现得更加突出，甚至可能表现出跨区域技术转移绩效优于跨部门技术转移绩效的情况。如北京跨区域技术转移绩效排名第一，而跨部门技术转移绩效则排名第四。导致这种现象的原因是多方面的。其中很重要的一点是作为技术成果承接地的泛长江三角洲经济圈，体制机制较灵活，市场反应速度快，对北京的科技创新成果承接吸纳能力很强；相比之下，长期以来天津和河北的政府行政力量较强、国有经济比重较大、民营经济发展相对滞后，且市场竞争不充分、区域性要素市场发展滞后，导致技术及其他生产要素的跨区域流动不通畅，在承接北京丰富的科技创新成果的表现反而逊于泛长江三角洲经济圈。

（三）实证研究结论与政策建议

综合前述从跨区域和跨部门两个角度对中国泛环渤海经济圈、泛长江三角洲经济圈和泛珠江三角洲经济圈及所属省份技术转移绩效进行评价，得出以下基本结论。

第一，泛长江三角洲经济圈技术转移绩效值相对较高，这主要与以下因素相关：泛长江三角洲经济圈产业结构以技术密集型产业为主，科技力量雄厚；城市群建设全国领先，区域产业及技术创新协同度高；上海和江苏引进国外技术能力较强。在中高端产业竞争实力、区域研发及创新能力和经济圈内部产业及技术协同水平等方面，泛珠江三角洲经济圈与泛长江三角洲经济圈还存在一定差距，由此导致该经济圈技术转移绩效低于泛长江三角洲经济圈。泛环渤海经济圈整体上技术转移绩效水平低于泛长江三角洲经济圈，主要是由于产业和技术协同性差，导致技术转移绩效偏低。

第二，中国三大经济圈中龙头城市技术转移绩效最突出。北京、上海和广东三个省/市技术转移绩效最高，都属于所在经济圈的龙头省/市以及经济、技术发展的主导省/市。其中北京跨区域技术转移绩效值最大，广东跨部门技术转移绩效值最大。北京是全国教育和人才集聚的中心城市，教育和科技实力雄厚，拥有89所高校和全国近1/3的科研机构，技术人员密度全国最大，人才资源十分丰富，向其他地区转移技术的能力很强。但由于北京服务业比重较高，制造业所占比重相对不高，在技术转移方面，其跨部门技术转移绩效并不是最高，即科技成果转化能力不是最强；相比之下，广东制造业较为发达，且不乏高技术产业集聚，从而具有较强的科技成果转化能力。

第三，吉林、黑龙江、海南、云南和贵州的技术转移绩效相对较低。其中吉林和黑龙江隶属东北老工业基地，长期以来由于受体制机制、科技创新能力和人力资本等因素的影响，技术转移绩效偏低，严重制约了经济的持续快速增长；反过来，经济发展滞后进一步制约了这些地区科技创新及技术转移绩效的提升，由此形成恶性循环。海南自然禀赋及区位因素的特殊性，决定了其产业结构以旅游业为主体的服务业所占比重较高，制造业包括高新技术产业的数量较少，且所占比重较低，由此表现为其技术转移绩效偏低。云南和贵州地处偏远地区，经济发展和科技创新长期相对滞后，由此导致技术转移绩效不高。基于以上分析结论，为提升中国技术转移绩效，笔者认为应重点采取以下政策。

第一,提升高质量科技创新成果供给能力以及有需要地区的需求能力和消化能力。从供给角度,提高科技创新设备和人员等的利用率,改革科技创新成果收入分配制度,强化科技创新成果转化激励约束机制,以提供更多高质量科技创新成果,同时加强对国外高质量科技创新成果的吸收利用能力。从需求角度,强化市场竞争,促进产业转型升级,提升对科技创新成果的需求能力和消化能力。

第二,建立完善区域性科技创新及成果转化服务平台和中介机构。建立完善包括知识产权服务、创新要素聚集、创新主体协同、科技人才培训、创新信息收集、整理与发布等在内的科技创新及成果转化平台,完善科技服务中介机构,为各类创新主体更好地进行科技创新及成果转化提供优质服务。

第三,探索完善区域创新协作及成果转化机制。借助于京津冀协同发展、长江经济带建设、中部崛起和西部大开发等国家重大区域发展战略的实施,加强特定经济圈内部区域创新主体之间的创新协作及成果转化。探索构建包括创新资源共享、创新平台共建、创新要素流动和创新成果有效转化的一整套体制机制。特别是对于市场化程度相对较低的地区,应加快完善市场机制,消除要素、技术流动壁垒,提升技术市场交易活跃度,促进区域创新协作及成果有效转化。

第四,充分发挥北京、上海和深圳等全国及区域科技创新中心在科技创新及成果转化方面的带动作用和辐射作用。北京和上海正在建设具有全球影响力的科技创新中心,深圳已成为全国重要的科技创新中心,天津和武汉正在打造具有国际竞争力的产业创新中心。充分发挥全国及区域科技创新中心城市在技术创新、知识扩散、成果外溢与转化过程中的极化效应。以点带面,以面推体,构建完整、高效的区域创新及成果转化网络,实现科技创新成果在各区域间的高效转化。

三、区域技术转移的潜在问题

科学和技术是两个完全不同的概念,但它们之间有联系。正是由于缺乏科学的指引,才阻碍了我们的技术发展和进步。中国自古以来只有技术传统,而没有科学传统。技术发明靠的是经验积累,或许还有灵光一现;而科学发现则是建立在系统研究和专业训练的基础上。技术引进与吸收,不是在科学理论指导下的技术创新和突破,离开科学的指引,技术转移所带来的发展注定不会走得久远。通过技术转移与引进,总结别人的经验,吸取别人的教训,少走弯路,这是对的,也是应该做的。但在更多情形下,"弯道超车"是个伪命题,往往成了投机取巧的代名词。弯道超车意味着基础科学与研发有可能被忽视,短期的跨越式发展带来的可能是长期的停滞,甚至衰退。

基于以上的思考,笔者提出三条建议:欠发达地区在积极承接先进技术转移的同时，应注重增强自主创新能力，完善内生增长体系，将经济发展的动力转换为产业升级和技术推动；注重转移技术与本地禀赋结构、技术结构之间的适配性，进一步完善技术转移转化体系，增强技术吸收能力，利用好全球范围内技术突破带来的新机遇；着重加强创新要素和资源的整合，加快技术创新成果开放共享，从而扩大知识及技术的溢出，提高创新资源配置效率。

第六节　技术变迁与区域人均收入收敛

一、技术变迁与收入收敛的文献回顾

阐述技术与收入收敛的关系，最具开创性的工作是索洛（Solow，1956）的新古典理论，这一理论认为人力资本和物质资本积累存在报酬递减，长期的经济增长由技术进步率决定。每个经济体都存在一个由自身因素决定的稳态，并且经济体将最终收敛于稳态，离稳态越远，收敛速度就越快。新古典理论认为收入收敛源自资本的边际报酬递减，而另一种解释收入收敛的逻辑是技术扩散。格申克龙（Gerschenkron，1962）较早地指出了技术对后发国家的重要性，认为落后国家可以利用前沿国家的技术和经验，实现经济快速增长，从而具有一种"后发优势"。巴罗等学者（1997）指出后发国家对新技术的模仿成本要低于前沿国家创新的成本。但落后国家利用前沿国家的技术，也存在很多限制。阿罗（Arrow，1969）就指出，技术知识通常是隐性的，需要长期积累才能掌握，技术的扩散绝不是引进一套设备或一项专利那么简单。阿特金森与斯蒂格利茨（Atkinson & Stiglitz，1969）指出技术进步往往是局部化的，可以改进一种生产技巧，但却不能改进同样产品生产过程中的其他技巧。阿西莫格鲁等学者（Acemoglu，1999）更是认为落后国家的要素禀赋和前沿国家不一样，落后国家技术和技能禀赋的错误匹配将导致相对前沿国家更低的生存率，前沿国家的技术不一定适用于落后国家。并且，技术进步也存在扩大收入差距的内在因素，阿西莫格鲁（1998）提出定向技术进步的概念，如果技术进步是偏向技能型劳动的，而如果落后国家的技能型劳动是相对较少的，那这种机制将拉大国家间的收入差距。豪伊特等学者（2002）构建了一个熊彼特模型，认为从事研发的国家和利用研发成果生产的国家将各收敛于一个状态。由于技术扩散，这两个群体将以同样的速度增长，但它们的差距趋于增大，而没有进入这两个群体的国家将很难获得实质的经济增长。阿吉翁等学者（2004）指出金融落后导致的信用约束将使一个国家远离技术前沿，由此带来的劣势将大于后发优势，国家间的收入将趋于发散。

国内的学者更关心像中国这样的发展中国家的技术选择对缩小与发达国家收入差距的影响。林毅夫等（2006）指出，发展中国家选择符合其要素禀赋的技术结构，其与发达国家在全要素生产率的差异就能变小，发展中国家的增长速度就可以超过发达国家的增长速度，发展中国家的收入就可收敛到发达国家水平。杨汝岱和姚洋（2014）提出"有限赶超"的概念，并定义有限赶超为一国的出口商品技术含量高于以比较优势为基础的国际劳动分工所决定的水平，并实证证明了实行有限赶超有利于一国经济增长。他们的逻辑暗含了应当促进更先进技术的应用，生产技术含量更高的产品，那么也就意味着努力追求技术进步就变得很重要了。李尚骜（2010）区分了偏向性技术和偏向性技术进步，认为持续的偏向性技术进步是后发国家赶超前沿国家的重要条件，要鼓励高级技术创新和培育高级人才。

二、现实中技术变迁与收入收敛

关于跨国（区域）的收入收敛，发展了近半个世纪的增长理论存在两种逻辑，一种是新古典理论强调的物质资本和人力资本积累存在报酬递减，另一种是技术扩散理论认为的跨国间存在技术外溢，这两种作用将导致国家间长期的增长趋于一致。两种理论其实都强调了技术对收入收敛的重要性，新古典理论假定国家间将长期分享同样的技术进步率，而后一种理论更是认为正是由于技术扩散导致了收入收敛。

但从现实来看，大多数的落后国家并没有实现与前沿国家的技术收敛和收入收敛。据麦迪森（Maddison）指出，1950—1998 年，最富裕国家和最贫穷国家的人均收入差距扩大了 1.75 倍。低收入国家表现出了增长绩效较大的异质性，一部分低收入国家实现了收入快速增长，而很多低收入国家的收入却难以提高，高收入国家却表现出相对一致的增长。如果高收入国家的资本积累更接近其均衡水平，则这似乎表明发达国家分享了类似的技术进步，而实现了相近的经济增长。对于技术决定收入收敛的逻辑，东亚经济快速发展的经验值得一提。克鲁格曼（Krugman）和杨（Young）等很多学者曾对"东亚模式"提出批评，指出这些国家的快速增长并没有伴随着迅速的技术提升，"奇迹"其实是靠要素的快速积累实现的。从他们进行的增长核算来看确实如此。但随着收入的持续增长，物质资本和人力资本的快速提高带来了要素禀赋的变化，从结果来看，这些国家很自然地达到了较高的技术和收入水平。

这一现象似乎暗示了这样的一种逻辑，技术差距的缩小是随着要素结构的提升而发生的。因此，对于低收入水平的国家而言，追求技术的快速提升不如追求要素的快速积累。当要素积累到一个较高的水平，技术乃至收入实现与先发国家的收敛就有更充分的条件。如果这一逻辑成立的话，就意味着技术在国家经济发展不同阶段的作用是不一样的。技术差距在不同的收入阶段，与收入收敛的关系是怎样的以及这种关系是否随着时间的推移而发生了改变，相对来说关注较少。而从后发国家的角度来看，技术和收入都是相对落后的，是一开始就通过缩小技术差距来实现收入收敛，还是在起步阶段选择其他的增长方式更为有效，又或是技术收敛和收入收敛并不存在持久的必然联系，都存在很多值得进一步探讨的问题。很多国家在进入中等收入后人均收入迟迟不能提高，而就刚刚跨入中等收入国家行列的中国而言，是否也会陷入收入增长困境？而跨越这一困境，技术的作用是否会越来越关键？

　　随着人类逐步开启知识经济时代，全要素生产率（TFP）对劳均 GDP 的影响越来越显著，TFP 增长对劳均 GDP 增长的约束呈现越来越重要的作用。这初步表明，技术差距对收入差距的决定能力越来越强，尤其在跨国间要素流动越来越频繁的当今世界，这一趋势更是越来越显著。如果说 30 多年前不依靠 TFP 的提高也可以实现很高的收入水平，现在这一途径的空间已经随着全球经济的进一步融合缩小了，未来各国的经济增长将不得不更多地依靠 TFP 衡量的技术水平的提高。这就意味着"后发优势"理论预言的后发国家可以利用与先发国家的差距，实现更快的增长，从而实现国家间收敛的假说在这一段时间里不能完全验证。后发国家利用"后发优势"实现与先发国家的技术收敛从而实现收入收敛，存在其他重要影响因素，而这些因素从选择样本总体来看，基本上是不充分的。2000 年后，各国间收入和TFP 的差距呈现缩小的趋势，因为 2008 年的冲击而被迅速反转，也表明后发国家"技术赶超"及"收入赶超"的机制是较为脆弱的。而 TFP 在 2008 年后呈迅速发散的趋势，更是表明后发国家的有效技术能力对不利冲击的反应极为敏感，普遍缺乏稳定的增长能力，也暗含了后发国家离自身的增长稳态还存在很大的差距。

　　由此可以推测，初始技术水平的高低对长期收入收敛的影响是不确定的，但持续的技术收敛的作用却是极为明确和稳健的，实现动态的技术进步才能跟上技术前沿。为实现技术收敛以致收入收敛，后发国家或区域的技术进步努力将在长期发挥关键作用。当接近技术前沿时，学习和吸收外部技术的难度将逐渐加大，重视自主创新的技术努力就显得更加重要。其实，不只初始技术水平在长期对收入收敛影响不显著，其他初始状态因素的影响在长期里都不显著。这表明初始状态对收入收敛的影响是不确定的，过程远比初始状态重要得多。这是一个令人鼓舞的结果，过去并不代表未来，对于未来发展道路的选择远比过去重要得多，这也是发展经济学中一个重要现象。拉美长期富于东亚，并且资源条件也要好于东亚，但是在近半个世纪里，由于不同的发展道路，东亚总体发展远远好于拉美。另外，使用面板数据进行估计后发现，虽然总体也表现出条件收敛，但却不是很显著。这说明，条件收敛最终取决于发展道路的选择，而持续的技术进步努力的作用一直都是明确而积极的。

【案例】中国的技术变迁与收入收敛

改革开放以来，中国主要依靠吸收和引进前沿国家的先进技术，技术水平取得了较快进步，与之伴随的是较长时间的高速经济增长。在这一过程中，中国与前沿国家相比，技术和收入表现出了怎样的动态关系，对于理解和思考中国持续增长具有重要意义。以美国为前沿国家，考察中国在这一期间与其技术和收入收敛的变动轨迹，对这一动态关系进行分析，并讨论中国技术收敛的稳定性。观察 1980—2011 年间中国相对 TFP 和相对劳均 GDP 的变动趋势图，这二者都以美国为基准，相对值提高表明差距缩小。

总体而言，在这段时期中国的劳均 GDP 和 TFP 都表现出与前沿国家差距缩小的态势，其中又可分为不同的三个阶段。（1）1980—2000 年，这一时期的劳均 GDP 差距持续缩小，但 TFP 的情况就要复杂得多，其经历了差距缩小–扩大的反复变动。这是因为这段时期中国的改革开放经历了若干变革以及要素配置和经济结构的调整，TFP 处于不断的调整之中。（2）2001—2007 年，TFP 和劳均 GDP 与前沿国家的差距持续快速缩小。这一时期随着中国加入世贸，技术溢出效应带来了较强的技术和收入收敛效应。（3）2008—2011 年，受金融危机的影响，收入差距在稳步缩小，但 TFP 小幅震荡呈现不稳定趋势。在整个时间段，虽然收入持续收敛，但技术收敛的变化却要曲折得多。中国的相对 TFP 在 1985 年、1995 年和 2007 年出现了三次较为明显的转折。这意味着中国实现与技术前沿国家的技术收敛缺乏稳定性，TFP 在面对冲击时容易出现波动甚至是较为持续的反转。由此可见，中国离稳态的增长水平还有较大的距离，创造更为稳定的技术提升环境显得尤为重要。

中国当前的 TFP 仅相当于美国的 1/3 多一点，与前沿国家仍存在较大的技术差距，吸收和引进前沿国家的先进技术仍是当前中国技术发展的重要选择。阿西莫格鲁等（2006）认为，追赶国家在前期选择投资导向的发展模式是更优的，但当接近技术前沿时，追赶国家正确的技术选择以实现技术收敛就变得非常重要。应当指出，中国在某些产业领域已经接近甚至处于世界先进水平，并且积累了技术追赶需要的物质资本和人力资本。虽然总体而言中国仍存在与前沿国家较大的技术差距，但创造一个更加鼓励竞争和创新的制度环境，促进自主创新的要求已经越来越迫切。

应当说，改革开放以来中国总体实现了与前沿国家持续的技术和收入收敛。但近年来，全球经济增长的放缓，给中国经济增长带来了一定的不确定性。中国已逐步到达从中等收入进入高收入阶段的关键期，技术收敛对收入收敛的约束将越来越明显，进一步深化改革、提高创新对经济增长的作用已变得越来越紧迫。近半个世纪以来，从低收入跨越中等收入进入高收入的国家和地区屈指可数，而其中技术进步的作用毋庸置疑，并且其作用随着全球一体化的加深将更加显著。挖掘传统行业的增长潜力，培育新的增长点，对技术进步提出了更多的要求和挑战。

问题及推荐阅读

1. 很多国家在进入中等收入后人均收入迟迟不能提高，而就刚刚跨入中等收入的中国而言，是否也会陷入收入增长困境？而跨越这一困境，技术的作用是否会越来越关键？

2. 影响区域发展的主要因素有哪些？

杜传忠等，2017.中国三大经济圈技术转移绩效评价研究[J].财经问题研究（7）：95-101.

冯锋等，2011.基于技术转移与产学研 R&D 投入双重影响的区域经济增效实证研究[J].科学学与科学技术管理，（6）：97-102.

陆铭等，2014.破解效率与平衡的冲突——论中国的区域发展战略[J].经济社会体制比较（4）：1-16.

沈坤荣等，2010.外资技术转移与内资经济增长质量——基于中国区域面板数据的检验[J].中国工业经济，（11）：5-15.

杨善林等，2013.技术转移与科技成果转化的认识及比较[J].中国科技论坛，（12）：116-122.

杨先明，秦开强，2005.技术变迁、收入收敛的长期趋势与中国经济增长[J].经济学动态（6）：78-86.

余运江等，2014.区域政策能否重塑中国经济版图：中国区域经济差距研究综述[J].江淮论坛，（4）：87-93.

章琰，2008.大学技术转移——界面移动与模式选择[M].北京：北京大学出版社.

郑伟，2008.技术转移与经济增长研究——基于科技支撑和引领经济发展的视角[J].数量经济技术经济研究，（10）：3-16.

第四章

区域工业化与城市化

从城市发展的历史来看，最先推动城市发展的动力或者说城市的经济基础是贸易。随着工业革命的兴起，城市的面貌和城市的功能、规模都发生了翻天覆地的变化，城市的生产功能超过了流通功能，成为了工业生产要素集聚和生产的集中地，这种趋势在相当长的时间内很难改变。随着工业化后期或是城市发展已进入到"后工业化"阶段，城市发展的动力将伴随着第三产业的兴起和发展而改变，到那个时候，城市发展的经济基础将是以金融、旅游等增加值高的第三产业为主，这是从世界范围内总结出来的城市发展的一般趋势。本章主要讨论了区域工业化、城市化以及二者之间的关系。

第一节　区域工业化与产业结构

中国的改革开放遵循着渐次推进的模式，在地区发展的过程中出现了工业生产的集聚。

一、区域工业集聚与收益

最近十多年兴起的新经济地理学在解释工业集聚和地区间差距方面获得了巨大的成功。这一理论认为，地理位置和历史优势是集聚的起始条件，规模报酬递增和正反馈效应导致了集聚的自我强化，使得优势地区保持领先。既有的研究仅将焦点集中在了检验新经济地理因素对工业集聚的作用，但却忽视了其他因素如经济政策的作用，而政策因素在增长理论和区域经济理论的实证检验中已被证明是非常重要的。工业是推动其他产业发展的重要力量，中国工业发展水平的地区差距是地区间差距最为重要的表现。从新经济地理学的角度来讲，工业可以在地区间转移，故集聚效应最显著。

在经济转型时期，地区间对于分工收益的分配不再可能实施计划经济体制下的平均分配制度，而是转为由市场体制下的谈判机制来分配收益。由于较发达地区在高技术产业拥有比较优势，且通常具有较快的技术进步速度，所以在收益分配中占据了更高的谈判地位，从而在分工收益中得到了较大的份额。而对于落后地区而言，如果它选择加入区域分工体系，只能分享分工收益较少的部分。相反，如果落后地区选择暂时不加入分工体系的话，虽然它将丧失短期内的分工收益，但却由此发展了高技术产业，提高了自己在未来分配分工收益的谈判中的地位。同时，当落后地区选择不分工时，发达地区也只能选择不分工，并部分地放弃在高技术产业的技术进步，相对降低了自己在未来的谈判地位。两相权衡，有可能短期内选择不分工对落后地区更为有利。而且，发达地区初始技术水平越高、技术进步速度越快，其谈判地位越高，在分工的收益中占有的份额越大，于是对于落后地区而言，就更倾向于通过发展一些战略性的产业来提高自己未来的谈判地位。落后地区暂时选择不加入分工体系虽然可能对于其自身是有利的，但却造成了社会总产品减少和资源配置效率的损失。此外，我们还发现，中央政府的财政转移不仅可以使得落后地区获得更高的收入，而且也可以促使其加入分工体系，放弃违背比较优势的发展战略，这就体现出了中央政府财政转移的资源配置功能。

二、区域产业结构演变的一般规律

任何两个区域的产业结构不可能完全相同，其产业结构演变的规律的轨迹也不可能完全相似。但考察世界各国与各地区的经济发展过程会发现，随着经济发展，产业结构呈规律性变化。产业结构优化转换或称产业结构升级是区域经济发展的条件与重要内容，对任何区域来说，它有着一般的共性。许多学者在实证研究的基础上总结出了一些产业结构演变的基本规律。

（一）配第–克拉克定理

配第–克拉克定理由英国经济学家威廉·配第发现并由克拉克经实证研究而系统归纳，其基本结论是随着经济的发展，第一产业的就业比重不断降低，第二、第三产业的就业比重将增加，亦即劳动力会由第一产业向第二、第三产业转移。威廉·配第在 1672 年出版的《政治算术》中首次提出：制造业的收益比农业多得多，而商业的收益又比制造业多得多。这种不同产业间的收入差异，会导致劳动力从低收入产业向高收入产业流动。1941 年，克拉克研究了一些国家的劳动力就业资料，证明了配第的观点。因此，这一结论被称为"配第–克拉克"定理。实际上，德国学者恩格尔于 1875 年提出的恩格尔定律也证明了这一结论。恩格尔定律的要点是随着收入的提高，食品支出占总支出的比例即恩格尔系数会越来越小。由此可推知，随着消费结构的变化，就业结构也会发生变化，即农业就业比重会下降，一部分农业劳动力会转向其他产业。配第–克拉克定理适用于区域产业结构演变、经济发展水平越高的区域，其第一产业所占比重越小，第二产业与第三产业所占比重越大。

（二）库兹涅茨的现代经济增长理论

著名经济学家库兹涅茨自 20 世纪 40 年代始便致力于收集、整理各国的历史资料，根据这些资料对产业结构变化与经济发展的关系进行系统考察。这些研究成果收进了《现代经济增长》《各国的经济增长》等书中。他把人均收入开始增长，并伴随有不同形式的经济进步的时期称为"经济时代"，把其后的经济发展称为"现代经济增长"。"现代经济增长"不是狭义的经济增长，而是指经济时代以后的经济全面发展。库兹涅茨的现代增长理论不仅证实了配第–克拉克定理，而且更广泛、深入地探讨了产业结构演变规律。其研究结果表明，现代经济增长过程中的产业结构变化呈以下特点。

（1）伴随现代经济增长，产业结构将发生变化。以农业为主的第一产业比重下降，工业比重增加。在工业内部明显存在着由非耐用消费品向耐用消费品、由消费资料生产向生产资料生产的转移趋势。

（2）农业劳动力比重下降，且下降速度低于农产品比重下降速度。工业的劳动力有所增加，但工业劳动力增长率低于工业生产增长率，因为工业在提高劳动生产率的同时其所占比重扩大了。服务业劳动力明显增加，随着劳动生产率提高，规模不断扩大。

（3）在资本结构中，农业资本比例下降，工业与服务业资本比例增加。

（4）伴随上述变化，农业由小规模分散经营向大规模专业化生产过渡，同时，工业与服务业企业由小规模业主制企业向大规模法人企业发展。

（5）在工业内部，各产业的雇佣率从事生产的就业者分为业主、家族从业者与雇佣者三类，雇佣者人数与总就业人数之比即为雇佣率与附加值率同时增长，采掘业比重下降。

（6）在服务业中商业的比重上升。家庭服务业比重降低，个人服务业、专门服务业和政府服务业的比重提高。

（7）生产技术变化对产业结构的变化起很大的作用。

（8）上述变动引发产业间、工种间、区域间劳动力转移，特别是导致人口城市化。

（三）霍夫曼的工业化阶段理论

霍夫曼在《工业化的阶段和类型》一书中提出霍夫曼指数，又称霍夫曼比例，指一国工业结构中，消费品部门与资本品部门的净产值之比。他将工业化过程分为四个阶段，四个阶段的霍夫曼系数分别为 5（±1），2.5（±1），1（±0.5），1 以下。第一阶段，消费资料工业在制造业中占统治地位，资本资料工业不发达；第二阶段，资本资料工业的增长速度高于消费资料工业，但消费资料工业在制造业总产值中所占的比重仍大于资本资料工业；第三阶段，消费资料工业所占比重与资本资料工业大致相同；第四阶段，资本资料工业所占比重大于消费资料工业，霍夫曼指数小于 1。这四个阶段是根据许多国家的资料分析而得出的，引起了不少争论。

库兹涅茨对美国的发展过程进行统计分析后指出，在美国经济发展过程中，并没有出现霍夫曼定理所提出的变化。日本学者盐野谷佑一利用里昂惕夫的产业关联理论研究了霍夫曼的工业分类与设计问题，他发现，人均收入水平在美元 200~300（1950 年价）以上年价的工业化国家没有发生霍夫曼提出的结构变动，人均收入水平低于 200 美元的工业化国家，其霍夫曼指数降到一定程度后即趋于稳定。可见，霍夫曼定理仅在重化学工业与轻工业间适用，也就是说霍夫曼所揭示的是重化学工业化的经验法则。霍夫曼在分析时将消费资料工业等同于轻工业，将资本资料工业等同于重化学工业。历史上的确曾出现过重化工产品只用于基建投资和军事需要，在这一背景下，霍夫曼的观点的产生有其必然性。

（四）赤松要的"雁行模式"

1932 年，日本学者赤松要在他的文章《我国经济发展的综合原理》中提出了著名的"雁行模式"。赤松要认为日本的工业化遵循着"雁行模式"发展，即日本作为一个经济落后的国家，受国内的资源与市场的约束，只有主要依靠对外贸易向工业国输出消费性商品，换取工业设备，然后建立自己的工厂进行替代性生产，以满足国内需要，并进一步带动国内相关产业的发展。

上述过程绘成图像，犹如雁群列阵飞行，故以"雁行模式"命名。赤松要在这篇文章中，以棉纱、棉布代表消费品工业，以棉纺织机械代表生产资料工业，并以过去半个世纪世界棉纺织工业的经验证明两者均沿此轨迹发展。"雁行模式"即外贸主导型的对外经济开放，对日本工业化发展起到了重要的推动作用。该理论认为，在需求与供给相互制约下，落后国家的产业结构要经历三个阶段的变化。

（1）进口阶段。在对某些产品的需求增加，而国内生产困难时，靠进口满足需求。

（2）国内替代阶段。在国内生产该种产品的条件成熟后，以国内产品满足需求，替代进口。

（3）产品出口阶段。随着国内生产条件日益改善，该种产品生产成本大大降低，市场竞争力加强，产品转而进入国际市场。

该理论的基本结论是，落后国家的发展过程是先发展轻工业，然后发展重工业。日本是这一模式成功的典型。日本从纺织工业开始进行工业化，然后实行重工业化。除上述理论外，技术差距理论、产品生命周期理论、区域经济发展阶段等均涉及区域产业结构演变问题。

三、区域产业结构调整和优化

区域产业结构调整与优化是提高整体资源配置效率的重要前提，也是区域经济成长的本质要求。从理论上讲，区域产业结构优化不仅有助于解决产业的地域分工问题，而且有利于处理和协调区域之间的利益关系问题。

（一）区域产业结构优化的基本内容

产业结构优化是指通过产业结构调整，使产业结构效率和产业结构水平不断提高的动态过程。它要求从整个区域经济出发，以一定的价值观和方法论为指导，通过一系列深入细致的定性和定量研究，得出区域产业结构的优化模型和方案。在此基础上，制定和实施相应的产业政策，实现区域产业内、产业间比例关系和关联方式的优化调整，促进各种生产要素的最佳组合和各种资源的最佳配置，从而取得最好的经济效益。其内容包括产业结构合理化和产业结构高度化两方面。

（1）区域产业结构合理化（rationalization of regional industry structure）。本质上是产业结构的协调，是指产业间有机联系的聚合质量，即产业之间相互作用所产生的一种不同于各产业能力之和的整体能力。由于区域产业结构是一个各种产业相互联系、相互制约和相互促进的复杂有机体，单一的标准很难对其做出全面和准确的评价。因此，要全面地反映产业结构的合理化程度，就必须确立一个相互联系的标准体系。一般来说，评价区域产业结构合理化的标准，主要有如下几方面：是否使该地域的资源得到充分合理的有效利用；是否具有较强的应变能力，能及时提供社会所需要的各种产品和服务，并能推动整个经济结构的合理化；是否能使各产业协调发展，具有较强的结构转换能力；是否能获得最佳结构经济效益；是否能够充分吸收当代最新科学技术成果，即体现产业的技术进步与创新；是否有利于保持经济发展与人口、资源和环境的发展相协调，能满足就业、资本吸收和生态环境保护等方面的要求。

区域产业结构合理化的评价标准是一个有机整体，评判时要综合考虑，否则调整产业结构就会带来片面性和盲目性，难以做到合理化，甚至造成严重的结构失衡，反而给区域经济发展增加矛盾和困难。但是，各种标准在不同条件下，其作用力度应该不一样。不同区域，由于地理环境、资源条件、科技水平、经济成长阶段和消费水平等不同，对其产业结构合理化评价也有所差异，评价标准应有所侧重，绝不能用所有标准去衡量区域产业结构的合理化程度。

（2）区域产业结构的高度化（heightening of regional industry structure）。在国内外的经济学文献中，有关产业结构高度化的内容的专门论述并不多见，比较有代表性的有两种。一种认为，产业结构的高度化是指一国产业结构在其经济发展的历史和逻辑序列演进过程中所达到的阶段或层次。这个高度至少包括三方面的规定：第一，国民经济运动过程中，第一产业占优势的比重逐级向第二、第三产业占优势比重的演进阶段；第二，产业结构中由劳动密集型产业占优势比重逐级向资本密集型、知识密集型产业占优势比重的演进阶段；第三，产业结构中由制造初级产品的产业占优势比重逐渐向制造中间产品、最终产品的产业占优势比重的演进阶段。这种概括显然是正确的，它主要从量态的角度反映了产业结构高度化的内涵。在此基础上，有学者将产业结构高度化的内容进一步概括为相互联系、相互制约的四个方面：产值结构高度化；资产结构高度化；技术结构高度化；劳动力结构高度化。

这种从量态和质态两方面对产业结构高度化进行完整的概括，对我们理解产业结构演化过程有极大的帮助。我们认为，从产业结构优化的角度出发，可以把区域产业结构高度化定义为产业结构在经济发展的历史和逻辑序列顺向演化过程中，随着技术结构与需求结构的变化向更高一级演进的过程，也可将其称为产业结构的升级。它是产业结构整体结构性的转变，是产业结构的质变。从一定意义上说，产业结构高度化既是社会需求拉动与技术进步推动的结果，同时它又为不断满足社会需求和技术进步创造条件，因而产业结构高度化一般表现为以下几个重要趋势。

第一，从产业结构看，不断由技术水平低的传统技术产业向现代技术产业乃至向高新技术产业转变，促使产业结构从低级向高级演进。

第二，从劳动密集型向资金密集型再向技术和知识密集型产业演进，这是产业结构高度化的一个重要趋势。

第三，在科学技术日益进步和需求不断扩大的情况下，产业内部对劳动对象的加工深度表现出一种有序的演化过程，即从采掘业向原料工业、初加工工业再向深加工工业深入，同时也表现为从低附加价值产业向高附加价值产业演变。

第四，从长期产业发展秩序看，一般占主导地位的产业总是先从消费资料部门向生产资料部门转换，然后又从生产资料部门向消费资料部门和服务部门转换，这种结构性变动也是产业结构高度化的演进趋势之一。

第五，产业结构演进的一个重要趋势是与国际市场相适应，建立完善的内资与外资相结合的、全方位的、开放型产业结构，即产业结构的国际化。当今世界上，任何一个国家或地区，如果离开国际市场，不能充分利用国际经济、金融、科学技术和商品市场等提供的条件，都很难使地域经济得到迅速发展，这已经为世界各国经济发展所一再证实。

（3）区域产业结构合理化与产业结构高度化内在统一的条件，是二者所包含的要素相互融合、相互贯通，同时又相互制约和相互促进。从本质上讲，产业结构合理化是高度化的基础，长期失衡的产业结构不可能有高度化的发展。离开了产业结构合理化的过程，产业链条无法合理运转，产业结构不能连续循环和不断升级，主导产业难以发挥带动效应，扶植产业也难以健康成长，产业结构的水平也难以提高。同时，产业结构合理化也总是在一定高度化基础上的合理化，否则，产业结构处于低级状态的情况下，相关产业部门无法发挥内在的替代效应，产业断层不能自我弥合，只能在低水平上追求结构平衡，合理化本身也就没有结构效益可言。

区域产业结构的合理化与高度化又是有差别的：合理化侧重于资源配置的数量比例关系，高度化主要反映资源配置的利用效率，反映产业结构的技术进步状态。合理化可以建立在任何水准上，高度化必须是社会生产力和社会需求程度的不断提高。同时，高度化是产业结构非均衡成长过程，它的发展常常要打破原来水准的合理化状态，使产业结构从低水准向高水准演进。因此，合理化不是产业结构调整优化的终极目标，产业结构调整和优化是产业结构从一种合理化状态上升到另一种合理化状态的高度化过程。正是从这个意义上，才把区域产业结构的成长过程视为产业结构的高度化过程。也就是说这种高度化已经蕴含着合理化的真谛。

在产业结构优化研究中，有的学者将产业结构高效化即在假设技术经济条件不变的情况下，低效率产业比重不断降低和高效率产业比重不断增大，通过资源配置的优化，以不断提高宏观经济效益水平作为产业结构优化的一个内容独立出来。以往，它要么被舍弃，要么包含在产业结构高度化的内容之中。产业结构优化的首要内容是产业结构高效化。因为产业结构优化的最终目标是提高宏观经济效益，而产业结构高度化和产业结构合理化都可以视为提高宏观经济效益的途径。产业结构高效化和产业结构高度化虽然有密切联系，一般而言，产业结构高效化是以产业结构高度化为前提的，产业结构高度化也会导致产业结构高效化，但两者并非等同，更非后者能包容前者。即使在技术经济水平不变的前提下，通过调整产业结构以降低低效率产业比重和增加高效率产业比重，也能够实现产业结构高效化。将产业结构高效化独立出来不仅在理论上是必要的。在实践中，追求产业结构高效化也是必要的和紧迫的。就我国现状而言，不仅要追求高新技术发展、加工深度化和高附加值化，而且要通过市场和政府的双重作用，使低效率产业比重不断降低并加速其各种资源向高效率产业转移。就近期提高宏观经济效益而言，后者比前者更为重要。

（二）区域产业结构优化的基本模式

对于一个特定的区域来说，产业结构的优化是一个不断持续的过程，是从宏观上研究地域产业结构沿什么方向演进的问题。其优化的依据有四点：区域自然资源状况及特点；区域所处的发展阶段及总体水平，包括现有产业结构特征及其特点；全国劳动地域分工对本地域的要求；与国家产业结构优化同社会发展目标相协调，并有利于区域经济的可持续发展。

区域产业结构优化有三种导向：技术导向，指区域产业结构向高技术化产业方向转变，逐步提高技术产业在整个产业结构中的比重，直至占主导地位；结构导向，指逐步建立起以主导产业为核心，自然资源开发与加工制造业协调发展的产业结构，直至加工制造业占主导地位；资源导向，指建立以自然资源开发为主，资源密集型产业占主导地位的产业结构。一个国家各个区域经济发展水平不同，地域特色各异，其产业结构优化的方向必然会有所差别。也就是说，不同类型的地域，其产业结构优化的方向不同，从而优化的模式亦各不相同。

（1）不发达地域产业结构优化模式。一般来说，不发达地域的产业结构处于资源导向阶段，因而是一个低层次的结构形式。第一产业在产业结构中占很高的比例，工业化刚开始起步，经济发展仍十分落后。这类地域由于专业化水平低，资源优势远未能转化为商品经济优势，多种有优势的资源还处于待开发状态。因此，其工业化往往要借助于外部资金、技术和人才的输入，并且把外部输入与区内条件结合起来。资金投入的产业层次要立足于本地优势资源，技术层次要适合区内劳动力素质条件，选择能发挥本地有利条件，同时也有相当市场潜力的产业优先发展，利用外部输入把潜在资源优势转化为现实经济优势，推动地域经济成长。对于中国不发达地域的产业结构优化来说，首先是加强资源导向，扩大优势资源的开发规模，发挥规模经济效益，同时通过资源的综合开发利用发展加工制造业。即在今后一定时期，要以资源导向和结构导向为主，因为中国不发达地域至今没有完成传统工业化，甚至资源导向型的产业结构也发展不健全，还没有完全摆脱自然经济格局，人们的思想观念与市场经济还不相适应，在这种地域经济文化环境中，产业结构的优化还有一段相当艰难的路要走。

（2）欠发达地域产业结构优化模式。地域产业结构步入以结构导向为主的成长阶段，已经跨过工业化起点，第二产业在产业结构中占据主导地位，地区优势已经形成或正在形成中，区内已形成较好的投资环境或正在建立中的若干"增长极"，整个地域经济呈现较强的增长势头。这类地域产业结构优化的核心问题是：进一步巩固、扩大主导产业部门，充分利用规模经济，增强优势产业和产品的竞争能力，提高市场占有率；围绕主导产业发展的前向、后向和旁侧关联产业，形成结构效益良好的产业体系，特别重视后向加工环节的发展，以提高资源的综合利用水平，提高产品的附加价值；抢先建立或移入发达地域效益递减或即将扩散的产业，引进技术加以改进创新；重视贸易、金融、信息、咨询和科技等第三产业的发展。

（3）发达地区产业结构优化模式。这些区域工业化水平较高，第三产业也较发达，基础设施齐备，交通运输与信息已基本形成网络，在极化效应和乘数效应作用下，生产部门较齐全，协作配套条件优越，产业结构进入技术导向型阶段，区域内资金积累能力强，劳动力素质高，是国家经济核心区所在。但这类区域也存在着衰退因素，如土地和工资等生产要素价格上涨，一度领先的技术优势已不复存在，生产设备陈旧老化。这些衰退因素综合表现为越来越多的产业和产品的比较优势逐步丧失。因此，这类区域在产业结构上，要果断淘汰或移出比较优势已经丧失的产业，着力发展新兴产业，引进和利用新技术改造传统产业，不断开发出"高、精、尖"产品，实现产业结构高度化，形成产业结构动态递进的正常机制。同时要大力发展外向型经济，参与国际分工与交换，促进区域产业结构素质的全面提高。进一步加强与欠发达和不发达区域的横向经济联系，建立合理的区域经济分工体系，促进发达区域资金和技术向欠发达和不发达区域转移，强化扩散效应，使不同区域产业结构相互协同，推动区域经济共同发展。

（三）区域产业结构与区域经济增长

在一个相对独立的区域经济系统中，区域经济增长总是与区域产业结构紧密相关的，一定的区域产业结构直接或间接地表现为区域经济增长的前提或基础。概括起来，主要体现在以下两方面。

第一，区域产业结构决定着区域经济效益和发展速度。经济效益和发展速度是区域产业结构的函数。任何社会生产过程都是在一定社会生产关系或所有制条件下，劳动者和劳动资料结合作用于劳动对象的过程。而劳动者、劳动资料结合作用于劳动对象的有机结合，必须按一定的技术结构有比例地配置，并随着科技水平的发展变化而不断改变其资本技术构成或比例。因而劳动者、劳动资料及劳动对象按一定技术比例的结合，直接表现为社会生产过程得以进行的前提或基础，它们配置的社会方式、数量比例及层次关系等的不同，致使其社会经济效益不同，从而产生不同的经济发展速度。

第二，区域产业结构本身已包含有效益的一定要素，效益寓于结构之中。优化区域产业结构或以最小投入获取最大产出，本来就是提高效益的真正内涵之所在。而速度本身又表现为效益的一个要素，没有效益便不可能有持续增长的速度，只有效益提高了，投入与产出之比上升了，才会出现真实可靠的增长速度。既然效益决定着速度，那么发展速度也就作为经济效益的一个要素包含于区域产业结构之中。

在区域经济社会发展过程中，必须高度重视区域产业结构调整与优化问题，充分认识区域产业结构是区域经济运行过程中的深层次问题。从中、长时期看，经济效益和发展速度有赖于区域产业结构的优化与转换，劳动力、资金、技术设备等的结构状态，在很大程度上决定着资源的配置效果。如果区域产业结构比较合理，且与区域内外市场需求结构基本适应，则资源配置就较为合理，能保持良好的经济效益，并获得持续稳定的经济增长。与此相反，如果区域产业结构不合理或严重失衡，与区域内外市场需求结构不相适应，则资源配置效率不高，社会经济效益低下，区域经济发展速度往往缓慢或大起大落。

在市场经济条件下，中国各区域尤其是中西部地区产业结构成长的现实基础将日益依赖于市场需求结构，需求结构变动将成为决定中西部地区经济增长和产业结构变动的根本因素。

第二节　区域城市化

简·雅各布斯（Jane Jacobs）在《城市经济》（The Economy of Cities）一书中提出，自新石器时代首次被创造出来以来，城市就是我们经济进步的引擎。她颇具说服力地宣称，城市甚至发明了农业。然而，城市的经济重要性只是基础。最初的国家似乎是城邦，希腊城邦发明了民主，罗马城邦吞并了地中海世界，意大利城邦启动了欧洲的"文艺复兴"。"城市（city）""公民（citizen）"和"文明（civilization）"都来源于拉丁词根：市民（civis）和城邦（civitas）。

现在更是城市时代。城市培育了匿名性，让人们可以自由地追逐自己的梦想。它们像磁石一样吸引着个人和企业。就支持的活动、产生的技能和吸引的人口而言，城市是多样化的。它们创造了规模和范围经济，产生了复杂的交换网络，包括与其他城市的交换。尤其是与乡村或者杂乱的郊区相比，它们可以更有效地提供交通、通信、供水、下水设施、能源、医疗以及其他服务。全球逾一半人口住在城市，这是历史上的首次。全球五分之四的经济产出由城市地区创造。不仅城市人口比过去多得多，而且城市规模也比过去大得多。在 1800 年前，拥有 100 万人口的城市凤毛麟角。如今，全球仅市区人口超过 3 000 万的城市就有 91 个，更别提那些更为广阔的城市周边地区了。

一、城市——区域经济发展中心

城市从产生开始就给区域经济的发展带来新的变化，城市产生于农业社会时期，尽管当时社会经济的基础长期以农业为主，但是城市产生后便以它自身的优势成为了区域经济发展的主要场所。最初的城市是农产品和手工业产品交换的场所，同时也是区域的中心，发挥着政治、文化和商贸中心的作用，农业和手工业生产以家庭小生产为主，但是他们生产的产品都得送到城市的集市和市场中去完成交易，再从市场上换回自己需要的日用品和生产资料。在工业革命以前，城市在相当长的时间内扮演着这种角色，成为区域经济发展的主要场所，可以说离开了城市，仅仅依靠农村自身，交易的规模和效率就会大打折扣。同时，由于城市集聚了大量的统治阶级和商人，为城市居民服务的各种行业和设施也发展起来，成为了推动城市自身壮大的重要原因。这个时期的城市发挥了集聚和流通各种商品的功能，对促进区域经济发展起到了不可替代的重要作用，城市也逐渐成为了区域经济的中心，它和乡村的分工也日渐清晰。

工业革命的出现彻底地改变了城市的面貌，城市的结构和功能、地位、作用等各个方面都发生了剧烈的变化，城市从依靠和服务于农村逐渐独立成为有着完善结构和功能的地域系统。由于大量机器的使用，各种工厂建立起来，无论是规模还是水平都远远超过了手工作坊，工厂生产的产品数量多，品种齐全，手工业逐渐被淘汰。

先进的交通工具和蒸汽机的出现使工业发展摆脱了地域和资源的限制，工业活动更加直接地集聚到城市里，城市工业经济创造的产值远远超过了农村农业创造的产值，农业生产所需要的生产资料、生活资料等商品都有赖于城市工厂的生产，农村逐渐依附于城市。城市开始发挥作为区域经济、政治、文化、商贸中心的功能，除了粮食和蔬菜等农产品需要和农村交换得来以外，城市甚至可以生产自身需要的一切，成为强大的交换、生产和消费的大系统，越来越多的农村居民涌入城市，有更多的人期望成为城市人去享受城市生活的奢华和繁荣，城市成为了一个区域经济发展的标志，提到某个地区，人们马上联想到那里的某座或者几座城市。

在此基础上随着电力的出现，城市经济的发展再次获得了新的动力，城市工业的门类和效率又有了新的突破，城市居民的消费产品尤其是家用电器的消费成为了带动城市工业发展的新的增长点。由于城乡收入差别和消费条件的不同，这些产品的消费向农村转移很慢。城市自身通过发展已经成为区域经济发展中的主导力量，城市之间的交流也逐渐扩大，相互满足消费的需求，城市的产业也分为基础产业和非基础产业。以电子计算机和互联网为代表的信息产业在城市的兴起为城市的现代化和城市产业的升级注入新的活力，在信息社会到来的形式下，产业发展出现了新的形式，城市生产的产品中出现了大量的无形的知识和高科技产品，信息成为了商品。在创造价值方面，城市已经超越了农业生产的有形形式，农业在区域经济发展中的地位迅速衰落，大量的农村劳动力到城市从事服务业。现代生物工程技术和栽培等技术的发展可以使传统的农业栽培转移到城市中的实验室里或是在城郊的大棚里，城市开始从经济、科技等多个方面对农村进行补贴。

二、城市在区域经济发展中的地位与职能

自城市产生以来，尤其是工业革命以来，工业就超越传统的农业成为了决定区域经济水平的主要产业，表现为农业在国民收入中所占比例的急剧下降和工业、服务业所占比重的相应提高。而城市从它产生的那一天起就和新兴的工业、商业及服务业联系在一起，并成为这些产业在地理分布上的依靠，即使一些与农业高度相关的乡镇企业也出现了向城市集中的趋势。城市的各种便利为这些产业的发展提供了农村无法提供的条件，有效地降低了工业和服务业发展的成本，增加了收益。

随着城市产业的发展，各种配套设施和相关服务设施的建设，大量的人口积聚到城市中来，城市从最初的商业交易中心和之后的工厂集聚地发展成为拥有大量非生产性部门围绕生产性部门的集合体。从事商业、服务业的人数逐渐超过了城市里的产业工人，构成了城市人口的很大部分，城市人口数量更是超过了农村人口，在发达国家和地区这种趋势表现得很突出。而在中国这样的发展中国家，随着城市化和工业化的逐年推进，城市人口将会在很短的时期内超过农村人口的数量，城市人口的收入水平也显著地高于农村的水平，巨大的城市消费推动着城市经济的发展。

城市不仅是生产中心、人口集聚中心，还是管理中心。城市一般都是地区的行政和相关部门的管理枢纽所在地，城市的这种管理中心的地位为城市经济发展奠定了坚实的基础，尤其是城市对经济的管理更是为城市的发展和经济实力的壮大发挥了重要的作用。城市中的税收部门通过对城市各个产业征收赋税，甚至通过向乡村地区征收赋税而集中了大量的财力，这种征收突破了城市本身的地域范围，在整个区域范围内来积聚财富，而财富在分配和使用上更大比例地倾向于城市有限的地域范围内，这在一定程度上加剧了城市和乡村的差距和对立。在发展中国家的发展初期，城市的发展在很大程度上是通过农村援助来完成城市化和工业化的，我国在这方面非常明显。

城市拥有发达的交通和通信等基础设施，这些基础设施为城市发展现代贸易提供了良好的条件，城市通过实现和其他地区甚至与国外发生贸易来参与对商品利润的分配。在发展贸易的过程中，城市还在提供运输、仓储、搬运以及提供与贸易相关的服务来直接创造新的价值，这在沿海贸易及交通枢纽城市显得十分突出，甚至一些城市主要的产业就是中转贸易或运输等。而在内陆城市，来自贸易的收益也占到城市经济的很大部分。随着现代物流业的发展，贸易和物流运输、管理已经成为一个重要的新兴产业，其创造财富的能力受到了城市管理者的重视。

【资料】城市化与工业化关系

表 4-1   世界及按收入划分城市化与工业化比率

范围	城市化/工业化	人均 GDP/美元	城市化率（%）
全世界	1.48	5 165	46
低收入国家	1.03	427	31
中等收入国家	1.39	2 071	50
下中等收入国家	1.10	1 246	43
上中等收入国家	2.27	5 105	75

数据来源：2001 年世界发展指标，https://data.worldbank.org.cn/。

从这里的数据结论可以看出，世界各国和地区之间的城市化水平存在着较大的差距，但是仍然可以发现工业化水平高的国家和地区其城市化水平也相对较高，而工业化水平低的国家和地区的城市化水平也较低，工业化与城市化之间还是存在明显的关联。如果除去那些特殊的案例外，城市化与工业化具有高度的相关性也证实了工业化促进城市化发展的规律性，同时在工业化高度发达的国家和地区，工业化进一步发展对城市化的促进作用在力度上却不及发展中国家和地区，说明城市化发展到一定阶段以后，继续发展的速度会降低。

思考：2017 年，我国人均 GDP 为 8665 美元，常住人口城镇化率为 58.62%。为什么中国的城市化率相对偏低？

总之，我们可以清晰地看到，城市经济发展水平在衡量区域经济水平上具有重要的意义，如果把区域经济实力在区域空间上的分布看成是一个平面的话，城市和乡村就好比在这个平面上的一些点，它们的密度和质量是不一样的。城市就是这个平面上的密度大、质量高的点，它影响和决定着这个平面的其他点，从而也决定着这个平面的主要结构和功能。

三、城市竞争力决定区域竞争力

城市竞争力指的是在社会、经济结构、价值观、文化、制度和政策等多个因素综合作用下创造和维持的，一个城市为其自身发展在其区域中进行资源优化配置的能力。它是获得自身经济的持续高速增长，推动地区、国家甚至世界创造更多的社会财富的能力。城市竞争力的强大表现在与区域内其他城市相比，能吸引更多的人流、物流和辐射更大的市场空间。城市竞争力体现为一个城市的综合能力，但它又不等同于城市的综合实力。首先，城市综合实力是从规模、总量上衡量城市在经济、文化、科技等领域的总体综合力量，而城市竞争力则强调从质量、效用、功能上衡量城市潜在的竞争实力。其次，城市综合实力主要是着眼于城市自身，而城市竞争力则强调与其他城市相比较，是一个相对的概念。再次，城市综合实力着重于城市当前所具有的能力高低，而城市竞争力则不仅着眼于城市现实状态，还更强调城市的发展能力及城市的增长后劲。

从城市竞争力和区域竞争力的含义和内容来看，二者有很大的相似性，都强调与其他城市或区域相比所具有的获取更多经济发展的能力，包括比较优势和各种竞争优势。它们都比较突出城市和区域在与其他城市和区域的竞争中所具有的能力，这与现状有着很大的区别，这种能力可能是现实的，也可以是潜在的。所以，具有竞争力的城市和区域可能是目前并不发达的地区。城市竞争力决定着区域竞争力，这不仅是从现实发展的案例的经验推论，更有符合逻辑的证明。区域竞争力和城市竞争力的核心是具有竞争力的区域和城市与其他区域和城市相比，在吸引和集聚生产要素、人才、技术、信息等方面具有突出的比较优势，正是这种比较优势的发挥才形成了区域和城市的竞争优势。一旦离开了吸引和集聚方面的优势，区域和城市的竞争优势就无法形成，而城市却是区域中吸引和集聚各种要素的中心。如果说区域是一个大的磁场，那么城市就是磁场中的磁铁，磁铁没有了，磁场也就不能存在。这个比喻能很好地说明区域和城市在竞争力的形成上的关系。城市竞争力决定区域竞争力不仅体现在城市所具有的磁石效应上，它还体现在强度上，即城市竞争力的强度和大小对区域竞争力的强度和大小具有决定作用。从区域核心竞争力包含的内容上看，无论是区域的区位优势、创新优势、文化以及资源集聚能力，都与区域中的城市紧密相连。

总之，城市发展成为区域经济发展的主要依靠是一个长期的事实，而且在经济全球化、知识化、信息化态势日益明显的今天，城市在区域经济发展中的地位和作用只会逐步强化，区域经济的发展将更加倚重于城市的发展。要加快区域经济发展的步伐，就必须紧紧抓住城市这个中心，实现城乡协调发展和共同进步也是在城市经济高度发展的前提下进行。

四、城市化与人口流动

城市化的基本定义是农业人口转为非农业人口，农业地域转为非农业地域，农业活动转为非农业活动的过程。从定义上来看，城市化过程中的表现主要有两个：一是人口上，农村人口流向城市；二是地域上，大城市周边的农村地域被覆盖，转变为城市。从活动类型上看，无论是人口主动从农村流向城市，还是被动被城市扩张覆盖，最终大部分都会转向从事第二、第三产业的非农业活动。

所以城市化率一般是以人口和地域为标准衡量的，较为通用的做法是城市人口占总人口的比重，即城市化率=城镇人口/总人口。

需要说明的是，城市化率有统计口径的差异，通常包括常住口径和户籍口径，常住口径是按照居住地超过6个月以上为口径统计，户籍口径就是按照户籍统计，所以城市化率的常住口径一般大于户籍口径，我们采用常住口径。

城市化率的高低还可以用人口密度来衡量，人口密度越高，一般来说城市化率也越高。例如，从中国总体上来看，东部地区人口密度明显较大，然而单从东部地区来看，人口分布也是不均匀的，从地理位置上看存在三个人口密度较为集中的区域，依次是以北京为中心的环渤海地区，包括山东、河南一带；向南是以上海为中心的长三角地区；南部是以广东省为代表的珠三角地区。

有三个非常清晰而普遍的趋势，呈现在世界城市发展的进程当中。第一，随着经济发展水平的提高，城市化水平也不断提高。第二，城市人口越来越向大城市和附近的都市圈集中，人口密度和城市化率确实存在明显的正相关关系。第三，在一些发达国家的大城市，随着服务业的发展，人口正在回归中心城区。

（一）人口迁移的主要逻辑

（1）拉文斯坦迁移法则。英国学者拉文斯坦（E. G. Ravenstein）基于英国人口迁移特点在19世纪80年代中后期提出人口迁移的主要法则：大多数迁移主要基于经济因素；乡村居民较城镇居民更具迁移倾向；迁移人口数量与迁移距离成反比；人口迁移具有阶梯特征，即城市周边居民先迁入城市，留下的空隙地区由迁移的偏远地区居民占据；每一次移民潮发生后，总有一次反向的、补偿性的移民潮出现；女性偏好短距离迁移；经济与交通发展刺激移民增加；长距离迁移以向大城市为主；向外迁移主要发生在20~35岁。

（2）推拉理论。博格（Donald J. Bogue）、李（E.S.Lee）等提出的推拉理论认为，在市场经济和人口自由流动的情况下，人口迁移的原因是人们可以通过搬迁改善生活条件。人口迁移的发生是由迁入地的拉力因素和迁出地的推力因素共同作用的结果，包括自然、经济、社会等多方面原因。

（3）发展经济学理论。刘易斯（W. A. Lewis）认为，由于工农业部门之间的劳动生产率和收入水平存在较大差异，使得劳动力不断从传统农业部门流向工业部门，当工农业部门的劳动生产率相等时，人口迁移将达平衡。费景汉（John C. H. Fei）和拉尼斯（Gustav Ranis）赞同刘易斯的观点，并进行补充：农村劳动生产率提高，也将促使剩余劳动力向城市工业部门迁移。

（4）经济-人口分布平衡法则。中国社会科学院人口所学者张车伟和蔡翼飞以经济-人口分布平衡讨论区域发展差距。这个比值的计算方式是用一个地区的GDP占全国GDP的比例，除以这个地区的人口占全国人口的比例。当这个经济-人口比大于1的时候，说明这个地区的吸引力较强，人口会不断涌入，居住需求还有增长空间；当这个经济-人口比小于1时，说明这个地区的吸引力较弱，人口会不断流出，没有什么居住需求。但这是理论值，在实际的发达经济体中，这个比值的标准值可以在0.8~1.6浮动。

（5）集聚规律。在长期而论，决定一国范围内一个城市人口集聚规模的关键是城市经济规模及该城市与本国其他地区的人均收入差距，即经济-人口分布平衡。在完全市场竞争和同质性假设下，一个城市较高的人均收入将不断吸引区外人口净迁入，直至该城市人均收入与其他地区持平。

（6）国际人口迁移规律。根据图4-1与表4-2所显示的日本和美国人口流动的趋势研究，可以发现人口迁移呈两大阶段：第一阶段，人口从农村向城市迁移，一二线和三四线城市都有人口迁入，这可能跟这一阶段产业以加工贸易、中低端制造业和资源性产业为主有关。第二阶段，人口从农村和三四线城市向一二线大都市圈及卫星城迁移，三四线人口面临迁入停滞，大都市圈人口继续增加，集聚效应更加明显，这可能跟产业向高端制造业和现代服务业升级以及大都市圈学校、医院等公共资源富集有关。值得注意的是，在第一阶段到第二阶段过程中，会出现短期的大都市圈向区域中心城市回流现象，但不改变大的趋势。这也就是意味着，控制大城市人口、中小城镇化战略和大规模西部造城运动可能是不符合人口迁移规律的，而且大城市比小城市更有效率、更有活力、更节约用地、更节约资源。

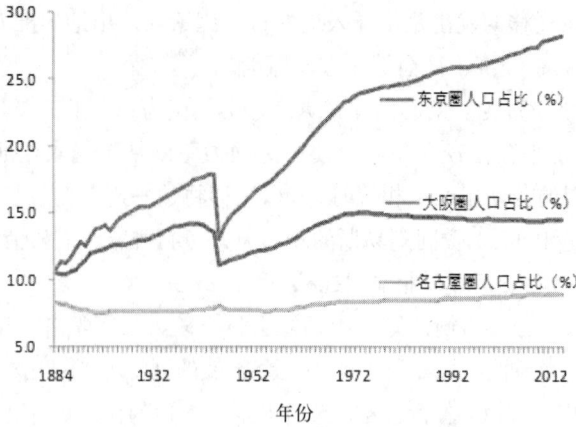

图 4-1 日本人口向大都市圈迁移

东京圈人口占比（%）
大阪圈人口占比（%）
名古屋圈人口占比（%）
年份

表 4-2 美国人口迁徙趋势：向大都市区集聚

城市规模类型	1940 年城市数量/个	1960 年城市数量/个	1990 年城市数量/个	2000 年城市数量/个	2010 年城市数量/个
50000~100000	15	24	26	30	23
100000~250000	69	91	143	168	159
250000~500000	30	52	75	80	82
500000~1000000	13	31	45	39	51
1000000 以上	11	24	46	49	51
全部大都市区	138	222	335	366	366
人口分布（比重，%）	1940 年城市数量/个	1960 年城市数量/个	1990 年城市数量/个	2000 年城市数量/个	2010 年城市数量/个
50000~100000	1	1.1	0.9	0.9	0.6
100000~250000	8.5	8.2	9.1	9.1	8.0
250000~500000	8.3	9.7	10.6	10.2	9.3
500000-1000000	6.9	12	13.1	9.6	11.5
1000000 以上	26.2	34.3	43.9	53.0	54.1
全部大都市区	50.9	65.3	77.6	82.8	83.7
人口数量/百万人	1940 年城市数量/个	1960 年城市数量/个	1990 年城市数量/个	2000 年城市数量/个	2010 年城市数量/个
大都市区	67.1	116.6	192.9	233.1	258.3
美国	131.7	178.5	248.7	281.4	308.7

资料来源：美国人口调查局，国务院发展研究中心，方正证券。

（二）中国人口迁移趋势

中国当代人口流动的主要原因之一是城市化。人口流动是城市化的必然，一方面城市化过程中需要人口提供劳动力；另一方面地区城市化程度高，会吸引更多人口。改革开放前，中国城市化进展缓慢，特别是在"文化大革命"（"文革"）期间，基本处于停滞状态；改革开放后，中国城市化进程逐渐启动，从 1978 年的 17.9%增至 1995 年的 29.0%。20 世纪 90 年代中期以来，城市化速度明显加快。我国 2015年总城市化率是 56.54%，人口密度最大的上海市（87.62%）也是城镇化率最高的地区，其次分别是北京市（86.46%）、天津市（82.61%）、广东省（68.71%），这些地区都是环渤海、长三角和珠三角地区城市群的中心。

中国城市化率的两极分化极为明显，最高的上海（87.62%）是最低新疆（47.25%）的将近两倍。而一些内陆省份如河南、四川、安徽、湖南等地城镇化率分别仅为50%上下，才刚刚迈入城镇化快速发展阶段的大门，离发达省市相距甚远，甚至没有达到全国平均水平。在快速城市化进程中，中西部地区人口长期主要向东部地区的长三角、珠三角及京津地区集聚；但 2011 年以来，在东部地区的外来务工人员部分回流中西部地区，人口主要迁入一线城市和部分二线区域中心城市。对照国际经验，中国正处于人口迁移的第二个阶段。在未来中国的人口迁移格局中，一线城市和部分二线城市人口将继续集聚，城市之间、地区之间的人口集聚态势将分化明显。在东部地区，北京、上海、广州、深圳、天津等大城市将可能继续呈现大量人口净迁入；其他城市，特别是外来人口众多的中小城市，人口增长有可能放缓甚至停滞。在中西部地区，重庆、郑州、武汉、成都、石家庄、长沙等区域中心城市人口将快速增长。

中国城市化仍处于快速发展期，城乡、区域之间的相对收入差距仍然较大，农村人口将继续大量进入城市；大城市就业机会多、发展前景广、文化包容性强、教育医疗等公共服务资源丰富，吸引农村居民及中小城市居民。随着中西部地区经济发展及就近城镇化推进，在东部地区的部分外来务工人员将可能继续回流，首要选择中西部地区的区域中心城市。诺贝尔经济学奖获得者斯蒂格利茨也曾把中国的城镇化和美国的新技术革命相提并论，称其是 21 世纪带动世界经济发展的"两大引擎"。自从改革开放以来，在快速工业化的带动下，中国的城镇化进程就像搭上了高速列车，城镇化率得到了显著提升。在光辉的成就面前，我国城镇化发展也面临着地区差异十分巨大的严峻挑战。我国省市众多，并非所有地区都在城镇化道路上走得一帆风顺。

五、我国城市化演变历程与趋势：劳动力转移和产业区域转移

（1）1979—1990 年，以劳动力单向转移为主的城市化进程。改革开放以来，随着家庭联产承包责任制的实行，农业生产力的大力发展迅速析出大量的农业剩余劳动力，但由于城乡二元格局，而且城市的工业发展也不发达，因此进城农民工规模很小。1984 年，国务院颁布了允许农村人口迁移到附近的城镇和转移户口政策以来，农民进城经商、承包建筑施工和各项劳务活动日渐增多，剩余劳动力转移的规模逐渐增大，从 1980 年到 1990 年累积转移劳动力 6 646 万人。

同时，20 世纪 80 年代中期以来，广东、福建等省市凭借海外侨胞的优势和改革开放政策，来料加工、"三来一补"、以港澳地区为主要市场的乡镇企业迅速发展；江浙等地区以劳动密集型行业为主、市场主要面向省内、国内的乡镇企业也迅速发展。沿海地区乡镇企业的快速发展极大地刺激了农村剩余劳动力的转移，"七五"期间，平均每年转移农村劳动力 596 万人；"八五"期间，平均每年转移农村劳动力 688 万人。1988 年底全国乡镇企业吸纳农村劳动力 9 545 万人，占农村总劳动力 23.8%。

自 1953 年实行计划经济体制以来，我国市场长期存在供给的总量性短缺，70 年代末 80 年代初，国内市场规模迅速扩张，即使达不到最小有效经济规模的小企业也能在市场上取得准垄断地位，获得较高利润率；而且 1978 年开始进行的"放权让利"和"扩大企业自主权"改革，构筑了相对独立的地方一级预算，形成了地方政府自身的利益，为发展本地经济、增加财政收入，绝大多数的地方政府增强了公开或隐蔽的地区市场封锁政策，因此就地发展是绝大多数企业的占优选择，企业缺乏区域转移的市场驱动力。

可见，在 20 世纪 90 年代之前，我国的城市化进程是以劳动力省内转移为主要特征[①]。

（2）20 世纪 90 年代以来劳动力和产业同向转移的城市化进程。进入 90 年代，东部沿海地区经济进入了新的发展时期，东部沿海发达地区的产业配套条件趋于成熟，市场规模迅速扩张。如在珠江三角洲地区，100 千米左右的范围内，90%以上的计算机零部件、80%以上的手机部件、将近 100%的彩电部件都可以采购得到。这使得在该地区彩电、计算机、手机等产品零部件的采购成本比其他地区低 30%（刘世锦，2003），促进了相关产业向该区域转移，逐渐形成了 IT、家电等产业的集聚。此外，90 年代以来，国际产业开始向我国东部地区转移，1995 年和 2000 年东部 11

---

① 以 1989 年为例，全国乡镇企业吸纳农村劳动力 9 366 万人，出乡就业人数 3 000 万人，其中出省就业人数 700 万人，可见劳动力转移还以省内为主。数据来自中国农村劳动力转移培训网，www.nmpx.gov.cn。

个省市①分别吸收了外商直接投资的 85.9%和 86.5%，其中单是广东、江苏、浙江、上海、北京、福建 6 个省市就分别吸引所有外资的 66.4%和 68.4%。相对应地，2000年这 6 个省市吸纳了跨省总流动人口的 68.5%，东部地区成为经济发展和吸纳劳动力的重地。同时，上海、北京、广州等一些中心城市的迅猛发展，不但吸引了各地区相关产业的集聚，还吸引了包括浙江、福建等发达地区的企业总部，据统计，自90 年代至 2000 年上半年，浙江约有 5 万家企业进驻上海，投资总额达 500 亿元人民币。

但是，在产业往发达地区转移过程中，产业同构严重。在长三角地区，凡是在地域空间上相邻的，相似系数都大于 0.93，有的城市间甚至达到了 0.98 以上（唐立国，2002）。不合理的分工体系使得发达地区的第三产业发展缓慢，较为落后地区的工业发展不起来，极大地影响了就业结构的提升。1994 年以来，东部地区非农产业对农村劳动力的吸纳能力逐渐减弱，使得全国当年转移劳动力逐年下降，从1993 年的 1 233 万人降到 1999 年的 179 万人。

（3）2000 年以来劳动力和产业逆向转移的城市化演变趋势。为了控制一些地区借助工业园区建设与小城镇发展，乱占耕地和乱圈土地现象，保护耕地，提高土地使用效率，2000 年以来，我国非农土地使用指标限制制度的实行逐渐得到加强。2003 年，国务院对土地市场展开了严厉的治理整顿，使得发达地区的土地供应紧张，这一现象在浙江、江苏、广东、上海等经济发达地区更严重。另外，随着经济发展和人均收入水平的增加，导致需求结构的变化，特别是近年来由于宏观经济形势的变化，使得市场压力显著增大，迫使发达地区的企业需要通过产业区域转移的方式来打开市场，巩固市场。而 1994 年以来，为降低区域间的收入差异，政府增加了对中西部地区的基础设施投资。1999 年，开始倡导开发西部，并于 2000 年设立了 10 个发展西部的重点工程，西部的投资环境有所改善。此外，政府对外商在西部投资也给予优惠政策，使得西部成为外资的新宠。到 2001 年，世界 500 强企业中的 60 多家已进驻西部。发达地区的一些地方政府为了当地企业能有更广阔的市场发展空间，也在积极地为企业走出去搭建平台。以浙江省为例，从 2002 年起，浙江省财政每年安排 500 万元人民币，对参与中西部开发的企业进行贴息支持，还逐渐在西部 8 个省市区成立了浙江企业联合会。据不完全统计，目前浙江省在西部地区 12 个省市区创业的人员达到 110 万人，投资超过 1 000 亿元。另一方面，国际产业向东部的持续转移，也推进了东部地区一些产业往中西部的转移。2002—2003年重庆市来自东部地区的投资占全部引进内资的 61.81%，1999—2003 年湖南省仅

---

① 东部 11 个省市指北京、天津、河北、辽宁、上海、江苏、浙江、福建、山东、广东、海南。下同。

来自广东省的投资就占了全部引进内资的 33.69%。

但是，尽管部分产业往中西部逐渐转移，但大多数产业还在东部地区不断集聚。究其原因：一是产业向中西部转移，主要不是基于比较优势而是市场扩张的需要，因此企业经营的重心还在东部地区；二是目前一些劳动密集型行业（如纺织业、造纸及纸制品业等）还是东部的优势产业；三是即使在发达的东部省市内，区域内的经济发展往往也是不平衡的，因此产业一般先往区域内相对落后地区转移，其后才考虑区域外。

此外，20 世纪 90 年代以来，中国低价工业化与高价城市化的发展模式（经济增长前沿课题组，2003），促进了产业和人口往东部地区持续集聚，[①]其后果是，东部地区的非农产业就业弹性系数逐渐下降，农村剩余劳动力转移速度趋缓，而且劳动力转移成本递增。[②]

净流入地区除了北京和天津，都是中国最东部沿海的几个省/市，从北到南依次是江苏、上海、浙江、福建和广东。广东省净流入 35 万成为全国最大的"人口抽水机"，据估算，2015 年广东省有 350 万常住非户籍人口。

大部分西北部省份是人口动态平衡地区，包括内蒙古、青海、西藏和宁夏，不是流入人口的来源。

净流出地区主要包括安徽、河南、湖南、四川、江西、湖北、广西、贵州和河北，从地理位置上来看这些地区大部分地处中部，说明我国人口的流向不是"从西到东"而是"从中到东"。

我国地区劳动力分配呈现"冰火两重天"的境况，高度城市化的地区有人口膨胀的压力，开始严格控制人口；而人口净流出的地区"失血"严重。但是人口流动是不可避免的，是城市化的必然过程，那么在这种流动的作用下我国的人口分布和城市化水平情况如何？

六、中国城市化的未来：下一批大城市的崛起

现实中，我国城市化率较高的北京、上海已经达到了高度城市化的阶段，尤其

---

① 2002 年，我国东部 11 个省市占全国国土面积的 11.1%，集中了全国 67.7%的 GDP 和 41.3%的人口、56.5%的固定资产投资。数据来自《中国统计年鉴（2003）》。

② 吸引产业集聚，包括东部地区在内的工业用地往往是廉价的，而同时，地方政府往往通过房地产土地的出让来获得城市化的资金，使得非工业用地价格居高不下。这不但提高了农民工在城市购房或租房的成本，还通过其他生活费用提高的联带效应提高了农民工在城市生活的成本。但与此相对应的是，据调查表明，农民工的平均工资已经有十多年没怎么增长，珠三角地区 12 年来农民工月工资只提高了 68 元。另据农业部的调查显示，2002 年 9 400 万农民工的月均收入约 480 元左右，而同年城镇居民年均消费性支出 6 030 元/人，使得农民工在城市生活困难，转移成本高。

是上海出现了人口过度拥挤和流入减少的趋势，然而高度城市化地区的流入减少是不是意味着我国的人口流动会放缓？在全国总城市化率 58.62%的情况下，我国城市化依然有很大发展空间，所以未来我国的人口流动和城市化进程会如何呢？——下一批大城市即将崛起。

根据经济增长理论，经济发展需要三个条件：资本、人力和技术。人力可以创造技术，人力和技术可以吸引资本。所谓"资本未动，人力先行"，在下一轮抢占先机，吸引人口，成为未来地区建设的重点，也是顺应我国城市化发展趋势的重要举措。

我国地大物博，大部分地区的城市化程度尚且不足，因此从全国范围上看，城市化进程不会放缓。下一步，上海和北京会减少人口流入，那些流出的人口将会流向其他还有空间的城市，部分城市如成都、杭州、武汉与重庆等（图 4-2），可以凭借"近水楼台先得月"或者"先发优势"承接这些人口溢出，成为下一轮城市化中吸引人口的主力。

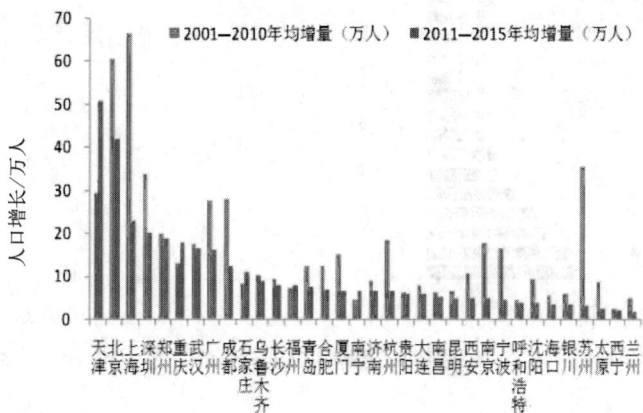

图 4-2　2001—2015 年中国主要城市人口增长

从目前来看，人口净流入中的省/市除了北京、上海和广东，还有浙江、江苏、天津和福建，其中浙江的民营企业发达，具有"先发优势"。江苏临近上海、天津临近北京、福建临近广东并且沿海，有望成为下一轮城市化的中心（图 4-3）。

一个城市如何吸引人口流入呢？人口落户主要考虑两个因素：工作和生活。首先是要有多数量和高质量（薪水待遇好等）的工作岗位，其次是生活成本相对较低，房价在可承受范围，都满足这两个条件的情况下公共服务和设施好，生活便利，生活品质高。所以，各地人口争夺战的措施也主要就是围绕这三个方面展开：创造就业岗位、提高工资待遇，降低生活成本，完善公共服务。

最后，还要重点注意的是，我国第三波"婴儿潮"已经进入社会，工作 5 年内劳动力的流动性还较高，等到买房、结婚、落户后这些人就成为城市稳定人口，流动成本骤升。所以 2020 年前抢夺第三波"婴儿潮"是各地人口争夺战的重中之重，在此以后我国进入劳动年龄的人口规模逐年减少，因此，这一步是否能抢占先机，对未来影响深远。

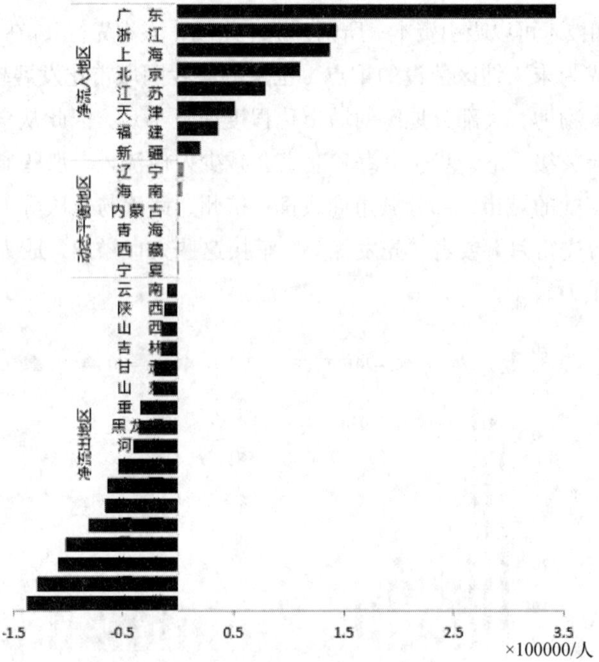

图 4-3　我国人口流动区域

第三节　区域产业扩散、集聚与结构演进

从历史的角度考察，城市化始于工业革命，也促进了工业化的深入与产业结构的调整。

一、城市化与产业化的互动发展

（1）交易集聚推动产业结构调整。在工业化与城镇化发展的初期，某些地区会由于资源禀赋优势或区位优势、政策优势等，获得了先行发展工业的机会。由于受技术、资本的限制及实际需求，纺织、食品、日用产品等消费品工业和餐饮、商业、运输等传统服务业最先获得了发展。这一时期，绝大多数地区经济都处在发展初期，资本积累都很有限，相比较而言，区域内的农村剩余劳动力的流动更自由、零散，对市场的反应更敏捷、没有沉淀成本，所以其流动要先于资本。由于这些劳动密集型产业对劳动力的基本素质要求不高，更刺激了区域内农业剩余劳动力向这些非农产业的转移（图4-4）。人口的集聚会导致需求的增长从而促进地方产业部门的发展，并带动相关产业（包括消费者服务业）的联动发展，逐渐吸引区域外的劳动力向该地区转移。当城市聚集了一定程度的经济活动总量，市场规模的扩大带来的中间投入品的规模效应和劳动力市场规模效应及信息和技术集聚与扩散效应，大大降低了企业的生产和交易成本，尤其是当区域内的运输费用比跨区域运输费用的节省较可观时，就会造成所谓的"交易集聚"（Tabuchi, 1998），促使特定产业或具有密切联系的相关产业的企业通过区域转移集聚到该区域。同时，竞争的加剧会刺激企业进一步提高劳动生产率，从而促进了产业分工的深化和产业链的延伸。随着石油、电力、钢铁、化学、机械等资本密集型产业开始发展并成为主导产业，生产率的提高降低了对劳动力的吸纳能力，但产业分工的深化会派生出对生产者服务业的强烈要求，从而拉动服务业的发展。因其具有更高的就业弹性能弥补工业吸纳能力的不足，也促进了农村劳动力继续向非农产业转移。

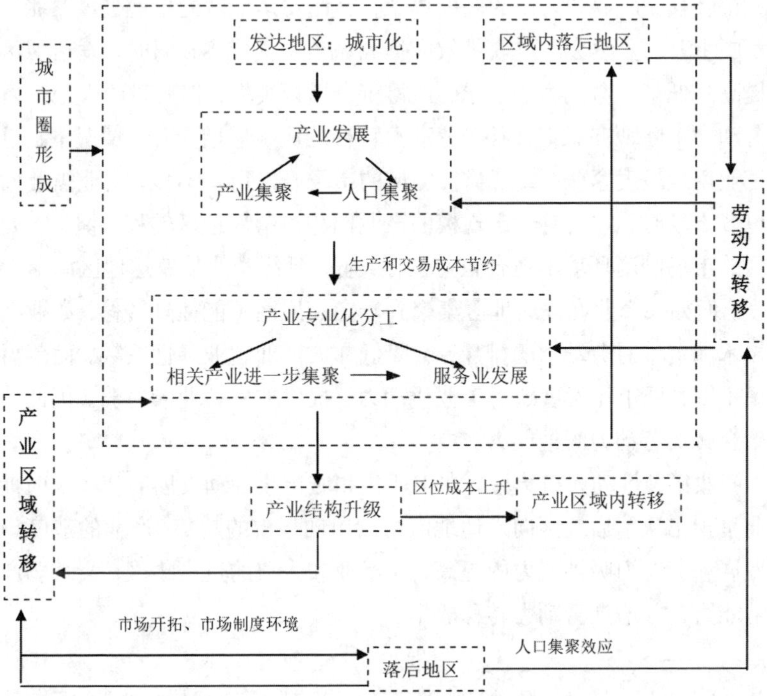

图4-4　城市化进程中劳动力和产业转移

根据新经济地理理论，随着产业集聚，在劳动力有限流动的情形下，区域的人口和工资就可能会上升，造成生产成本上升。当区域内生产成本的上升超过交易费用的节省时，一部分企业就开始向边缘地区迁移。但在二元经济结构国家中，劳动力的供给比较充足，而且除了生产成本和交易成本之外，市场规模和市场制度环境对产业区域转移有直接的影响。随着人口和产业向发达地区的集聚，区域间的差距越拉越大。这也会刺激更多的劳动力向发达地区转移，使得工资上升速度趋缓，产业继续向发达地区集聚。但一个区域内的土地是有限的，当产业高度集聚，地价的上升会提高区位成本，从而使企业运营成本上升。可是，人口和产业集聚的发达地区所拥有的巨大的市场规模，是企业占有高市场份额的有利条件，[①]因此，在比较成本利益的驱动下，用地面积大的工业有向外转移的动力，但为了靠近市场，企业会选择往郊区或区域内靠近发达城市的中小城市转移。由此，第三产业成为高度发达的中心城市的支柱产业，第二产业向周边地区转移，逐渐形成了具有一定层次性的城市圈。

在城市圈发展过程中，其人口和产业的高度集聚及其不断扩大的市场规模，还会继续吸引相对落后地区的第三产业向城市圈的中心城市转移，第二产业向城市圈的周边城市转移。产业和人口的高度集聚，会使发达地区的土地极度紧张，而土地成本的不断上升，显然会通过联带效应提高城市生活成本；同时，发达地区劳动生产率的提高降低了对劳动力的需求，使得工资增幅缓慢，但农村的人地矛盾还是使大量的劳动力不断地向城市转移，劳动力转移的成本递增。一般情况下，只有当发达地区工业用地极度紧张，或者当该区域的市场开发得差不多，企业需要向外扩张以抢占更多市场时，才会有一定规模的产业向相对落后地区转移。但是，如果相对落后地区的市场制度环境不适合企业生存，还会延缓产业从发达地区向落后地区转移的速度。而如果产业在发达地区集聚到一定高度而不能往外转移，产业结构升级带来的技术和资本对劳动力的排斥，会降低非农产业就业弹性系数，而落后地区因产业集聚不够，城市化发展缺乏工业化动力，提供非农就业能力弱。因此，产业的过度集聚会减弱劳动力吸纳能力。

（2）产业集聚推动人口集聚。在工业化和城市化互动发展的相当长时期内，人口和产业呈现出从落后地区向发达地区持续单向集聚的趋势。产业的适度集聚能促进产业发展和劳动力吸纳能力的提高，而产业和人口的过度集聚，会减弱产业的劳动力吸纳能力，并增加劳动力转移成本。

---

① 根据企业利润 $\pi = (p\text{-}c)q$，企业考虑的不只有成本，还有销售量。与消费者近距离接触是企业提高市场占有率的关键，因此，企业对大规模市场地区的偏好不仅出于运输费用节省的缘故，更是出于市场扩张战略的考虑。

集聚是城市化的本质，城市化的过程就是产业、人口在一定空间的高度集聚，同时城市面积扩大的过程。集聚会带来双重的经济效益，即集聚经济和集聚不经济，集聚经济是因为集聚过程中产业和人口集聚带来的成本的降低和经济上的额外收益；而集聚不经济是在城市化的过程中由于产业和人口的集聚带来的额外成本和经济收益上的损失。相比较而言，城市化过程中的集聚经济利益要超过集聚不经济带来的损失，这也是经济主体选择集聚的原因。任何经济主体总会进行权衡，只有收益超过损失才会有促进集聚的动力。当然，城市化过程中产业对集聚和分散的选择会随着成本收益的变化做出灵活的抉择，这也说明城市化过程中的集聚本身也具有度的问题。过度的集聚产生的集聚不经济会对产业和人口的分布产生影响，在很多经济发达的国家和地区，由于城市核心区的过度拥挤而产生了产业和人口的外迁，甚至出现了逆城市化的趋势。基于产业集群的城市化就是在集聚经济和集聚不经济双重作用形成的综合作用力推动下进行的城市化过程，它本身只能利用集聚经济优势和避免或减轻集聚不经济效益的影响而不能完全地消除它的作用。

二、中国城市产业选择

中国不少城市在"十三五"规划中都提出要发展高技术产业、新兴产业，振兴服务业。但一个城市到底适合什么产业，有很多先决条件，主要有以下5个。

（1）在全球、国家和经济圈中的三重定位。几乎所有的城市，在规划产业时，都希望以高新产业为主导，视低端产业为落后产能。但事实上，主导产业的层级，还需要从其所处的区域分工与定位考量。中国在全球产业链中处于中低端位置，以制造业为例，全球制造业分为四大方阵：美国为第一方阵，英法德日韩等其他发达国家为第二方阵，中国等新兴国家为第三方阵，广泛亚非拉后发国家为第四方阵。

在高新产业领域，最核心的技术控制在欧美手上，如汽车的顶端技术在日、德和美国。我国虽然实现大飞机技术零的突破，但也只限于少数领域，主要技术仍然掌握在少数国家手中。中国在全球产业链中的地位，注定了多数城市要以大众产业，或者说中端产业为主，高端产业只能落地在部分先发城市。中国若失去大众制造的优势，将受到两面夹击。在高端领域，受到欧美的阻击，在低端领域，被印度和越南等国蚕食。

同时，在国内也存在一个产业梯度。随着我国向内陆产业转移的完成，将形成一个"U"形曲线产业结构，东部沿海地区将成为研发和高端的产业核心区以及最终产品的销售中心，而加工制造这个"U"形曲线的底端集中于中西部。

以制造业为例，中国制造业将出现三大集团：一是以北京、上海、广州、深圳为代表的国家高精尖制造业，总量少，但是技术处于最顶尖行列，这些城市也不以制造业为主流；二是以长三角的无锡、苏州，珠三角的佛山、东莞为代表的大众制造业中心，其技术先进，基础雄厚，在制造体系中处于节点位置；三是当下承接产业转移最集中的大陆腹地城市。

就国家内部而言，多数城市，也将注定以中端产业为主导。"十二五"期间，一些城市好高骛远，走了弯路，而那些脚踏实地的城市，则普遍厚积薄发，发展良好。如中部和中南地区的武汉、长沙，合肥，郑州，重庆和成都，在过去几年中，专心搞大众制造，尤其是武汉和成都，GDP 都跻身全国前 10。

同一经济圈内，不同城市也有分工。珠三角城市之间，有一个有趣的现象，东莞等经济重镇，其金融产业被吸引到广州、深圳和香港。在珠三角城市内部的产业分工中，广州、深圳的第三产业比较强势，是区域性金融中心。

某个城市在全球、国家与经济圈的三重定位，对于所有城市都是一种制约，产业的跨越式发展很难实现。

（2）顺应发展阶段，衡量时间坐标。尊重发展阶段，对于城市产业战略来说也至关重要。很多地方认为，第三产业占比不高意味着城市不发达。事实上，到底哪种产业为主，要受到城市发展阶段的制约。一度风靡的"服务业突围"，导致了部分城市的战略失误。在国家层面，部分人滋生了"以世界工厂为耻"的情绪，过去十年，中国出现产业空心化的倾向，实体经济遭遇重创，直到 2015 年才显现出一些转机，推出"中国制造2025"计划。

虽然美国是全球第一服务业大国，但它的制造业同样发达，甚至还是第一农业大国。合理的产业结构，使美国具备强大的抗风险能力和调整能力。英国巅峰期制造业占全球工业国家的比重约在 45%，美国巅峰期占西方世界的 53%，中国目前仅占全球 20%，且大而不强，远未至顶峰。从发展阶段判断，中国尚处于工业化中期，制造业仍是定鼎重器。这也决定了国内多数城市，将以制造业为主导产业。

在这方面，武汉等城市最近几年坚持制造业，夯实了产业基础，奠定了未来长久发展的根基。十几年前，武汉曾实行"两通起飞"的战略，欲以服务业为主导，结果证明走了弯路。后来武汉重新调整了战略，推行工业倍增计划，收效甚大。目前武汉处于工业化中后期，2017 年武汉的制造业占比达 40%左右，服务业略高于全国平均水平，在未来十年甚至更久，这种情况还会持续。武汉服务业的占比，无法达到北京的 80%，也许 60%就很合适，这是不可跳跃的一个发展阶段。先实现制造业的崛起，再成为服务业中心，最终实现全面崛起。武汉的产业战略具有相当的普遍性。长沙、成都、南昌、合肥等城市其实也走了一条类似的路，最近几年，中南区域发展速度称雄全国，选择老老实实搞实体经济，居功至伟。

跨越式发展失利的典型是珠海。改革开放初期，其他珠三角城市都通过承接香港和欧美的产业转移，率先发展工业。此时的珠海，欲实现高低点发展，以旅游业及高新产业为主导产业。珠海由此失去了发展工业的最佳时机。20世纪八九十年代，正是珠三角各城市起飞的黄金时期，制造业迅速发展，成为知名全球的"世界工厂"。以广州与深圳为龙头的珠三角城市群亦完成了初步崛起。制造业的滞后，使珠海超常发展的梦想落空，在第一轮的发展中，珠海逐步落后，特区光芒消失殆尽，与深圳的差距巨大。

　　（3）存量与增量之争：传统产业或高新产业。很多地方视传统产业为畏途，都将高新产业列为未来发展重点，欲以新兴产业破局。但是，如果各地都以新兴产业为突围之路，很快就会出现过度竞争、模仿，产能过剩。比如太阳能行业，各地一哄而起，最后行业动荡时，谁也难以幸免。此外，新兴产业的崛起需要时间，而其间地方政府如何支撑既有的格局，等到新兴产业开花结果？

　　在产业转型大潮中，近年来无锡选择了新兴产业和高新产业突围。无锡尚德锋芒毕露，一度给无锡带来了莫大的荣耀。但是后来，以无锡尚德为代表的光伏产业衰败，传统产业却危机重重，5年来无锡的工业占比从2011年的54.2%，下降到2015年的49.3%。2015年规模以上工业增加值，竟然比2011年还要少300多亿元。规模以上工业增加值增速曾连续6年在全省垫底。忽视传统产业，导致了实体经济遭遇重创。

　　在高新产业领域，最核心的技术控制在欧美的手上，在国内，也存在一个产业梯度，最高端的产业，还是落地在中心城市，如北京中关村、上海张江科技园、深圳高新产业园等。无锡过度依赖新兴产业和高端产业，甚至借太湖蓝藻事件，驱赶了不少传统制造企业，一心去搞高科技，最后光伏产业不保，传统产业不振，两头落空，忽视巨大存量，对于城市经济的发展，是非常致命的。

　　相对新兴产业，中国的传统产业（如制造业）存量巨大。对于多数城市来说，制造业的转型升级，比从制造业向服务业转型重要；传统产业的更新，比传统产业向新兴产业转型更重要。

　　值得肯定的是广东佛山的内生式发展。佛山的发展模式可谓三体一式：坚固厚实的实体经济、强盛丰茂的本土经济、富有活力的民营经济。一直以来，佛山坚守制造业，第二产业比重维持在60%左右。佛山制造成为佛山市最响亮的名片，逐步确立了家电、陶瓷等几大支柱产业，积数十年之功，逐步成为全国最著名的制造业重镇。近几年整体实力强势崛起，人均GDP直追上海。佛山的启示是，坚守制造、坚守传统产业为主导的产业体系，一样可以有未来。守正出奇，对于多数城市来说，是必须遵循的铁律，没有奇迹，只有积淀。

（4）特殊城市的产业布局。中国城市类型繁多，战略体系复杂多元。其中，有三大类型的城市，容易出现战略误区，这三类城市分别是旅游名城、资源型城市以及重工业城市。

①旅游型城市。与一般人印象中不同的是，那些经济比较发达的旅游城市，比那些相对不发达的旅游城市，其文旅收入占比更高。以舟山与铜仁为例。舟山 2016 年旅游收入为 661.62 亿元人民币，GDP 为 1 228.51 亿元；铜仁旅游收入 347.30 亿元，GDP 为 856.97 亿元，舟山经济总量大，旅游收入与 GDP 的比重还是高于铜仁。舟山人均 GDP 达到 106 364 元，而铜仁为 27 366 元，差别巨大。

铜仁的第二产业比重，只有 28.4%，可以看到，适度的工业化补课，对于铜仁的未来至关重要。铜仁的梵净山驰名国内，但是到现在还没有通高速公路。而舟山地处长三角富庶之地，文旅产业反比单纯依靠旅游的城市更为强势。

贵州这几年搞大规模工业化，经济突飞猛进，旅游的占比反提高了。2016 年，贵州旅游总收入达 5 027 亿元，增加值占 GDP 的 10% 左右，成为贵州的支柱产业。穷而美，没有人来，消费不足。很多人都忽了波特在《竞争战略》中讲到的本土需求因素，启示是，穷而美的地方，光靠美丽事业容易成为空中楼阁，适度工业补课，只要在生态压力范围内即可。

②资源型城市。资源型城市的转型，误区也不少，最典型的是，都想做文化产业。其实鲁尔等传统资源城市转型，有两个潜在的前提：一是，这些城市转型前已是发达国家主流城市，资本雄厚，衍生产业和文化产业都有很好的基础，做文化旅游产业有根基，有市场；二是，它们的转型持续了数十年才最后成功。

国内很多资源型城市转型，其实不适合学鲁尔。国内资源型城市，多数是穷人城市，国富民穷且贫富分化严重，普遍消费市场不足。北京可以把首钢老厂区和798 工厂变成文化产业基地，但是很经济不发达的资源型城市，做了多年的文创产业不见效果。总体经济实力跟不上，山西、东北、陕西这些地方的资源型城市文化产业做不起来，根源就在于此。

只要资源没枯竭，就继续做资源，有煤炭，有石油，难道不开采？亏损则需国家担责。鲁尔区、日本北九州转型，国家都曾补贴。继续发展资源产业的同时，唯一的问题是产业接续和衍生产业。最好的选择是，无论上下游选择何种相关产业，工业还是最可靠的，而文化旅游只能是辅助产业，不能成为主业。

湖北的黄石转型相对成功。除矿业以及有色金属外，黄石还有以东贝机电集团为龙头的机械制造业；以美尔雅股份有限公司为龙头的纺织服装业；以劲牌有限公司为龙头的食品业。转型要成功，还是靠工业。

③重工业型城市。重工业城市转型的要害，不在抛弃，而在中和产业结构。很

多传统的重工业城市，其实技术基础、产业工人的素质都很好。吉林长春的汽车、装备产业就很有基础。关键有三点：一是由重到轻，发展大众消费型的产业；二是发挥技术优势，装备制造，重工业领域的存量盘活；三是发展生产性服务业。不能一说产业转型，就往服务业方面靠，甚至有部分中国著名钢城，不顾本身特点，要抛弃钢铁行业，做大健康、生态产业，方向明显偏了。

【案例】区域产业转型——铁西区："东方鲁尔"的涅槃之路

界面新闻，2018/06/25，https://www.jiemian.com/article/2248162.html

位于沈阳市中心西南的铁西区，因在南满铁路之西而得名，曾是日伪时期的重工基地。从1938年铁西建区到1945年日本投降，日资共在这里投建323家工厂，形成了庞大工业群。中华人民共和国成立后，从1953年到1957年，铁西区相继迎来了120家新企业的开工庆典，第一机床厂、冶炼厂、变压器厂、化工厂……均为全国各行业的龙头。铁西区被称为"东方鲁尔"，中国的第一枚国徽、第一台拖拉机、第一辆内燃机……都在这里诞生。

1986年，沈阳防爆器械厂宣告破产。一时间，"新中国成立后第一家正式宣告破产倒闭的企业"的消息传遍全国，甚至全球。英国《泰晤士报》将沈阳称为"中国经济实验室"（China's economic laboratory）。进入90年代后，依靠行政手段得来的订单越来越少，往日的工业重镇成了"落后"的代名词。在历史前进的潮流中，铁西的工人们付出了巨大的改革成本。在最糟糕的时候，铁西区30万产业工人中一半下岗，曾经辉煌的北二路成为"下岗一条街"和"亏损一条街"。悲观、无助、失望、焦虑的情绪蔓延在城市的上空，当年的"排头兵"渐渐地变成了一个不堪重负的"老兵"。下岗工人们形象地把当时的生活比喻成"干活没手套，洗手没肥皂，开支没有号，劳保没依靠"。大量的产业工人承受了巨大的生活压力，有些家庭甚至遭到了破坏，但社会并没有对他们的生活给予足够的帮助。

2002年，沈阳市政府宣布了铁西区与沈阳经济技术开发区合署办公并成立铁西新区的消息，并赋予新区土地出让、配套费收缴等市级经济管理权限，构建一体化管理框架。实施两区合署办公，其核心就是要推动国有企业进行搬迁改造，盘活存量资产，实现生产要素的重新配置。由此，铁西区委、区政府开始大力实施"东搬西建"，对铁西区重新进行规划和功能定位，重点发展第三产业，在沈阳经济技术开发区则集中规划建设先进装备制造业聚集区。

2002年，位于北二路上的沈阳低压开关厂开始拆迁，由此拉开了铁西工厂拆迁的序幕。"东搬西建"，就是把部分老企业从铁西区搬到经济技术开发区，利用市区与郊区形成的地价差获得资金，帮助老企业安置职工、转换机制、改造技术。从

2002年开始，铁西区一共迁走了239家企业，拆迁面积达595万平方米，区财政从土地出让中获得的资金140亿元，成功地破解了钱从哪里来、人往哪里去的国企改革两大难题。

对于铁西区政府来说，这笔巨款是"支付企业的改革成本"。收获的土地出让金一方面用来进行铁西老城区的基础设施改造和环境治理，另一方面用于企业搬迁和补偿之前企业拖欠的养老金和工资。之后就是逐步剥离企业办社会的职能，生产要素重新规划集约经营，把很多企业雷同的生产项目都剥离出来统一建设工业园区，进行统一的处理污染排放等。华晨宝马新工厂项目，成为铁西区探索高端制造业的一个里程碑式的事件。2013年，宝马集团在德国本土以外唯一的研发中心项目在铁西区落成。2016年，宝马集团在欧洲之外唯一的一家发动机生产厂也在这里开工。

华晨宝马汽车有限公司总裁兼首席执行官魏岚德博士在给界面新闻的书面回复中称，选择铁西区，除了工业人才和技术设施方面的考虑外，还有一个非常重要的原因，就是沈阳市政府及铁西区政府给予各方面的大力支持，例如高效的项目审批、快速跟进的基础设施建设、为员工提供良好的生活环境、对供应商的大力支持。"我们今天的成功与两级政府的支持是密不可分的。"魏岚德说。

今天，以华晨宝马为代表的先进制造业正在铁西扮演关键的角色。截至2017年底，56家世界500强企业和475家外资企业驻区发展。米其林2.5工厂、安川电机第三工厂等80个亿元以上项目落地。2017年铁西完成地区生产总值（GDP）846亿元，增长7.5%；规模以上工业总产值1 810亿元，增长11%，比2002年增长了近7倍。

"东搬西建"后，沈辽路上的金牛拖拉机厂推倒后建起了家乐福、万达广场；北二路上原沈阳机床厂的厂址上建起了红星美凯龙、宜家、星摩尔购物广场；有一定工业基础的兴华街、北二路被打造为汽车4S店集群；兴工街、云峰街、建设大路等距离市区较近的区域则建成铁西的高档住宅区。沈阳首家国际五星级城市度假酒店——东方银座铂尔曼酒店也落户铁西。铁西区产业失衡的情况也大大改善。

（5）权力体系坐标。中国是一个不完全的市场经济国家。市场与权力，交替决定资源配置。

中国城市的公共资源安排大致按照行政级别划分为：直辖市、省会城市、计划单列市、地级市和一般城市。

在文教领域，北京占有绝对优势。在医疗资源方面，2016年中国十大医院中，北京独占其四；在经济领域，110 多家央企中有超过 80 家以上的总部驻跸北京，超过其他所有城市总和。至于中央机构，则更是全部集中于北京。世界 500 强总部入驻数量北京世界第一。它是中国人民银行（即央行）所在地，也是三会所在地，是政策的策源地。2016 年，北京的本外币存款余额 138 408.9 亿元，说明北京对于资金的吸附作用，远远超过其他城市。这样的城市，三产自然发达。2016 年，北京三产占比达到 80% 以上，为国内最高，它的金融行业增加值居第一位，占 GDP 比例为 17.1%；文创产业也超过 10%。几乎所有的省会城市三产都比较发达。很多落后地区的省会城市，第三产业实力也强于发达地区的一般城市，原因就在于全省的资源都集中在省会城市。比如经济发达的苏州，其本外币存款余额与 GDP 的比值不过 1.3，但经济不发达的甘肃省会兰州，这个数值竟然可达 2.8。在一省之内也是如此。苏州经济比南京更强势，但是吸金能力就不如南京，南京的本外币存款与 GDP 比值达到 2.7，吸纳资金的能力强过苏州。

不仅公共资源的分配，很多没有完全走出审批制的垄断行业、半开放行业，都依赖城市权力体系。比如地级市可以办城市银行，再发达的县级市却没有权限，这就不是市场选择，是权力布局。

充分考量自己在权力体系中的地位，合理布局产业，也是很多城市需要尊重的现实。

第四节　区域一体化与大城市圈

区域经济一体化是经济发展过程中不可逆转的一个重要趋势，加强区域合作和区域经济一体化，依靠地区优势提高国际竞争力，可使参与经济全球化的国家或区域在更大范围的国际分工与贸易中获利。区域经济一体化包含许多发展形态或发展模式，在不同时期、不同范围和不同进程，其发展模式是不同的。区域经济一体化是一个渐进的发展过程，其发展形态或发展模式在不断向广度和深度演化。

一、区域经济一体化的发展特征

从 20 世纪 50 年代起，国际区域经济一体化就开始发展，尤其是西欧国家率先开展了跨国界区域经济一体化进程。在 60 多年的国际区域经济一体化发展历程中，积累了众多成功经验，也为国内区域经济一体化提供了重要启示。

（1）区域经济一体化发展是渐进过程。无论国际区域经济一体化，还是国内区域经济一体化，都要经历一个逐渐发展的历史时期，如欧盟经济一体化的历史进程。

这个渐进过程包含两个方面：首先，区域合作的广度和深度逐渐拓展。其次，区域合作的主体逐步扩大，在发展过程中，区域经济各参与主体不断协调、不断融合，最终实现了经济一体化发展。

（2）建立具有一定权威的区域性组织机构。L.芒福德（L.Munford）指出："如果经济发展想做得更好，就必须设立有法定资格的、有规划和投资权利的区域性权威机构。"区域经济一体化的都具有一定的组织形式，例如，欧洲联盟采取经济同盟和完全经济同盟的组织形式，北美三国采取自由贸易区的组织形式，东盟采取共同市场的组织形式等。与这些区域经济一体化组织形式相对应，又建立了区域经济一体化的组织机构，如欧盟、东盟、亚太经合组织等。西方国家在处理区域经济一体化时面临两难处境：既想树立区域组织机构的权威，又担心组织机构成为等级官僚体系中的一环，变成权力的传递者。西方国家在树立组织机构权威方面通常有两种做法，一种是赋予一定的行政权力，一种是赋予建设资金调配权，或者是两者兼而有之。现阶段，我国实行自上而下的垂直管理体制，同时社会主义市场经济体制还需不断完善，在这种情况下，赋予区域协调机构一定行政权力的做法应更为有效。但在这个问题上应避免协调机构成为省级政府与地方政府中间层次的一级政府，变成纯粹的权力传递者。

（3）建立完善的区域经济一体化制度安排。任何一种经济一体化的发展模式或组织机构，都有相应的、完善的制度安排（institutional arrangement）。这种制度安排由区域内各成员主体或各成员国政府通过谈判而签署的各项条约或协定，对各成员主体在区域经济一体化过程中的权利和义务进行规定。如，北美自由贸易区的成员国美国、加拿大和墨西哥签署的《北美自由贸易协议》、欧盟国家于1957年签订的《罗马条约》和《马斯特利赫特条约》等。相应的制度性安排不仅是区域经济一体化的重要基础，也是区域经济一体化各参与主体的利益不断协调的直接结果。

（4）构建有限权能政府，平衡都市集权与地方自治关系。西方发达国家的城市管理职能较为有限，相当一部分事务被推向市场与社会，转由社会中介组织和公共服务团体来承担，城市政府直接控制的领域仅限于维护社会秩序、提高日常生活服务水平、发展文化教育事业和公益事业以及一些行政性事务，而较少干预经济活动。政府更多的是充当城市公共产品的提供者和调节者，而非社会经济的主导者，因此要充分顺应政府职能定位的市场化、企业化、分权化、法制化等导向，构建有限权能政府。应该说构建有限权能政府是我国政府职能转化的一个趋势，这是建立适合我国国情的区域协调机制的一个背景。

在平衡都市集权与地方自治的关系方面，西方国家普遍采用"两层"制分权模式，区域一体化组织机构只协调跨地区的区域性事务，协调重点是区域性基础设施和环境保护，而各地区内的具体事务仍由地方政府管理。这种分权模式的优点为既提供了一种区域政府运作的框架，又避免了对地方政府的直接干预，可以保持现有地方政府的独立性。"两层"制分权模式无需对现有行政架构和分权模式做根本性调整，较适合我国区域目前的行政管理体制，也可以按此思路对现有省直部门的区域协调职能进行强化。

二、区域经济一体化的生产和投资转移效应——以珠江三角洲为例

"珠三角"的概念有三个层次。一是"小珠三角"，即通常所指的"珠三角"，由珠江沿岸广州、深圳、佛山、珠海、东莞、中山、惠州、江门、肇庆9个城市组成的区域。二是"大珠三角"，有两个不同的概念，一指"小珠三角"加香港、澳门，另一是指粤港澳。三是"泛珠三角"，包括珠江流域地域相邻、经贸关系密切的福建、江西、广西、海南、湖南、四川、云南、贵州和广东9省区以及香港、澳门2个特别行政区，简称"9+2"。"泛珠模式"由广东省在2003年倡导发起。2004年6月，"9+2"各方在首届泛珠三角区域合作与发展论坛上签署《泛珠三角区域合作框架协议》，正式开展了合作珠江三角洲以"9+2"的"泛珠三角模式"探索出异质性区域合作新路，利用毗邻东盟的优势与东盟展开合作。尽管各省、区经济发展很不平衡，然而正是在这些制度、发展水平、产业结构、资源禀赋上的差异成为区域合作的优势，使泛珠三角区域合作有很强的互补性和内在动力，有利于克服区域经济发展中的排斥和恶性竞争。泛珠三角加强国际交流与合作，合作各方积极参与"中国-东盟自由贸易区"建设，架起了中国与东盟合作发展的桥梁。

（1）内地与香港关于建立更紧密经贸关系的安排。为进一步落实"一国两制"，促进内地与香港、澳门之间经济要素的自由流动和经济融合，保障港澳经济的健康发展，巩固内地改革开放的成果，维护国家利益，应对周边国家区域经济一体化的挑战，内地与香港特别行政区于2003年6月在香港达成了《内地与香港关于建立更紧密经贸关系的安排》（Closer Economic Partnership Arrangement，CEPA）。这项安排涵盖了货物贸易自由化、服务贸易自由化和贸易投资便利化三大内容，其总体目标是逐步减少或取消双方之间实质上存在的所有差别性措施，促进贸易投资便利化。之后，《内地与澳门关于建立更紧密经贸关系的安排》（简称澳门CEPA）于2003年10月在澳门签订，这一安排的内容与香港基本相同。以上两个安排均于2004年1月1日正式全面实施。

从一体化理论的角度，CEPA具有三个特点：其一，CEPA的法律依据，源自WTO框架下中国的"一国两席地位"；其二，作为一项地区性协议安排，CEPA经济职能的运行范围是在成员间而不是在成员共同体之上；其三，CEPA的一体化含

义体现在政策协调的功能上，CEPA 的实践具有回答中国区域协同发展的问题；其四，成员如何参与地区多边与双边合作的意义。CEPA 的签署，标志着香港、澳门与内地之间的经济关系将在一个新型架构下进入一个全新的阶段，它直接推动了"大珠三角"的加速形成，也使我国区域经济格局发生了较大变化。

（2）港深都会。"港深都会"是指香港与深圳经济合作，共同构建一个顶级世界都会区。2007 年 8 月的港深合作论坛上，《构建"港深都会"》的研究报告将港深都会定义为是以"一国两制"为前提，以跨境合作为基础，通过实现港深要素流动的较理想状态，带动区域合作与发展，成为具有亚洲经济指挥和控制中心重要功能，发挥中国经济对全球经济重要影响力的国际都会区，成为中国第一个顶级的国际都会。港深都会的特征主要体现为城市合作、区域合作、跨境合作、不同制度之间的合作等特征。

港深都会建设具有重要的战略意义。香港和深圳处于我国"大珠三角"城市圈。这里经济总量大，经济实力强，经济效率高，人口规模和产业结构也具有世界城市的基本特征。未来中国需要而且有能力支撑一个世界级大都会。但是，由于香港土地空间狭窄，地价昂贵，营运成本过高，产业基础狭窄，制造业和高科技产业无法生存，不能最大限度地利用内地市场的有效支撑，降低了国际市场的竞争力，单靠香港等地，很难单独建成世界级大都会。因此，构建港深都会，可发挥香港与深圳在土地面积、人口规模、产业结构、基础设施等方面具发展成为世界顶级都会的巨大潜力。

（3）CEPA 对"大珠三角"经济发展产生深远影响。CEPA 实施后，港澳服务业可以进入内地，广东将成为其投资的首选，掀起港澳在广东的新一轮投资热潮。零关税给港澳的制造业带来显著利润，吸引国外高附加值、高产值、高科技的产业到港澳发展，加快国外投资进入港澳香港优质的服务业与珠三角的制造业将形成良好互补，产业的现代化进一步提升，企业与国际接轨的步伐加快，市场反映不断提高。香港是世界国际金融、物流和资讯中心，在中介服务方面积累了丰富经验，粤、港在服务业的合作中提升了自身服务水平和能力，还为粤港澳就业提供了新的发展契机。随着大陆居民到港澳旅游的手续便利化，到港澳旅游的人员将大幅度增加，带动交通、商业、旅游业等行业发展的同时带来新的就业机会。

三、大都市与大城市圈

尽管城市很重要，但有些城市要比其他城市重要得多。在 2011 年，麦肯锡全球研究所（McKinsey Global Institute）指出，全球 600 个城市地区创造了 60% 的全球产品，而它们的人口是全球人口的五分之一多点。仅仅前 100 大城市就生产了接近五分之二的全球产品以及所有城市的近一半产出。

（1）大城市圈理论简述。通过对城市的超常规发展进行研究，形成了大都市圈起源的早期理论。随着大城市圈的逐步发展，通过对于欧美大都市圈的形态特征、功能特征、形成特征和发展机制等进行多方面的描述，形成了大都市圈的主流理论。

"组合城市论"（conrubation）。该理论由英国城市学家帕特里克·格迪斯（Patrick Geddes）于1915年提出，他认为城市的扩张使多种城市功能跨越了边界，多个城市的影响范围相互重叠产生了"城市区域"（city region）。这类"城市区域"是"多种城市功能的叠加和多个城市的组合"，也是"组合城市论"的核心。希腊学者简·帕派奥阿奴（J.B.Papaioannou）提出大都市圈是由多个集合城市通过高度复杂的交通通信网络连接形成的多中心系统。

"城镇密集区论"。在20世纪30年代，英国学者弗塞特（C.B.Fawcett）提出城镇密集区是城市功能用地占据的连续区域。把它限制在城镇建成区（Built-up-areas）的范围，随着规模的扩大，城镇密集区由低级到高级直至大都市圈。

"都市地区论"（metropolitan）。该理论是由1910年美国定义的都市区（metropolitan district）演变而来。库恩（Queen）提出"都市地区"包括"内城"（inner city）、"城市边缘区"（urban fringe）和"城市腹地"（urban hinterland）三部分组成，类似于狄更生（Dickinson）的"城市地域"（urban tract）、"城市居住地区"（city settlement area）和"城市商业区"（city trade area）。此理论突出了城市的"地域空间"与"功能空间"的布局关系。

大城市圈论的主要代表人物为法国地理学家让·戈特曼。主要理论贡献有以下几点。

①研究并概括了美国东北部沿海城市化区域的形态特征，即构成要素特征和空间结构特征。在构成要素方面高度密集，即高密度人口分布、高稠密城镇及基础设施网络分布、高度集聚的中心城市沿轴分布、连绵密集的城市走廊和城市区域在空间结构特征方面犹如一个巨大的社会经济组合体、高度连续性、其有内聚力而又外形模糊的类星云状空间体和马赛克结构的空间集聚体。

②大都市圈的主要功能是枢纽功能。大都市圈的内外联系网络和各种资源流的汇集如同交通枢纽，是国家乃至全球的枢纽，主宰着国家社会经济文化的发展和大都市自身发展的动力。

③大都市圈的形成特征。从地域空间结构看，一个大都市从发展走向成熟要经历四个阶段，即城市离散阶段、城市体系形成阶段、城市向心体系阶段和大都市圈发展阶段。

（2）大城市圈与湾区经济。现代经济的发展以人口、资源、产业大聚集的现代都市构成有机体，少数的超大型和大型城市贡献了相当大比例的经济总量。芝加哥全球事务委员会（Chicago Council on Global Affairs）将 42 个全球性城市列入世界 100 大经济体。其中，东京和纽约是全球最大的城市经济体；洛杉矶、首尔–仁川、伦敦和巴黎也是较大的城市经济体。首尔和仁川加起来创造了韩国 47% 的 GDP；鹿特丹和阿姆斯特丹加起来创造了荷兰 40% 的 GDP；东京则贡献了日本 34% 的 GDP；伦敦创造的 GDP 占英国 32%。

2015 年，全球 GDP 排名前 30 的城市占全球 GDP 比重竟然达到 17%，经济的聚集程度惊人，而在这 30 个城市中，大部分都是沿海的城市。湾区是由一个海湾或相连若干个海湾、港湾及邻近岛屿共同组成的区域，基于湾区地理位置所衍生出的经济效应被称为湾区经济，这是一种区域经济的高级发展形态。湾区经济具有天然的竞争优势：沿海的湾区通常海拔较低、地势平坦、气候和温度适宜，方便人口、产业集聚成现代都市圈；自大航海时代以来，贸易逐渐成为了全球经济发展的重要组成部分和国家、地区经济发展的重要助推器，沿海的港口优势保证了全球经济互通有无的运输需求。

【案例】湾区经济优势比较：旧金山 VS 洛杉矶

旧金山湾区和洛杉矶湾区皆为加州著名的湾区。旧金山湾区位于加利弗尼亚州北部，洛杉矶地区则在加利弗尼亚州南部，二者皆邻山靠海，风景优美，气候宜人，经济发达。在 20 世纪 70 年代，两大湾区经济发展水平接近：人均收入均在 5 000 美元左右；而且两个地方均以制造业为主，在税收政策方面也相同。与旧金山湾区相比，洛杉矶湾区更具优势：洛杉矶港码头水深 17.1～18.2 米，旧金山港码头 11～12.2 米，而且洛杉矶的人口也比旧金山要多。此外，洛杉矶抓住"二战"时期国防工业发展的机遇，与政府建立了非常紧密的关系。但是，从 70 年代开始，尤其是从 80 年代之后，旧金山湾区的发展却明显加快，而洛杉矶湾区的发展明显放缓，在人均收入、工资水平以及创新能力等方面都有体现。

20 世纪 70 年代以来，旧金山湾区与洛杉矶湾区的发展差异主要得益于旧金山湾区抓住了产业升级趋势，而洛杉矶则不顾新兴产业的发展机遇，一直试图重振其制造业的辉煌。旧金山湾区通过硅谷集聚高素质人才，大力发展 IT、生物科技等新兴产业，孕育了苹果、谷歌、Facebook 等科技企业，目前人均收入是洛杉矶地区的 1.5 倍，房价也远超洛杉矶地区。两个湾区经济发展的差异体现了两个地区发展理念选择的不同：洛杉矶地区政府联合会向制造业释放土地供给、试图重振制造业，并大力发展港口物流业，坚持粗放发展，试图重振制造业的辉煌；而旧金山地区政府则自视为创新中心及新经济的引领者，致力于培育世界领先的高科技区域，并重视区域内人均收入等问题（图4-5、图4-6）。最后，能够适应时代潮流发展、紧跟时代发展步伐的旧金山湾区抓住了时代发展的机遇，将洛杉矶湾区甩在了身后，成为引领全球高科技行业发展的世界核心（图4-7）。

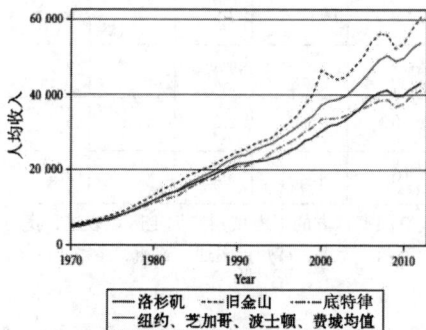

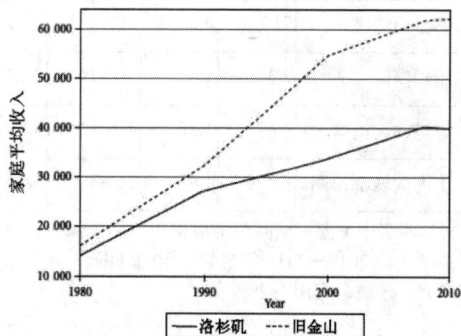

图4-5　旧金山湾区与洛杉矶地区人均收入　　图4-6　两大湾区家庭薪资实际收入中位数

数据来源：东北证券，The Rise and Fall of UrbanEconomics。

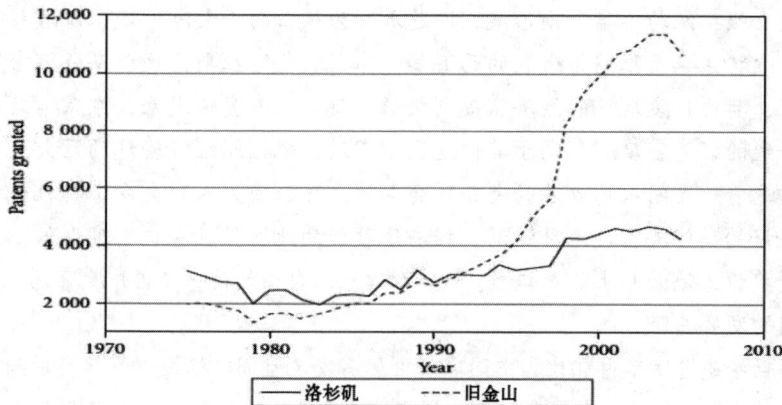

图4-7　旧金山湾区申请专利数与新经济产业对照

数据来源：东北证券，The Rise and Fall of Urban Economics。

湾区经济融合海湾的天然优势与现代城市圈在经济发展过程中的集聚和溢出效应，成为区域经济发展中的高级发展形态（表4-3）。

第四章　区域工业化与城市化

表4-3　世界三大著名湾区与中国粤港澳湾区、上海同城都市圈基本状况比较

2015	人口/万人	GDP/万亿美元	人均GDP/美元	占地面积/万平方米	集装箱吞吐量/万TEU	机场旅客吞吐量/亿人次	第三产业比重(%)	世界100强大学数量	世界500强企业总部数
东京湾区	4 373	1.8	41 068	3.68	766	1.12	82.3	2	60
旧金山湾区	715	0.8	105 263	1.79	227	0.71	82.8	3	28
纽约湾区	2 340	1.4	59 829	2.15	465	1.3	89.4	2	22
粤港澳大湾区	6 671	1.36	20 419	5.6	6 520	1.75	62.2	4	15
上海同城都市圈	8 378	1.41	16 830	8.04	5 716	1.43	54.5	2	13

注：本表中上海同城圈和上海杭州湾属于同义，因目前没有国家官方的上海杭州湾划定区域表述，我们参考上海2017—2035年规划划定的江浙沪11市（上海、苏州、无锡、常州、南通、湖州、嘉兴、杭州、绍兴、宁波、舟山）来考察。

【资料】世界大城市群概况

若以经济密度即单位土地面积上的经济产出来衡量，美国的经济活动主要集中在波士顿—纽约—华盛顿沿线、以芝加哥为核心的五大湖区域、以洛杉矶—旧金山—波特兰—西雅图为代表的西海岸、休斯敦—达拉斯区域以及迈阿密等少数国土上，其他广袤地区的经济密度则极低。日本也有类似现象，东京—名古屋—大阪一线的经济密度明显高于其他地区。不过，地区间经济密度的巨大差异并不必然意味着地区间人均收入的差距也会如此悬殊，因为人口会向工作机会多、工作待遇好的高经济密度地区流动，经济密度低的地区往往人口密度也低。人口密度就是单位土地面积上的人口数。虽然人口可以自由迁徙，但这并没有完全抹平各地区间的发展差距。

与世界先进城市群相比，中国城市群仍有发展空间。根据世界银行的研究，随着经济的发展，会有越来越多的人生活在城市群中。比如美国有约70%的人口生活在城市群，而目前中国这一比例只有约40%。

从具体的城市群来看也是如此。中国最大的三个城市群——长三角、珠三角和京津冀各自的人口占全国的比重、GDP占全国的比重等指标，均不及发达经济体的城市群，比如美国东北部大西洋沿岸的波士顿—纽约—华盛顿城市群和日本太平洋沿岸的东京—名古屋—大阪城市群（图4-8）。

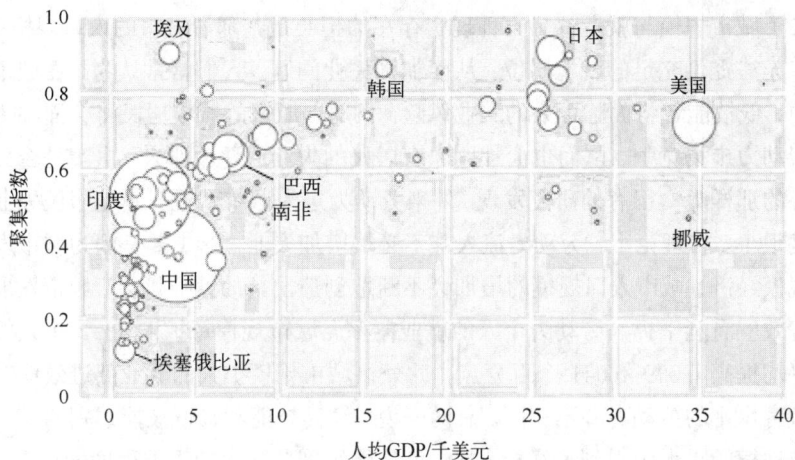

图 4-8　人口密度与经济发达程度对照

注：圆圈大小代表每个经济体的总人口，集聚指数即城市人口占总人口的比例，其中城市群的标准为：人口密度在 150 人/千米^{2}以上，且到 50 000 人以上的人口集聚区的时间不超过 60 分钟。

数据来源：世界银行（2009 年世界发展报告）

四、城市规模

城市发展是现代经济增长的动力，也是非农就业的创造源泉。城市的最优规模是由城市扩张所带来的规模经济效应和拥挤效应相权衡而得到的，但是，相比于城市扩张所带来的各种负面后果，城市规模扩大对城市发展所带来的正面效应往往容易被忽视。

（1）城市规模与效率。从理论上来说，城市规模经济效应和拥挤效应的相互作用导致了城市劳动生产率（和人均收入）与城市规模之间的倒"U"形关系。在城市发展的早期，城市规模的扩大会带来人均实际收入的上升；而如果城市人口规模过大，存在拥挤效应，城市规模的进一步扩大反而会降低人均实际收入，因而只有在最优的城市规模下，劳动生产率（和人均收入）才能得到最大程度的提升。由于户籍等制度长期构成了对于城市扩张的限制，中国的城市化过于本地化，城市规模过小，因而无法发挥城市的规模经济优势，限制了城市劳动生产率的提高和经济增长。据估计，中国有 51%~62%的城市存在规模不足的问题，由此带来的产出损失约占职工平均产出的 17%。事实上，大城市和中小城镇的发展并不相互排斥，中小城镇的发展以大城市的发展为基础，并受其辐射功能的带动。因此，在城市发展所带来的规模经济效应强于拥挤效应的城市化早期，过早限制城市发展，重点发展中小城市，会带来巨大的效率损失。

第四章　区域工业化与城市化

147

（2）城市规模与就业。另一种现实存在的担心是，随着城市的人口规模扩张，城市将无法提供充足的就业岗位，从而加剧失业问题。人们常常认为，在城市扩张过程中，低技能者将面临更大的失业风险。同时，原来的城市居民将会面临更为激烈的劳动力市场竞争，从而也会加剧原有居民的失业问题。那么，事实是否如人们所担心的那样呢？已有的研究发现，外来劳动力进入城市就业对本地居民失业的影响程度很小。在理论上，劳动力流入并不必然增加失业，这主要是因为城市发展存在着规模经济，城市人口规模的增加会不断地创造出新的就业机会，城市发展的规模经济效应有利于提高劳动力个人的就业概率。城市规模每扩大 1%，个人的就业概率平均提高 0.039~0.041 个百分点。此外，城市规模扩大的就业促进效应对于不同受教育水平的劳动者并不相同。总的来说，较高技能和较低技能组别的劳动力均从城市规模的扩大中得到了好处，其中低技能组别劳动力的受益程度最高，而城市规模的扩大并没有显著影响中等技能劳动力的就业概率。因此，城市人口规模的限制措施，特别是针对低技能劳动力的限制措施，不仅损害了劳动力资源的利用效率，不利于城市规模经济效应的发挥，还限制了在城市扩张中受益最大的人群，而使得在城市劳动力市场中本来就处于弱势地位的低技能劳动力相对受损最多，导致效率与公平兼失的局面，不利于包容性增长（inclusive growth）[1]的实现。

（3）城市规模与经济增长。城市作为现代经济活动的集中地，为经济的持续增长提供了动力。城市的规模扩张可使经济从多方面受益。马歇尔早在 19 世纪末就指出，投入品的分享、劳动力市场群聚以及知识的溢出是导致集聚的三个根本原因，但有关经济活动在空间上的集聚，直到克鲁格曼（1991）之后才被经济学家重新关注。新经济地理学理论认为，由于生产中存在规模报酬递增、消费者偏好商品的多样性，加之交通成本，厂商会选择在市场需求相对较大的地区组织生产经营活动，从而带来集聚地区总体上更大的生产规模和更高的要素价格水平。在均衡处，集聚地区更高的要素价格必然意味着更高的劳动生产率；否则，利润最大化的厂商会选择其他要素价格相对较低的地区进行生产。相比于小城市，以职工平均产出和职工工资度量的大城市的劳动生产率更高。城市规模（以城市的人口数量度量）平均每扩大一倍，劳动生产率会相应地提高 4.77%~6.39%。实证结果也显示了城市规模的扩大对劳动生产率的促进作用。他们的研究以城市人口数量度量城市规模；以城市劳动力的平均产出、中位家庭的实际收入、个人小时收入等指标度量城市劳动生产率，无论是城市层面还是个人层面的回归结果均显示，城市规模的扩大都能够促进

---

[1] 包容性增长寻求的是社会和经济协调发展、可持续发展。与单纯追求经济增长相对立，包容性增长倡导机会平等的增长，最基本的含义是公平合理地分享经济增长。

劳动生产率的提高，并且这种促进作用在大学毕业生比例更高的城市相对更大。

类似地，城市规模对劳动生产率的促进作用在中国也存在。有关城市规模和人均实际收入之间倒"U"形关系的发现说明，在城市发展的早期，城市规模的扩大会带来劳动生产率的提高。现有文献的讨论主要集中于集聚和要素价格（如工资）之间的关系，而很少关注集聚对就业的影响。劳动力的就业和失业主要由劳动力的供给和需求决定。城市规模的扩大，在创造劳动力供给的同时，也会由集聚效应带来劳动力需求的提高。从均衡的角度讲，只要劳动力供给曲线向上倾斜，则给定劳动力供给曲线不变，集聚通过投入品分享、生产要素匹配和学习机会三个机制所带来的劳动生产率提高，最终会反映为劳动力需求曲线的向外移动，从而带来均衡工资水平和就业数量的同时上升。因此，在新经济地理学研究的基础上，我们进一步认为，大城市中更高的工资水平和劳动生产率水平暗示更多的就业机会，保持其他因素不变，如果就业机会的增加速度快于城市规模扩张的速度，则劳动者个人的就业概率上升。

（4）城市规模与劳动分工收益。不可贸易品部门是现代经济的一个重要组成部分，也是城市就业岗位的重要组成部分。考虑到这一部门的特点，城市规模对就业的效应将被放大。可贸易品部门中某个产业需求的外生冲击会给城市就业带来的影响。如果某个生产可贸易品的产业由于某种原因（如新发明的引进提高了其劳动生产率）增加了其劳动力需求，这种冲击会增加该产业的就业和工资水平。在劳动力市场不存在摩擦的情况下，劳动者在不同部门间获取的工资应相同，则整个城市的工资和就业水平会上升，进而提高城市的总收入。而总收入的上升必然会带来不可贸易品部门需求的扩张，从而增加不可贸易品部门在均衡处的工资和就业，形成所谓"就业的乘数效应"（employment multiplier effect）。实证结果发现，制造业部门每增加一个就业机会，会为不可贸易品部门带来 1.59 个就业机会，并且高技能类制造业就业造成的乘数效应更为显著。有关就业的乘数效应的分析，为我们考虑城市规模对就业的影响提供了新的依据。正如新经济地理学的研究所证实的，集聚提高了可贸易品部门的劳动生产率，因而会带来均衡工资和就业的同时增加。可贸易品部门就业和工资水平的上升会提高城市的总收入，从而增加对不可贸易品的需求，为不可贸易品部门创造更多的就业机会。因此，城市规模的扩大可能会为劳动者带来更多的就业机会，增加个人的就业概率。城市规模在为所有劳动者带来收益的同时，不同技能的劳动者从中获益的多少也并不相同，这种不同技能者受益的差异性主要来自于两方面。

第一，由于低技能劳动者的就业更多地集中于低技能的服务业，而低技能服务业是不可贸易品部门一个重要的组成部分，因此相对于中、高技能的劳动者来说，低技能劳动者可能从集聚中享受更多的好处。现有文献发现，技能偏向型的技术进步并没有显著恶化技能劳动者的就业前景，相反，更多的低技能劳动者在低技能的服务业部门找到了工作。这是因为在技术进步的过程中，计算机主要替代了一些对劳动者技能水平有一定要求的常规性劳动（routine jobs），如打字等，却无法替代诸如保姆、保洁员等人工工作（manual jobs）和律师、医生等复杂的工作（abstract jobs）。并且，技术进步和服务业之间存在互补性，从而带来了服务业就业的增加。这种随着计算机的广泛使用而出现的就业越来越集中于高技能行业和低技能的服务业的现象，被称为就业的两极分化（job polarization）。类似地，在美国和英国，低技能劳动者的就业越来越集中于不可贸易品部门，并且这种就业的增加越来越依赖于低技能劳动者和高技能劳动者在地理上的接近。此外，高技能劳动者对低技能服务业具有更高的消费需求。由于高技能劳动者时间的机会成本更高，故其对保姆、保洁员等低技能服务业的消费需求更高。也就是说，随着城市规模的扩大和高技能劳动者的集中，低技能劳动者将会相对更多地受益。

第二，当存在知识溢出时，由于不同的职业对学习和知识创新的依赖程度不同，因而不同职业从城市规模扩张中受益的程度也不同。大量研究已经证实了知识溢出的存在，这些研究认为，由于存在社会互动，城市规模的扩张尤其是高技能劳动者的集聚，将为劳动者带来更多的学习和创新机会，从而提高劳动生产率。工资和地租在平均人力资本水平较高的城市更高。城市的大学毕业生比例每增加一个百分点，企业的劳动生产率会上升0.6%~0.7%。考察劳动者工资水平的研究，同样说明了知识溢出效应的存在，城市的大学毕业生比例每增加一个百分点，工资水平平均上升0.6%~1.2%。高技能行业由于其劳动者具有相对更强的学习能力以及高技能行业本身对知识更强的依赖性，因而劳动生产率的提高受知识溢出的影响更大。从以上分析可以看出，城市规模的扩大不仅会提高劳动生产率，而且将在提高个人就业率方面为劳动者带来巨大的好处。不同技能的劳动者从城市规模扩张中的受益程度，会因其职业的不同特征而产生差异。然而，在考察城市规模对就业影响的过程中，就业和城市规模之间的双向因果关系可能导致联立内生性偏误，因为一个城市的失业率是否高，本身会通过人们的移民选择而影响城市规模。

（5）城市规模与包容性就业。城市发展的规模经济效应有利于提高劳动力个人的就业概率，而不像通常人们所认为的那样，外来移民会挤占原有居民的就业机会。使用工具变量，对个人层面的就业决定模型进行估计发现，城市规模每扩大1%，个人的就业概率平均提高0.039~0.041个百分点。此外，城市规模扩大的就业增加效应对于不同受教育水平的劳动者并不相同。总的来说，较高技能和较低技能组别的劳动力均从城市规模的扩大中得到了好处，其中较低技能组别劳动力的受益程度最高。城市规模的扩大并没有影响中等技能水平劳动力的就业概率。因此，采取城市人口规模的限制措施，并且特别针对低技能劳动力进行限制，将导致效率与公平兼失的局面，不利于实现包容性增长。

【案例】为什么大城市迅速复苏繁荣，小城市却身陷经济危机泥潭

俄亥俄州的斯托本维尔市和西弗吉尼亚州的威尔顿市（Weirton）联手组建大都会地区（metropolitan area）。如今已经进入到经济复苏的第八个年头，但该地区的工作岗位总数还是比 1929 年经济大萧条爆发时少了数千个。人们的时薪比十年前还低，劳动力总数也比十年前减少了 14%。

这种凄凉萧条的局面并不出人意料。斯托本维尔市和威尔顿市凭借煤炭产业和钢铁产业起家。在全球化和信息经济时代掀起的转型大潮中，它们很难生存。其实从 20 世纪 80 年代开始，这两座城市的人口总量便开始出现减少。除了产业结构之外，导致它们难以顺利走出经济衰退的因素还有很多：两座城市的人口总量仅为 12 万，不足以帮助它们应对经济震动带来的打击；城市的规模太小，很难在经济危机中生存下来。

地理不平等（geographic inequality）是导致美国富人和穷人之间贫富差距越来越大的重要因素。如今来看，斯托本维尔市和威尔顿市正好处在地理不平等带来贫富鸿沟的输家一侧。

布鲁金斯研究院（Brookings Institution）大都会政策研究项目的马克·穆罗（Mark Muro）表示：“对于工薪阶层而言，小城市构成的大都会可能是危险之地。”为了证明自己的观点，穆罗对比了全美最大的 100 个大都会地区（人口总数超过55 万）和全美最小的 182 个大都会地区（人口总数介于 8 万~21.5 万）。平均来看，规模较大的大都会地区走出经济衰退的速度比规模较小的大都会地区要快。

受对外贸易的影响，美国各州都提高了产业中的自动化水平，也进行了裁员。因此人们用自动化水平和裁员规模这两个数据衡量一个州受经济危机冲击的程度。为了更好地预测未来发展态势，穆罗专门挑选了十个受经济危机冲击最大的州进行研究。他深入分析这十个州内的大型大都会地区和小型大都会地区，想要搞清楚经济转型大潮所带来的影响（图4-9）。

自动化程度提升和对外贸易给美国的劳动力就业带来巨大冲击，中西部和东南地区受到的影响尤为严重。但就从经济危机中恢复元气的情况来看，规模较大的大都会地区比规模较小的大都会地区表现更好。

各州受自动化程度提升
和对外贸易的影响程度*

影响最小　　　　　　影响最大

受影响最大的州：
密西根州

受影响最小的州：
夏威夷州

受经济危机冲击最大的十个州从经济衰退中
的恢复率

2009－2015年期间的变化（按照大都会地区的规模划分对比对象）	排名前十的城市	规模较大的大都会地区	规模较小的大都会地区
私营企业就业岗位增长（年均复合增长率）	+2.1%	+1.9	+1.0
实际个人收入增长（年均复合增长率）	+1.9%	+1.9	+1.3
劳动参与率（百分比变化）	-0.6	-0.8	-1.5

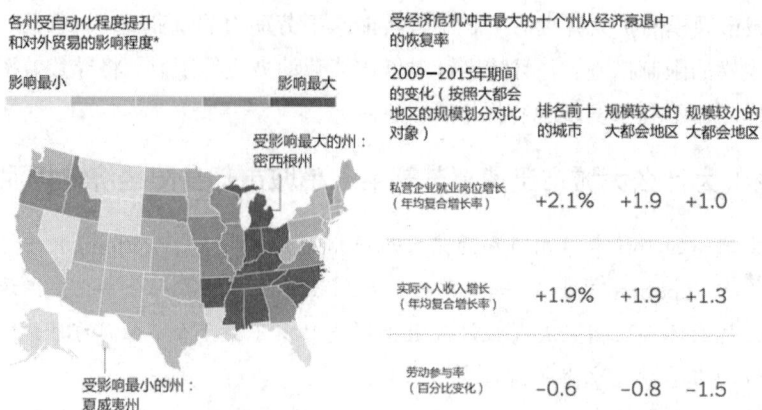

图 4-9　经济危机对美国劳动者的影响程度分析

（6）城市规模与环境保护。直观上，人们普遍认为，城市规模越大，环境污染越严重。而一些大城市的确存在空气以及水污染的现象。城市规模和环境污染，二者看似存在因果关系。然而，事实却未必真的如此。人多导致污染严重，之所以有这个刻板印象，可能只是因为大城市的污染比较受人关注。比如说，在华北地区出现大范围雾霾时，并不是说北京的情况比别的城市一定更严重，而只是北京更受到人们关注。事实上，近年来北京的空气质量有所好转，而新疆的一些中小城市却登上了空气污染排行榜。

从国际经验来看，历史上，许多国际大都市，也都曾在"二战"之后出现过环境恶化等问题，甚至造成极为严重的后果。1952 年 12 月，伦敦市因空气污染，死亡人数达 1.2 万人；1955 年 9 月，在洛杉矶光化学烟雾事件中，两天内因呼吸系统衰竭死亡的老人超过 400 人；1966 年仅感恩节一周，纽约因雾霾而死亡的人数超过 160 人；1970 年冬季，东京约 2 万人因光化学烟雾患了红眼病……

造成这些骇人听闻的公共安全事件的，是工业污染，是汽车尾气排放，而不是人口规模。实际上，除了伦敦和纽约曾短暂出现过人口数量下降，洛杉矶、东京等城市人口规模一直在扩大，而这些地区如今的环境状况却得到了极大改善。

改善环境主要靠的是立法和管制。1956 年英国颁布首部空气污染防治法案《清洁空气法案》，日本 1968 年出台《大气污染防止法》，美国 1970 年颁布《清洁空气法》。各国纷纷发展公共交通系统，减少对私家车的依赖；推动能源结构转型，由高污染的燃煤转向更加清洁的天然气；进行技术革新，应用更高效的减排设备等。

人口多的城市，通常也具有更高的人口密度。在这里，公共交通的发展更具有规模经济。比如，只有在大城市才能够建设密集的轨道交通网络，结果就是人们在大城市更多地利用公共交通出行，这也有利于生活排污的减少。

区别对待城市工业废水排放、工业废水 COD 排放、工业废气排放、工业 SO₂ 排放、工业粉（烟）尘排放、生活废水排放、生活 SO₂ 排放以及生活粉（烟）尘排放八类污染物。在不控制任何变量的情况下，城市人口总量与排污总量总体呈现较弱的关系。其中，工业 SO₂ 排放、工业粉（烟）尘排放、生活 SO₂ 排放和生活粉（烟）尘排放这四个指标，几乎和城市人口规模没有什么关系。

工业废水、工业废水化学含氧量（chemical oxygen demand，COD）和工业废气这三个污染指标中，人口规模与污染排放呈现正相关，但人口规模仅能解释这个指标变动的 0.12~0.30。唯一一个与城市人口规模强相关的指标是生活废水排放，两者关系的斜率也明显小于 1，这本身就说明，污染物的排放是有规模经济效应的（图 4-10）。

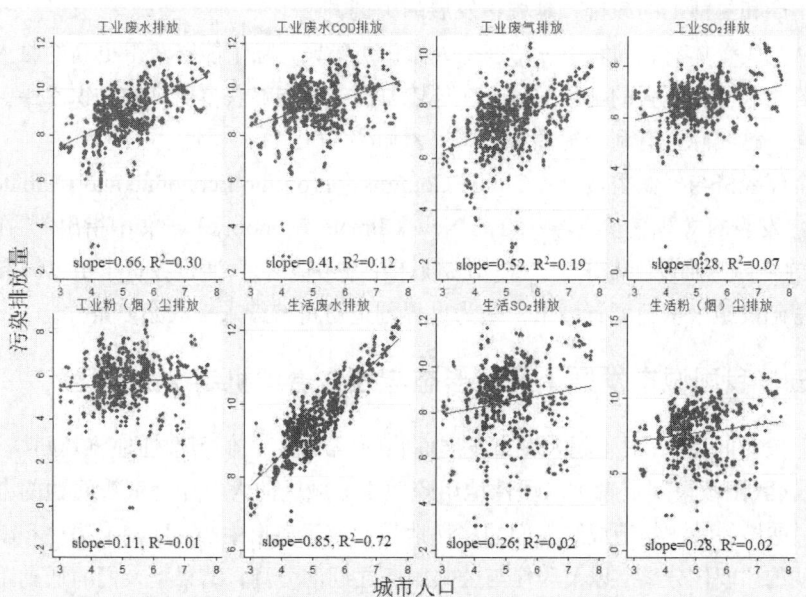

图 4-10　城市人口受污染排放量影响

更为重要的是，在控制了一系列城市经济发展变量（特别是城市 GDP 规模）后，城市市区人口与八类污染排放量均不再相关。因此，可以认为"人口规模导致城市环境污染"的说法并不准确，经济的发展（特别是工业）才是污染的来源。

此外，对以上八类主要污染指标来说，人口规模的系数也都远小于 1。这说明，即使城市人口增多会增加污染排放总量，污染排放的增速仍小于人口增速。这意味着，将一个人放在小城市造成的污染要大于大城市，人口向大城市集聚反而有利于减少整个国家污染排放。

城市减排存在规模效应，这种效应，既可能来自环境更加友好的生产方法，也可能来源于先进的污染处理设备和技术。人口集聚和产业集聚是相辅相成的，在大城市中，更多的人口意味着每个人分担的污染治理的成本减少，人们能以更少的花费达到同样的减排效果。

这样一来，就不难明白，疏散人口即使短期内可能缓解城市压力，也会损害城市发展的原动力。人口增长并不是城市环境污染的根本原因，人口集聚甚至能改善城市环境问题。从国家的角度看，给定国家的总人口，通过改变人口的空间分布，让人口在市场机制之下向大城市集中，不仅能更有效地配置资源，而且能利用规模经济效应降低全国的污染排放。同时，在大城市内部，如何在保持经济增长的同时，进行生产和生活上的减排，是城市发展的关键。

从公民个体看，向城市（特别是大城市）集聚，除了能够获得更高的收入、更好的公共服务和更强的学习效应。在环境方面，也能够获得更高的知识水平。在全国层面，这实际上有利于提高整体国民素质。

全球经济与气候委员会（Global Commission on the Economic and Climate）在2016年发表的《新气候经济》（The New Climate Economy）一文中指出："在今后15年的全球基础设施需求中，逾70%预计在城市地区。"通过投资于更紧凑和可持续的基础设施来重新配置城市，是为世界创造更可持续未来的必要条件。

五、我国城市发展（意识形态与社会治理机制）的误区

一段时间以来，对于超大城市发展面临的城市病，人们习惯性地将其归结为"人太多"，我国政策制定者则习惯性地用疏散中心城区的人口作为解决问题的办法。但是，这样的做法却造成了人们的居住地越来越远离市中心，加剧了居住和就业岗位之间的"职住分离"以及居住与公共服务之间的分离，结果是人们的通勤距离反而延长了。城市的拥堵问题，本质上是因为人们需要经过通勤与别人见面，以满足工作或生活需要。如果不理解这一点，解决问题的思路就会从疏散人口的角度入手，这样的做法或者导致合理的需求被扼杀，或者是人们花更多的时间和金钱在通勤上。结果，试图解决问题的办法，却恰恰造成了更为严重的交通拥堵和相应的碳排放问题。

在疏散人口的导向之下，很多人的思维方式是疏散所谓"低端人口"（编者反对使用这个歧视性的词汇），所采取的手段包括提高外来人口子女入学的门槛和拆除所谓违章建筑。这样的政策思路不理解低技能劳动力和高技能劳动力之间是"互

补的"，造成的结果是城市生活服务业供给减少和价格上升，老百姓的生活变得更为不便利。同时，这种状况必然加剧在城市内部不同身份的人群之间的不均等现象。而在那些疏散人口和产业的"承接地"，是不是能够承接得住被疏散的产业？相应的人口，相比于疏散前是不是出现了严重的收入下降问题？这些目前还没有详尽的数据，但是可以观察到类似的现象，值得政策制定者站在全国发展的战略高度思考。

2017 年，另外一个非常火爆的概念是特色小镇。小城镇的发展是先有产业，再有人口的。小城镇发展的核心竞争力如果是当地的资源、旅游和特色产业，是可行的；而如果在小城镇发展零散分割的制造业，势必造成低效率和大量的资源浪费。同样道理，尤其要提醒特色小镇追捧者，如果不以具有特色的产业作为支撑，又不是建在大城市为核心的都市圈和城市群内部融入其产业链，那么，这种建设是否有持续的动力？当前的实际情况是，一些新城的建设因为规划建设面积特别大，人口密度特别低，距离所在的主城区特别远，大量基础设施建设和住房缺乏需求，已经给地方政府带来严重的债务负担。指望"特色小镇"的热潮来消化过剩的基建和地产，不如老老实实地"尊重城市发展规律"。

真正意义上的城市化一定是农村人口转化为城市居民，城市化进程因而被自然地推动。经济学家周其仁先生在其名著《城乡中国》中，以一个十分简洁的公式概括了这一现象，即经济聚集甚于人口聚集就是城市化的动力机制，"经济密度高于人口密度，必定吸引更多的人口聚集"。

总而言之，如果一个国家和地区的工业化长期局限在少数地区或者城市进行，大量的民众生活在农村，并且限制他们进入城市，使其长期生活在贫困的边缘，与城市中迅速发展的工业化无关，既不能够参与其中，也不能够分享其成果。这样的将大部分人排除在外的工业化也不能算作经济发展。正因为如此，人们把工业化和城市化作为现代经济发展的两条主旋律，缺一不可。

问题及推荐阅读

1. 城市化与工业化的关系是怎样的？
2. 区域城市化的动力是什么？
3. 区域一体化发展的动力与障碍有哪些？
4. 城市规模重要吗？为什么？
5. 大城市圈的地位与作用是什么？
6. 中国城市化发展中的问题有哪些？

樊纲等，2010.城市化：系列公共政策的集合[M].北京：经济科学出版社.

韩佳，2008.长江三角洲区域经济一体化发展研究[D].上海：华东师范大学.

劳昕等，2015.中国城市规模分布实证研究[J].浙江大学学报（人文社会科学版），（9）.

（美）格莱泽，2012.城市的胜利[M].上海：上海社会科学出版社.

（美）刘易斯·芒福德，2004.城市发展史——起源、演变和前景[M].北京：中国建筑工业出版社.

（美）雅各布斯，2006.美国大城市的死与生[M].南京：译林出版社.

王曙光，2017.中国农村[M].北京：北京大学出版社.

（英）帕迪森，2009.城市研究手册[M].上海：格致出版社、上海人民出版社.

第五章

区域发展差异与收入分配

改革开放 40 年来，中国经济持续高速增长，取得的巨大成就有目共睹，但并非所有区域与所有人相对平等地分享了经济增长的成果。事实上，中国也是世界上区域与收入差距增长最快的国家之一，并且这些差距并没有显示出随经济快速增长而缩小的迹象，导致不同区域和城乡之间的收入分配与发展水平差异程度越来越严重，成为严重社会问题的重要根源。

第一节　区域发展水平与收入分配差异

一、区域发展不平衡

区域经济发展差异指的是一个统一的国家内部，一些区域比另一些区域有更快的增长速度、更高的经济发展水平和更强的经济实力，致使空间上呈现出发达区域与不发达区域并存的格局，即区域经济发展不平衡。区域经济发展差异一直是区域经济学研究的核心问题之一，也是世界各国经济发展过程中要面对的一个普遍问题。

（一）区域发展差距指标

如何衡量和测定差距的大小、如何界定差距的合理度，将直接影响人们对差距的认识，影响研究的结论及相关的政策制定。根据相应的划分原则，区域经济差异指标一般常用的有四类。

（1）经济指标和社会指标。经济指标反映国家各地区经济发展水平，如人均GDP、人均 GNP、人均收入等；社会指标主要反映国家地区社会发展水平，如失业率、人类发展指数（HDI）、生活质量指数（PQLI）等指标。

（2）静态指标和动态指标。静态指标反映一个国家在一个时点或一段时间内区域经济差距的变化情况，包括绝对差距和相对差距；动态指标反映一个国家区域发展速度的不均衡性（即差异性）。

（3）单一指标和综合指标。单一指标通常是采用人均收入、人均 GDP、消费支出以及经济增长率、就业率或失业率等。仅使用单一指标衡量地区差距有很大的局限性，它还无法反映一个地区经济发展和社会发展的总体水平和不同地区经济社会发展的差异性。综合指标则能够较全面地反映一个国家或地区经济社会发展的总体水平，如人均 GDP、人类发展指数（HDI），生活质量指数（PQLI）、总产出值、物质产品等综合指标。

（4）相对差异指标和绝对差异指标。区域差异可以分为绝对差异和相对差异。绝对差异是区域间人均意义上的经济发展总体水平绝对量的非均等化现象，反映区域之间经济发展的一种量的等级水平差异。相对差异是指区域之间人均意义上的经济发展总体水平变化速度的非均等化现象，它反映区域之间经济发展的速度差异，一般用某指标的变动率来衡量区域相对差异。

（二）普遍存在的区域发展不平衡

经济发展的过程实际是一个逐步拓宽生存空间和梯度推移的过程。从各国经济发展的历史可以看出，经济发展总是从一些国家或地区开始，然后向其他国家或地区扩散。由于各个区域的地理位置、资源禀赋、文化背景、经济体制、人口素质、技术水平和原有基础等条件的不同，形成了地区之间经济发展的梯次展开现象。从发达国家来看，英国最先发展起来的是以伦敦为中心的东南沿海地区，结果形成了以伯明翰为中心的工业区，以后才逐渐向西部转移；意大利则一直是北方发达，南方落后。发展中国家以巴西为例，其经济中心主要在东南部，尤其是圣保罗、贝洛奥里藏特和里约热内卢三角地带。该地区面积仅占全国的 11%，却聚集了全国 45%的人口和 60%以上的国民生产总值，其中圣保罗一个市就占全国工业生产能力的40%以上，成为南美洲最发达的地区。而占全国面积 60%以上的北部和中西部地区则人烟稀少，生产落后，有待发展。作为发展中国家的中国，区域经济发展不平衡性主要表现为东西部发展差距。这种差距主要表现在：经济增长速度、经济总量、人均 GNP 和人均收入差距等的不断扩大。可见，区域经济发展的不平衡性是世界各国的普遍规律。

根据新古典增长模型的推论，收入水平较低的国家总体上经济增长速度会比较快，因此穷国和富国的收入水平会逐渐接近，这被称为"趋同"理论（Solow, 1956; Swan, 1956），但经济发展的事实却并不支持上述论断。从世界范围看，自"二战"以来，北美和欧洲发达经济体的经济持续增长，其与亚非拉大部分发展中经济体的差距越拉越大，并没有收敛的势头。内生增长理论证明，人力资本对经济增长有显著的贡献，而发达国家人力资本存量较高，因此穷富国家收入水平可能不会趋同（Romer，1986，Lucas，1988）。在不加选择地使用世界各国数据进行的实证分析中，一般性的趋同并没有被证实。但是一些研究发现趋同确实存在于某些类别的国家和地区之间，例如东亚国家和地区间以及经合组织国间。进一步的研究还发现，如果排除了人力资本、储蓄率等某些条件的差别，各国间的确存在趋同现象。因此，这些影响条件就导致了国家间的经济差距，而上述研究结果被称为"俱乐部趋同"和"条件趋同"理论（Barro and Sala-i-Martin，1995）。

倒"U"形理论是分析区域间差异与阶段发展趋势的学说，它的理论依据主要是工业化的阶段影响论。美国经济学家杰弗里·威廉姆森在更大的样本和时间序列中得到的数据基础上发现"全国的发展水平和地区差距间存在着一种非偶然的关系"，即地区差异与国民经济增长的关系呈倒"U"形。也就是说，地区差距在初始阶段会扩大，而随着经济的发展逐步缩小。人们把倒"U"形的地区发展称作"威廉姆森法则"。若以总量变化变化代表一国经济，以人均的区际差异或总量在空间上的集中程度衡量经济的均衡度，上述观点可用图 5-1 表示。

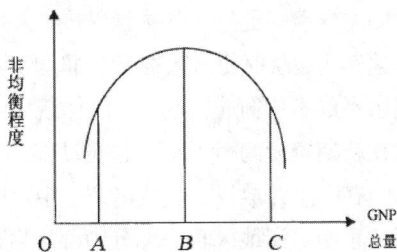

图 5-1　威廉姆森的倒"U"形理论

按照倒"U"形理论，区域经济发展水平空间差异有三个阶段：差异扩大阶段、差异相持阶段、差异缩小阶段。在 AB 阶段即经济发展的初期，经济发展客观上要求必须以非均衡的扩大为代价。但是当经济发展水平到达转折点以后，进一步的发展则必须以区域差距缩小为前提。由此可见，非均衡倒"U"形理论的特征在于均衡与增长之间的替代关系依时间的推移而呈非线性关系。

"威廉姆森法则"存在着不少缺陷，可概括为以下几点。

第一，倒"U"形曲线不能描述地区发展模式，即使是工业化国家也是如此。一些国家的人均收入水平在 20 世纪 50 年代中期到 70 年代初呈稳定、有力的趋同趋势后，从 1973 年开始趋异。

第二，即使是那些在特定经济发展阶段经历了倒"U"形曲线的国家，其倒"U"形曲线形状、曲线峰值及运行速度也都不相同。因此有人怀疑威廉姆森所设想的发展水平和地区差距的关系是否真正存在。

第三，若这种关系存在，则意味着，要么是国民经济发展到较高水平时地区差距会缩小；要么是不缩小地区差距经济就无法发展。很难辨明哪种结论更正确。

第四，"二战"后的西欧各国出现趋同现象并不是市场力量自发作用的结果，而是政府有意识干预的结果。不论从长远看还是从短期看，地区差距都不能自动趋向平衡，任市场力量自由发展既不会导致趋同也不会呈现倒"U"形曲线。趋同、趋异、倒"U"形曲线和非倒"U"形曲线都可能出现，这在很大程度上取决于政府进行干预的方式及力度。威廉姆森本人在后来也看到，只有市场力量和有意识的政府政策结合起来，才能产生强大的扩散效应，扭转落后地区与发达地区的差距，从而确保地区间的平衡增长。

二、中国区域发展不平衡

中国的区域经济非均衡发展是在以下三个鲜明背景下展开的：从计划经济向市场经济的体制转轨、从封闭经济向开放经济的全面转型、从政府主导型国有经济向民间主导型多元经济的内涵转变。大规模制度变迁使得我国的区域经济非均衡过程加速实现，从而使区域经济从非均衡向均衡发展的转折点提早到来。我国区域间发展水平的不均衡非常明显，既体现了经济本身结构特征的非线性变化，也反映出我国在初期资源约束下获取起飞动能的配置顺序。

在改革开放以前，我国东、中、西部地区之间就存在显著的经济差距。总体而言，东南沿海地区和一部分中部地区的经济发展水平和人均收入均高于西部地区。为了缩小地区差距，中央政府在 20 世纪 50—70 年代实行了转移财政支付、平衡收入差距的政策，并在中西部地区进行了大量投资，但这并没有显著缩小东西部地区间在经济效率方面的差距。80 年代，为了扩大地方政府和企业的经济自主权和积极性，中央政府对各省实行了财政"分灶吃饭"，减小了经济较发达地区的财政上缴比重，从而在一定程度上减小了东西部之间财政转移支付的力度。这促进了东部地区的经济发展，特别是首先享受到这项政策的广东省在整个改革时期取得了突飞猛进的发展。尽管各地区在改革期间都有不同程度的经济增长加速，但总体而言，东部沿海地区的经济增长率在过去 30 多年中显著高于中西部地区。因此，出现了区域间收入差距扩大的趋势，而区域经济增长率的差别也导致了人均 GDP 和人均可支配收入（农村居民按人均纯收入计）差距的明显扩大。

从以现价 GDP 计算的区域相对地位来看，我国各省（直辖市、自治区）的体量和位序自改革开放以来也发生了重大变化。以 1978 年和 2016 年各省（直辖市、自治区）GDP 占全国 GDP 比重为指标的比较显示，相对地位上升和下降的省份各占半数（分别为 15 个和 16 个）。从区域分布来看，东部是明显的增长极，而东北地区滞后最多。正如最早提出"增长极"这一概念的法国经济学家弗朗索瓦·佩鲁所言，增长并非同时出现在所有地方，而是以不同的强度首先出现在一些点或增长极上，然后通过不同的渠道向外扩散，并对整个经济产生不同的最终影响。从我国改革开放以后的情况来看，东部十省的 GDP 占比从 43.6% 上升至 52.3%，东北三省份额从 14.0% 下降至 6.78%，西部十二省从 17.5% 下降至 16.2%，中部六省从 21.6% 下降至 20.6%。在东部整体亮眼的增长表现中，沿海五省尤为突出，尽管上海从榜首降至中游，但广东、江苏、山东、浙江稳居全国前四，福建的 GDP 占比也接近翻番，而中、西部地区中，内蒙古和河南是为数不多的亮点代表。东北三省相对份额萎缩严重，辽宁从 GDP 排名前三跌至中游，黑龙江 GDP 占比缩水了一半以上，甘肃、山西、河北、四川相对经济体量也明显下滑。

三、中国区域收入及发展水平差异

根据《中国统计年鉴》的数据显示，改革开放以来中国城乡收入差距的总体趋势是上升的，1978 年中国城乡收入差距为 2.57∶1（农村居民收入为 1），到 2015 年这一数据变为 2.91∶1。如果从绝对量来看，1978 年城乡收入的绝对差距为 209.8 元，而到 2015 年这一绝对差距为 20 473 元，与 1978 年相比增长了 97 倍，这一数字还不包括实物收入和补贴等隐性因素。另外，国家统计局公布的 2015 年基尼系数为 0.462，虽然自 2008 年以来继续呈现下降趋势，但仍高于 0.4 的国际警戒线。

根据 2016 年 10 月联合国开发计划署发布的《人类发展指数之生活水平维度》报告，中国许多地区常住居民的基本生活条件依然亟待改善，部分城市人习以为常的生活设施，普及比例也并没有那么高。我们即使对中国的地区发展不平衡、贫富差距等现象有所意识，实际披露的数据却还是远在人们的估计之外。一个显而易见的例子是高等教育普及率，全国高校招生数据显示，考上"985"院校的比例常年不足 2%。根据国家统计局公布的数字，高中及以上学历的人占全国总人口的比例不到 30%。中国科学院、陕西师范大学等机构在 2016 年联合进行的调查显示：中国农村中学辍学率已高达 63%。

报告显示，浙江和江苏的生活水平指数分列全国前两位，北京和上海分列第三、第四。与东部地区相比，西部与中部地区的生活水平指数整体更低。收入方面，除北京、广东、浙江发达地区的平均家庭收入能够达到 10 万元以上，其他地方依然为 3 万~8 万元[1]。

自来水和厕所的普及程度是衡量一个地区生活水平的重要指标。根据统计，中国中西部地区的自来水未普及率都在四成以上，青海与河南的未普及率高达 61.3% 和 61.4%。而卫生厕所的普及程度也并不乐观，中部与东北地区的卫生厕所未普及

---

[1] "你司空见惯的生活，许多中国人一生都没有体验过"来源，网易数读，2018-05-06，http://data.163.com/18/0506/22/DH5JGATE000181IU.html。

率多在三成以上，而贵州、内蒙古等西部地区的未普及率甚至在六成左右。反观东部，生活条件虽相对较好，但也并非尽善尽美。如河北的自来水与卫生厕所的未普及率均在三成以上，广东与山东的自来水普及程度也并非人们想象中那样高。事实上，除去北京、上海和江浙等少数省市，中国相当一部分地区的人都还没用上自来水和卫生厕所。如果说自来水、卫生厕所等生活设施的普及率一定程度上还与各省地理环境、经济状况和文化现状有关，仍属于"扶贫"的特殊讨论范畴。

中国人民大学领衔完成的"中国综合社会调查"则以从更广泛的视角展示了普通中国人的生活现状（表 5-1）。根据所公布的一万余户中国家庭的调研数据，可以看到，一些人早就习以为常的家用电器并没有在很多地区得到普遍使用。比如计算机，除了东部地区的使用率保持在五成左右，中西部地区的未使用率多在 70% 乃至 80% 以上。当城市中的孩子早就习惯用计算机等各种个人电子设备学习、娱乐的时候，大多数的中国孩子乃至成人其实依然没有机会接触这一切（表 5-2）。洗衣机与新式炊具的普及程度上，重庆、江西等诸多地区的未使用率也远比人们以为的高（表 5-3）。此外，根据调研数据，家用轿车在全国的未拥有比例约为 83%，即每六户中国家庭中，才会有一户拥有家用轿车。需要注意的是，此调研并非有意针对欠发达地区取样，而是全国各级城市、城镇、乡村皆有分布。许多年轻人司空见惯的生活，并不是这个国家很大部分人能体验到的。

表 5-1　中国各省基本生活条件评价

地区		生活水平（指数）	自来水未普及率	卫生厕所未普及率
东北	黑龙江	61.5	31.4%	37.6%
	吉林	63.5	36.35%	39.1%
	辽宁	68.4	37.3%	20.5%
东部	北京	71.8	6.2%	12.3%
	福建	71.1	21.0%	23.9%
	广东	67.2	34.0%	21.3%
	河北	68.3	33.7%	33.6%
	江苏	73.7	14.4%	22.9%
	山东	70.6	29.7%	22.2%
	上海	71.7	5.7%	15.0%
	天津	66.5	15.9	42.3%
	浙江	75.1	11.3%	22.6%

地区		生活水平（指数）	自来水未普及率	卫生厕所未普及率
西部	甘肃	58.3	47.3%	42.0%
	广西	58.0	52.9%	43.8%
	贵州	54.6	55.7%	57.6%
	内蒙古	52.3	44.8%	65.9%
	宁夏	65.3	42.9%	37.0%
	青海	42.5	61.3%	63.3%
	陕西	62.9	49.6%	22.4%
	四川	60.7	58.3%	49.6%
	云南	54.3	49.3%	49.6%
	重庆	60.7	52.0%	26.3%
中部	安徽	62.7	51.1%	36.9%
	河南	61.6	61.4%	38.5%
	湖北	62.5	47.2%	32.1%
	湖南	59.3	55.8%	35.2%
	江西	61.5	52.1%	41.7%
	山西	61.5	41.5%	34.6%

数据来源：联合国开发计划署《人类发展指数之生活水平维度》。其中香港特别行政区、澳门特别行政区、新疆维吾尔自治区、西藏自治区、海南省和台湾省数据未列入。

表 5-2　部分家用产品在部分省份家庭的未使用率

地区		计算机	地区平均水平	冰箱	地区平均水平	洗衣机	地区平均水平	新式炊具	地区平均水平
东北	黑龙江	68.33%	61.33%	45.25%	31.05%	30.77%	25.98%	43.36%	33.01%
	吉林	62.42%		26.06%		26.06%		39.02%	8.15%
	辽宁	47.52%		12.70%		17.46%		10.40%	
东部	北京	27.17%	38.11%	10.33%	10.72%	14.67%	15.12%	0.56%	
	福建	40.82%		6.12%		16.33%		13.40%	
	广东	27.66%		90.04%		14.36%		2.67%	
	河北	43.40%		15.09%		8.49%		27.36%	
	江苏	46.82%		13.29%		10.40%		10.47%	
	山东	53.65%		24.48%		29.17%		21.58%	
	上海	29.71%		1.14%		9.14%		0.57%	
	天津	43.18%		2.27%		10.23%		0.00%	
	浙江	36.08%		8.86%		17.72%		1.27%	

续表

地区		计算机	地区平均水平	冰箱	地区平均水平	洗衣机	地区平均水平	新式炊具	地区平均水平
西部	甘肃	73.85%	76.03%	47.69%	30.67%	7.69%	23.540%	61.54%	37.16%
	广西	74.14%		25.38%		37.93%		39.66%	
	贵州	67.07%		18.29%		9.76%		0.00	
	内蒙古	87.10%		51.61%		25.81%		67.74%	
	宁夏	61.29%		29.03%		16.13%		22.58%	
	青海	50.00%		18.42%		7.89%		13.51%	
	陕西	80.18%		35.14%		26.13%		52.25%	
	四川	79.56%		16.57%		24.86%		32.96%	
	云南	77.98%		47.71%		28.44%		28.70%	
	重庆	86.21%		40.23%		25.29%		54.02%	
中部	安徽	66.90%	63.90%	16.90%	21.44%	30.28%	28.13%	51.41%	32.54%
	河南	67.53%		29.58%		19.59%		34.02%	
	湖北	63.04%		20.65%		20.65%		27.22%	
	湖南	70.00%		16.80%		31.88%		35.22%	
	江西	64.38%		21.88%		48.75%		29.75%	
	山西	40.91%		20.45%		14.77%		9.30%	

数据来源：中国综合社会调查（2015）。其中香港特别行政区、澳门特别行政区、新疆维吾尔自治区、西藏自治区、海南省和台湾省数据未列入。

计算机包括：台式机、个人电子设备、平板电脑。

新式炊具：电饭煲、微波炉、烤箱、高压锅等。

表5-3 各省人均收入、房屋拥有套数及其社会等级判断

地区		平均拥有住房/套	地区平均水平/套	家庭年均收入/元	地区平均水平/元	认为自己所处的社会等级			
						现在	地区平均水平	10年后	地区平均水平
东北	黑龙江	0.98	1.02	44 826	51 261	3.8	3.9	4.8	4.8
	吉林	1.05		51 256		4.1		4.8	
	辽宁	1.05		60 809		4.0		4.9	
东部	北京	1.04	1.05	136 106	98 831	4.4	4.6	5.4	5.5
	福建	1.22		79 908		4.2		5.1	
	广东	0.92		148 627		4.6		5.8	
	河北	1.25		41 200		4.5		5.6	
	江苏	1.09		89 920		4.7		5.5	

地区		平均拥有住房/套	地区平均水平/套	家庭年均收入/元	地区平均水平/元	认为自己所处的社会等级			
						现在	地区平均水平	10年后	地区平均水平
东部	山东	1.09		60 815		4.6		5.5	
	上海	0.85		111 636		5.0		5.3	
	天津	0.99		74 031		4.4		5.0	
	浙江	1.12		115 017		5.0		5.8	
西部	甘肃	1.07	1.10	35 504	42 099	3.8	4.1	5.1	5.1
	广西	1.01		36 628		4.0		4.8	
	贵州	1.08		69022		4.2		5.4	
	内蒙古	1.10		33 411		4.5		5.4	
	宁夏	2.15		40 455		3.9		5.3	
	青海	1.04		54 465		4.6		5.7	
	陕西	1.04		49 348		4.2		5.3	
	四川	0.98		41 798		4.3		4.9	
	云南	1.25		37 159		3.8		4.8	
	重庆	1.02		27 521		4.0		4.8	
中部	安徽	1.17	1.09	47 885	47 678	4.6	4.3	5.6	5.2
	河南	1.09		35 929		4.4		5.4	
	湖北	1.08		47 103		4.0		4.8	
	湖南	1.10		51 313		4.1		5.0	
	江西	1.10		53 932		4.5		5.6	
	山西	1.01		57 672		3.8		4.8	

数据来源：中国综合社会调查（2015）。其中香港特别行政区、澳门特别行政区、新疆维吾尔自治区、西藏自治区、海南省和台湾省数据未列入。

第二节　区域发展差异因素分析

有哪些因素影响地区经济增长？答案是：地区间的资本和劳动力流动、人力资本在各地区分布的差异、各地区的城市化程度、农村工业化程度以及制度和政策因素的差别等，都可能成为影响因素。这些因素怎样影响地区经济增长？它们使地区间的经济差距发生了哪些变化？这些问题对于研究地区差距的成因和变动趋势至关重要。

一、地区间的资本流动和外资的地区分布

资本在各地区间的配置和流动是影响区域经济增长，进而影响地区差距的一个关键因素。改革开放以前，地区间资本流动完全是一种计划行为，受中央政策支配。改革开放的这 40 年间，资本流动一方面受财政分配资金和国家银行政策性资金分配的制约；另一方面又受到市场的引导。对外资而言，还受到地域性优惠政策的影响。财政体制、银行政策、市场条件、外资优惠政策等因素使得区域间资本流动呈现出复杂的格局。

整个 20 世纪 90 年代，市场主导的资本流动（包括外资、通过民间渠道和资本市场渠道的资本流动）和政府主导的资本流动（财政资金，某种意义上也包括银行信贷资金）呈两个不同的方向。前者在利润引导下主要流向东部地区。这种流动改善了资本的配置效率，带动了经济增长，但也扩大了地区差距。外资优惠政策的地区差别也对资本投向有影响。

这个差别如果长期保持下去，不利于资源的优化配置，也不利于缩小地区差距。相反，政府主导的财政转移支付主要着眼于缩小地区差距，并受到以前财政分配格局惯性的影响，较多地照顾西部地区。西部大开发以来，转移支付增加较快，使西部的投资率超过了东部，2002 年达到了 42%的历史高点。但东西部地区的增长率仍然存在明显差距，这说明减小地区差距主要不能依赖政府主导的资本转移。至于银行信贷资金的分配，居主导地位的国有银行在一定程度上沿袭了首先满足国有企业资金需求的模式，政策性贷款更是直接服从政府的政策目标，使银行贷款在 90 年代更多地向中部地区倾斜，也在一定程度上照顾了西部。在过去，由于银行体系改革滞后，资金的使用效率很低并产生了大量不良信贷，银行资金在地区间的转移基本上无助于消除地区差距，2000 年左右已经出现了银行资金向东部转移的趋势。

由于市场导向的资本流动（包括外资在内）超过了政府导向的资本流动，地区间资本流动的整体趋势是向东部地区倾斜，这是导致地区差距扩大的关键原因。而市场导向的资本流动的决定因素是资本回报率的差别。持续大量投资后，资本边际收益递减规律的作用已经使区域间趋于接近。这在资本充分流动的条件下是必然趋势，它预示着资本在地区间的配置将逐渐趋于平衡，从而阻止地区差距的继续扩大。但是，实现上述转变还需要一个较长的过程。首先，这取决于资本回报率的地区差别进一步缩小的速率，而后者又依赖于地区投资环境的改善和投资效率的提高；其次，还取决于一些不确定因素的影响，例如今后银行体制的改革方向。

二、地区间的劳动力流动

经济学理论能够证明，在市场条件下，劳动力总是从边际劳动生产率低的地区流向高的地区，有助于提高劳动力资源的利用率，缩小地区间的劳动报酬差距和人均 GDP 差距。劳动力流动不但使流入地保持较低的工资成本和较高的国际竞争力，同时还提高迁徙者和流出地的人均产出水平，改善资源配置状况。实证分析也发现，劳动力市场发育程度直接影响各地区的经济增长率。

劳动力流动缩小地区差距的作用主要发生在两个方面。

首先，欠发达区域、低收入地区的劳动力外流，会缓和这些地区土地压力和就业压力。由于劳动边际报酬递减规律的作用，这些地区的劳动生产率会随劳动力数量的减少而提高，从而提高人均收入水平。在种植业这方面的作用更加突出，劳动力减少会提高人均耕地面积，有利于土地规模经营。

另外，劳动力流动还为欠发展地区带来了大量的汇款，对流出地区农民收入的增长起了直接支撑作用。对那些相对贫困、外流劳动力多的区域来说，提高收入的作用尤其明显。

尽管跨地区流动的劳动者对经济做出了巨大贡献，但由于其对输入地就业的某种程度的竞争性以及对城市基础设施和生活环境产生的压力，仍然频繁地受到输入地设置的行政性限制甚至歧视。与农村劳动力的巨大数量相比，目前跨地区劳动力流动的规模还小。除了广东省和少数大城市，其他较发达省份和城市吸纳的劳动力还比较有限。

上述这些劳动力迁移带来的问题有些是被人为夸大了，有些则是可以通过改善服务和管理来解决的。事实上仅广东一个省就吸纳了全国跨省流动劳动力的一半，并没有带来严重的社会问题和高失业现象，大量的劳动力供应使得广东经济一直走在全国前列，而且在国际市场上保持了强大的产品竞争力。可见，如果未来出现几个类似广东的省份，将使劳动力的跨地区流动大大扩展，从而有效地减小地区间的收入差距。

妨碍劳动力流动的另一重要因素是我国城市化程度较低，服务业发展空间不足。我国目前仍有 40%左右的人口居住在镇以下的农村，居住在百万人口以上城市的人口还不到全国人口的 10%。这是改革前实行的城乡分割政策和一段时期内实行的限制大中型城市发展政策的结果。现代化过程必然伴随着持续的城市化过程，这将为劳动力的流动提供更加广阔的空间。今后还需要进一步打破城乡壁垒，为劳动力流动提供必要的条件，完善职业培训和就业服务体系，改善城市基础设施建设和城市的市场环境，从而推进城乡一体化的发展。

三、人力资本的地区分布

根据新古典增长理论和内生增长理论,资本和劳动的存量变动会在短期内影响经济增长率,而人力资本存量的差异却有可能直接影响全要素生产率,进而影响长期的经济增长率。其他条件相同时,人力资本存量较大的先进国家或地区有可能在长时期内保持相对较高的经济增长率,因此人力资本是影响地区差距长期趋势的因素。在研究资本和劳动对地区经济差距的影响时,应当侧重流量的分析;而在研究人力资本的影响时,则需要更加侧重对其存量差别的分析。衡量人力资本的存量,有若干不同的角度。例如 Romer(1986)用从事研究和开发的科技人员数量来表示,而 Lucas(1988)用劳动者的受教育程度来表示。

四、各地区市场化程度的差异

影响地区差距的因素,除了生产要素在地区间的配置和流动,还有制度和政策因素。影响区域经济发展差异的主要制度因素包括:农村体制改革、企业制度改革、对外开放政策、政府治理机制和区域发展政策五个方面。这些制度因素的变革改变了资源和要素组合的方式,改变了要素积累的路径,改变了微观经济主体面对的经济活动激励机制,从而使产业分工、企业竞争、技术创新成为可能。因此,全国性制度变革以及由其引发的区域性差异化制度变迁通过要素积累的数量扩张和质量提升,最终反映到区域经济发展绩效上。

我国经济改革期间,经济增长显著加快,最主要的推动力就是中国经济从计划体制转向市场体制的改革,但是市场化的进程在各地差别仍然很大。根据国民经济研究所市场化指数课题使用 25 项客观指标进行度量的结果,东部沿海地区的市场化程度远远超过中部和西部地区。各省、自治区、直辖市 2000 年的市场化指数(记分区间 0~10 分),按东中西三个地区分组平均,分别得分 7.16、5.47、4.17。这反映出绝大部分东部省份不仅经济发展程度比较高,而且在市场化进程中也走在中西部前面。中西部省份市场化程度与东部差距较大的方面主要是非国有经济的发展和要素市场的发育程度,但在政府与市场的关系、产品市场发育、市场中介组织和法律制度环境等方面也都存在明显差距。

各省市场化程度对全要素生产率(TFP)的提高有明显的贡献,使用国民经济研究所的分省市场化指数和技术进步变量(用技术发明专利表示)对各省的 TFP 进行回归,两个解释变量在不同模型中都有显著的正效应。这说明市场化程度和技术进步是两个影响全要素生产率、从而影响经济增长率的重要指标。TFP 可以通过以下五个方面的改革来改善。

（1）精简政府机构和转变政府职能以减少其对资源配置的直接干预，提高市场配置资源的比重，发挥企业作为市场主体的地位。

（2）鼓励非国有部门的发展。

（3）大力培育产品市场，提高市场在价格决定中的作用，减少商品市场上的地区贸易壁垒。

（4）促进要素市场的发育，鼓励银行部门的竞争，加速信贷资金分配的市场化，吸引更多的外国直接投资，提高劳动力的流动性。

（5）改善法律制度环境以更好地保护产权和保证合同的履行，提高市场中介组织（如律师事务所、会计师事务所和独立审计机构等）的质量和数量。

这一发现证实，地区间市场化程度的差异是导致地区间经济差距的一个重要因素。在改革期间，中西部地区与东部地区之间差距的扩大，与前者在市场化改革中相对滞后有密切关系。因此，加速推进欠发达地区的市场化改革进程，对于缩小地区间的经济差距将有重要的意义。

五、城市化和农村工业化发展水平的区域差异

东西部的收入差距突出表现在东西部农村居民收入的差距，而影响农村居民收入的关键在于大量农村剩余劳动力能否尽快地向城乡非农产业转移。因此欠发达地区的城市化和农村工业化对于缩小地区差距具有非常重要的意义。

在农村工业化方面，中西部的发展程度远低于东部。这种落后并不仅仅意味着时间上的滞后，即今天中西部已经不太可能简单重复东部走过的农村工业化道路。改革初期，市场供给存在大量空缺，而占主导地位的国有企业因为体制障碍而缺乏竞争力，不能适应市场的需要，使乡镇企业凭借较低的劳动力成本和市场导向的优势占领市场。今天随着市场竞争的加剧，消费者对产品质量、技术含量、品牌、相关服务的要求越来越高，而乡镇企业在人力资本、技术、管理、基础设施、企业布局等方面的先天劣势越来越制约着它们的发展，已经很难再像过去那样以两位数的增长率发展。城市经济在基础设施、人力资本和技术供应、市场集中度、服务业发展空间等方面都给现代产业发展创造了条件。经济改革期间，城市化发展速度有了明显的加快。但中西部地区目前在城市化方面发展同样滞后，而且与东部的差距在继续扩大。目前东西部地区差距扩大的趋势，原因之一在于城市化水平的差距，集中地反映在大中型城市不足。西部的发展，在很大程度上要靠振兴城市经济来带动。

六、私营经济制度改革区域差异

从理论上讲，中央政府旨在提高非公有制经济自由度的制度变革在全国范围内应当是均衡的。但这种制度变革在实际执行过程中，由于种种原因会出现中央制度供给量与微观经济主体所能获得的实际制度供给量不一致的情况。其中最为主要的原因当属地方政府对中央政令的执行情况。

中国政府金字塔式的结构决定了中央政府的政策需要依靠各级政府和机构来贯彻落实，换言之，中央政府的制度供给必须经过地方政府的行为才能转移到具体的微观经济单位手中。然而，地方政府作为中央政府的代理人，其效用函数并不一定与中央政府相一致。这种不一致会导致中央政府的制度供给在经过地方政府手中时，往往会出现两种情况。

第一种，是中央政府赋予微观经济单位的经济自由度被地方政府截留，从而会出现实际制度供给不足的问题。地方政府之所以截留对中央政府非公有制经济的制度供给量，最主要的原因不外乎：传统的公有制偏好及与此相应的姓社姓资问题。这一问题在 1992 年以前一直困扰着人们，使制度供给本身在某些时期充满了不确定性。同样，这种观念也存在于地方政府决策者的潜意识之中，总是认为非公有制经济尤其是私营经济是资本主义的东西，私营企业主是剥削者。其次，当属地方政府的寻租目的，一些地方权力机关在执行中央政策时，也难以完全贯彻中央政府的相关政令，"三乱"（乱收费、乱罚款和乱摊派的"老三乱"，乱检查、乱评比、乱培训的"新三乱"）现象便是其中最明显的表现。上述两种原因都会引起地方政府在执行中央政策时，对中央制度供给"打折"。这种行为不仅存在于非公有制经济的制度供给之中，还普遍存在于公有制经济的供给之中。

第二种，是中央政府赋予微观经济单位的经济自由度被地方政府进一步放大。在改革开放的过程中，一些地区出于地方经济利益的需要，在贯彻落实中央政策的基础上，给予非公有制经济更大的经济自由度。不仅"用足""用活"中央政策，为非公有制经济提供政策支持，还为其提供各种经济资源的支持，并且通过"院外游说"和寻租以争取更大的政策空间。甚至在一些地方还出现政府保护个体私营企业生产假冒伪劣的行为。诸如先干再说、只干不说以及著名的"红灯绕着走、黄灯抢着走、绿灯快步走"等，都是地方政府扩大非公有制经济自由度的行为表现。

上述两种地方政府执行中央政策的行为，客观上造成了统一的非公有制经济制度在各个地区执行中的差异，由此而形成了非公有制经济发展在各地区的制度环境的差异。纵观我国多年的非公有制经济发展过程，可以看出，地方政府截留中央供给的现象在中西部与东北地区较为普遍，在 20 世纪 80 年代表现得尤为明显。

西部地区远处内陆，人们的思想观念相对保守，特别是计划经济时期在中央平衡发展战略的影响下，西部地区受惠于计划经济，依靠国家的投资和国有企业得到了一定的发展，这就使得西部地区人们对计划经济和公有制经济的偏好程度远大于东部地区。加之计划经济的思维惯性，西部地方政府更加习惯于对微观经济单位的"管理"和控制，这种权力欲较之其他地区更加突出。因而对于非公有制经济的发展先是消极抵制，既而消极观望，再想方设法加强"控制"和"管理"以谋取垄断租金。因此造成了非公有制经济发展环境恶化，加之其经济条件处于相对劣势，使西部地区从一开始就陷于非公有制经济发展的落后境地。

这种情况在 1992 年以后虽然有所改善，但发展非公有制经济的先机已被东部地区占得，差距已经拉开，短期内要改变这种窘境十分困难。相对而言，地方政府超出中央政府许可范围扩大非公有制经济自由度的现象集中发生在东部地区，这种情况在 80 年代表现得尤为突出。东部地区特殊的地域优势和经济发展水平优势，使之从一开始便具有强烈的制度变迁动力。东部地区作为中央财政收入最主要的来源地，在与中央政府的博弈中，东部地区的地方政府讨价还价的资本远大于中西部地区。因而能够从中央政府争取到更为优惠的政策，或者能够把政策发挥到极致。在地区经济竞争过程中，东部地区许多地方很早就将经济发展的重点放在非公有制经济上，从而为非公有制经济创造了非常宽松的制度环境。

我国地方政府对中央政策的执行行为的差异，客观上构成了非公有制经济实际制度环境的差异，这种差异直接表现在非公有制经济发展水平上的区际差异和省际差异。中国三大地带个体私营经济的分布情况便足以说明这一问题。

第三节　政府干预与福利改进

地方的财政收益为地方政府推动转型和增长提供了激励，再加上以 GDP 为主要指标的相对政绩考核机制——中央政府以经济绩效决定地方官员晋升。财政分权体制与官员治理高度集权的模式相结合成为中国经济高速增长的支撑。政治集权与财政分权相结合，厘清了地方政府和官员面临的激励和约束，也解释了为何地方政府积极地对区域经济社会发展进行干预的现象。

一、区域经济发展差异及政府干预

由于自然条件、经济发展以及社会政治等多方面因素的影响，我国区域发展严重不平衡，东南沿海地带与西部边贫地区相比经济实力相差悬殊。1994 年分税制改革后，地区间经济差距仍在继续增大，这种地区间经济发展的严重失衡不利于资源的有效配置甚至影响到整体经济发展。1994 年，我国分实行税制改革后，转移支付作为政府调节区域经济的重要政策手段，对区域经济的影响到底如何？是否有利于缩小地区间差距？是值得深入探讨的问题。虽然中央政府从 20 世纪 90 年代中后期分别提出缩小地区差距和西部大开发战略，但目前我国的区域经济并没有出现收敛趋势——作为政府帮助落后地区发展的重要手段的转移支付，在该时期没有起到有效促进区域经济协调发展的目的。

二、区域收入差异及政府干预

改革开放 40 年来，我国经济持续高速增长，经济总量和人均 GDP 的增长速度均远高于世界平均水平，所取得的成就有目共睹，但并非所有人相对平等地分享了经济增长的成果。我国也是世界上收入差距增长最快的国家之一，收入差距并没有显示出随经济快速增长而收敛的迹象，导致城镇与乡村内部和城乡之间的收入分配不平等程度越来越严重，成为许多社会问题的重要根源。既然收入差距过大有诸多不利影响，如何改变我国长期过于悬殊的城乡内部与城乡间收入差距就成为非常重要的问题。经济的不断发展、教育的持续扩展和深化以及城市化进程的不断推进，是否会自然改善我国的收入差距问题呢？还是需要从改变完善我国的收入分配制度入手？这无疑是很重要的问题，值得仔细研究。如果收入差距必然会随着社会的发展逐步减小，则不用过度担心收入不平等问题；但如果收入差距主要是由收入分配制度造成的，或者社会发展根本不能解决收入差距问题，则需要采取一些区域政策措施来增加低收入者和农民的收入，减少收入差距的过度扩大。

就收入差距随经济发展的演变路径，库兹涅茨提出了著名的"库兹涅茨假说"。他认为随着经济发展水平的提高，收入差距会呈现先扩大后缩小的倒"U"形变化模式。该假说提出后吸引了大量学者的关注，成为收入分配问题的研究核心。利用城镇与乡村或者其他两部门简化模型，众多学者从理论上对倒"U"形假说进行了研究和讨论。支持者认为经济发展总是伴随着城市化进程，导致人口从农村向城镇大规模转移。首先是农村中具备城市生存技能或拥有一定资本积累的高收入群体进入城市，他们的离去造成农村平均收入的降低，从而导致城乡收入差距的扩大；但随着农村人口持续流入城市，农业劳动力逐步变得相对稀缺，导致农村劳动报酬逐步增加，从而缩小城乡收入差距。这导致城乡收入差距呈现出倒"U"形的演化路径。

我国学者也从理论和实证两方面对倒"U"假说进行了深入研究。但也有很多学者理论和实证的研究并不支持这一假说。可以看出，收入差距各影响因素究竟有怎样的影响和作用，国内外的实证研究结论并不相同。

另外一个研究得较多的收入差距的影响因素是教育。一般认为，教育是造成个人禀赋差异的重要原因，而个体差异会显著影响个人收入。随着经济的发展和义务教育的普及，城乡居民所受教育的广度与深度都不断增加，这如何影响收入差距呢？就教育与收入不平等间的关系，国内外也做了大量的理论和经验研究，但同样没有得出一致的结论：一些研究认为存在倒"U"形关系；一些研究认为随着教育水平的提高，收入差距是逐渐拉大的；而另外一些研究认为教育水平提高可以降低收入不平等。

除经济发展水平、教育水平与城市化进程外，还有其他因素可能影响收入差距，如对外开放与全球化对收入不平等的影响就常常受到关注。

随着经济的发展和城市化水平的不断提高，城镇人口的比重从 1997 年的24.81%逐年增加到 2017 年的 58.52%，保持稳定的增长趋势，而农村人口比重则同步下降。在这一城市化进程中，城镇与农村的人均收入都呈现逐步增长的趋势，但收入差异呈现缩小趋势。这是政府实施的免除农业税、对农业生产进行财政补贴等政策实施的暂时结果呢？还是城乡收入差距从此进入下降趋势，进入倒"U"形演化路径的右侧呢？这还有待继续观察和仔细研究。

就教育对城乡收入不平等的影响而言，平均受教育年限的回归系数为正且显著，其平方项回归系数为负，但三次项回归系数不显著，表现为明显的倒"U"形结构。从促进收入不平等到抑制收入不平等的拐点出现在 0.045/0.001 96/2 = 11.48年，大致对应于我国的高中毕业。我国目前各市平均受教育年限，最低的云南为7.15 年，最高的北京为 11.04 年，平均为 8.53 年。这表明为了降低我国收入差距，减少收入不平等，就教育而言，需要增加教育投入，延长义务教育时间，逐步普及高中教育。

就城市化对城乡收入差距的影响而言，城镇人口比例的回归系数为正，其平方项的回归系数为负，且都非常显著，而三次项的回归系数显著为 0，表明存在非常明显的倒"U"形特征，这验证了前面的理论推导。当城市化进程引起的收入差距变化进入下降阶段后，可能导致城乡收入差距拉大的速度减缓或者出现下降的可能。其影响从上升到下降的拐点出现在城镇人口比例为 47.29%时（即当城镇化水平超过 47.29%），城镇化水平的提高将降低城乡收入差距。这表明可以通过对农村劳动力进行技能培训，加快劳动力从农业向工业、服务业的产业转移，推进社会主义新农村和城镇化建设，逐步减少农村人口等政策措施来抑制城乡收入差距的持续扩大，促进经济增长和社会和谐。

对外进出口贸易对我国城乡收入差距的扩大有明显的促进作用，贸易自由化与经济全球化加剧了我国的城乡收入差距的扩大。这表明我国农业生产和农民收入受到了国外农产品进口的冲击，我国需要对农业生产进行保护、适当提高农产品收购价、对农业生产进行补贴，以改善和提高农民收入，减少城乡收入差距。这也是日本、韩国等发达国家采取的措施。

目前城乡收入不平等的各影响因素中，整体而言，教育水平的影响比城市化水平的影响要大，这表明为降低城乡收入差距，教育的持续投入比快速城市化更为重要和直接。而所有因素中影响最大的还是经济发展水平，但因为经济发展水平的影响没有倒"U"形特征，故收入不平等不会随时间的推移必然呈现出下降趋势，为了缩小城乡差距，需要从分配制度上进行变革，对低收入群体进行倾斜。收入不平等不会自然消失，需要在政策措施和收入分配上向农村倾斜。目前我国已经采取了一系列措施来提高农民收入，如加大农业水利设施建设力度、免除农业税、对农业生产进行财政补贴、普及农村低保医保福利制度等，但还需进一步加快社会公共产品向农村延伸、改善农业产业结构、提高农产品的附加值，以减少城乡收入差距、促进社会公平与和谐发展。

第四节 区域公共产品供给与税费竞争

国家与区域不仅是一种政治力量，也是一种经济力量，而且其经济职能还有加强的趋势。区域政府此时已经作为一个经济主体同其他经济主体结合在一起参与社会再生产过程，同其他经济主体在生产、实现与分配过程中结合在一起。区域政府一方面通过制定、执行宏观政策从社会再生产过程外部为社会经济正常的运行创造必要的条件的经济职能；另一方面作为经济主体执行在社会再生产内部为社会经济正常运行创造必要的条件的经济职能。

国家属性的变化，必然体现在代表国家执行经济职能的财政职能的变化上。税收与财政支出由单纯的政府的经济基础转变为整个社会的经济基础的重要组成部分，承担了维持与促进社会生产、分配与消费的职能，这是财政制度根本性质的改变。国家或区域利用社会投资、社会消费等手段来影响社会经济的正常运转。正是因为有了支出的需要，才有了各种税收的设立。

一、利益分配之争

"一位虚构的中西部农场主，他搭乘免费校车去上免费的公立学校，用政府的拨款研究农业，靠自愿援助贷款购买房子，从农村电力管理局电网获得电力，送他的子女进入政府补贴的大学。后来，他的农场经营壮大了，加入了约翰·伯奇学会，最后由于对其交纳的高额税款不满，在给一位参议员的信中写道，'我非常信仰个人主义。人们应该自食其力，不应指望政府帮助。我是一个自食其力的人。我反对你提出的那些社会主义的主张，我们应该回到先辈们倡导的自由企业制度'。"机会主义与"搭便车"行为随处可见，人们在享受公共产品与福利待遇的时候认为那是政府应该提供的，但一旦让其交税以支撑这些福利时，就会怀疑自己的付出大于所得，怀疑政府的规模太大或者政府滥用了职权。各自接受的社会福利与其所缴纳的税收是对等的吗？

著名经济学家奥尔森在其《集体行动的逻辑》一书中有一个结论：在集体选择过程中，在许多情况下，多数人未必能战胜少数人。他从个人的利益与理性出发来解释个体利益与集体利益的关系，却得出了与传统理论完全相反的结论：个人从自己的私利出发，常常不是致力于集体的公共利益，个人的理性不会促进集体的公共利益。奥尔森所揭示的"集体行动的逻辑"，实际上是说"集体行动的困境"。奥尔森认为，集团为实现集体利益而采取的行动是供给集体物品的集体行动，由于集体物品具有非排他性，所以理性的集团成员将"搭便车"，集团无法有效地供给集体物品。奥尔森还认为，正常情况下集体物品的供给远低于最优水平，对成本的分担也十分随意，这是因为某个人自己拥有的集体物品也自动地被其他人分享。

从集体物品的定义可知，一个人不可能排除集团中其他人分享他为自己提供的集体物品带来的收益，成员数目多的集团供给集体物品的效率一般要低于成员数目少的集团。集体中的个体是否愿意提供公共产品，既取决于自己应承担的成本，又取决于对方获得的收益。集体行动中，公共产品的提供会使得集体中的个体得到收益，但集体越大，个体享受的收益就越小，最后个体间博弈的结果就是每个个体都倾向于减少公共产品提供的概率。也就是说，集体越大，公共产品的提供越困难。"奥尔森困境"能够较好地解释我国跨区域公共产品的提供问题。

二、地方政府财政竞争与公共产品提供相关理论

地方政府竞争主要通过地方财政竞争表现出来，财政竞争的目的是为本地区吸引更多的外部资源，从而加快本地区的经济发展，地方财政竞争主要包括税收竞争和财政支出竞争两种形式。地方财政竞争的研究源于蒂珀特（Tiebout，1956）关于社区居民"用脚投票"使地区公共产品供给达到"帕累托最优"的观点，此后国内外学者关于地方财政竞争的问题展开了广泛深入的研究。Zodrow 和 Mieszkowski（1986）通过构建基本税收竞争模型（basic tax competition model，BTCM），说明税

收竞争可能会导致公共服务供给的不足和低效率。Weingast（1995）认为，地方政府的财政竞争可以使市场的有效性免受过度管制和寻租的破坏。Feld 等（2012）认为地方政府间的财政竞争将使破坏性创造过程（process of creative destruction）更加有效。Sebastian 等（2012）通过建立财政反应函数，分析了德国联邦政府在财政竞争中税收与支出政策的选择策略。Janeba 等（2016）建立了包含政府借贷的财政竞争模型，分析了政府财政竞争与政府债务的关系，认为没有限制的债务不会改变政府的竞争模式，而设定债务上限后地方政府将采取第一期减少公共产品投资，第二期减少税收的方式予以应对。

国内方面，大量文献证明我国地方政府之间的财政竞争是存在的，改革开放后到 1994 年分税制改革前主要表现为税收竞争，分税制改革后则为支出竞争与税收竞争并重。郭庆旺，贾俊雪（2009）认为，不同职能的支出竞争对经济的影响是不同的，经济性和维持性财政支出竞争不利于地区经济增长，而社会性支出竞争则对地区经济增长有显著的促进作用。王美今等（2010）利用空间面板模型对中国地方政府财政竞争的策略差异进行了分析。结果表明，同级地方政府间公共产品支出等表现出相互模仿策略，而与中央政府间则表现出跟随效仿策略。吕炜，郑尚植（2012）认为，财政竞争在短期内扭曲了财政支出结构，而从长期看仍然存在改善财政支出结构的积极效应。

而地方政府竞争的结果往往体现为一个国家或地区的公共产品投资水平的高低，这是因为各地方政府之间基于"为增长而竞争"的强大激励，会竞相改善本地的公共产品投资水平。张军（2007）在控制了经济发展水平、金融深化改革及其他因素之后，论证了地方政府竞争是解释中国公共产品投资决定的重要因素，而良好的公共产品支撑了中国改革开放以后的直接生产性投资和经济增长。伍文中（2010）认为在财政分权模式下，地方政府通常将公共产品建设作为工作重心，加大公共产品投入在财政支出中的比重，并验证了地方政府间的财政支出竞争是贫穷省份和富裕省份公共产品建设存在趋同现象的主要原因。

从上述文献梳理可获得如下思路：地方政府在相互竞争的过程中，使用财政竞争这一手段会对本地区公共产品的投资规模及投资效率产生影响，进而影响该地区的经济增长。具体来说表现在两个方面：一方面，财政竞争可能会促使地方政府增加对公共产品的投资数额，改善本地区的公共产品水平，由于"乘数效应"而带来几倍于投资额的 GDP 贡献，从而提高财政资金的使用效率；另一方面，财政竞争也有可能使地方政府产生强烈的投资冲动，即使在收入不足的情况下依然将有限的财政资金投入到公共产品建设中去，出现重复建设、财政支出结构扭曲以及财政资金浪费等一系列问题，此时公共产品投资效率是低下的。

三、公共产品提供与公共财政制度

公共财政制度实际上就是与市场经济体制相配合的财政制度，公共财政制度所要起到的作用就是在效率与公平之间保持一种比较均衡与和谐的关系，从而促进经济增长与社会发展。

（一）政府在区域公共产品与服务供给中的地位

从国际比较的角度来考察政府在区域公共产品与服务供给中的地位，可以得到两个规律性结论：一是在区域公共产品与服务建设中，政府起着主导作用；二是政府在区域公共产品与服务建设中尽可能地利用市场竞争和私人力量。充分认识现代区域公共产品与服务建设的这两方面的变化趋势，对科学地界定政府的地位和构建相应的管理体制是非常重要的。政府是区分建设项目性质，构造多元化投资格局的决策主体。

现代经济学认为，社会生产消费的物品可根据其效用、消费、供应的性质和特征划分为三大类型，即纯公共物品、准公共物品和私人物品。纯公共物品是社会或集体共同适用的产品和服务，该物品具有效用的不可分割性、消费的非竞争性与非排他性；私人物品是个别主体事业和消费的产品和服务，这类物品具有效用可分割性、消费的竞争性和排他性；准公共物品是介于公共物品和私人物品之间的产品。

国外对不同的区域公共产品与服务，采取不同的投资办法、运作模式、资金渠道以及权益归属。纯公益性的公共产品与服务投资主体由政府承担，按政府投资运作模式进行，资金来源应以政府财政投入为主，并配以固定的税种和费种以保障，其权益归属也归政府所有。经营性公共产品与服务则属全社会投资范畴，其前提是项目必须符合区域发展规划和产业导向政策，其融资、建设、管理及运营均由投资方自行决策，所享受的权益也理应归投资方所有。无法收回成本的项目，附带部分公益性，因其具有不够明显的经济效益，市场运行的结果将不一可避免地形成资金供给的诸多缺口，要通过政府适当贴息或政策优惠维持营运，待其价格逐步到位及条件成熟时，即可转变成纯经营性项目。

（二）政府在区域规划中的权威地位

通过立法确立政府在区域规划中的权威地位，使政府成为真正的区域公共产品与服务规划的权利主体。城市的功能地位、发展战略和方向、可持续发展的潜力不仅是自身的问题，而且直接关系到整个国家，而这在很大程度上取决于城市规划工作，其中一个最基本的内容就是对城市公共产品与服务建设的规划。

区域规划是一种公共权力。由政府规划管理部门代表人民行使这一权力，实现维护公共利益、体现社会公平、保障弱者利益的宗旨。世界各国普遍成立了规划管理部门并有专门的法律和制度保证其权威性。区域规划的具体研究和报告可交给民间技术服务组织完成，政府对规划方案的选择有最终决定权，而且规划权力的行使是主动而非被动的。一般各国政府都要确立区域的发展目标及发展类型，并据此确定土地、人口以及产业规划，对区域公共产品与服务如环境设施、道路、水、电、垃圾处理等需求做出预测和建设安排。区域规划是区域公共产品与服务建设的龙头，各国政府都关注区域规划。不仅要通过立法确立其权威性，而且还要通过立法确保其实现。

（三）政府主导区域公共产品与服务产品或服务的标准制定

由于区域公共产品与服务的垄断性，在一定区域内其生产供应常常是单一的，消费者难有选择的可能，所以其价格或收费不能由供应方单独决定。各国一般都是由政府根据成本并考虑到一定的利润水平来确定。同样，区域公共产品与服务具有一定的普及性和福利性，其产品或服务标准关系着大众的基本生活水平和社会安全，其选择可以说是一种公共权力，所以其标准只能由社会或政府确定。此外，为了保证区域公共产品与服务建设经营的水平和安全以及投资经营者的利益，政府在一些领域要实行建设经营特许权制度。在上述思想的指导下，各国政府广泛运用了特权对区域公共产品与服务建设经营进行多方面的控制。这种控制随着财政资金比例的减少，不但没有放松，反而变得越来越具体，越来越细致。

（四）政府是区域公共产品与服务建设经营的监控主体

区域公共产品与服务涉及巨大的社会公共利益，不论是由政府直接经营管理，还是由私人部门来投资经营都必须接受政府的监督和控制。对于前者，政府通过直接控制向企业的预算拨款数额、审批企业投资规模和项目、任免企业负责人、对企业的定价和盈利分配做出限制等方式来实施监督。对于私人部门投资经营的区域公共产品与服务项目，政府监督控制的方式主要是与企业签订合同，规定双方的权力义务关系。

把市场竞争机制引入区域公共产品与服务投资运营，把部分区域基础设施私有化，不但不能减少政府的监管职能，反而对政府监管提出了更高、更严格的要求，这是因为区域公共产品与服务是区域生产和生活的基础，它是支撑城市健康运行的命脉，政府有责任对其投资运营进行严格监督和控制，以确保城市生产和生活的稳定。另一方面，大多数区域公共产品与服务都有一定的自然垄断性和社会福利性，其产品或服务的价格和质量不能实行市场自由定价原则，而应由消费者、生产商和政府协商确定，其中的协调、监督、指导等工作需要由政府或相应的机构来承担。在政府直接投资经营的情况下，政府的监控不是大问题，但是市场化以后，区域公共产品与服务的经营功能和监管功能相分离，政府监控问题就凸显出来。

分析英国区域公共产品与服务私有化过程可以突出地体会到这一点。到1989年，英格兰和威尔士的所有供水和污水处理机构都实施了私有化，但为了加强监控，英国除了设有中央级的环境、交通及地区事务部以外，还成立了三家独立的监管机构。这三家机构包括环保局、水务办公室、饮用水稽查处，其中仅环保局就有近万名工作人员，可见对监督重视。

四、中国区域公共产品的供给问题

一般来说，公共产品分为全国性公共产品和地方性公共产品。但是地方性公共产品往往具有外溢性。当具有很强的外溢性时，地方公共产品就变为区域公共产品了。有外部性的公共产品根据其外溢的作用范围和形式，可以分为区域共享型公共产品和区域关联型公共产品。按照公共产品的提供原则，全国性公共产品应该由中央政府提供，地方性公共产品应该由地方政府提供，而对于区域公共产品的提供，有两种解决途径：由中央政府、受益的地方政府联合提供，这包括横向的地方政府也包括纵向的。但是当一项公共产品由两个甚至多个地方政府负责提供时，按照上述分析的结论，不同区域的政府往往"各扫门前雪"，很有可能导致难以提供有益于社会的公共产品，或者提供的质量不高，造成供应不足。

（一）区域公共产品提供不足

提供各种公共产品和公共服务也是现代市场经济中政府的一项基本职能。在区域经济一体化的形成和发展过程中，各种公共产品、公共服务的缺乏和基础设施建设的不足成为制约区域经济发展的瓶颈，需要区域内的各级公共行政主体合作提供。恰当的区域公共产品生产、提供机制有利于区域合作机制的形成，从而找到解决区域公共问题的有效手段；有利于区域稳定、协调发展和社会公平的实现；有利于提高区域公共问题的治理水平。我国现阶段区域公共产品表现出不平衡的现象，不少地区尤其是贫困落后地区区域公共产品的提供数量不足，除了前面讨论的地方政府充当"搭便车"者的原因之外，还有以下两点原因。

（1）分税制改革不彻底。区域公共产品主要由地方政府承担，但与地方政府应当承担的事权相对应的财权却并不完善。分税制改革以后，中央通过转移支付手段平衡各地区财力不均衡的现象，但我国现有转移支付制度以纵向转移支付制度为主，而且这种纵向的转移支付制度仍然带有明显的过渡痕迹，除了少量按照均等化公式计算以外，绝大部分转移支付都是按照税收返还、增量返还等形式进行分配，因此这种转移支付方式并不能很好地协调不同区域的财力状况。因此落后地区财政支出总量就已经低于发达地区，再加上区域公共产品投入大、产出小，那么在财政困难的情况下，地方政府为了短期利益，没有兴趣也没有能力去提供区域公共产品，这造成了区域公共产品提供数量的不足。

（2）缺乏必要的激励机制。由于投入到区域公共产品中的资金并不直接创造物质财富，或者回报期限很长，特别是一部分提供区域公共产品的支出属于非生产性支出，就会造成地方政府往往希望将财政支出更多地用在能够产生较大收益的生产性支出方面。这种状况与政府官员不恰当的政绩观和现阶段不恰当的政绩考核标准也是分不开的。在"GDP 挂帅"的政绩导向下，一些官员为了吸引投资，提高本地区的 GDP，不惜牺牲区域和国家利益，只关注本地区经济发展并通过透支发展来出政绩。这些都会造成地方政府对区域公共产品的提供动机不足。

（二）财政支出的偏向与公共产品供给失衡

我国的财政分权体制的实施似乎并未带来公共产品供给效率的提高，反而在教育、医疗、卫生、社会保障等公共产品领域还存在着长期供给不足的现象，而在交通、通信、能源等领域却存在着供给过剩的现象，主要表现为低水平的重复建设。为何我国的公共产品供给会出现与西方传统财政分权理论截然相反的现象呢？

我国的财政分权主要是为了发展经济，而西方的分权则主要是为了提供公共产品服务。在我国，地方政府主要对中央政府负责，中央政府是主要评价者；而西方国家的政府则主要是向当地选民负责。此外，由于我国要素市场还处于转型时期，要素的流动还不是很充分，特别是劳动力的流动受到现行户籍制度的严重制约，致使"用脚投票"机制难以有效发挥作用。这就导致了我国地方政府公共产品的供给动机与西方国家明显不同，我国地方政府供给公共产品主要是为了满足发展经济和政绩考核的需要，而不完全出自于满足居民的需求。因此，对地方政府开展"标尺竞争"作用较大的公共产品就会出现过度供给，而不利于地方政府竞争或者说对地方政府竞争作用较小的公共产品就会出现供给不足或缺失的现象。正是基于这方面的考虑，也可以将公共产品划分为经济性公共产品和非经济性公共产品。经济公共产品大体包括交通、通信、能源等对经济发展外部性较强的公共产品；非经济性公共产品主要是指教育、医疗、卫生、社会保障等主要用于服务当地居民消费的公共产品。由于经济性公共产品具有较强的外部性，更有利于地方政府招商引资，更能促进当地经济的发展，并且这类公共产品更容易显示地方官员的政绩，因此，地方政府往往会加大经济性公共产品的投入。

实证研究也发现，分权和竞争的确促进了地方政府的基础设施投资。关于财政分权与小学义务教育的研究发现，西方通行的财政分权促进社会福利水平提高的机制在中国并不适用。中国式分权这种制度安排造就了地方政府公共支出结构"轻人力资本投资、轻公共服务、重基本建设"的明显扭曲。

由以上分析可见，在中国式分权这种特殊的制度安排下，地方政府为了获取竞争优势，往往会造成财政支出的偏向，并导致公共产品供给失衡。地方政府在加大对经济性公共产品的投入时，时常会导致盲目投资的发生，造成财政资金使用的损失浪费。此外，地方政府为了加大对经济性公共产品的投入，甚至会挪用或违规使用原本计划投入到非经济性公共产品的财政资金。实际上，各地审计机关每年都会查出大量的违法违规现象。

（三）完善我国地方政府间区域公共产品有效提供的对策与建议

完善我国区域公共产品的提供机制，除了要划分政府责任，还应进行配套的改革措施，完善地方政府的收入制度，并提高地方政府提供区域公共产品的动机，具体的策略如下。

（1）完善区域公共产品提供的制度保证。一个有秩序的良性运行的社会，必定是一个有着良好法治传统的社会。区域公共产品的有效供给也必须要有法律的保障。只有通过法律的介入，区域公共产品供给相关制度法律化、规范化，才能切实保障区域民众的切身利益。

（2）完善地方政府的收入分配制度。分税制改革以后，地方政府有了自己的财权，但财力有限，一些困难地区仅仅是"吃饭财政"，难以保证辖区内公共产品的有效提供。因此对经济状况，不同地区的公共产品提供也应区别对待。对落后困难地区应建立以中央财政和省级财政为主导，以县乡财政为辅助的财政支出体系，这样能够使得各级政府公共产品提供的事权和财权相统一。

（3）建立区域公共产品供给的选择性激励机制。所谓选择性激励就是对为实现共同利益做出贡献的成员进行奖励，而对逃避责任的成员进行惩罚，这种激励有正面和反面两个方面。以长江生态环境治理为例，上游地区牺牲经济发展速度，更多承担治理成本，而受益更多为中下游地区，这在公共选择上是非理性的，但又是国家宏观调控行为使然。那么，为保持并鼓励其治理热情，就需要国家通过各种方式调整成本收益比例，比如给予经济发展的优惠政策，增加国家投资或通过财政转移支付来进行直接奖励。而选择性激励的另一个方面即惩罚则可以通过强制措施使中下游地区承担治理成本。

（4）增加区域公共产品的筹资渠道，完善区域公共产品的私人提供机制。应该建立以政府为主、社会为辅的筹资系统，动员社会资源提供区域公共产品，鼓励和引导社会资金和国外资金的加入，增加区域公共产品的供给。此外，还应该重视公共产品的私人提供。与公共提供相比，私人的慈善捐赠行为不仅是一种"帕累托改进"，还更加有利于公平目标的实现，因此应完善我国私人慈善捐赠的激励机制，把私人慈善捐赠提升到第二次分配层面上来。

【案例】杭州湾跨海大桥——区域公共产品供给及其效应

2008 年 5 月 1 日，作为当时世界上最长的跨海大桥，杭州湾跨海大桥正式通车。大桥通车后，从浙江宁波到上海莘庄的陆路距离只有 179 千米，缩短了 120 千米左右，从而也缓解了已经拥挤不堪的沪杭甬高速公路的压力，形成以上海为中心的江浙沪两小时交通圈。大桥的建成通车，对于完善华东地区交通布局、优化发展环境，提高浙江省开放水平、进而推动长三角区域共同发展，都具有十分重要的意义。滚滚车流，带来的是源源不断的资金流、人才流和信息流，平均每 3 秒就有一辆汽车通过大桥，10 年来，1.2 亿次汽车经过，以每辆车较以前绕行杭州少花 1.2 小时计，共节省运输时间 1.4 亿小时，为社会减少能耗成本 114.57 亿元。

大桥不仅方便了通行，也带来了港口经济的兴盛。杭州湾跨海大桥和上海东海大桥、舟山连岛工程一起，将上海港和宁波—舟山港打造成组合式港口群。大桥架起高端产业项目和创新要素流向长三角南翼的大通道。杭州湾新区这片 353 平方千米的土地因桥而兴。2018 年 4 月，包括环境风洞实验室及动力新能源实验中心等在内的吉利汽车项目群在杭州湾产业集聚区破土动工，将创造宁波—杭州湾新区"人才硅谷"效应，带动高端汽车产业链升级。

环杭州湾大湾区三大城市中，上海将发挥金融和科创优势；杭州是"互联网+"创新创业中心；而宁波则凭借港口优势，将成为先进制造业和生产性服务业的集聚地。三大城市优势互补，将给环杭州湾城市带来重大发展机遇，杭州湾跨海大桥正在成为国家战略新承载。

随着汽车制造、智能终端、通用航空三大千亿级产业以及生命健康、新材料等一批百亿甚至千亿级产业集群的御风而上，曾经的海涂荒滩上，一座国际化产业新城拔地而起。德国大众、吉利汽车、联合利华、方太厨电、中信戴卡等大企业、大项目纷至沓来，新区已累计引进各类产业项目 297 个，总投资超 2 200 亿元人民币。

杭州湾跨海大桥是国内第一家以地方民营企业为主体，投资超百亿的国家特大型交通基础设施项目。大桥资本金 38.5 亿元，其中民营资本占了 50% 以上，共有 17 家省内民营企业投资入股。可以说，大桥项目的投资体制和建设模式，对拓宽民营资本的投资领域，建立民营资本与国有资本有机结合的投资模式，取得政府和企业"双赢"的经营机制进行了积极、有益的探索。

五、区域公共产品提供与税收的矛盾

世界银行的一些专家曾对税收与经济增长的关系专门做过一项实证研究，该研究发现，在一个现代国家里，当其宏观税负在10.3%~30.9%时，每提高1%的税负，将使国内投资下降0.66%，GDP增速则下降0.36%。世界银行的研究还发现，之所以在税收与经济增长之间存在这种负相关关系，主要因为：企业所得税的增加会降低企业盈利水平，削弱了企业的国际市场竞争力；个人所得税的增收，则会降低劳动收益率，抑制劳动供给；增值税和营业税的增收，会抑制民间消费。

分税制使我国地方的财政收入为地方政府推动转型和增长提供了激励，促使地方政府主动地成为增长型的"扶持之手"。提高税收虽然有可能促进区域公共产品供给与经济增长，也会挤占民间的投资与消费，从而导致经济增长乏力。由此可见，对于地方政府来说，下面政策措施可能具有一定的建设性。

第一，保持现有财政竞争。由以上分析可知，我国现阶段财政竞争强度从支出和收入角度看基本都已接近最优竞争强度，因此保持现有财政支出与收入的相对规模，避免因财政竞争过度而造成公共产品投资效率低下而产生经济损失。

第二，加快政府信息公开进程。降低财政运行成本提高财政运行效率，在很大程度上取决于信息是否公开。公开的信息能够使财政资金的运作受到社会民众监督，使得资金不被滥用，提高财政资金的使用效率。

第三，加快技术升级，提高基础设施的投入产出效率。由生产性财政支出规模已接近最优竞争强度的结果可知，我国大部分省（市）、自治区基础设施的投资规模基本与当地的社会经济发展相适应，但也应看到还有超过80%的公共基础设施投资效率仍然有提升的空间。在投资规模较为适度的条件下，效率的提升还可以通过生产技术水平的提升来完成，所以各地政府应该加快生产技术创新、更新生产设备，在投入规模不变的条件下，提升基础设施产出规模，从而提高公共基础设施投资效率。

第四，加快新型城镇化建设。由上述分析可以看出，考察期内我国城市人口密度与财政基础设施的投资效率呈反向关系，因此，要提高我国大中型城市的基础设施投资效率，通过降低这些地区的人口密度是可行的方法之一。而要降低人口密度，加快新型城镇化建设是有效的手段。通过加强中心城市周围小型城镇建设，不但能使农村人口城市化，而且可以分散中心城市人口，降低城市人口密度，充分发挥基础设施的规模效应，提高基础设施提供和使用效率。

问题及推荐阅读

1. 影响区域发展的主要因素有哪些?
2. 形成区域发展差距的主要原因有哪些?
3. 区域公共产品的供给的影响因素有哪些?
4. 区域公共基础设施的影响有哪些?

安虎森等,2015.新区域经济学[M].大连:东北财经大学出版社.

邓金钱,2016.城镇化、工业化促进城乡收入差距收敛了吗? [J].江汉学术,35(6):78-84.

刘田,2013.中国城乡收入差距收敛性及倒"U"形检验[J].当代经济科学,1(1):1-8.

(美)安塞尔.M.夏普,2000.社会问题经济学[M].第十三版.郭庆旺,应惟伟译.北京:中国人民大学出版社.

蒲小川,2007.中国区域经济发展差异的制度因素研究[D].上海:复旦大学.

周晓慧等,2014.经济增长、政府财政收支与地方官员任期[J].经济社会体制比较(6):112-125.

第六章

城乡二元结构与农村区域发展

诺斯说，改革路径的选择是历史在起作用，经济的发展也是如此。无论是政治制度本身，还是信仰制度都与历史密切相关，它们的产生和演变都受过去影响，同时也限制了当前和过去改革路径的方式的选择；如果我们不知道自己是如何过来的，就不知道今后前进的方向[1]。若将城乡关系置于"历史间距"中加以剖析和考察的话。便不难发现，"城乡二元对立"的状况在我国由来已久，有着根深蒂固的历史性原因。而从现实关照的视角来考量的话，亦不难发现，当代中国城乡之间呈现出"多重二元性"的特征，这是城乡二元经济结构在当代中国社会的具体显现。而这样的"多重二元性"对我国农村区域发展与"三农"问题的解决都有着重要的影响。

第一节　区域空间的二元结构

纵观世界上各个国家（尤其是发展中国家）的现代化进程，"二元经济结构"可以说是许多发展中国家在经济社会发展进程中呈现出的"共同特征"。城乡二元结构是工业化进程中经济结构普遍存在的突出矛盾，是与工业化相伴而生的经济社会现象。

二元结构的概念是指在发展中国家存在的有关生产和组织的各种不对称性。这个术语最初是由伯克（Boeck，1953）提出的，他在对印度尼西亚进行的社会经济研究中，提出把该国经济和社会划分为传统部门和现代化的由荷兰殖民主义者所经营的资本主义部门。这种组织上的不对称性在刘易斯的经典性的发展模型中也成为一个重要的特征。然而，二元性的概念比现代部门与传统部门的不对称性的含义要广。

---

[1]　诺贝尔奖得主诺斯答京城听众问[N].经济学消息报.1995-04-08.

一、关于城乡二元结构形成机理的理论

国外学者通常认为二元结构的主要成因有两个：一是发展中国家实行工业化战略需要获取农业剩余以补贴工业化；二是城市阶层在政治上过大的影响力使农村处于不利地位。刘易斯（W.A. Lewis，1954）将发展中国家的经济划分为两个部门，即传统部门（以农业部门为代表）和现代部门（以工业部门为代表）。他认为由于这两个部门存在着生产和组织的不对称性从而形成了二元经济。新古典主义学者乔根森（D.W.Jogenson，1961）认为，两个部门不同的劳动生产率和工资率以及无限劳动供给使农村劳动力、农业剩余不断地补贴工业化从而产生二元结构。在我国，除了上述原因之外，还因为长期计划经济体制影响，包括优先发展重工业战略、统购统销制度、城乡二元户籍制度、人民公社制度等，都决定了我国依靠农业发展工业、依靠农村发展城市的格局。这种制度安排上的倾向逐渐渗透到文化和意识观念中，至今还没有得到完全改变，并制约了新形势下城乡经济社会进一步发展。

二、关于城乡二元结构转换内在机制的理论

以刘易斯-拉尼斯-费景汉模型为代表的发展经济学理论，揭示了结构转换过程中农业人口转向工业部门的必然性，也肯定了由乡城的人口流动对现代化进程的积极作用。人们都认为随着生产力的提高，城乡二元结构将最终趋向城乡融合或趋于一元结构。刘易斯模型假设农村有大量剩余劳动力（边际生产力为零甚至为负数），城市不存在失业，认为收入差异、资本积累、无障碍转移推动了农业劳动力的转移，这一过程一直延续到农业剩余劳动力被城市完全吸收，农业部门工资和工业部门工资趋于一致，"二元经济"逐步向"一元经济"过渡。这种模型强调了工业化和城市化进程，忽略了农业发展。

1961年，费景汉和拉尼斯对刘易斯模型进行了补充和修正，认为农业总产出会因为劳动力的流出而减少，出现粮食危机，制约工业发展，必须提高农业生产率，强调平衡增长路径，但仍没有考虑城市失业。乔根森模型后来引入了农业技术这一因素。托达罗模式（Todro，1970）则考虑了城市工业部门存在大量的失业，一方面人口大量流入城市使城市失业人口增加，进而工业部门收入下降；另一方面农业人口大量流出使农业劳动力减少，农业总产出下降，农产品价格上升从而使农业部门收入上升，最终城乡收入差距消失，人口流动停止。该模型强调应放慢人口流动速度来减轻城市的失业压力，也强调了发展农村经济，提高农民收入是解决城市失业和农村发展滞后的根本途径。

二元结构转换的内在机制理论的重要启示是：工业化是城市化、现代化进程的

重要方面，二元性是发展中必然存在的现象，它会随着生产的发展，差距的消失，实现传统与现代并存的二元社会向现代一元社会的转变。所以经济发展的关键是发展城市和工业。

三、关于城乡二元结构转型制度条件的理论

无论是发展经济学还是新古典经济学，经济分析的基础一直将"制度"因素排除在外。但对于我国而言，诸如明晰的产权、统一的市场体系、资源的市场配置等这些假定并不可能完全被满足。所以，新制度经济学越来越受到重视。根据西方新制度经济学的分析，不同的制度结构会产生不同的绩效而城乡二元结构的实质就是城乡之间经济运行绩效的差异，因此城乡二元结构必然伴随着二元的制度结构，而产权制度、要素流动制度则是影响二元结构转型的主要制度因素。产权制度在新制度经济学中居于核心地位，诺斯（1990）、德姆塞茨（Demsetz，1967）认为产权明晰界定是减少外部性、降低交易费用、提高经济效率的必要前提，产权制度会通过影响经济运行绩效而作用于城乡二元结构转型进程。对于我国这样的发展中国家而言，明晰产权、完善产权保护体系是促进经济增长的重要动力，也是推动二元结构转型的重要因素。同时，城乡二元结构转型的过程，实际上就是要素积累和流动过程。在发展经济学二元结构理论分析中，一个隐含的前提就是要素可以在市场机制调节下自由流动，而忽视了要素流动过程中的制度约束，这也正是二元结构理论在我国应用中的局限性。我国二元结构转化过程中的要素流动分析必须要考虑制度因素，尤其是城乡分割的户籍、就业、土地制度对人口、劳动力、土地等要素自由流动的阻碍。

四、消除二元结构——以自由看待发展

著名经济学家和哲学家，诺贝尔经济学奖获得者阿马蒂亚·森一生关注社会中的穷人和底层人士，特别是他称之为"落在最后的人"，即农民的命运。他反对西方主流经济学忽视底层弱势群体，并从理论和实践上批驳了传统发展经济学及以刘易斯为代表的二元经济结构理论片面追求财富总量增长、忽视人的自由全面发展的观点。他指出，农村贫困落后的根本原因不是农村劳动力的剩余，而是农民可行能力和正当权利的缺失。他提出了著名的"以自由看待发展"的观点，认为仅仅靠经济总量增长，无法解决农村和农业发展问题，关键是要重视农民的发展，而"扩展自由是发展的首要目的和主要手段"。

森认为，当今不发达国家的农村，实际广泛存在着经营上的二元模式，即传统农业经营模式（或称农民经济模式）以及资本主义经营模式（或称发达的农业现代

化的经营模式）。这两者存在着显著差异。农民经济以外的工资率和农民经济以内的实际劳动成本也必然存在显著差异。企图用统一的工资率来说明农村劳动力转移也是不恰当的。森并不认为农村劳动力没有剩余，或没有劳动力转移的必要。森强调的是农村、农民、农业的贫困和落后与农村劳动力剩余没有必然的因果关系，或者说劳动力剩余不是"三农"贫困落后的根本原因。

实际上是农村生产力以及与之相适应的社会关系的发展决定了农村劳动力剩余，而不是相反。他认为，生产的发展，主要决定于人的发展，决定于人是否获得实质自由以及由这种自由获得相应的可行能力。在这一点上，森的农村、农业、农民的发展理论大大超越了传统发展经济学。

森认为，农民发展存在的最根本的问题，是缺乏"实质自由""真正自由"。他在《以自由看待发展》一书中的开头就指出："我们生活在一个前所未有的丰裕世界中，在一二百年前这是很难想象的……但是，我们生活的世界仍然存在大规模的剥夺、贫困和压迫。不仅有老问题，还有很多新问题，包括长期的贫困与得不到满足的基本需要，饥荒和大范围饥饿的发生，对起码的政治自由和基本自由权的侵犯，对妇女地位和主体地位的严重忽略，对我们环境及经济与社会生活的维系力不断加深的威胁……为了解决我们面临的问题，我们必须把个人自由视为一种社会承诺……按照这一思想，扩展自由被看成既是发展的首要目的，又是发展的主要手段。"

森把"发展"定义为扩展人类自由的一个过程。对于"自由"，他强调的是社会成员选择自己所珍视的生活方式的自由。这种"自由"的概念，实质上反映的是人类的生活状态，而并不局限于上层建筑或意识形态领域，因此其内涵更容易从"不自由"状态反向理解。如经济贫困意味着在这一状态下生活的人们未获得满足自身基本生存需求的自由。在这个意义上，经济增长可谓扩展自由的一个重要手段。不过，个人选择生活方式的自由还取决于社会经济制度安排中的诸多工具性自由，例如参与公共讨论和决策的政治自由、享有教育和健康服务的社会机会自由、参与生产和贸易活动的经济自由，保证个人知情权和社会透明度的信息自由以及借助社会保护（社会安全网）应对生存危机的自由。不同类型的自由可以相互促进，例如政治自由有助于经济自由，社会机会自由有利于政治经济参与，信息自由有利于公平交易和防止腐败，经济自由有助于创造个人财富和公共资源，从而也有助于提供社会机会和社会保护，后者则有助于预防和缓解经济贫困等。因此，森把自由既视为发展的目的，又看作发展的主要手段。

森的发展理念体现与联合国开发计划署发布的《人类发展报告》中，提炼出两个新概念作为修筑这一逻辑通道的主要思想基石：人类的功能性活动（functioning）

和特定社会成员实现其所选择的功能性活动的能力（capability）。据此推论，人类享有的自由体现在特定社会成员多种多样的功能性活动之中，如自由择业、自由迁移以及有尊严地参与社群生活等。每一成员在多大程度上可以实现自己向往的生活，取决于各自行使其选择的能力。这一能力，一方面取决于外在的社会经济政治文化等制度环境；另一方面取决于个人拥有的人力和物质资源。个人拥有的资源，还受制度环境的影响，因为它决定了个人能够行使的权利。

五、国外二元结构转型理论对我国的启示

（一）二元社会向一元社会转型是推进现代化建设的必然结果

发展经济学等理论揭示了随着生产力的提高，城乡二元结构将最终趋向城乡融合或趋于一元结构的内在机制。世界经济发展也表明，城市化、工业化是任何国家和地区必然要经历的道路，是世界经济现代化进程中的必然趋势。尽管发展经济学理论主要是针对发展中国家而言的，但实际上发达国家在发展初期也存在二元结构。但是发达国家凭借率先实现工业化、现代化的优势，已经在较短时间内基本解决了国内的二元结构问题，而在经济全球化的背景下又把二元外化到世界。某种意义上讲，发达国家是世界的城市，发展中国家是世界的农村。在我国，人口多、土地资源有限的特殊国情，加之在当代历史条件下和基本社会制度下，我国只能立足于自身，通过解决好工业化、城镇化、市场化过程中城乡关系问题，来加快现代化进程，进而推动二元社会向一元社会的转型。

（二）在全国顶层设计下推动就业、户籍、土地制度联动改革

无论是将"制度"因素排除在经济分析之外的发展经济学理论，还是市场经济条件下西方发达国家的发展历史，都将二元结构形成的主要原因归结于生产力发展水平的差异。城乡二元结构的本质不只在于城乡居民的收入差距，而且在于城乡两种完全不同时代的生产方式和生活方式的差距。但对于我国来讲，除了以上原因之外，更重要的还有我国特有的以户籍制度为核心的城乡二元分割的制度安排和体制使然。在我国推进工业化、城市化和市场化的背景下，农民进城落户的过程可分两个阶段：一是农民转变为农民工，二是农民工向市民的转变。在这个过程中，农民变为农民工的根本经济动因是劳动力要素需求（相对于土地）发生剧烈变化，伴随大量农村富余劳动力的转移，我国城乡制度也从就业环节率先出现松动。同时，越来越多的农民工进入城市并常住下来，于是社会保障和福利等的不平等就逐渐显现，加之如果农民工转户进城成为真正的市民后，他们原来在农村占有的承包地、

农村建设用地又该如何去重新利用以及能否为他们进城成为市民的生活带来一定的帮助……这一系列问题又使得我们在推进户籍制度改革的时候要统筹考虑土地利用问题。首先，在城镇化、工业化过程中要有充足的就业岗位作为基础，形成城乡一体、平等、双向流动的就业制度。其次，放宽人口流动政策，逐步淡化户籍的城乡壁垒，推动城乡户籍与社会保障等关联改革，最终建立城乡统一的户籍和人口基本信息系统，使其仅具有职业属性。第三，探索建立城乡统一的建设用地使用权交易制度，建立土地发展权区内转移和跨区交易的市场机制，使土地（特别是建设用地）随就业流动来保障就业对土地的需要。

（三）加快推进工业化、城市化的同时，重视乡村经济

发展发展经济学理论中的托达罗模式对刘易斯二元经济模型进行了完善和修正，考虑了城市工业部门的失业，也强调了发展农村经济。而从美国和巴西两个比较极端的经验看，城市化是伴随着工业化和经济发展出现的一种现象。在推进城市化的同时，千万不能忽视农业和农村经济的发展。我国应该纠正传统的偏重城市发展的政策倾向，采取城乡协调发展的政策措施。国际上凡是城市化水平高的国家，其农业也相应地较为发达，随着农村剩余劳动力的转移，只有提高农业部门生产率，加快农村现代化建设，才能增加粮食和原材料供给，保障城市和工业发展，这也是城市化得以顺利推行的基础。因此，我国应该通过改善农业的生产条件和农村的生活环境，提高农民的收入水平和社会福利水平，消除城乡经济机会不平等现象，实现城乡协调和可持续发展。

（四）公共支持政策和发展计划：以自由看待发展

改革开放前劳动者不能自由迁移和择业，这是计划经济制度使然。自转向市场经济始，农村劳动者能够到城市"打工"，然而现有的规章制度对农村流动人口进城居住、子女上学和享有社会保护（医疗、养老和救助）等各类活动的种种排斥，不仅限制了他们对迁移的选择，还阻碍了他们有尊严地融入城市社群生活。农村流动人口中只有少数在知识、健康和机会把握方面占优的人，才有可能借助迁移实现职业转换并提高收入，或者通过创办企业积累资源，逐渐在城市立足并实现社会流动。这表明，制度环境如何决定个人的择业自由，在同样的制度环境下，不同社会成员之间的异质性会导致个人择业自由的差别。出于社会正义的理念（罗尔斯，《正义论》），公共支持政策和发展计划的援助重点，应当是那些生活选择能力严重受限制的群体、尤其是那些除了存活以外几乎别无选择的群体。

六、我国二元结构与 "三农" 新问题

亨廷顿（Samuel P. Huntington）曾从现代化的角度提出一个命题：现代性产生稳定，而现代化却引起不稳定。他认为对于政治体系来说，城市里的对抗令人不安，但不是致命的；然而农村里的对抗却是致命的。他的结论是：谁控制了农村，即等于控制了全国。农民可以是捍卫现状的砥柱，也可以是革命的突击队。究竟扮演什么样的角色，取决于农民认为现有体制满足其眼前的经济、物质需求到什么程度。在推进现代化的国家里，政府的稳定取决于它在农村推进改革的能力。国家政治局面不稳定，在很大程度上是欲望和前景之间的差距所造成的，而这种差距则是由于现代化初期特别容易出现的欲望不断上升而产生。亨廷顿提出的命题，正是我国在现代化过程中所遭遇到的问题。农业专家杜润生也认为我国最大的问题是农民问题，农民最大的问题是土地问题。

我国从 1978 年开始的市场导向的改革开放，推动了经济的快速成长，但这种经济成长未能同时满足农民的经济与物质需求，从而引发了"三农"问题。"三农"问题一直是制约我国经济发展的主要问题。"三农"问题涉及多个方面，且每年关注的重点也不相同：从单纯的政策扶持到激发农村自身的经济增长潜力；从单纯地追求经济增量提高到农业经济结构调整等各不相同。

（一）"三农"问题的新变化

一是农民的代际变化带来农民与土地、农民与村庄的关系变化。调查和试验跟踪发现，作为未来我国城乡转型的革命性的一代，"农二代"的生活方式基本上已经城市化了，他们跟农业的关系已经不是那么紧密了。他们的土地观念也发生了重大变化，与村庄的关系也在变化，有"乡土变故土、家乡变故乡"之势，必须正视这些变化。我们隐约感到，未来"农二代"的落脚点很有可能在城镇里而非乡村，当然这不意味着他会与村庄断根。

二是村庄的演化和分化。现在一些人讲乡村振兴，越来越陷入浪漫主义情怀，这非常危险。需要认清的基本现实是未来我国的村庄还会进一步分化，而不可能齐头并进。村庄的生与死是基本问题，如果规律上未来只有少部分村庄能存活下来，那大部分的村庄未来走向何处？这是一个问题。第二个基本事实，村庄适度的聚集是无法避免的现实，不可能还按以前自然村落为基本单位安排宅基地。

三是乡村经济活动的变化。笔者最近在各地调研发现，人们原来对农业的定义、农业的功能、农业的形态在理论和政策的认识上都太浅薄了。对比日本的农业、农村发展，一个强烈的感受是，人们为了城市和工业发展，把农业越变越窄，变成单

纯解决吃饭问题。整个农业的内涵必须改变，事实上也在改变。农业的功能也要从单纯的满足食品需求到健康、安全、文化的功能转变，进而带来农业的产业裂变。农业经济活动变化之后，传统以耕作为半径的村庄聚落形态也会变化，这个变化对我们土地制度改革也会产生了重大的冲击。

从以上三个方面来看，"三农"问题及土地制度改革的需求不仅仅是在发达地区存在，也在大多数的传统农业区存在。这些地区"农二代"跟土地和村庄的关系变化是最大的。原来政策关于"三农"问题、土地制度的基本安排，在整个乡村的三个因素发生变化以后，必须发生改变，否则就会成为乡村转型和城乡关系协调发展的障碍。

（二）"三农"政策导向的改革

"三农"问题一直是制约我国城镇化、全面建设小康社会的阻碍。在经济增长放缓，经济结构调整的新常态下，"三农"问题面临更多的挑战。我国农村的发展资源已经处于竭尽状态。在取消农业税之后，政府可以做的似乎不多了。人们的共识是，只有通过有效的土地制度的变革，才可以引入有意义的变革，实现农村的可持续发展。如果不能改变由农村强人所主导的"集体土地所有制"，那么任何变化都会是表面的。农民需要分享城市化、工业化的成果，这要求人口的双向流动。

一方面，需要允许农村人口流入城市。农民向往城市生活的趋势不可阻挡。但如果光是农村人口的流出，必然会造成农村的"单向流出性衰败"——今天的局面就是这样造成的。但是要避免这种衰败，就需要允许甚至鼓励城市居民流入农村，在农村居住和生活。

双向的流动是以土地制度改革为基础的。农民、城市居民都可以拥有农村的土地，至少是宅基地。这样，在农村就会出现一种由不同社会群体拥有土地的混合土地所有制。这不仅是发展所需，更是农村社会阶层互相制衡所需。没有这种制衡，无论怎样的政治建设，农村的衰败和"黑社会化"都不可避免。

农村本身的发展具有很大的局限性，单靠农村自身的力量无法实现现代化。农村的发展需要政府的帮助，但仅仅是政府的投入很难可持续。在全球范围内，农村的现代化取决于城市化能够吸纳消化大部分农民和城市居民倒流到农村，实现城乡之间的双向流动。这两者都需要土地制度的变革。在我国，如果不变革目前的土地制度，这两种变化的发生就不可能。

除此之外，解决"三农"问题的关键还在于解决农民问题。从农业发展角度来看，农业现代化的发展需要以高素质农民为基础，只有农民职业素质提高，农业现代化才能有效推进，粮食安全问题才能解决。从农村发展角度来看，农村的发展需要城镇化作为支撑，而在新常态下，农村城镇化的发展在于制度上的创新，而不是单纯的"硬"资源投入。在制度创新方面则涉及户籍制度、财政制度、社会保障制度和土地制度4方面的改革。这些改革不仅与农民的生活息息相关，而且也推动着"人的城镇化"发展。因此，在农村发展问题上，缩小农民与城市居民的制度差距是关键，只有农民社会福利提高，才能为农村自身发展创造动力。从农民自身角度来看，农民问题不仅关系到农业、农村的发展，同时也关系到国民经济的可持续发展。新型城镇化是以产业结构升级作为基础，而产业层次升级，需要农民身份的转变。

（三）政策建议

针对新常态下的"三农"问题，从解决二元结构问题的角度出发，笔者总结了以下政策建议。

（1）逐步建立完善全社会统一的社会保障制度。消除城乡之间的制度差异，使农民老有所养，病有所医。同时，改善现行教育体制，大力发展农村教育事业，消除城乡之间教育不公平。

（2）制定产业政策，引导产业向农村转移。通过产业转移，减少农村人口向城市的流动，促进就地城镇化的发展。同时，通过农村承接产业，扩大农村市场规模，降低生活成本，改善农民的生活条件。

（3）为农民创造致富条件，转变对农民的扶持方式，增强农民致富的"造血"能力。一直以来，国家对"三农"的扶持，都是以直接的救济、补贴为主。长此以往，农民会过分依赖政府的补贴，不利于提高农民的致富能力。因此，政府应通过加强对农民的技术指导，及时为农民提供农产品价格信息等方式，激发农民自身创造财富的能力。

（4）发展农村土地规模化经营，增强农民的抗风险能力。组建农民协会和行业协会，保障农民在农产品市场中的主体地位，保护农民的根本利益。在经济发展新常态下，只有农民问题解决了，农业、农村问题的根本矛盾才会解决，国民经济才能健康可持续地发展。

第二节　农村经济的基本特征及形成原因

一、农业转型

中国农业正在经历快速转型。这主要体现在两个方面。首先，土地流转面积和比重逐年增加。1992 年，我国土地流转面积为 77.4 万公顷（约 1 161 万亩），占当年家庭承包耕地总面积的 0.9%。然而，截至 2016 年年底，全国土地流转面积已达4.79 亿亩，占当年家庭承包耕地总面积的 35.1%。其次，伴随着土地流转的开展，家庭农场、合作社和龙头企业等新型农业经营主体开始大量涌现。数据显示，2016年，我国家庭农场、合作社和龙头企业等新型农业经营主体总量已达 280 万个，其中，家庭农场有 87.7 万家、合作社有 179.4 万家、龙头企业超过 38 万个[①]。

我国农业正在发生怎样的转变以及这一转变背后的动力机制是什么。本书将农业转型视为是一个发生在相对较长时期内的"过程-事件"。基于此，农业转型并非是一个自然而然、目的论式演变的过程；相反，它是由各种因素和力量——无论是正向的，还是反向的——相互交织、共同构建一个具体转变过程。因此，我们必须更为深入地考察一个地区农业转型的具体发生过程，并在这一具体过程中探究动力因素和反向力量如何发挥作用；也只有如此，才能够更清楚地揭示我国农业到底发生了怎样的转变。

二、农村问题

我国现在面临的关键性问题不是"农业问题"，而是农民问题、"农村问题"。工业化、城市化过程会导致农村人口下降，许多乡村社区因此消失，这是几乎所有现代化成功的国家都经历过的阶段。但是像我国如今这种关于"乡村衰败"的强烈呼声却是很少见的。从表面看来，与一般国家农民进城初期形成都市贫民社会、乡村中无人居住的房子破败不堪相比，我国由于强制禁止进城农民低成本安家造成普遍的"两栖人"或"流动劳工"现象——城市中号称没有贫民窟，农村中充斥着"两栖人"血汗换来的"无人新居"，但在光鲜外表下的社会性"衰败"却有过之而无不及：取代大型贫民窟和乡间废村的是我国无与伦比的家庭离散现象和"候鸟"人口，农村中的"三留守"现象（留守老人、留守妇女、留守儿童）造成各种社会问题。

乡村衰落主要体现在 5 个方面。一是农村空心化，农村房屋大量闲置，农村家庭空巢率持续上升，一些传统村落凋敝甚至走向消亡，乡村记忆消失，文化流失明显。二是农民老龄化，许多农村地区支撑农业生产活动的主体是 50 岁以上的老年人和妇女，组成了名副其实的"386199"部队，"谁来种地"的矛盾突出。三是农业副业化，虽然近年来现代农业不断加快发展，但这仍只是存在于一些区位条件好、资源优势突出的局部空间和点位，大量存在的则是小规模、一家一户的传统农业、

---

① 数据来源：农业部农村经济体制与经营管理司，2017.

兼业农业、老人农业。四是农村教育、科技、文化、卫生等公共事业发展滞后，城乡公共服务均等化程度低，乡村治理落后，农民的法制意识比较薄弱，现代文明程度低。五是农村生态环境退化，不少地方的土壤退化、水土流失现象突出，农膜、农药、化肥超量使用，农村面源污染较为严重；垃圾与污水缺乏处理，乱排乱放。总体而言，我国农业现代化已成为"四化"建设最大的短板，农村已成为全面建成小康社会的最大制约。造成乡村衰落的主要有以下体制机制障碍。

（1）长期以来形成的城乡分割体制并没有被打破。几十年来，对农民的就业限制没有得到根本的改变。尽管很多农民已经进城就业几十年，依然被贴上"农民工"身份标签，导致了农民工"既融不进城市，也回不了乡村"的尴尬处境。这种人为割裂城乡之间关系，使农民长期不能平等享受改革开放的成果，也限制了乡村的发展。

（2）单方向城镇化的影响。一个表现是认为我国的城乡对立关系就是要通过"非农化"来破解，把农村的人才、劳动力、资源、资金吸纳到城市，把一个个乡村通过土地商业化、居住楼宇化，变成城市化的小区和集镇。在这种发展思路的引领下，我国农村文化被漠视，传统乡村文化消失，农村独有的社会结构被消解；另一个表现是限制城市人才下乡和返乡。

（3）一些人不了解农业和农村的基本特点，崇尚把农民变成既拿地租、又挣工资的农业工人，热衷于通过流转农民土地搞"招商引资"式的规模经营，或以种种理由迫使农民把土地流转给所谓"大户"，把农业变成了排斥农民的产业。这一做法，导致了两方面的消极后果。首先是伤害了农民。农民拿着地租，或外出打工，或无所事事，成为边缘人。农民失去土地的同时，也失去了在乡村的主体地位，失去了对生产的支配和参与权，自然也就失去了发展农业的积极性、主动性和创造性，加速了乡村的萧条和衰败。其次是伤害了农业投资者。政府主导的土地流转，极大地推高了地租，提高了农业生产成本，增加了农业经营风险，如果没有政府持续的强有力的财政支持，农业"大户"苦不堪言，难以为继，这使很多凭着热情和理想做农业的人极受打击。

（4）实际工作中有人把趋势与理想混为一谈，通过人为干涉试图短期实现所谓机械化、规模化目标，于是出现了违背农民意愿、强迫流转土地，搞形式上的规模化，盲目推进。结果是政府花钱制造出规模化荒地，这种现象在各地均已出现。

（5）乡村教育的衰落是乡村衰落的重要表现，也是原因之一。乡村学校撤并，由原来的"村居学校"逐步演变为一镇一所的"离土型"学校，使学校与乡村距离越来越远。撤点并校不仅影响了乡村文化的传承，也隔断了乡村与学校的联系，甚至成为乡村衰败的重要因素。乡村衰败成为撤点并校的理由，撤点并校又反过来成为乡村进一步衰败的原因，形成了乡村的恶性循环。

（6）有些地区搞大规模的并村运动，把多个村庄并到一起美其名曰"新型农村社区"，模仿城市的住宅小区，其特征是农民上楼、规模居住。农民因此远离耕地，失去了从事农业生产的便利条件，削弱了农业生产，甚至完全丧失了农业生产条件。也因为没有了农家院落，家庭养殖业和手工业难以为继，大部分所谓新型社区难以就地解决农民就业问题，农民为了生计只能外出打工，导致所谓"新型农村社区"和小城镇走向衰落。

（7）易地扶贫搬迁是解决贫困的有效措施。那些生活在山区、荒漠地带、石漠化地区、生态脆弱地区的贫困农民，靠当地资源难以改善生活摆脱贫困，通过易地搬迁从根本上解决他们的贫困问题是十分有效的，也受到村民的拥护和支持。但是在实际工作中，受到建设用地增减挂钩利益的驱使，有些地方从整村搬迁发展到整乡拆迁，把大量可以在当地脱贫的乡村强行搬迁，搬到了一个没有生计，只能靠救济维持生活的环境。搬迁导致的乡村消失不是农民自由、自愿选择的结果。

三、农村–农业发展途径

处理好实施乡村振兴战略和推进新型城镇化之间的关系，并不是城镇化水平提高了、农民进城了，"三农"问题就迎刃而解了。无论现代化如何发展，都不可能让所有农民进入城市，如何处理城乡关系的问题始终存在。在城镇化过程中，不能顾此失彼。只顾城市，不顾乡村，会造成农村衰败，最终会拖了现代化建设的后腿。

2017年我国城镇化率达到了58.5%，今后10~15年，城镇化发展不可能像过去20年那么快。农村可释放的劳动力比以前少，农村的发展机会比过去也多多了，但绝不是某些学者所说的我国已经进入逆城镇化阶段。我国城镇化继续推进，是由城乡之间、农业与非农产业之间的巨大差距决定的。而且，推进农业现代化、提高农民收入，离不开城镇化的支撑。总体看来，农村人口向外转移的趋势会继续，但速度会放缓，回到农村的人（此处的农村不单指村庄，也包括县城和小城镇）也会越来越多，这一点在浙江沿海表现得非常明显。通过乡村振兴来促进城乡协调发展，本身就是实现高质量发展的一个重要途径。乡村振兴最终就是要加快形成工农互促、城乡互补、全面融合、共同繁荣的新型工农城乡关系。

（一）"农村"不等于"农业"

纵观世界各国，除非是在土地异常丰裕的国家（如南美洲诸国），否则，农业不可能让农村居民的生活水平赶上城市居民。20世纪末，美国的农场平均规模是

210 公顷，英国 69 公顷，法国 42 公顷。然而，如果没有政府补贴，这些国家的农民的收入水平达到城市居民的平均水平也是比较难的事情。相比之下，我国的农户平均规模只有 0.5 公顷，只能用"微型"来形容，根本不可能维持农户的正常收入。事实上，15 年前，农户的非农收入就已经超过了农业收入。

很长一段时间以来，扩大农场规模被认为是解决农民增收和提高我国农业在国际市场上竞争力的出路，前些年更是大力提倡公司经营农场，结果均以失败告终。原因何在？

政策制定者和公司经营者都没有认真对待发展经济学里的两个铁律：农产品价格相对于其他产品、特别是服务业产品价格的长期下降；农业份额在国民经济中持续下降。

第一个铁律背后的原因是得益于生物技术突飞猛进的发展，农业技术进步速度快于其他行业。如同电子产品一样，快速的技术进步导致农产品价格的下降。

第二个铁律背后的原因是，农产品的需求弹性小于 1，即如果消费者的全部消费支出增加 1%，他们对农产品的支出增加幅度小于 1%。恩格尔系数就是用来描述这一现象的指标。在过去的 40 年里，我国的恩格尔系数持续下降，到 2017 年降至 30% 以下；相应地，农业增加值占 GDP 的比例也持续下降，目前已经低至 8% 左右。在这两个铁律下，要想把农业搞成挣钱的商业化产业，非常困难。

（二）劳动力流动不等于城市化

调研中发现，不少进城务工人员，宁肯将家中耕地撂荒，也不愿流转出去。他们这样做是因为知道城市中留不下来，为的就是有朝一日回到农村。由此可见，可用耕地其实并未得到充分的利用。在劳动力流转不畅的情况下，当前在农村大规模兴建基础设施，会使得土地细碎化的现状趋于固化，为将来的土地整并增加难度和成本。

正是由于我国城市化的滞后和制度性障碍的制约，导致农业劳动力过多，土地严重细碎化，使得粮食生产难以规模化。虽然在大量补贴农业的条件下，农业产量在上升，但由于规模经济缺失，推高了生产成本，使我国的粮食在国际市场上缺乏价格竞争力。所以，提高农民收入和我国粮食竞争力的最根本途径，在于持续推进城市化，逐步取消限制劳动力自由流动的制度障碍。

研究发现，在全球范围内，劳动力流动障碍越小的国家农业劳动力人均耕地面积越大，农产品出口竞争力越强。以 2011 年全球经验为基准，我国若能通过转移农村劳动力适当提高农均耕地面积，使得农业劳动力占比能和农业占 GDP 的份额相匹配，那么我国的粮食净输入将下降约 89%，其国际竞争力会大大增加。

从国际经验来看，"大农场"的美国模式远比"小农经济"的日本模式有竞争力。规模经济是农业现代化的必由之路，美国模式具备普遍意义，法国、加拿大、澳大利亚等发达国家都采用这种模式。

和我国国情类似的发展中国家巴西也采用了大农场模式，因而在过去30年成为了世界粮仓。该国的政策是通过不断的城市化，转移大量农村人口，为农业规模经营创造条件，然后再引入国外资本，对其农业生产模式进行改造，效果显著。在农业不断增产的同时，巴西的贫困人口比例从2003年的24.9%下降到2014年的7.4%。

需要补充的是，这种鼓励农业规模经营的做法和"二战"后的法国以及19世纪末20世纪初的美国非常类似。在这些传统农业发达国家，即便政府一直在补贴规模经营，但劳动力留在农村的意愿持续降低，城市化率依然在攀升。这说明，越来越少的农村劳动力养活了越来越多的城市人口，这正是农业现代化的一般性特征。

四、农村问题与农村公共产品

在人民公社之前，农村社会靠地缘和血缘关系维系，尽管没有官方组织介入，村庄也可以维持基本的稳定。公社化之后，生产队成为管理农村社会的正式组织。从生产的角度来看，农村进入一个僵化时期，但农村基层社会尚可运转，社会没有失序。公社结束之后，市场进入农村社会，尽管地缘和血缘关系有所恢复，但不足以支撑社会秩序。在发达地区，由于集体经济的存在，村庄的正式组织尚可以发挥作用；在不发达地区，农村社会不可避免地走向原子化。农村面临再度现代化的问题，而且比城市更加迫切。

改革开放之初，得益于农村土地制度改革，农民收入快速提高，城乡收入差距从1978年的2.8倍缩小到20世纪80年代中期的1.8倍。然而，自那以后，城乡收入差距快速拉大，到金融危机之前达到3.3倍。金融危机之后，沿海和城市的收入增长速度放缓，农村收入增长加速，城乡收入差距回落到2.7倍，但仍然属于世界最高之列。从2003年开始，中央政府加大了对农村的投入，重建农村的医疗体系，并试行农村养老保障制度。 即使是在这种情况下，农村的基础设施和公共服务仍然大大落后于城市。农村的基础设施没有和农村收入同步改善，许多地方的卫生、给排水和炊事等方面的生活便利程度还停留在70年代的水平。文化生活方面更可能有所倒退。

农村地区、特别是不发达农村地区对教育热情下降显著。随着人口增长的放缓，农村学校数量下降，优势教育资源向城市集中，农村和城市教育质量之间的差距不断拉大，多数农村中学毕业生即使能够考上大学，也只能读三类本科或专科学校。

李中清等对北京大学和苏州大学的研究发现，1950—2000 年，两所学校的学生构成越来越多样化，来自普通家庭的比例上升。然而，这个趋势在 2000 年之后被逆转。在 20 世纪 80 年代的北大，一个班级 1/3 的学生来自于农村或城市平民阶层是很正常的事情。而现在，这样的学生凤毛麟角。

另一方面，大学的学费和大学的质量之间呈现"累退"关系，一类本科的学费最低，三类本科的学费最高。比如，北京大学一年的学费自 2000 年以来就一直是 5 000 元，而一些民营三类本科高校的学费已经上涨到 5 万元。其结果是，不发达农村家庭让孩子读大学的热情大为下降。衡量一个国家教育公平的一个重要指标是代际间教育流动性，一般用一代人的教育水平与父辈教育水平之间的相关系数表示，系数越大，则教育流动性越低。

当今世界，发达国家的代际教育相关系数为 0.3~0.4。利用北京大学中国家庭跟踪调查的数据所做的研究表明，我国的代际教育相关系数在 20 世纪 30 年代在 0.5 以上，此后一直下降，"文革"期间降至 0.3~0.4。之后又开始上升，目前基本恢复到 30 年代的水平。进一步的分解研究发现，农村地区内部扩大的教育水平差距，是导致这个历史性回潮的最大原因。

有鉴于此，乡村振兴战略的重点不应该是振兴乡村经济，而是开展一场新进步运动，推动乡村政治、社会和人的现代化。即使是在欠发达的农村地区，由于交通状况的改善，农村居民的就业也是围绕着城市和集镇展开，乡村和城市在经济上已经融为一体，单独谈乡村经济不仅是没有意义的，而且是有害的。

五、农业现代化途径

不难发现，农业现代化有其一般规律可循。在具体的政策细节上，笔者提出以下改革步骤。

第一步，推进户籍制度改革，建立并完善覆盖常住人口的城市公共服务体系。城市常住人口在拥有本地户籍或缴纳一定年限的社会保障后，应平等享有医疗、廉租房和子女教育等公共服务，取消对进城务工的低技能劳动力的政策歧视。这不仅是在为农业规模经营提供必要的条件，也可缓解城市劳动力短缺，降低诸如家政、快递等消费型服务业的成本，提高城市的竞争力。

第二步，"三农"补贴的方向应往推进城市化和促进农业规模经营的方向调整。笔者建议加强补贴农村移民的职业培训和进城之后的廉租房，帮助他们在进城之后尽快找到工作和居处。同时，逐步降低农产品的价格补贴，转而对放弃小规模土地经营权的农民进行补贴。与此相对应，应允许农村居民有条件地放弃宅基地，以获取进城务工的补偿。在此基础上，进一步推进土地流转，尤其是经济欠发达地区的土地流转，在人口流出的同时再引导资本下乡，使生产要素合理配置，进一步提高生产效率。

先鼓励在城市就业和安居，后推进退还农村的耕地和宅基地，是兼顾城市和农村协调发展的战略路径。在农均耕地面积较少的情况下，就鼓励开展农业机械化，这种政策导向应做出调整。只有当农业人口减少、农业规模经营扩大时，更为资本和技术密集型的生产方式才会被生产者自发采用。如果离开了农业劳动力转移向城市和农村土地流转，农业的规模化、机械化、资本密集化是没有根基的。农民看似守地如命，并非恋土情结所致，而是担心他们移民到城市中却没有保障的无奈之举。在全球化、城市化和现代化的时代，土地作为农民社会保障的思想和做法应被抛弃，更不应以此作为政策依据。

全社会应该形成大力推进城市化、农民工市民化和农业现代化的共识。我们要认识到，排斥低技能劳动力进城就业和安居的做法，直接抬高了城市消费型服务业的价格，间接地又通过削弱农业规模经营，抬高了农产品价格，增加了对于"三农"补贴的财政压力，这种现状既降低了社会总福利，也增加了城市反哺农村的负担。城市以更开放的姿态接纳农村转移人口，不只是为实现农业规模经营打下基础，更是整个国民经济更为健康可持续发展的重大战略，是迈向社会主义新时代的必由之路。

第三节　农村土地经济

一、土地制度的变迁

自中华人民共和国成立以来，我国农村土地制度先后经历了多种变迁方式：强制性激进式–强制性渐进式–诱致性激进式–诱致性渐进式。

建国后，国家靠强大的专政力量采用强制性激进式的土地制度变迁方式，有力地将统治中国几千年的封建地主土地所有制转变为农民土地所有制。这种"暴风骤雨"式的变迁使新制度发挥了巨大的作用，降低了寻租机会，节约了制度变迁成本。把农民土地私有制转变为农村土地集体所有制采用的是分步推进的强制性渐进式变迁方式，经历了互助组–初级社–高级社–人民公社等阶段，每个阶段的变迁则是激进式变迁方式。农民土地私有制转变为农村土地集体所有制的过程采用了"强制性+渐进式"这一组合模式，从而使得变革相对比较温和而又有力，既保证了国家意志的执行，又给国家留有时间对一定阶段的主体土地制度进行边际调整。制度安排有一定的调整余地，就避免了剧烈震荡，农民也有一定的时间来适应，从而减少了农民对新制度的抵制和制度安排的摩擦。

1978 年以来的农村土地制度改革则是诱致性制度变迁方式。其中，在家庭联产承包责任制的确立上体现了激进性质，而制度体系的其他配套制度则采取诱导性制度来逐步完善。自下而上的变革，使制度实施的阻力小，实施成本低；制度安排的可逆性大，便于制度修正和调整，是一种较为理想的制度变迁组合模式。该制度完全确立后转变为渐进式方式，通过农民内生的制度需求，来渐进地、缓慢地推动制度改革。因这一制度改革是强度较小的需求诱导性的，因而制度变迁的速度也较慢。

这一变迁方式也存在很大缺点：由于农村家庭责任制初期实施所产生的巨大制度绩效，使国家忽视了核心制度的再创新，这反过来又加大了制度供需缺口。虽然国家不断制定政策进行边际调整，但效果并不显著，问题依然存在，并且随着社会经济的发展，新问题不断显现。如不及时进行村土地制度改革创新，便会逐渐步入供给陷阱。而土地制度变迁强度不够，变迁时间过长，使"搭便车"和利益集团寻租的机会增多，制度变迁成本加大。变迁成本向后累积推移，会越来越高，必然使矛盾和问题呈现积累态势。

在这种土地制度下，每一个村民都享有对村里土地的所有权。但这种表面上的土地所有并不意味着农民是自己分得的土地的完全所有者，实际上他们对土地的产权是残缺的。这种残缺首先来自农民作为集体土地所有者的身份：由于人人对存量土地具有所有权，土地分配不得不依照村里人口的变动而做出相应的调整，以维持由土地集体所有制和以农户为单位的生产组织形式所衍生的公平。但是，这种公平的一个直接代价却是农民对土地的长期使用权被剥夺，从而失去了对土地进行长期投资的积极性。而且，土地集体所有制也对农民对土地的使用权和交易权进行了种种限制。

对土地使用权的限制表现在对农民生产计划的某些限制，如规定粮食播种面积和农业劳动投入强度等。对土地交易权的限制表现在对土地市场，如土地有偿转让、转租、代耕和无偿转让等正常运转的干预。通过实地调研与数据分析可知，土地制度所导致的地权的不稳定性与对土地交易权的限制，不仅降低了要素配置效率，而且减少了农户对土地的长期投入，对土地产出绩效均表现出负面效应。相反，对土地使用权的限制迫使农民保持对土地的劳动投入，从而提供了土地的产出，但这种提供是以牺牲农民的其他收入来源为代价的。

改革开放以来，我国的农地制度发生了深刻的变化。改革打破了过去计划经济时代单一的公社制度，代之以自发形成、千差万别的农地制度。解释这些差异形成的原因和后果不仅将为农村的进一步改革提供坚实的理论和实证基础，而且将对中国乃至世界学术界产生深远的影响。虽然国内外学者在这方面的研究已经取得了一些进展，但尚待解释的现象和需要回答的问题仍然很多。

二、我国农地制度的现状

农村改革的一大特点是国家从农村基层制度建设领域的逐步退出以及乡村社区权利的加强。1984 年的《宪法》确定了村集体作为土地所有者的身份，从而使农地制度建设由国家转移到村集体手中。其后果主要有两个：一是自发性的制度创新代替了原有的国家强制性制度安排；二是与这一变化相适应，产生了千差万别的农村土地制度。自发性的制度创新早在 20 世纪 60 年代初期的整顿时期便初见端倪。1978 年之后建立起来的土地承包制更是自下而上的制度创新的典范。对村集体土地所有权的法律认定为自发的农地制度创新奠定了法律基础。农地制度创新既然是自发的，便不可避免地要走向多样化。这种多样化来自两方面：一方面，农地制度的核心，即地权本身，就具有多面性；另一方面，各地的自然、经济和社会条件差距甚大，所建立的自发制度创新因此也不可能是单一的。土地产权是由多种权利组成的，包括法律所有权、剩余索取权、使用权、处置权以及这些权利的可靠性等。法律所有权显然是属于村集体的，其他权利则在集体与农户之间进行程度不等的分割。

农村改革使得农民具有了剩余索取权，但这些权利却不是完整的。在一些地方至今仍然限制农户种植作物的种类，从而限制了他们对土地的自由使用权。尽管土地租赁得到国家的鼓励，且实际生活中也较普遍，土地的使用权有偿转让在一些地方仍受到限制。同时，土地的继承权因为下面要谈到的成员权而普遍没有得到尊重。由于土地在法律意义上属于集体，农户间真正意义上的土地买卖实际上是不存在的。由于同样的原因，土地的抵押价值也不可能体现出来。一个农户将土地抵押给银行以得到贷款，其协议是在银行与农户之间签署的。但是，一旦农户无法偿还贷款而不得不交出土地时，此时的法律关系则转移到了银行与农村集体之间，而后者有充分的理由不承认银行与农户间合同的合法性。意识到这一点，银行就没有理由接受土地作为贷款的抵押。

目前农民意见最大、学术界也最关注的是农户对其所拥有的地块不具有稳定的地权。产生不稳定地权的原因，周其仁和刘守英早在 1988 年就提出的社区成员权给出了一个很好的答案。所谓成员权，即土地集体制赋予村庄内部每个合法成员平等地拥有村属土地的权利。由于成员权的存在，每当一个新的合法成员进入村庄时，他都有从他人那里分得一份土地的权利，而每当一个成员离开村庄时，其他人享有将其土地平分的权利。其结果自然是土地分配随人口的变化而变化。地权的多面性为农地制度的多样化创造了条件，而自然、社会和经济条件的地区差异则是这种多样化的诱因。既然制度创新是自发的，则它必定与创新者的利益相关联，而后者又大体上是地方条件的函数。地方条件的差异，导致村民间的利益结构发生变化，从而产生不同的制度创新。显然，这里涉及诱发性制度创新理论。

目前，我国农村的农村土地所有制度的执行，主要是结合当地的经济和人文条件，主要有六种。

第一种是农户经营加"大稳定、小调整"。这是最普遍的一种类型，被中等发达地区广泛采用。在多数情况下，这种农地制度是在农民自发要求下形成的。产生这一制度安排的动因既可能是农民在成员权保障下对公平的诉求，也可能是为保证集体生存而做的一种集体理性选择。但是，人们在成员权下对公平的追求大体上应该是一致的，换言之，它应该独立于区域条件。因此，对公平的诉求无法解释土地调整的区域差异，集体生存重要性的差异可能是解释区域差异的原因。

第二种是由起源于山东省平度市的"两田制"。它的核心思想是通过土地招租的形式来模拟市场的土地交易。平度的非农产业发展较快，一些农户因此愿意放弃部分或全部土地。当地政府没有放开手脚，听任农民通过土地租赁市场转让土地，而是将口粮田以外的土地全部收回，然后招租。招租实际上是一个显示农户生产能力和愿望的过程。因此，在一定时期内，这种办法基本上可以达到完善的市场配置所能达到的效果，即土地的边际产出在全体农户间趋于一致。但是，三五年之后，由于人口和其他经济因素的变化，原先有能力且愿意多耕种土地的农户可能不再愿意种那么多的地，而原先种地较少的农户却可能变得愿意种更多的地。这样一来，重新招租势在必行，而平度正是这样做的。与第一种类型一样，农户对其所拥有的地块的权利缺乏稳定的预期。

第三种是以机械化集体耕作为特点的"苏南模式"。这一模式比平度的"两田制"走得更远，家庭放弃了生产。但是，这一特点并不一定是"苏南模式"的弊病。从生产组织和分配的角度来看，它与下面要介绍的土地股份制相近。这一模式的主要问题在于模糊了农户与土地之间的权属关系；同时，大规模以工业补贴为支撑的机械化作业与我国目前的比较优势脱节。

以上三种类型要么意味着农户地权的残缺，要么意味着农户不再直接享有地权。除第一种类型为农户自发的选择外，后两种类型均带有地方政府行为的痕迹。值得注意的是，山东省和江苏省南部直到最近仍以发达的集体经济而闻名。长期的集体经济传统也许是它们采用非市场手段的重要原因之一。制度创新者的意识形态可能是决定创新走向的重要因素。

与上述三种个人化类型相比，下面的三种类型则更加个人化。

第四种是以贵州省湄潭县为代表的"生不增、死不减"制度。除 1984 年进行过一次调整以来，湄潭 30 余年没有进行过一次土地调整。这种制度目前已在贵州全省推广，并以地方法规的形式确定耕地承包期 50 年不变，非耕地承包期 60 年不变。此项法规的影响是深远的。如此之长的承包期已经接近永佃制，是在集体所有制下最具个人化特征的农地制度。

第五种是以浙江省南部为代表的"温州模式"。尽管没有政府的干预，温州地区的土地调整微乎其微；同时，土地租赁市场非常活跃，土地集中程度不亚于苏南地区。同为发达地区，浙南和苏南所走的道路却完全不同。一方面，与集体经济发达的苏南不同，长期的私人经济使得温州人习惯并相信了市场的运作能力；另一方面，两地的非农就业结构的差异也是导致它们走上不同的道路的重要原因。

第六种是以广东省南海县为代表的土地股份制。在土地股份制下，每个农户拥有一定的集体土地的股份，但此股份并不具体对应某一相应的地块。这样一来，集体所有制被个人化了，但个人化之后的产权并没有对经营规模的扩大形成约束，因为集体可以将土地统一发包给当地或外地的农民。因此，土地股份制是解决土地的法律所有与土地的占有和经营之间矛盾的一次成功的尝试。

可以看到，我国农地制度虽然高度多样化，但多样化的核心是地权个人化程度的差异。这种差异对经济绩效有何影响呢？如何对它们的形成给出理论上的解释呢？这正是以下所要回答的问题。

三、农地制度与经济绩效的关系

农地制度与经济绩效、特别是资源配置效率之间的关系是国际发展经济学界长期关注的一个问题。以世界银行为代表的国际机构在这方面做了许多研究工作，但主要集中在非洲、拉美和东南亚国家，并且没有产生令人信服的一致结论。

（一）地权稳定性效应

不稳定的地权使农民对自己所拥有的地块缺乏长期的预期。土地的不定期调整的作用如同一种随机税，它在不可预见的某一天将土地拿走，同时带走农民对土地的中长期投资。土地在农户间的单纯转移并不构成效率的损失。但是，由于附着于土地的中长期投资也同时随之转移，且其价值一般难以完全得到补偿，土地的原所有者将会失去投资土地的信心，从而从一开始就减少对土地的投资。这样一来，土地产出率下降，经济效率受到影响。必须注意的是，不稳定地权的负面影响不只限于那些在调整中失去土地的农户，而且对村庄内的每个农户都有影响，因为今年得到土地的农户，明年却可能失去土地。

关于地权稳定性效应的定量研究很多。但是，对于非洲传统农地制度的研究并没有给出一个满意的答案。对我国东北地区的研究发现，地权稳定性对农民在农机方面的投资没有影响。这一结果显然是容易理解的，因为农机不是附着于土地的，不会随土地的调整而调整。对浙江和江西两省 449 个农户的研究表明，地权稳定对农民的种植积极性正面影响显著，但对产量的影响不显著。考察农户的所有投资（以人工投入衡量）与地权稳定性之间的关系后，发现稳定的地权对投资具有促进作用，但对产量的效果不明显。投资与产量之间的反差说明农家肥、水利投资等在目前的技术条件下对产量的贡献较小，对增产起决定性作用的是土地面积、人力投入和化肥施用量。因此，稳定地权不可能立竿见影，马上见到产量上的效果。它的作用主要是通过促进土地长期投资达到可持续发展的目的。但这种好处不一定是农民所能预见并纳入他们的计算的。

对地权稳定性效应研究的一个问题是地权稳定性本身是农民选择的结果，因而对其效应的估计会产生偏差。这在对非洲授证工作的研究中反映得最明显。在非洲的传统农地制度中，族长握有族内土地的最终所有权，族人只有耕种权。但是，两种权制均无法律保证。20 世纪 80 年代开始的授证工作试图改变这种状况。农民可以自愿决定是否申请对自己所耕种的土地的法律所有权。那么，授证之后对土地投入有什么效果呢？由于申请土地证是自愿行为，在检验其效果时就有内生性的问题。一种可能的情况是，只有那些即使是在无法律保障的情况下也会多投资的农民才会花钱去申请土地证，因为他们比别人更需要法律的保护。这样一来，一般的计量经济学方法所估计的授证对投资的影响就会被夸大；而复杂的计量模型所要求的数据又难以收集。

我国的情形在本质上是一样的。是否调整土地是当地居民自己的选择，因此，地权是否稳定也是内生的。以上所引用的几项研究都或多或少有这个问题。解决这个问题的最好办法是找到一处制度外生的地区，以便做控制对比研究。贵州所实行的长期承包法规是一个近似于外生的理想制度实验，或许将贵州和周边省份进行对比将得到比较可靠的结论。

（二）资源配置效应

一种富有弹性的农地制度应该能够容纳市场的运作，从而促进资源配置的效率。在这里，对土地自由流转的容忍度非常重要。土地的自由流转可能产生两种效应，即边际产出拉平效应和交易收益效应。下面对这两种效应分别加以讨论。

所谓边际产出拉平效应，即土地的自由流转促使土地边际产出较小的农户将土地租让给土地边际产出较高的农户，在边际报酬递减规律的支配下，两者的边际产出趋于相等。土地边际产出相等说明资源配置效率达到了无法再进一步改进的地步。这是因为，如果一个农户的土地边际产出高于另一个农户，则说明前者应该得到更多的土地，从而经济中存在可改进之处。这里值得注意的是，边际产出拉平效应只有在存在其他市场缺陷、特别是劳动力市场存在缺陷时才会起作用。如果劳动力市场完善，人们可以通过调整劳动力的配置——如土地边际产出较小的农户雇佣劳动力，土地边际产出较大的农户出卖劳动力——来达到土地边际产出相等的目的。但是，劳动力市场很难达到完善的地步。原因之一是存在监督问题：雇工总有道德风险问题，因此需要监督。即使劳动力市场是完善的，其他市场如资本市场在我国也远没有达到完善的地步。因此，土地市场的改善在我国目前有改善资源配置效率的意义，较自由的农地制度促进土地的流转，较自由的农地制度缩小农户之间在劳动力和土地投资强度方面的差距。在较弱的假设条件下，投入强度差距的缩小也意味着要素边际产出差距的缩小，证明较自由的农地制度的确具有边际产出拉平效应。

交易收益是土地可交易性所带来的第二种资源配置效应。这一概念是 Besley（1995）首先提出来的，指的是土地交易性的提高增加土地投资的价值，从而提高农民进行土地投资的积极性。土地交易性如何增加土地投资价值呢？

假设一个农户今年在他的土地上打下一眼水井，一年后他在非农领域找到一份好的工作，不想继续耕种土地。在土地市场不发达的情况下，他要找到买主或承租者非常困难。因此他可能不得不将土地撂荒或降低利用程度，在水井上的投资也就无法收回。如果该农户在今年考虑投资时就预见到土地无法出租的可能性，他对土地的投资就会减少，并因此可能不打这口井。换言之，土地可交易性的增加提高农民在必要时找到买主或承租者的可能性，从而增加投资的价值。在对土地交易（使用转让、出租和代耕）限制较少的村子里，农民种植更多的绿肥，且单产较高。

Besley 的交易收益效应是从可交易性的增加提高交易发生的概率这个角度提出来的。但是，在联系紧密的村子里，如果土地交易是允许的，则只要交易成本不是高到离谱，想出租土地的农户总是可以找到一个愿意承租的农户的。如果将对土地交易的限制模拟为一种交易费用，就基本抓住了当前农地制度的特征：在多数地方，土地的租让是允许的，但附加了一些条件，如必须在村里登记、必须完成公粮、只允许责任田转包、不允许口粮田转包等。另外，出租土地可能被视为土地过多的信号，因而在下一次土地调整时土地有被少分的危险。所有这些都增加了土地租让的交易成本：土地所有者租金降低，承租者租金提高，因为两者均须负担一定的成本。由于交易费用的存在，一些原本愿意参与土地市场交易的农户可能就不参加了。这不仅会影响一个地区土地市场的活跃程度，而且会影响农民对土地的投资积极性。

设想一个农民预期明年可以在非农领域找到一份好工作从而会减少土地种植。在完善的市场条件下，这个预期不会影响他在今年的土地投资行为，因为他在明年可以找到一个承租者，使其投资形成回报。但是，当土地交易市场受到限制，又存在较高的交易费用时，出租土地的吸引力下降。因此，如果农民在第二年果然得到一个较好的工作，他要做的可能不是租出土地，而是降低劳动力投入的强度。这样一来，今年对土地的投资就失去了相应的劳动投入的配合，其价值也相应下降。该农民因此会后悔今年不该对土地做过多的投资。但是，意识到这一点，他在今年一开始就不会做这些过多的投资。这种效应被称为投资反悔效应，经验研究证明这种反悔效应的确存在；但是，较自由的土地交易权并没有显示出降低这种效应的迹象。

（三）社会保障和失业保险功能

土地仍然是我国大多数农民赖以生存的主要生产资料，在社会保障体系不完善或根本不存在的情况下，土地的社会保障功能不可忽视。这里必须强调的是，社会保障虽然具有维护公平的意义，但更重要、而又恰恰经常被人们所忽视的，是它对效率的正面作用。社会保障的一个基本作用是使生产力不至于在突发破坏性事件如疾病、失业等，遭到毁灭性的打击。显然，对生产力的保护提高经济效率。土地作为社会保障的替代物，为占我国人口多数的农民提供了基本的生活保障，从而成为维护社会稳定的一个重要因素。从这方面看，因土地调整而形成的低个人化农地制度有一定的合理性。

设想一个农户在20世纪80年代初承包制刚实行时有三个未成年男孩，一家五口人分得五亩地。30多年后的今天，三个儿子均娶妻生子，人口变成11口。如果在这期间无任何土地调整的话，这一农户的人均土地就会下降超过一半。但是，全村人均土地不会下降如此之快。因此，如果土地随人口变动而做相应的调整，人多地少的农户的困难就可以得到缓解。从社会稳定的角度来看，这是十分必要的。但是，必须看到的是，土地的社会保障功能随土地在农民收入来源中的重要性的下降、或农民收入水平的提高而减退。在发达地区，农村居民的绝大部分收入来自农业以外，因此，土地的收入功能降低；同时，由于收入的提高，人们以货币收入抵御风险的能力也随之提高，无须实物形式的保险。在不发达地区，情形刚好相反。这也是导致发达地区与不发达地区农地制度差异的重要原因之一。

土地的失业保险功能是显而易见的。农村中大量的隐蔽性失业之所以没有造成社会动荡，土地对这些失业人口的吸纳起到了重要的作用。问题在于，土地的失业保险功能在多大程度上依赖目前的低个人化农地制度？如果土地仅仅是一个蓄水池，而不能在结构上对失业保险有所支持，则土地的保险功能与目前的农地制度之间不存在必然的联系。因为，即使土地是私有的，其蓄水池的功能也不会丧失。目前的农地制度至少在一个方面对失业保险具有结构性的支持，就是与高度个人化的农地制度相比，目前的农地制度可能有利于劳动力的长期跨区流动。下面两种情形的对比可以说明这个问题。

在第一种情形中，一个农民因为土地长期没有调整而没有分得土地，可考虑两种就业可能：一种是当地一份可以勉强糊口但稳定的工作，一种是到城市中找一份收入高但不稳定的工作。前一种工作可以立刻找到，但如果现在不接受，以后可能便没有了；后一种工作必须进入城市之后才能知道是否可以找到。这个无地的农民会选择哪种工作呢？如果他是避险的（绝大多数人都是避险的），且城市的期望工资不比当地的稳定工资高太多，这个农民可能会选择当地的工作，因为一旦在城市没有找到工作，他连当地的工作也可能失掉，从而断了生计。第二种情形和第一种情形的条件相同，只是这个农民拥有一块足以维持生计的土地。和无地的农民相比，他更有可能选择进城工作，因为即使在城里没有找到工作，或工作不稳定，他还可以回到当地耕种自己的土地。换言之，土地的保险作用使得农民更愿意从事高风险、高回报的工作，从而对经济效率起到促进的作用。第一种情形中对无地农民的假设只是为了叙述的方便，其结论对因人多地少而在当地兼业的农户也适用。

当然，以上论述只是提出了现有农地制度促进农民转移的可能性，同时也只讲述了问题的一个方面，即土地对劳动力转移的收入效应：土地为农民提供稳定的收入（或财富），提高了他们抵御失业风险的能力，从而给他们更多的转移动力。问题的另一方面是土地对劳动力转移的替代效应：较多的土地挤压农民离农进城的积极性，从而迟滞劳动力的转移。因此，目前的农地制度是否对农民转移具有促进作用要看其收入效应和替代效应哪一个更大，这需要研究验证。目前的低个人化农地制度阻碍劳动力转移的另一种可能性，是个人化的农地制度降低农地的价值，这使得土地使用权的转让价值降低，进而降低农民出让使用权的意愿。如果农地制度的个人化程度提高，一些农民就可以通过转让土地而筹集一部分进城长期居住的资金，从而加快农村劳动力转移的步伐。从边际调整的角度看，这种趋势无疑是存在的。尤其是在大城市近郊，土地价格很高，这种趋势可能会反映得更明显。但是，它对一般农村居民的影响有多大，是一个需要严格检验的问题。

在讨论土地的社会保障和失业保险功能时，也不能忘记可能存在实现这两种功能的替代物。比如，在地权长期化之后，农民可以通过减少生育减轻对土地的压力。同时，地权长期化可能改变农民的消费和积累模式。目前农村的最大消费是建房。地权长期化之后，农民或许会减少这种消费，而代之以各种形式的金融投资。目前，对这些问题的研究还是一个空白。

从以上所讨论的内容，可以看到，对目前农地制度与经济绩效之间的关系的研究还有许多不足、甚至空白之处。这体现在：对地权稳定性效应和资源配置效率的研究需要更加精确的数据、对土地的社会稳定与失业保险功能缺少理论和经验研究、对地权长期化对农民消费和积累的影响几乎没有研究。这三个方面是下一步研究的方向。

四、农地制度的演进及区域差异

我国的农地制度具有强烈的区域差异，解释这些差异不仅将为下一步改革提供坚实的基础，还为制度变迁理论做出重要的贡献。到目前为止，已有几个理论试图在这方面有所突破。由于农地制度差异的核心是地权的个人化程度，因此，目前的研究集中在探讨影响地权个人化程度的因素上。

由于我国大部分农村地区仍处于温饱线附近，农民的生存压力仍然很大。因此，土地的均分可以视为农民克服生存压力的一个集体回应。土地的社会保障功能只可能建立在以下两种可能性之上。一种是农户之间自发的道德约束，要求富有者对贫穷者、特别是那些生存受到威胁的农户负担起帮助的责任。这种道德约束显然存在于传统的村庄伦理之中，只是其表现形式不是给予贫穷者土地。但是，历史上广泛存在公田或族田，其收益除用于公共事业外，还用于灾年时对饥荒者的赈济。另一种可能性是存在一种社会加总机制，对所有农户的效用（或其他满足指标）进行加总并使之最大化。在这种机制下，低收入或生存受到威胁的农户可能会更受重视，从而使得土地的均分成为可能。事实上，这种社会加总机制本身便体现了道德，只是这种道德不是对农民之间一对一关系的约束，而是一种对集体的强加。至于产生这种强制约束的原因，可以通过梳理历史获得，将其视为我国传统村庄道德中集体生存伦理的延续。同时，我们还可以将土地的社会保障功能视为集体时代的遗产。事实上，目前的土地集体所有制及其所体现的成员权正是为这种集体伦理奠定了法律上的基础。如果我们相信现有土地制度是对集体生存的回应的话，我们可以对农地制度的演进和区域差异给出一个较为圆满的解释。

如果将农地制度是国家和农户之间博弈的结果。康芒斯将所有权定义为一种义务与权利之间的关系。所有权意味着他人对所有者的权利有尊重的义务。但是，由于所有权的多面性及合同的不完全性，所有权不可能是完备的（即存在所谓公共领域）。国家在农地制度中仍然保留一定的角色，是因为它的利益，如保障充足的粮食供应等，可能因为地权个人化程度的加深而受到损害。因此可以看到，对农地使用和土地流转限制最多的地区，也是国家粮食采购所依赖的重点产粮区。在与粮食生产无直接关系的领域，如土地的调整，国家对农民的自发选择给予了高度的忍耐。

在解释中国农地制度的区域差异方面，诱导性制度变迁理论可能是一种较适用的理论。根据诱导性制度变迁理论，经济制度受到经济参数、特别是要素相对丰度的左右。相对丰度越低的要素越可能实现个人化。

诺斯和托马斯的研究指出，西欧从公田制向私有制的转变过程是由土地的相对稀缺导致的。西欧，特别是英国的海外贸易促进了对羊毛的需求，因而提高了土地的相对价值，从而使得土地的私人占有成为有利可图的制度转换。这正是圈地运动产生的原因。速水佑次郎等对菲律宾和印度尼西亚爪哇岛收割制度演变的研究也验证了上述命题。在传统的收割制度下，地主必须允许村里的其他人参与收割，并得到收获量的六分之一。随着绿色革命的传播，土地产量大幅度增加，六分之一的产量作为对收割者的报酬超过了当地劳动力的价格，新的收割制度应运而生。

在爪哇，村民想参加收割必须先参加除草；在菲律宾，收割工作则包给了中介人，由中介人付给收割者市场工资。诺斯在《制度、制度变迁与经济绩效》一书中进一步将诱导性制度变迁理论总结为效率假说（诺斯，1994），即制度总是朝着辅助经济系统达到社会最优的方向发展。但是，诺斯本人也注意到一些明显的反例，如同处欧洲的西班牙大大地落后于西欧国家，并将这一现象归咎于路径依赖。他认为，西班牙没有经历英国式的皇权改革，以至皇权过大，并决定了后来的制度变迁轨迹。作为英殖民地的北美和作为西班牙和葡萄牙殖民地的南美的对比，似乎也印证了诺斯的路径依赖假说。

诱导性制度变迁理论近来受到越来越多的批评，原因在于它忽视了决定制度变迁的政治过程。就连为该理论做出很大贡献的速水也在其新书中认为这一理论是天真的。一种制度可能比旧制度更宜于促进社会整体效率的提高，但由于决定制度变迁的行为主体之间存在利益冲突，帕累托式的社会结果未必能自然地产生。著名的"囚徒困境"便是一例。对于长期的历史过程，"帕累托最优"可能可以通过行为主体之间长时期的博弈所达到（如"囚徒困境"可以在无限次重复博弈中得到纠正）。对于短时段的制度变迁，"帕累托最优"在多数情况下可能是一种偶然，次优结果才是一种必然。认识这一点对研究我国过去 20 年农地制度的变迁具有重要意义。对诱导性制度变迁理论的发展可以从两方面展开。

一是从对制度的需求着手，研究微观的利益机制如何产生不同的制度安排。在这方面，林毅夫研究了要素对农户的相对稀缺性如何决定单个农户是否参加土地市场交易。姚洋探讨要素的个体稀缺性如何导致不同的土地租赁市场的发育程度同为发达地区的温州地区和宁绍平原地区，前者的土地租赁市场非常发达，后者则几乎见不到土地的租赁。他的观点是，这一现象与两地不同的非农就业结构有关。温州地区以私营企业为主，劳动力就业基本受价格信号调节，社会分工因此得到了充分的发展。大部分人完全或部分脱离农业，少数农户则向专业农户转变，从而促进了土地市场的发育。相反，宁绍平原地区以集体企业为主，而集体企业倾向于在追求利润之外同时追求就业最大化。但是，企业的发展又不允许过多的就业，因此便产生了一个人的工作由两个或更多的人来做的现象。这一现象的一个后果是兼业化在当地相当普遍，社会分工不明确，从而降低了对土地市场的需求。

二是研究制度变迁的决策过程。在其他条件不变的情况下，土地非常稀缺和非常丰富的地方，其地权的个人化程度较高，土地资源适中的地区的地权个人化则最低。当土地非常稀缺时，调整土地分配对缓解部分农户的生存压力并无大的补益，要求调地的呼声反而较低；当土地非常丰富时，生存不再成为问题，土地调整也失去了意义。只有当土地资源适中时，调整土地才对缓解最贫穷农户的生存压力有所帮助，因此才成为集体决策的选择。地权的个人化程度随农民收入和非农就业机会的增加而提高，因为收入的提高增加了农户摆脱生存压力的能力，而非农就业机会的增加降低了农户对土地的依赖。运转良好的土地租赁市场可以降低土地调整的频率。换言之，土地租赁市场可以成为土地行政调整的替代物，用以达到降低集体生存风险的目的。土地租赁市场在资源配置方面比行政调整更有效率：前者使土地边际产出在农户之间趋于一致，即具有边际产出拉平效应；后者虽也具有部分的拉平效应，但赶不上市场的程度。另外，人少地多的农户的收入肯定是提高了；而对于人多地少的农户，虽然他们现在需要付费才能得到土地，但是，如果愿意的话，他们能够得到超过在行政调整下所能得到的土地量。因此，从集体的角度来看，市场所带来的整体收益大于行政调整下所能得到的。

五、下一步的改革

要确定下一步改革的方向，首先必须对现有的农地制度做出完整的评价。前面的讨论虽然涉及这个问题，但基本上是在实证的层面上展开的。然而，农地政策的制定涉及更多的可能是规范层面上的问题，因为它需要价值判断的指导。

我国现行土地制度各方面的利弊主要有以下几方面。

第一，农地制度的稳定性和资源配置效应。现有的研究支持这样的观点，即较个人化的农地制度增加土地投资和资源配置效率。但是，有关这两种效应的数量大小还需要进一步研究之后才能确定。

第二，农地制度的社会保障和失业保险功能。虽然更加个人化的农地制度降低农业生产效率，但是，这种效率损失可能被现有农地制度的社会保障和失业保险功能所抵消。并且，后两种功能的作用远远超出农业本身，而对整个国民经济和国家稳定产生影响。但是，对于这两种功能还缺乏实证的数量研究。因此，我们无法确定它们是否足以抵消现有农地制度在农业生产方面的负面效应。

第三，公平问题。公平是现有的土地集体所有制赋予农户不可剥夺的权利。即使社会保障不再是一个问题，单是对公平的追求也会导致土地的调整。既然成员权保证每个人对集体土地享受同等的权利，我们就没有理由指责农民对公平的要求。

第四，农民的自发选择。当地权在法律层面上予以确定之后，其剩余部分则取决于农民自己的选择。从原则上说，国家对地权任何形式的干预都与宪法对土地集体所有制的肯定相背：既然村民作为一个整体拥有了对村土地的所有权，他们便同时拥有了对农地制度的决定权。国家政策只能给农民一定的经济和行政引导，促使农地制度朝某个方向发展，而不应是对农地制度的直接干预。当然，由于村庄内部的决策还没有达到完全的民主，村干部仍然拥有较大的权力，并可能滥用这些权力。因此，国家应该对村干部的行为进行规范。

在决定一种理想的农地制度时，政府应对前三项内容进行综合的考虑，但这一理想的制度是否可以实现，还要看农民是否愿意接受。在目前对前三项的研究尚未有明确的结论的前提下，政府所能做的也许是接受农民的选择。事实上，广东省南海县的土地股份制就是发达地区一种非常有效的制度创新。在目前的情况下，急需对农民的自发制度创新进行实证研究，确定导致这些创新的地方因素及其后果，并对它们推广的可能性给予评价。

第四节　农村劳动力市场与农民增收

关于产业发展与劳动力转移问题的研究，比较著名的有：库兹涅茨的经济增长理论、刘易斯的二元结构理论、拉尼斯-费景汉模型、乔根森模型等。这些理论大多都把非农产业的吸纳能力视为随资本积累率提高而提高，在这个既定条件下，只要转移动力存在，农村剩余劳动力就能全部转移到城市。这个既定条件意味着产业结构调整与就业结构升级是同步的，显然这种假设与我国的实际不符。这些模型着重于剩余劳动力的转移，没有涉及劳动力转移成本以及转移到城市的劳动力生存状况等问题。而这些正是我国的农村劳动力配置所面临的大问题。据估算，我国农业劳动力占全部劳动力18%，发达国家只有3%~4%，一些比我国人均收入水平略高的国家农业劳动力比重平均也只有12%。因此我国还可以通过各项制度改革，继续减少农业人口，提高农民收入。

一、农村劳动力配置变迁

（一）农村劳动力得以从剩余状态退出

劳动力如何从剩余状态，也就是从生产率极低的农业退出来，这是一个很重要的体制变革任务。过去我们研究农业经济，会提到人民公社体制缺乏激励、没有效率。因为人民公社确定一个不变的工分值，在集体劳动中计出工天数，不管收成如何，最后就按工分值和出工数进行分配。只要每天出工，不管干与不干，干得好与干得不好，都是不变的工分。在这种情况下，如果一个成员偷懒，对生产队的总产出造成损失，他却不会全部承担这个结果，而是由全队的人共同承担，因此许多人会倾向于不努力工作。

出工不出力也被有些学者称为一种退出方式。因为原有的激励机制无法激励人们努力工作，又不允许实际上的退出，既不许外出打工，也不许搞副业，唯一的办法就是偷懒。但是改革以后，每个农户获得了资源的配置权利，可以自己决定干多少时间，在什么时候干，剩余的劳动力就可以真正退出来。因此第一步，农村的改革赋予了农民把劳动力退出生产率低的领域，也就是重新配置剩余劳动力的权利。

（二）转移劳动力跨部门跨地区流动

农民从土地上退出来了，应该和能够去往何处？随着制度约束的不断解除，农民便从过去的"生产队社员"，变成一个有自主决策权的农户。人民公社被废除以后，农民首先从"以粮为纲"转向种植业乃至农林牧副渔的全面发展，农业生产得到快速发展。再后来，他们又离土不离乡，进入乡镇企业就业，即转移到了本地的非农产业当中，仍然没有离开乡村。

之后，政府又允许他们长途贩运农产品，第一次突破了经济活动的地域界线以及自带口粮到邻近的城镇去就业，第一次突破了就业的城乡分界。再后来，粮票制度被取消，农民可以进入小城镇、中等城市，甚至大城市，从中西部地区大量流向沿海城市居住和就业，几乎可以实现充分的流动。

（三）城乡劳动力市场一体化

最初，农村剩余劳动力虽然可以转出来，但是转出来就只能在乡镇企业就业，想进入城市却由于没有户口，没有粮票等票证，也得不到城市管理部门认可，且由于国有企业尚未进行劳动就业制度的改革，所以也不敢和不能雇用外来人口。因此，改革之初并没有真正意义上的劳动力市场。

劳动力市场的迅速发育，得益于 20 世纪 90 年代末期在城市发生的重大劳动就业体制改革。国有企业改革打破了城市职工的大锅饭，大批职工下岗。虽然一度付出了很大的代价，但此后劳动力市场得到了迅速发育。城市的下岗劳动者想回到岗位上，必须通过劳动力市场。虽说他们会得到政府的扶助，但主要渠道还是劳动力市场。同时，新成长的劳动力即刚毕业的学生，也不再能够靠政府分配工作，全部要到市场上去寻职。与此相应，从农村进城的劳动力也就跟他们一起，具有了竞争同一个岗位的同等权利。

虽然直到今天，还存在着户籍制度，劳动力市场还有很多制度性的约束，无法实现劳动力的完全自由的流动和进入，但剩余劳动力通过退出、流动和进入等权利的不断获得，我国的劳动力资源得到了重新配置，促进了生产率迅速提高和经济的长期高速增长。

（四）优化农村劳动力配置

2017 年，我国的人均 GDP 达到 8665 美元，属于中等偏上收入国家。预计未来 5 年，人均 GDP 将要跨过 12 000 美元这个门槛，进入高收入国家行列。根据国际经验，即无论与高收入国家相比还是与今后五年需要赶超的国家相比，我国的农业劳动力比重仍保持下降的趋势，城市化水平的提高也是一样。也就是说，劳动力重新配置的过程还远远没有结束。但是，以农民工支撑的城市化的确已经后继乏力。问题出在哪里呢？从数字上看，我国农村 16~19 岁的劳动年龄人口于 2014 年达到峰值，已经开始负增长。这个年龄段的人口就是农村每年初中和高中毕业学生，他们毕业以后唯一的出路就是进城打工。除了他们，还有没有其他农村人口进城打工呢？答案是否定的。目前我国的主要农业劳动力都已经在 40 岁以上，以后如果没有特殊政策或投奔子女，他们不会再向城市转移。

我国未来如果还想保持更高质量、更有效率、更加公平和更可持续的经济增长，仍然需要依靠劳动资源的重新配置。也就意味着，上述均衡要朝着有利于留住农民工的方向变化，即政策上要更加有利于降低农民工的返乡意愿。

一方面，我们要通过改革增加城市劳动力的净流量，这就需要贯彻以人为本的发展思想，实现户籍制度的突破性改革，让农民工成为真正意义上的城市居民。党的十九大明确要求，要破除妨碍劳动力和人才社会性流动的体制机制弊端，加快农业转移人口市民化。这样，就可以对劳动力从低生产率部门向高生产率部门大规模转移带来的资源配置潜力充分挖掘。

另一方面，越是在发展方式转变、产业结构优化升级和增长动力转换的攻关期，越是要加强社会保障和社会政策托底。作为提高全要素生产率的下一步重点，资源重新配置终究要越来越集中到行业和产业内部的企业之间。劳动力的资源重新配置既会对全要素生产率提高做出贡献，也会有副产品。有些企业会因为劳动生产率太低而退出，因而有些职工会遭遇摩擦性、结构性失业，这就需要我们在劳动力市场的进一步改革中，加强劳动力市场制度的建设，加大社会保护的力度，从而为我国未来的可持续增长提供新的支撑。农民工只有成为市民后，得到更好的政策托底，才能适应这个新的创造性破坏过程。

二、影响中国农村剩余劳动力转移的相关制度

影响我国农村剩余劳动力转移的宏观经济政策总体上包括：土地政策、户籍制度、社会保障制度和劳动力市场政策。每一个政策的制定和实施都将对农村经济和社会产生深远的影响。

（一）户籍制度

一般来说户籍制度对我国农村剩余劳动力的转移具有最直接的影响。中华人民共和国成立以来，我国实行双户登记制度，在城市中为非农业户口，农村地区是农业户口。当前的户籍制度在协调我国各地区均衡发展、促进农村剩余劳动力转移、加快我国农业现代化、最终提高人民生活水平等方面的缺陷日益突出。在二元户籍制度下，农民的转移成本过高，而另一套从二元户籍制度中衍生出来的制度，导致城乡劳动力就业严重不公平，城乡经济发展不平衡。经济发展的二元结构，又使劳动力被困在农村地区，不仅影响了农村剩余劳动力的有序转移，还延缓了城市化进程和农村社会的稳定。

（二）社会保障制度

以户籍制度为基础的中国社会保障体系也具有典型的二元性。自 1998 年以来，我国已经建立了城镇职工养老保险和医疗保险的法律法规。与城市社会保障体系相比，农村居民的社会保障相对不完善，缺乏相应的立法，特别是在一些贫困地区。由于缺乏相应的法律保护，农民工的社会保障工作推进难度很大，这是造成社会保障权益缺失现象的根本原因。

然而，我国现行的双重社会保障制度在一定程度上促进了农村剩余劳动力的转移。农村和城市地区社会保障福利的巨大差异，在农村劳动力转移中起着一定的作用，农民拥有土地的最后保护功能，在一定程度上促进了农村剩余劳动力的转移。

（三）分割的劳动力市场

中国城乡劳动力市场的分离对农村劳动力转移到城市形成了制度性的障碍，这不仅阻碍农村剩余劳动力向城市部门的转移，而且使得就业单位和部门不吸收或吸收更少的农民工；与此同时劳动力流动服务体系和中介组织严重滞后，就业信息的相对缺乏，导致农村劳动力盲目流动，从而造成损失。可以这样说，我国农村剩余劳动力的流动性几乎完全处于无序状态。

（四）农村劳动力素质

农村劳动力质量低是制约剩余劳动力转移数量，特别是转移水平的重要因素。农业现代化进程中农民必然走向市场，农民自身的素质直接影响农民在市场经济中的竞争力。

我国农业剩余劳动力数量众多，但文化水平不高，技术素质较低，管理、法律等素质较低。目前，我国农村地区的文盲数量高达 3 亿。在农村地区，20.7%的人是文盲和半文盲，38.8%有小学学历，只有5%接受过中等及以上教育。由于素质较低，农村劳动力只能从事低水平和收入相对较低的工作。随着我国的经济结构的调整，产业结构的升级以及第三产业的迅速发展，不仅创造了大量的就业机会，产业工人的准入门槛更高，对文化和技术要求较高越来越高，阻碍农村剩余劳动力的转移。

（五）产业结构

非农就业岗位的提供需要非农产业发展的支撑。我国学者在 20 世纪 80 年代中后期提出了产业梯度转移的设想，即随着东部沿海地区的发展和产业结构升级，劳动密集型产业失去了比较优势，将向中西部梯度转移。显然，产业梯度转移不但能加快东部地区产业结构升级转化，还能提升中西部地区的产业层次，增加非农就业机会。但迄今为止，大规模的梯度转移并没有出现，制造业在地域上反而变得更为集中。国家计委（现改名为国家发展和改革委员会）投资研究所与中国人民大学区域所课题组（2001）通过对我国空间比较优势分析，认为由于南部沿海地区的市场环境适于厂商生存，因此劳动密集型产业继续在沿海南部集聚，而在西部和中北部全面萎缩。从我国工业发展的历史和不同地区在技术上的比较优势角度来看，产业集聚与工业区域化形成，产业集聚与农村劳动力的跨地区流动之间有着的同向关系。

三、农村劳动力收入上升——二元结构向一元结构的进化

（一）"民工荒"与农村劳动力收入增长

2003 年以来，我国沿海地区甚至部分内陆地区陆续出现了比较明显的"民工荒"现象，而代表非熟练劳动力的"农民工"的工资水平也明显地持续上涨（劳动保障部课题组，2004；蔡昉和都阳，2011）。"农民工"实际工资的年平均增速，1993—2002 年仅为 1.1%，2003—2012 年达到 10.4%（卢锋，2012）。全国农村固定观察点的调查数据显示，2002 年以后，农村单位劳动力的经营性收入及务工收入增速都有了明显提高（表 6-1）。

表 6-1　1986—2008 年我国农村单位劳动力年均实际家庭经营纯收入和工资性收入增长

单位：%

年份	经营纯收入：全国	经营纯收入：东部	经营纯收入：中部	经营纯收入：西部	工资性收入：全国	工资性收入：东部	工资性收入：中部	工资性收入：西部
1986—1991	1.80	4.18	-1.04	2.71	-0.69	0.67	-0.93	0.75
1993—2002	1.69	2.40	2.27	0.86	-1.61	-2.36	-0.11	-2.39
2003—2008	7.42	7.18	8.21	6.71	4.03	6.40	4.69	2.02
1986—2008	3.34	3.68	2.84	3.54	3.74	3.60	4.79	4.19

数据来源：整理计算自《全国农村社会经济典型调查资料汇编（1986—1999 年）》和《全国农村固定观察点调查数据汇编（2000—2009 年）》。

在城镇，类似的"工资增速拐点"来得更早。1998 年起，城镇的实际工资增速就明显地提高了（图 6-1）。

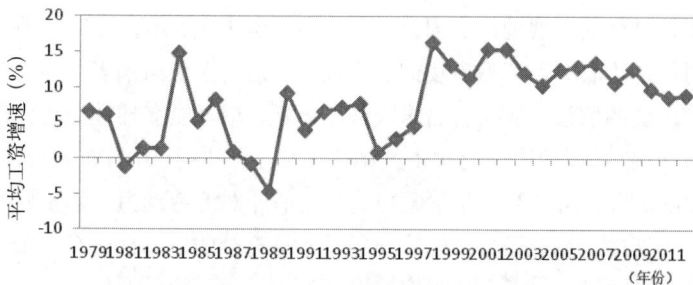

图 6-1　我国城镇实际平均工资增速（1979—2012 年）

数据来源：根据 CEIC 相关数据计算，基期 1978 年，城镇 CPI 平减。

（二）关于农村劳动力收入上升的争论

源于 2003 年国内出现的"民工荒"导致的劳动力成本的快速上升，国内开始

关注"刘易斯拐点"问题。大多数研究建立在承认存在"刘易斯拐点"的基础上，实证研究中国当前是否达到"刘易斯拐点"。部分学者认为我国已经到达，也有学者强调人口的结构性变化因素是造成"民工荒"的主要原因，"民工荒"现象与剩余劳动力共存。一些研究认为近年来经济整体工资水平不断上升，是我国经济达到"刘易斯拐点"的重要证据。

也有学者则认为：我国的二元经济状态还比较明显；还有着较多的剩余劳动力资源；资本收益率并未出现下降。因此认为我国目前尚未到达"刘易斯拐点"。虽然近年来工资不断上涨，但是初次分配中劳动收入占比却依然下降，再加之庞大的农业就业比重，很难认为已经越过了"刘易斯拐点"。针对我国出现的剩余劳动力资源和实际工资上升同时并存的情况，部分研究强调这是由于户籍制度等摩擦性因素造成了劳动力市场出现分割，从而使得工资出现上升。有研究认为，我国的城镇有着很庞大的非正规就业部门，从而城市内部也有着很明显的二元经济现象，观察剩余劳动力并不能只看农村地区。还有少部分学者认为我国的城乡工资一直处于增长状态，的劳动力市场状况更符合新古典经济学的假设。

（三）农村劳动力收入上升的影响

刘易斯的不变工资假定建立在劳动力市场的局部均衡分析基础上。从局部均衡分析角度看，劳动工资水平仅由劳动力市场上的供求关系决定。但是，劳动工资同时是一个决定社会总需求的基本变量，其决定不能不是一个一般均衡过程。对于企业而言，工资是成本支出之一，当然越低越好；但从社会角度看，工资是有效需求的根本来源。随着经济增长而相应地提高工资，是不断增长的社会产品得以实现，社会再生产正常循环的必要前提。因此，真实的工资决定，不仅取决于劳动力市场的供求力量对比，还取决于产品市场的实现要求，后者必然对前者产生影响。刘易斯模型中不变工资的假设，从社会需求实现角度看，很可能会导致经济体出现社会消费低于社会产出，从而使得社会再生产循环无法正常进行。刘易斯之所以坚持"不变工资"的假设，源于他对于工业革命初期英国的非熟练劳动力实际工资在一个较长时期里基本不变的观察。但是，这种观察是不够充分的，而且没有仔细分析不同国家、不同时期出现工资水平大致不变的真正原因，过于简单地认为是传统经济中存在大量"剩余劳动力"，使非熟练劳动力的工资水平在二元转换过程中长期保持不变。

如果社会的收入分配出现失衡，普通劳动者的收入过低而导致消费和投资结构出现扭曲，经济极有可能出现恶性循环。低工资本身将成为社会低就业的原因，这恰恰和新古典经济学中的低工资促使就业增加的机制相反，此时只有通过增加普通劳动者的工资，才能使社会的总就业不断增加。一些拉美国家的曾经出现过的情况正是上述机制的现实表现，一方面分配结构出问题导致大量普通劳动者收入增长缓慢，一方面又引入了所谓的先进生产技术，结果出现了大量的城市失业者。发展中经济体在经济发展过程中如果不能有效地实现经济发展成果为社会大众合理分享，普通劳动者实际工资与劳动生产率同步增长，就将进入"有效需求陷阱"，导致严重的产能过剩或大面积的城市失业。

更为关键的是，劳动工资随技术进步而上涨是经济系统维持再生产循环的必然要求，是二元经济转型的内在动力。越是后发国家，越是和先发国家的技术进步曲线有较大差距。随着经济发展，保持劳动工资与劳动生产率同步增长具有越来越重要的意义。如果实际工资在各种其他因素的影响下长期不变，那么根据之前的分析，只有这个经济本身没有技术进步，人均产出本身就没有太大提高才有可能。所谓的代表了实际工资上涨的"刘易斯拐点"，从产品市场出清的角度而言，不如说是由于经济开始增长而必然产生的拐点。劳动力的工资，从生产的角度而言固然是一种成本，但是从需求的角度而言，则是保证社会再生产能够继续的决定性来源。在经济存在技术进步的前提下，随着单位劳动生产率不断提高，实际工资上升是经济系统能够维系发展的一种必然结果。

在长期经济增长过程中——无论是一元经济，还是正在向一元经济转轨的二元经济——劳动工资都应当随着经济增长、劳动生产率的提高而提高。劳动者在推动经济发展，促进社会进步的同时，应当通过工资水平的上升，分享经济发展、社会进步的成果。这不仅仅是社会伦理和道义的要求、劳工运动的结果，也是社会再生产循环顺利进行的基本前提条件，产品市场出清的必然要求。在正常的社会条件下，任何投资行为最终都将转化为社会消费品生产能力的提高，与此同时，不论出于何种考虑，使这个社会长期维持居民的实际收入不变，全社会的消费总额将因此固定不变。那么，它必然导致社会再生产循环的条件破坏，全社会资本利润率下降和产品市场的全面过剩。这也证明，马克思在分析资本主义条件下社会再生产过程时提到的：由于普通劳动者收入过低引发的有效需求不足，将使得周期性的经济危机成为唯一的、针对产能过剩的解决方案的论断，今天仍然成立。

二元经济向一元经济转轨的过程中，实际劳动工资的正常上升幅度是一个值得进一步深入研究的重要理论与实践问题。在现实经济中，由于受到更为复杂的其他因素影响，实际工资的增速未必与经济增长一致，但是，至少应当以不低于某一速度，这样才能保证市场上不断增加的产出供给能力和需求能力之间保持相等，收入分配本身不会对经济发展产生负面影响。长期的工资收入落后于劳动生产率增长，必然带来社会的过度投资，从而在将来造成产能过剩现象，也是各种经济危机的重要来源。

二元经济转轨的复杂性、艰巨性和长期性。忽视了二元经济转变为一元经济，实际上是发展中经济实现现代化的过程，即使发展中经济始终保持较高的增长速度，也需要经历长达数十年的发展过程才能实现二元经济向一元经济的转化和经济的现代化。在如此漫长的历史过程中，全社会的实际劳动工资水平保持不变，无论是从理论或是现实角度看，都是不可能的。

在我国这样一个劳动力供给充裕，就业压力一向较大，普通劳工收入水平长期偏低，近十余年来居民收入增长缓慢，国内消费不足的发展中经济体来看，出现劳动力短缺和劳动收入水平普遍上升，本应视为社会经济发展的积极成果。它既是改善劳动者生活的必要前提，也是促进技术进步，推动产业升级换代，实现结构调整的积极因素。但是，它在国内经济学界却似乎成为令人担忧的问题："刘易斯拐点"的到来，意味着我国低劳动成本时代的终结，工资上升将提高工业成本，弱化我国产品的国际竞争力，降低经济增长率。

如果简单地与东亚地区国家进行就业结构的比较，2010 年，日本和韩国的第一产业劳动力占比分别为 6.6% 和 3.7%。即使按照 2000 年以来已经大大加快了的农业劳动力转移速度，至少也要到 2030 年之后，我国的第一产业劳动力占比才能降至日本、韩国 2010 年的水平。数据表明，2003 年以来，我国的农村劳动力转移不仅没有减缓而且加快了，劳动力的大规模跨部门转移和实际工资的持续上升同时并存。回顾世界其他地区的经济发展，不难发现，现阶段我国在经济发展过程中出现的非熟练劳动力工资上升，并非特殊现象。从 1951—1965 年，我国台湾地区的农业工人工资和非农业工人工资呈同步上涨态势。

四、新常态下实现农民增收新突破

自 2004 年中央着力提高农民收入以来，农民收入增长实现 11 年连增，增幅连续 5 年超过城镇居民收入。但是，我国农业经济发展进入新常态，农民增收面临外部环境、内在条件变化的双重影响。因此，未来要实现农民收入的持续增加，一方面要完善相关法律法规，保障农民工资性收入稳定增长；另一方面，继续推进农业现代化发展，提高农业规模经济效益，增加农业经营性收入。

（一）农民持续增收的难度加大

当前农民增收可能迎来了一个"黄金时期"，但制约农民增收的矛盾依然存在，城乡之间以及收入内部构成所存在的结构性问题依然突出，随着经济发展方式的转变、劳动年龄人口数量下滑、农村综合改革加深，工资性收入将成为农民增收的主力，未来农民收入的区域性差距将进一步缩小。因此，当前农民增收面临的挑战主要是农业结构的变化，随着城镇化的进一步加深，大量的农民不再从事农业生产，家庭经营性收入必将下降。同时，伴随大量农民进城务工，工资性收入将成为主要收入。而对于依然从事农业生产的农民而言，由于农业现代化的发展，农业规模经济效益开始显现，以农业经营为主的收入将成为该类型农民的主要收入。

农民收入包括农业和家庭的经营性收入、外出打工的工资性收入、财产性收入三个部分。然而，由于受城市第二、第三产业调整和宏观经济环境的影响，农民务工数量的增长在不断减缓。相关数据显示，2011—2014年，农民工外出数量较前一年分别增长了1 055万、983万、633万和501万人，增幅逐年下降。今后，在经济增长放缓和经济结构调整的压力下，农民工资性收入增加将受到影响。而农民家庭经营性收入相对稳定，但会受成本和农产品价格的双重挤压以及农民务农种粮收益有限，比较效益低的影响。家庭经营性收入在经济发展进入新常态后，增长的空间将会缩小，甚至出现下降。同时，政府为增加农民收入，都会以转移支付的形式对农民收入进行补贴。但在经济新常态下，国民经济增速放缓带来了财政收入的下降，直接以财政补贴的方式增加农民收入面临着巨大压力。

（二）政策措施

为了适应新常态，继续保持农民增收。近几年，结合农民收入增长变化的新特点，中央"一号文件"提出了关于提高农民增收的若干政策意见，主要有如下几方面的内容。

第一，加大对农业农村的投入。2015年中央"一号文件"明确规定要优化财政支农支出结构，加大对涉及农村基础设施建设、农业可持续发展、农村民生改善的重大项目的财政支持力度。同时，改革涉农转移支付制度，加强涉农资金监管，建立规范透明的管理制度，进一步改善农业农村发展条件。

第二，继续加大对农业的补贴力度，提高政策补贴效能。保持农民收入持续增加，必须健全国家对农业的支持保护体系，保持农业补贴政策的连续性和稳定性。

第三，完善农产品价格形成机制。继续维持小麦、稻谷最低收购价，积极开展农产品价格保险试点。完善国家粮食储备吞吐调节机制，加强储备粮监管。

第四，推进农村第一、第二、第三产业的融合。通过延长农业产业链，提高农业附加值，以市场为导向，大力发展特色农业，为农民增收寻求新的突破。

总之，促进农民增收主要通过加大对农业农村的投入、加大对农业的补贴、完善农产品价格机制以及提高农业附加值等方式实现。而在新时期，应以市场为导向，强化制度创新和政策创设，建立起有利于农民增收的制度环境和内部机制。

在制度创新方面，还需要做到以下几点。

其一，实现农业经营制度创新。以家庭承包为基础，发展家庭农场和各种农业合作组织，实现农业生产的产业化经营。这不仅有利于提高农业生产的专业化水平，促进农业现代化发展，还能解决小规模农户的实际困难，提高经济效益。

其二，推进人力资本创新。要实现农业发展、农民增收，需要一批高素质、高技能的农民来推动发展。通过职业化农民的培养，推进人力资本创新，发挥人力资本溢出的收入效应。

其三，推进农村土地改革。在城镇化水平不断提高，农村劳动力转移不断加大的背景下，土地问题是制约农业规模化经营的主要障碍，而推进农业规模化经营能有效地提高农民的收入。因此，通过土地改革，扩大农业经济规模，是促进农民增收的有效措施。在政策创设方面，一是要完善保险制度，加大中央、省级财政对主要粮食作物保险的保费补贴力度，扩大农业保险赔偿范围；二是城镇化政策，对不同类群体的主业收入进行针对性扶持。对于已转入非农业生产领域的农民，重点解决好农民工市民化的问题，加强工资性收入的保障。而对于依然从事农业生产的农民，要在城镇化过程中，加强农业与第二、第三产业的深度融合，在产业提质增效的过程中促进农民增收。

第五节　农村金融市场

我国现行投融资机制在乡村发展中存在的主要问题，是金融机构和资金的投资在市场化环境下由农村向城市倾斜、由农业向非农业倾斜，资本的流动由农村流向城市、由经济落后地区流向发达地区、由西部流向东部，以至于把农业、农村、农民的存款转向城市使用的非正常情况，从而导致金融服务"三农"的短板问题长期得不到解决，贷款难、贷款贵、担保少、保险弱、风险大、呆坏账多等问题成为顽症。

一、我国现行支农投融资机制改革实验与政策

中央与社会早就洞察支农投融资倒流情况，曾采取诸如对"三农"增加金融产品、改进服务方式等不少措施加以解决，如硬性规定金融机构放贷的支农比例、督促与鼓励金融机构增加支农贷款、对农村金融机构进行政策扶持等，都取得了一定成效。特别是 2017 年底农业部在银监会、证监会、保监会等部门大力支持下，按照紧密贴合农民需求、覆盖区域广、信贷投放量大、风险防控机制合理等标准，

择优评选了政府银行担保、政府银行保险、银行贷款+风险保障补偿金、农村承包土地的经营权抵押贷款和农民住房财产权、农村信用社小额贷款、农产品价格指数保险、农机金额租赁、基层银行业机构与农牧社区基层党组织联动合作贷款、互联网+农村金融、农业领域公私合营模式（Public-Private Partnership，PPP）10个模式，通过公开发布的形式向全国进行推广；鼓励各地结合实际，出台配套政策，加大创新推广力度，进一步满足农民金融服务需求。

但是，由于上述创新模式尚处于推广初期阶段，有的还处于探索之中。例如，目前全国PPP综合信息平台入库项目中，仅有140个农业项目，总投资961亿元，其中9个项目已经签约落地。再加上"三农"投资具有周期长、见效慢、回报率低、风险大等特点，特别是在机制上创新不足，乡村建设所需资金的满足度很低的问题长期来并没有得到有效解决。为此，中央"一号文件"要求"创新投融资机制"，可以说抓住了要害。

（1）创新投融资机制的三层含义。所谓创新投融资机制，至少有三层含义：一是在制度安排方面，保障财政从总量上增加对"三农"所需资金的支持数量，鼓励金融机构对"三农"放贷数量增加，激活与鼓励社会资金特别是城市资金下乡；二是在投融资产品方面，鼓励各金融机构和投资者不断开发和推出适合"三农"特点的新产品；三是在服务手段方面，鼓励各金融机构和投资者之间开展服务"三农"有益竞争等。

（2）政府财政支农要尽快从抓局部试点到全面铺开的转变。过去，政府财政由于能够筹措到的支农资金有限，不可能照顾到大多数农户、农业项目和农村发展项目的需求，不得不通过抓示范试点的形式分配资金。现在，实施乡村振兴战略，资金将优先保证、比较充足，过去那种抓示范试点的做法不应再继续，但也不能搞平均分配式的"撒胡椒面"。

（3）继续健全、完善财政支农体系。现有的财政支农体系运转是有效的，但是要完全满足乡村振兴需要，尚需要进一步健全与完善。一是改变现有的以财政平衡编制财政支农计划的方式，按照乡村振兴的实际需要，编制财政支农的计划；二是继续探索采取政府购买服务、贷款贴息、税费减免、建立基金、民办公助、一事一议、以奖代补等多种有效形式，更好地发挥财政资金的杠杆撬动作用，引导金融、社会资本投向农业、农村、农民；三是组建国家农业信贷担保联盟体系，解决"融资难、融资贵"问题；四是建立完善农业保险政策，重点发展符合适度规模经营需求的多层次、高保障农业保险产品与服务等。

（4）继续健全、完善金融支农供给体系。前些年人们已经形成的共识是，构建由政策性金融、商业性金融、合作金融、新型农村金融机构及保险公司、券商和期货公司共同构成的既竞争又合作的，多层次、广覆盖、风险可控的金融服务供给体系。这个体系的缺陷是不承认民间金融在满足"三农"需求中的地位与作用。健全与完善金融支农供给体系，就要承认民间金融，给民间金融发挥贡献的平等空间。

（5）下决心解决"三农"投资担保动力不足问题。"三农"投资担保动力不足问题，是长期困扰我国的一个老大难问题。主要原因在于贷款机构营利预期不高且担保抵押风险不确定。目前参与土地金融创新的机构并不多，主要是农村信用社，还有少量农业发展银行，在县域的大部分金融机构基本不再涉足涉农业务，涉农农村金融机构竞争力不足，担保机构选择余地小，且仅有的几家担保机构实力不强，动力不足。

解决"三农"投资担保动力不足问题，新创办一大批担保机构当然好，但是难度大，最可行的是允许并鼓励更多的金融机构参与到"三农"投资担保业务中来。

（6）不断引入现代科技手段。虽然目前我国涉农金融机构越来越多地引入现代科技服务手段，提高了服务质量，但是各金融机构发展不平衡，特别是涉农服务这块差距比较大。要充分认识"三农"对现代化服务手段的需要，打造"金融+科技"的农村投资与金融良好业态。深入挖掘农村投资与金融科技建设的重点问题，推动大数据、云计算、信息安全、移动互联网等信息科技在农村投资与金融领域的应用，打造"金融+科技"的良好业态，有效消除阻碍，使农村投资与金融在助力乡村振兴中发挥更大的作用。

二、社会资本怎样积极参与？

（一）尽快启动有社会资本参与的"多种所有制的农村金融体系"建设

中共中央和国务院 2004 年"一号文件"提出："要从农村实际和农民需要出发，按照有利于增加农户和企业贷款，有利于改善农村金融服务的要求，加快改革和创新农村金融体制。""鼓励有条件的地方，在严格监管、有效防范金融风险的前提下，通过吸引社会资本和外资，积极兴办直接为'三农'服务的多种所有制的金融组织。"文件发布后，有关部门为贯彻落实成立了研究小组，加紧工作，并在山西平遥等地启动了几个试点。但是，由于农村金融的复杂性，他们在十多年的时间内尚没有制定出能够普遍推广的、具有操作性的具体办法，社会资本和外资也不见"积极兴办直接为'三农'服务的多种所有制的金融组织"；农村金融体制的改革和创新也没有任何"加快"的迹象。

尽快根据中央的要求，启动有社会资本参与的、以农民合作金融组织为主体的多种所有制金融组织，并使其开展公平竞争。农村金融的多种所有制组织，包括现有的国有金融机构，例如农业银行以及为农业服务的工商银行、建设银行、中国银行，有待于大力开展农业保险的各保险公司等；股份制银行，例如股份制商业银行、股份合作银行；外资银行以及中外合资（合作）银行、外资控股（参股）银行；农村合作金融机构，例如农村信用合作社（改革后有的已变成非合作性质的商业银行、股份制银行）、农民合作基金会，农民合作保险机构；个体私营金融机构，例如个体私营银行（保险）、个体私营为主的基金会（保险）等。

为了尽快满足农民的金融需求，近期内应该大力发展农村合作金融机构，较简便的措施是，鼓励现有农村合作经济组织借鉴村民基金会的经验，开展集资、放贷、保险等金融业务。

（二）最要紧的是打破部门或机构的垄断

由于没有真正意义上的改革，我国农村金融几经变故，形成了农业银行和农村信用合作社两个"国有"、半国有性机构的垄断，其他任何自然人、企业法人、社团法人都不得进入。在行政性、并非自然竞争形成垄断的情况下，垄断者都会对本区域贷款持消极态度。更为深层的原因，在于垄断者遵守的"潜规则"：一是对发达地区贷款所取得的效益高于对本区域贷款；二是对发达地区贷款的保险系数高于对本区域贷款；三是个人从对发达地区贷款中获得的回扣、红包等好处高于对本区域贷款。

因此，当前最紧迫的是打破部门或机构对农村金融体系改革试点的垄断，才能贯彻落实中共中央、国务院近几年来制订的若干有关农村金融改革的好政策。从理论上讲，人民群众是变革社会的决定性力量，也是加快进行农村金融体系的改革的决定性力量。我国农村金融体系的改革，理应由变革社会的决定性力量的农民群众来主导、运作，而不能由一两个政府机构把持着自己做。

在农村金融体制与政策的变革中，村民的利益、意愿和行动，将起着决定性的作用。凡是那些符合最广大农民群众利益的制度与政策，反映了广大农民的意愿和利益，必将受到农民群众的衷心拥护，最终变成了农民的自觉行为。反之，如果不考虑广大农民的意愿和利益，其结果只能是适得其反，无一例外地造成了严重社会危害。

（三）不要把社会参与视为"洪水猛兽"

发展有社会资本参与的、以农民合作金融组织为主体的多种所有制金融组织体系，许多人存在着模糊认识，特别是 20 世纪 90 年代末期农村合作基金会被"一刀切"取缔后，一些人就患上了"农村金融发展恐惧症"，甚至把农村金融视为"洪水猛兽"，出现害怕、恐惧、鄙视等心态，张口闭口"扰乱国家金融秩序"。在他们看来，农村金融发展不发展无所谓，农民有没有获得金融贷款机会无所谓，重要的是不能"扰乱国家金融秩序"。

这种心态与观点的错误在混淆了有社会资本参与的、以农民合作金融组织为主体的多种所有制金融组织体系与扰乱国家金融秩序。国家金融秩序当然不能扰乱。事实证明，扰乱国家金融秩序者，既有农村某些金融机构，也有城市金融机构，更有国有大型金融机构。

进一步看，有社会资本参与的、以农民合作金融组织为主体的多种所有制金融组织体系即使大发展了，并不会"扰乱国家金融秩序"。这是因为：①多种所有制金融组织体系存款贷款规模都不会太大，从总量上看难以影响全国信贷大局；②农民贷款都是发展种植业、养殖业、小商贸等都是国家急需的，不会产生诸如通货膨胀等影响全局的问题；③农民利用好了多种所有制金融组织体系的金融产品，将大大改善生活水平，这对于增加消费、拉动经济增长，作用也是很大的。

（四）让民间借贷在阳光下运作

长期以来，我们对于民间借贷特别是农村民间借贷采取着一种严格禁止、不准高利借贷的政策。对于政府机构来说，这种政策的确减少了工作麻烦，但是既没有解决农民和农业企业贷款难的问题，又没有使民间借贷特别是高利借贷从地下转到地上。

在我国农村特别是西部民族地区农村，亲朋好友之间的民间借贷很普遍，它解决了农民急需资金的问题。这种借贷，通常是不计付利息的，其实是农民间的互相帮助、金融互助。只有那些非亲朋好友之间的借贷才有付息之说，而利息超过了一个社会公认的水平线，就被称为高利贷。司法实践中把政府划定利息的四倍，作为界定线，四倍之内受法律保护，超出则法律不予保护。

高利贷是民间金融中的一个常见形式，而广泛存在于广大农村和一部分城市。在有些地区，借贷双方乐此不疲，全然不顾意识形态化的道德谴责和司法部门的打击，所谓"放者愿打，借者原挨"，就是真实写照。受长期革命性理论与口号的影响，我们对于民间高利借贷一直采取两个手段：一是道德谴责，二是政府打击。但遗憾的是，这些手段并没有将其取缔。其中的原因，在于民间高利贷是一种经济行为，有其生存的土壤和条件。中外历史经验证明，靠道德谴责和政府打击，是奈何不了民间高利贷的，唯一有效的方法是疏，不是堵。

在乡村振兴战略实施过程中，承认民间借贷以及高利借贷的合理性和合法性，让它们从地下转入地上，在阳光下运作，并将其纳入正在构建的农村金融新体系中，才是正确的做法。

（五）开放境外资资金进入农村领域

2001 年 11 月 10 日，世界贸易组织（WTO）第四届部长级会议审议通过了中国加入世界贸易组织的申请，我国从 2001 年 12 月 11 日起正式成为世贸组织成员。开放外资金融机构进入农村领域，就是我国加入 WTO 的郑重承诺，兑现这一承诺，已经进入 2018 年政府相关改革日程。

早在 2006 年中央"一号文件"就明确要求："首先鼓励在县域内设立多种所有制的社区金融机构，允许私有资本、外资等参股。"十多年过去了，人们看到的私有资本、外资等参股县域内金融机构的情况并不多见。

国内金融业界有种说法是，国内国有和股份制金融机构已经够多了，它们之间的竞争也很激烈，用不着再引进外资与私有资本。这种认识的局限在于，国有和股份制金融机构之间的竞争属于同质竞争，这和私有资本、外资银行进入农村金融领域的意义不可相比。目前，全国农村金融机构普遍存在资本金不足、内部人控制、效率低下等问题。外资和私有资本的进入可以有效弥补这一缺失。此外，外资银行的进入，能从根本上改变农村金融机构的治理结构缺陷，进一步完善产权制度。农村金融机构薄弱的人才、技术、经营管理、企业文化理念等方面，也有望借助外资银行的进入而扭转。

外资金融机构之所以愿意进入中国，看重的是农村金融市场的巨大潜力。从中小型的外资银行角度看，农村金融机构应该会比国有大型商业银行更好打交道，这正是为数不多的如荷兰合作银行、澳新银行前些年进入中国选择城市商业银行和农村商业银行作为合作伙伴的主要原因。

荷兰合作银行 2006 年与国际金融公司共同出资 2.6 亿元人民币，参股杭州联合农村合作银行，占 10%的股份，这是外国股份第一次加入中国的农村合作银行。

澳新银行 1993 年设立上海分行，经核准已于 2002 年获得了新颁发的外资营业许可证，为中国居民和中资企业提供全面外汇业务，是唯一一家在中国可以提供商业银行业务的大洋洲地区银行。

总体看来，外资金融机构进入中国数量极少，有待继续扩大开放，让更多外资金融机构进入中国市场，特别是农村金融领域。

三、新常态下，以金融改革为农业经济发展创造活力

当前，农业经济的发展面临结构调整，增速放缓的形势。在此形势下，要实现

农业现代化，农民增收离不开农村金融的支持。近年来，农村金融服务环境虽然得到一定的改善，但与新常态下金融服务发展的水平还有差距。这些差距主要表现为如下三个方面：一是农村金融服务需求与供给的矛盾，当前农村金融基础设施建设落后，有些地区仍存在金融服务的盲区，连最基本的金融服务也无法享受；二是农村金融产品创新不足，随着农业现代化的发展，农业产业结构的调整，迫切需要农村金融创新与时俱进；三是城乡之间农村金融政策不平衡。由于农业是弱质型产业，受自然环境影响较大，对于金融机构而言，高风险的行业必然存在巨大的风险成本。因此，相关优惠服务政策也逐渐远离农村，使农村金融的发展陷入困境。农村金融改革与"三农"问题息息相关，近几年，中央"一号文件"关于农村金融改革的重点都是以服务"三农"为主。概括为以下几点。

第一，发挥财政税收转移支付能力，通过货币信贷、金融监管等政策措施，推动金融资源流向"三农"。同时优化涉农贷款结构，保障涉农贷款总量。

第二，鼓励各类商业银行创新"三农"金融服务，使金融创新产品满足农业经济发展的需求。同时加大对水利、交通等农村公共基础服务设施的贷款力度。

第三，发展新型农业合作组织，在农民合作社和供销合作社基础上，培育发展新型农业金融机构和组织。明确政府对农村金融合作机构的职责，鼓励建立风险补偿基金，有效防范金融风险。经济发展进入新常态后，农村金融的需求和规模都发生较大的变化，农村金融的改革创新具有较大的潜力。同时，受互联网金融、利率市场化等外部因素的影响，农村金融改革又面临新的挑战。

因此，顺应时代发展的潮流，新常态下农村金融改革应关注以下几点。

（1）增强政策激励作用。当前，农村金融机构虽然不少，但真正服务"三农"的却不多。在市场机制的作用下，很多金融机构"只存不贷"，吸纳农村有限资金后，将资金投向城市。为此，政府应通过设立有效的政策制度，激励农村金融机构服务"三农"发展。可以从两方面考虑：一方面政府应通过减免营业税、所得税等方式对真正服务"三农"建设的金融机构给予优惠政策，激发支农的积极性和主动性；另一方面政府应通过相关政策措施提高涉农项目的投资回报率，建立相应的风险分散机制，鼓励农村金融机构加大对这些涉农项目的扶持力度。

（2）改善农村金融生态环境。首先应建立和完善农村金融法律法规体系，积极推进农村金融立法，保障农村金融改革有序进行，有法可依。其次是建立信用评级制度，加大金融知识的普及。农村较城市相比，信用评级制度严重缺失，这严重挫伤了农村金融机构放贷的积极性。同时，政府还应积极带动加大对金融机构的投资。农村金融的可持续发展离不开政府投资的带动作用，有些学者认为政府的投资行为可以带动投资主体对农村金融机构的投资。政府只有积极投资于对"三农"支持较大的金融机构，才能促使其他投资主体对这些金融机构进行投资，从而使农村金融健康发展，同时又更好地服务于"三农"。

（3）增加农村金融服务的多元性。如今农业现代化，农村社区化，农民市民化成为新趋势。农村金融应以农村、农业、农民的需求为导向，建立服务多元化的农村金融体系。当前，农村金融发展供求关系不平衡，农村金融服务多元化发展困难重重。从供给角度看，农村金融网点覆盖面不足，部分地区仍然有金融盲区，无法形成多元化金融服务体系。从需求角度来看，由于农民投资分散化，农业生产小农化，无法对农村金融服务形成强大需求，农民金融信贷大都通过非正规金融机构完成。因此，要发展农村多元化金融服务体系，一方面金融机构应因地制宜，拓宽服务网点，消除金融服务盲区；另一方面发展现代农业，通过农业规模化生产，促使分散的农民投资集中起来，拉动农村金融服务多元化的发展。

当前，农村金融的发展与多元化外围环境紧密相连，城乡之间金融互动发展是当前农村金融发展的新特点。农村金融改革应以创新为主，逐步完善农村金融生态系统。在农村金融创新改革的过程中，由于金融机构具有明显的趋利性特征，政府在农村金融改革中应发挥重要的带动作用。同时，完善农村金融生态环境，缩小与城镇之间的差距，加强金融改革，使农村金融更好地服务于"三农"。

第六节　农村基础设施

由投资驱动的中国经济增长模式中，基础设施投资扮演着非常重要的角色。在改革开放初期，基础设施投资仅占 GDP 的 5.44%。2010 年，这一比例达到 18.19%。基础设施投资的快速增长使中国农村地区的基础设施水平发生显著改善。2010 年农村水电建设投资额是 1990 年的 12 倍，农村地区的用电功率从 1953 年的几乎可忽略不计增长到 2010 年的 6 630 万千瓦。截至 2010 年，我国 99%的乡村以及 98%的乡村已经通电，电话座机部数也从 1990 年的 147 万部增长到 2010 年的 9 780 万部[①]。

一、农村基础设施的收入分配效应——促进包容性增长

农村基础设施是指，为乡村居民进行社会生产或者生活提供公共服务的物质性公共设施。通过建设农村基础设施为乡村居民提供生活中所需要的公共服务以及促进乡村发展的服务项目。通过国内外各学者对于基础设施的研究，得出对于农村基

---

① 数据全部来自国家统计局。

础设施的研究一般将农村基础设施分为广义和狭义两类。狭义的基础设施主要是指以经济为基础的物质基础设施，包括交通运输、电力、通信、给排水等公共设施和公共工程等。广义的基础设施除此之外，还包括卫生、教育等。

基础设施本质上属于公共产品或准公共产品，这决定了本身就应该负有改善收入分配的使命。如果基础设施加剧了不均等，就失去了其公共产品的性质。无论如何，基础设施的收入分配效应绝对不能被忽视，尤其是在世界各国都在追求包容性增长的背景之下。

就基础设施的影响而言，现有文献基本聚焦于增长效应，而关于其收入分配效应的研究却很缺乏。这显然是一大遗憾，因为收入分配恶化已经成为全球各国，尤其是发展中国家一大严重经济和社会问题。事实上，若市场力量会加剧收入不均等，政府干预就是不可避免的。这其中，政府支出的投向是极其关键的。新兴经济体将大量的财政开支用于基础设施投资，而发达国家也正开始或经历着基础设施更新升级的过程。特别地，多边开发银行（如世界银行和亚洲开发银行）将70%以上的贷款投入到基础设施项目当中，成立不久的亚洲基础设施投资银行亦是如此。

对我国农村基础设施的收入分配效应研究则更为重要。直到近几年，我国收入分配状况持续恶化，贫富差距已经成为我国政治经济社会层面的一个严重问题；进一步地，我国农村不均等的上升程度比城镇更严重。因为尚有差不多一半的人口居住在农村，如果农村内部收入差距长期过大，可能会导致严重的社会问题，尤其是两极甚至多极分化的问题。因此，非常有必要研究我国农村基础设施对不均等的影响。研究结果表明，农村基础设施总体上有利于提高我国农村居民的收入水平，从而有利于改善我国的城乡收入差距。更重要的是，我国农村收入较低的个体从这些基础设施中获益更多，这意味着农村基础设施还可以改善农村内部的收入分配。所以说，农村的基础设施的确起到了包容性增长的作用。事实上，基础设施在农村地区的作用远不止于减贫和改善收入分配。调查及实证结果进一步揭示，若没有座机电话、自来水等农村基础设施，即使教育水平再高，经验再丰富，农村居民也难以从教育和经验当中获益。因此，在中国农村地区，教育和经验回报率是以基础设施为前提的，基础设施可以显著地提高教育和经验的回报率。

二、农村基础设施现状分析

根据我国统计局发布的数据显示，我国政府对于农业基础设施的建设投资呈现出逐年递增的趋势。这说明，国家意识到了农村基础设施建设的重要性，并也取得了一定成效。但纵观整体，我国农村现有的基础设施尚不能满足建设社会主义新农村的要求。

（一）农村基础设施建设相对滞后

本文将农村基础设施投资项目分为经济性基础设施和社会性基础设施这两类，主要包括水利、交通、能源、教育、医疗卫生以及环境保护这六个方面。农村社会性基础设施本文主要选取教育、医疗卫生这两个具有代表性的项目进行观察。调查显示，每年政府对农村教育、医疗与环境进行大量投入，也取得了一定的效果，使我国农民的受教育状况有所提高，极大程度上降低了文盲率；卫生人员素质以及医院的设备从整体上得到了完善；农村生态环境有显著改善。但是农村师资匮乏，农村的整体教育水平偏低；乡村依旧存在着"看病难、看病贵"状况；农村的环境保护现状仍不容乐观。

通过对农村社会性基础设施和经济性基础设施进行简单的分析，可以得出我国农村经济性基础设施建设较之社会性基础设施发展而言，是较快的。经济性基础设施一直得到财政投资的大力支持，尤其是道路、电力和通信等农村经济性基础设施都是优先发展。社会性基础设施由于其自身特点以及技术水平的局限，使得如农村医疗卫生、农村环境保护等见效慢、期限长且具战略性的基础设施建设明显滞后。

（二）农村基础设施建设非均衡及影响

（1）不同地区农村基础设施建设状况。我国总体分为东部、中部和西部三个地区。2003—2010年，我国东部、中部和西部各地区总体的基础设施投入总量存在较大幅度的差距。东部投入总量维持在3 000亿元人民币以上，中部和西部基本在1 000亿元以下，这就导致中西部地区的差异明显。但是在近几年，我国政府也充分认识到中西部地区发展的重要性，在维持东部稳定发展的前提下，加大对于中部和西部的投入。地区之间虽然投入差距减少，但是在实践中，深入中西部地区乡村就会发现，由于前期的落后，虽近几年国家加大对于西部地区投入，无论是经济性基础设施的建设还是社会性基础设施的建设，都落后于东部、中部区域。

（2）地区差异带来的影响。各地区农村之间基础设施投入存在的差距会造成一系列问题，不仅仅是地区的发展，也会对生活在该地区的村民造成一定影响。

首先，区域差异化导致区域间经济发展不平衡。由于东部地区较为发达，中西部地区居民为获得更良好的生活环境会选择向东部地区发展，这就导致中西部农村建设会出现人才流失现象，缺乏大量劳动力人才导致中西部地区基础设施建设的滞后。另一方面，大量的中西部地区农村人口的流入东部地区，在一定程度上促进东部地区经济发展的同时，也会导致更大程度上的地区差距，同时也会加剧东部地区基础设施建设与人口之间的矛盾状况。

其次，地区差异也会对于不同地区村民有所影响。统计数据分析得出，农村居民的纯收入与农村基础设施投资金额之间是正相关。因此，农村基础设施投入差异会导致不同地区村民收入的不同，从而导致社会收入分配不均衡现象加重。在 2011 年之前，我国政府主要致力于东部地区的乡村发展，而忽视了西部地区农村发展，将大量资金投入东部使东西部之间的差距进一步拉大。公共基础设施与人们的生活密切相关，地区间农村基础设施差距可能会造成社会的不安定和动荡。因此，政府应积极延续现状，加大对于中西部地区乡村的投入，同时稳定东部地区的投资，实现均衡化发展，促进地区间农村和谐稳定发展。

三、改进农村基础设施建设的建议

就农村居民的国民性质而言，应该享受同城市居民无差别的公共产品和公共服务，在这个意义上说，农村公共产品和准公共产品的界定同城市一样。然而，由于农业是国民经济基础产业和弱质产业，加之农民是低收入低积累的弱势群体。因此，农村公共产品和准公共产品的范围界定相对城市来讲要宽一些。从农村发展的现实情况看，由政府公共财政覆盖的农村公共产品和公共服务主要包括两类。一类是纯公共产品，包括农村基层政府、村组织的行政服务，农村公共基础设施（乡村道路、清洁饮水）、生态环境建设和保护、大江大河治理、农业基础设施建设（水利灌溉系统、农产品质量安全监测检测系统、农业信息系统）、农业科技进步（基础研究、重大技术成果的中试和推广示范）、农村抗灾救灾、农村公共卫生防疫、农村扶贫开发等。另一类是准公共产品，即农村基础教育、农村医疗救助、农村社会保障、农村科技文化等。

（一）进一步提升农村基础设施的数量和质量

首先，基础设施具有包容性增长的作用。因此，衡量农村基础设施的投资效果时，不能只看其对农村居民收入的影响，还要考虑它们对农村内部不均等，乃至全国总体收入分配状况的积极影响。从目前财政支出的范围看，公共财政基本涉及了农村所有公共产品或公共服务领域，但投入不足，总体覆盖力度不够，城乡差距较大；区域差异明显，问题比较集中，矛盾比较尖锐。特别是在当前世界经济恢复疲弱，国内经济"三期叠加"困难重重的情况下，适度扩大"鱼"（即效率）和"熊掌"（即均等）兼得的农村基础设施投资，还能起到拉动国内需求，防止经济进一步下滑的作用。

其次，尽管农村基础设施的包容性增长作用在东、中、西部都存在，但其幅度和显著程度在不同区域有所差别，这与各地区的经济发展阶段和基础设施的普及程度有关。据此，建议今后的农村基础设施投资在这三个地区的侧重点应有所不同。东部地区的农村基础设施相对比较普及，应将政策重点放在降低其使用成本，提高这些设施的硬件质量尤其是相关的软件质量上。内陆地区的基础设施投入需要数量和质量并重，尤其是西部的基础设施的包容性增长效应尚没有得到充分发挥，应加大投放，并特别照顾贫困的乡村和贫困农户。

最后，农村教育回报率会随着基础设施的普及而进一步提高，所以建议各级政府加大在农村特别是西部农村的教育投入，切实提高农村的教育水平和质量。我们一贯的观点是，教育投资可能比水电交通和通信投资更为重要，因为这方面投资形成的能力是可以携带的。随着我国城镇化的持续推进，有些农村的硬件投资可能渐渐失去作用，但对诸如教育和健康的投资却能携带到城镇去，且有较大的提高空间。从根本上说，目前对人口流动起限制作用的户籍制度，本质上体现在教育、医疗、就业等方面对农村户籍人口的歧视性对待。所以，农村教育水平的提高也有助于推进市民化进程。

（二）转变农村基础设施投资机制

各地区的基础设施的投资机制不仅要依赖于中央、省级政府的相关规定，采取"自上而下"的指挥方式，为了防止投资无效或者投资方向错误，不能确保农户急需的设施能够及时建设。因此，作为农村基础设施受益主体的农民，也应该积极投入于农村基础设施决策中去，形成"自上而下"与"自下而上"相结合的模式，政府与农民合力建设农村基础设施。农民成为农村基础决策主体，充分表达自身意见，有利于农村基础设施建设有效性的提高。

（三）实现供给主体多元化

对于农村基础设施建设未能满足农民需求，很大一个原因就是由于资源的短缺而造成建设停滞不前。通过对农村基础设施的供给主体进行改进，由政府单一投资转变为政府、村委会、村民等共同投资建设，形成多元化的投资建设主体，使受益者也为乡村建设贡献自己的力量。在农村基础设施投入上因地制宜地使用 PPP 模式（公私部门伙伴关系），政府作为主要管理者、宏观调控者对于基础设施进行合理安排，同时通过契约等方式与私人部门等建立伙伴关系，并进行合理的监督，确认农村基础设施建设能够有效建设。

第七节　城乡融合发展与实现途径

经典的发展经济学理论表明，经济发展就是城市化、工业化和城乡差距缩小的过程，而我国的城乡经济发展和城市化进程却伴随着不少传统发展经济学难以解开的"谜"。首先，我国的城市化水平与改革开放以来持续快速的工业增长极不相称。城市化水平不够高使得我国的经济发展没有充分发挥其规模经济效应，许多城市因为规模太小而损失了生产率，工业集聚还远没有达到应有的水平。其次，城市化也没有导致城乡间收入均等化的结果——相反，我们观察到的现象却是，城乡间的收入差距在持续扩大。显然，建立在城乡统一劳动力市场假定之下的传统的经济发展和城市化理论无法解释我国的城乡经济发展、城市化进程和城乡工资差距的变化。在这种城乡分割的经济政策下，城乡之间的劳动力市场必然处于一种源于政府干预的"非均衡"状态，这也是人口的"城市化"滞后于经济的"工业化"的重要原因之一。这种出于城市自身利益而分割城乡的做法不利于城乡经济的共同增长，会阻碍城乡之间从分割到融合的转变。而减少城市居民与农村移民间的社会矛盾、促进城乡之间从分割到融合的转变，不仅能够提高农民的福利，而且有利于城乡经济的共同发展。

一、"三重二元结构"与城乡融合发展

我国的"二元结构"相比较于一般的二元结构，可能是更为复杂的"三重二元结构"。第一重二元结构指的是城乡之间的二元结构，假如把中国分成两块，一块城市一块乡村的话，城乡有很大差别，形成一个二元结构。第二重二元结构称为"区域内二元结构"，就是每一个地区内部又分"二元"，有发达地区和不发达地区的巨大差异，比如在广东省，就有极其发达的地区，也有相对不发达的地区，形成巨大反差，不同发展程度的地方共存在一个大区域内部。第三重是区域和区域之间的二元结构，比如东、中、西不同区域之间的巨大差异。当然这"三重二元结构"的根本问题，还是城乡差距。

三重二元结构的存在，导致我国好像一个极度分裂的社会，到处存在着巨大的差异，这种经济和社会的"二元性"，已经严重影响了中国人的生活质量和幸福感，无论是处于二元结构中"高层次"的一端还是"低层次"的一端。

党的十九大报告提出要建立城乡融合的体制机制，这是实现乡村振兴战略的根本，因为乡村问题不单是乡村自身造成的，城乡格局下乡村振兴不可能单兵突进。城乡关系是一道长期未解决的难题。我们在计划经济和国家工业化阶段未解决好，

在改革开放后也没有得到解决。随着工业化、城镇化的快速推进，我国的城乡收入差距进一步拉大。从党的十六大以来，我国实施城乡统筹战略，推进城乡发展一体化，城乡统筹政策体系的建立在公共政策上解决了城市有、农村没有的问题。但是，城乡发展"两张皮"的局面没有改变，城市繁荣、乡村落后的反差没有改观。

党的十九大报告没有继续沿用城乡统筹或城乡一体化概念，而是提出城乡融合的新理念，这是对城乡格局现状和未来趋势判断的结论。一是旨在对已有的城乡关系不协调状况进行矫正，城乡统筹的教训是政府力量过强、市场力量不足，加上城乡二元体制性障碍继续存在，导致用城市统农村的局面。实现城乡融合，其本质是要实现城乡两个空间的发展权平等，首要的前提是必须改革现行的导致乡村失去发展机会的体制机制。二是对已经出现的城乡互动格局的呼应。我国的城乡关系在经历单向城市化以后，已经转向城乡互动阶段，人口、土地和资本从单向配置到城市转为城乡两个空间的相互流动和配置。这一格局的出现有其必然性，城市化发展到一定程度后，城市产生对乡村的新需求，包括安全、健康、地方化的产品；乡村旅游与休闲；宁静的环境与淳朴的民风等。由此带来农业功能的拓展与形态变化，资本到乡村的获利机会增加，乡村价值上升。在城乡互动阶段，人们对城市和乡村两种文明的认识变化，二者的互补和互需增强，有助于城乡两个文明在异质中发挥各自的优势，城乡融合的体制机制构建有利于促进这种格局的实现。

在经济发展的过程中，有三个层面的城乡融合：第一，空间意义上的融合，这种融合是最简单的，只要农民不断地进城，城市人口比重不断提高，城市居民和新移民实现空间上的融合；第二，城市居民逐渐消除对于新移民的歧视，消除农村居民在就业服务、社会保障和子女教育等各方面所受到的不公正待遇，城市居民和城市新移民的差距缩小；第三，农村居民和城市里的新移民不会因其身份而与原城市居民在公共事务和政策决定方面拥有不同的权利，从而为政策的决定机制上消除城乡分割形成基础。现在，政府已经提出，要在人大代表中增加农民工的数量，一些地方政府开始尝试取消城镇和农村户籍的区分，这些都是城乡融合的重大举措。要实现从城乡分割到城乡融合的转变，除了随着城市的资本积累而不断地增加农村向城市的移民外，更为根本的是必须改变城市单方面地制定有利于自身的政策这一现状。"社会主义新农村建设"和解决"三农"问题不只是农村的事，也是城市的事。从舆论宣传上致力于消除城市居民对农民工的歧视、减少城市对农村劳动力流入的种种限制、在制度上逐渐实现进城的农民工享有与城市居民同等的社会保障待遇等，这些都是城市在新农村建设中容易被忽视却非常重要的方面。在城乡分割到城乡融合的制度转变中，中央政府需要承担更多的责任，因为这很可能并不符合地方政府的利益。

二、城乡融合发展的实现途径

自 2013 年进入新常态以来，我国经济的发展由高速增长转为中高速增长，经济发展出现新的特征。经济进入新常态，经济结构调整主要表现为三方面。

第一，产业结构层次的变化，以战略新兴产业为主的第三产业成为经济发展的主要推动力。产业结构升级的背后是城镇化水平的不断提高作为支撑，而城镇化水平与"三农"的发展息息相关。

第二，需求结构层面的变化，进入新常态后，消费需求超过投资和出口，成为拉动经济发展的主要动力。但数据显示，2014 年占人口比重 52% 的农民消费支出仅占居民消费支出的 35%，与城镇居民相比具有较大的差距。因此，提高农民收入，增强农民消费能力，关系到未来经济发展的潜力。

第三，区域结构层面的变化，城乡差距将日趋缩小，但城乡一体化速度有所下降。我国要全面建设小康社会，就要不断缩小城乡差距，不断提高农民市民化、农村城镇化水平。因此，应把解决好"三农"问题放到经济发展的首要位置。

在经济增速放缓和结构调整的新常态下，工业经济发展已遇到创新驱动力不足的瓶颈，而第三产业的发展还需要第一、第二产业的支撑。在经济结构调整的大背景下，通过以农业为主的第一产业的发展为第二产业增加经济发展活力，需要进一步推进农业现代化、城乡一体化。通过深化农村改革、促进农民增收等方式，进一步解放农村生产力，促进城市化的发展，为新常态经济增长提供动力，为经济结构调整减少阻力。

（一）以农业现代化推动农业生产的发展

农业现代化是当前农业发展的方向。随着我国经济进入新常态，农业发展的内外环境正在发生深刻变化，而农业作为第二、第三产业的发展基础，则关系到国民经济的整体发展水平。在资源环境约束条件下，要进一步发展农业经济，必须依靠农业现代化，改变传统农业的发展方式。

目前，农业现代化面临巨大挑战，主要表现在以下几个方面。第一，农业剩余劳动力大量存在，劳动力素质低。目前我国城市化相对滞后，第三产业发展不完善，制约农村剩余劳动力向非农产业转移。同时，农民受教育程度普遍低下，无法满足农业现代化对高素质农民的需求。第二，农业产业结构不合理，劳动生产率低下。我国农业主要以粮食种植为主，经济作物种植规模较小，加上以家庭联产承包制为主的农业经济方式由于经营分散、规模小，无法形成机械化生产规模，制约农业科学技术推广。第三，农业生产技术落后。当前农民对生产的投入大都集中在土地与劳动的外延性投入上，粗放经营、乱砍滥伐的现象依然存在，这不仅破坏了生态环境，还不利于农业可持续发展。这些问题长期制约着农业现代化的发展，而经济发展进入新常态，农业现代化又面临新的问题。

面对这些问题，2012—2015 年中央"一号文件"都把农业现代化作为"三农"问题的重点。政策方面的内容可以概括为以下几点：以农业科技创新为驱动力，引导现代农业建设，确保粮食安全；以全面深化农村改革，推进农业现代化；进一步加大改革创新力度，加快农业现代化发展。

从推进农业结构调整、强化农业科技驱动、创新农产品流通方式等三个方面转变农业发展方式。从政策内容中可以看出，农业现代化进入了提质增效，体制创新的结构调整阶段，这与经济发展新常态相适应。随着经济的发展，传统的农业发展方式已不再适用新常态下农业经济发展的要求，发展现代农业成为推进农业经济发展的重要方式，而发展现代农业则必须进行深层次的改革。针对经济发展新常态，当前推动农业现代化发展还应考虑两方面问题。

（1）农业现代化与工业化、城镇化同步发展问题。有些学者认为，城镇化、工业化对农业现代化变动的影响较深，且城镇化的变动对农业现代化的影响比工业化变动大，而另一些学者认为三者之间是互为基础、相互依赖：一方面城镇化促进了农业现代化的发展；另一方面农业现代化也推动城镇化的发展。概括来说，农业的现代化促进了农业生产的机械化，减少了参加农业生产的劳动力，进而使得农村剩余劳动力转移到第二、第三产业，促进城镇化的发展。其次，农业现代化提高了农业生产效率，降低了以农产品为中间投入品的工业产品的成本，降低了最终消费品的价格，从而提高居民的消费水平，带动经济发展和推进城镇化进程。最后，农业现代化带来了大规模的机械化生产，有利于推动深加工和以物流、金融服务为代表的第三产业发展，促进城镇化。

（2）农业现代化发展的区际差异问题。国内学者针对农业现代化的区际差异问题进行了较为深入的研究，有些学者认为不同区域农业现代化水平呈现非均衡性、梯度演变性、整体偏低性等特征。有些学者主张东部地区农业要向技术集约型和资本集约型转变，率先实现现代化，中部地区农业要走技术、劳动密集型的现代化道路，西部地区要走生态农业和特色农业的劳动密集型农业现代化道路。因此，农业现代化要以区域经济发展的条件为基础，因地制宜，不宜采取"一刀切"的发展思路，并且要结合各个区域资源环境条件，发展具有特点的现代化农业。农业是国民经济发展的基石，农业现代化关系到国民经济发展的潜力。在新常态下，农业经济进入结构调整的重要时期，农业发展面临诸多挑战，迫切需要转变农业发展方式，适应现代农业发展要求。

（二）以制度创新推进城乡一体化发展

城乡二元结构是我国长期计划经济的产物，自 1958 年颁布《中华人民共和国户口登记条例》以来，一直严格区分农业户口和非农业户口，从政策上限制了农民向城市的转移。同时，为实现工业赶超战略，国家以法令的形式进行城乡分割的二元管理，致使大量劳动就业、社会保障、财政投资等社会资源流向城市。推进城乡一体化，缩小城乡差距的中央"一号文件"的内容主要集中于三个方面：第一，加大农村基础设施建设力度，确保水、电、交通、住房、通信等基本生活设施保障；第二，提升农村公共服务水平，改善农村教育条件，完善农村医疗服务体系，健全农村基本养老制度；第三，引导社会资本投向农村建设，解决农村建设方面的资金短缺问题。从相关政策内容可以看出，缩小城乡差距主要通过对农村"硬"资源的投入。而在经济增速放缓的新常态下城乡之间在经济总量上的差距虽然保持缩小趋势，但城乡之间的经济结构的差异却依然很大。

经济结构差异源于制度差异，所以城乡一体化应以减少制度差异为主，突出制度创新的作用。从当前影响城乡一体化的制度因素来看，主要有四方面需要加强制度创新。

第一，长期存在的户籍制度。户籍制度的存在使得农民在医疗、就业、社会保障等方面与城镇居民存在非常大的差距，这不仅使农业人口向非农转移受到限制，阻碍新型城镇化的发展。同时也阻碍农村劳动力的流动，不利于经济的发展和产业结构升级。因此，加快户籍制度的改革与创新，推进新型城镇化进程，成为破除城乡二元结构的关键。而要改革目前的户籍制度，则首先要消除社会身份上的巨大差异，建造一个公平、和谐的社会环境。有些学者主张建立一元户籍制度，加速科技人才流动。但取消户籍制度不能操之过急，一方面若取消户籍制度，则大量的农民涌入城市，会造成城市交通的拥挤、住房需求的紧张、城市教育成本的上升；另一方面户籍制度的取消必然造成农村人口下降，这不利于就地城镇化。

第二，财政体制不平衡。我国现行的分税制阻碍了城乡一体化的发展，虽然为支持"三农"取消了农业税，但是财政体制向城市倾斜的现状依然没有改变，尤其是对农业公共产品和服务资金的投资严重不足。同时，由于政府制度安排落后于农业发展，财政支农资金使用率不高。从目前发展情况看，财政体制不平衡的情况不会在短时间内得到改善，而农村的发展需要资金的支持。因此，加强民间资本投入可以有效解决这一问题。一方面可以缓解资金短缺问题；另一方面有利于促进农村经济市场化，激活农村自身经济增长潜力。

第三，土地制度不完善。城乡一体化中，涉及土地制度问题较多，一是农村土地产权主体不明晰,我国法律规定农村土地归集体所有,但是对集体的界定还比较模糊,农民无法有效提高农村土地的使用效率;二是土地不能有效流转。这些都将影响土地集中化经营和规模生产,降低生产效率,导致小规模生产面临大市场竞争的压力。因此有些学者主张应按照依法、自愿、有偿的原则建立有效的土地承包流转机制,允许农民流转土地经营权,发展与市场相适应的规模生产经营体制。为此,应首先完善相应的法律法规,依法明晰土地产权。其次,加强政府调控能力,避免市场操控和投机行为,科学引导土地流转。

第四,社会保障制度发展不平衡。涉及农民养老的新型农村社会养老保险虽然参保人数较城镇保险高,但后者的财政支持力度比前者大,且覆盖范围广。同时,现行农村社会养老保险制度安排缺乏连续性,各部门信息沟通不流畅,养老保险方案在制定落实方面缺乏相应的法律保障。基于以上情况,近几年中央"一号文件"就消除城乡保障不平衡进行工作部署,可以看出,城乡之间的社会保障差距在不断缩小。而缩小城乡之间社会保障的差距,除了加大财政投入,还需要提高农民参保意识,激发农民的参保积极性。总之,城乡发展差距的形成是长期历史发展的产物,而城乡制度差异是导致城乡二元结构的根本原因。在新常态下,单纯的资源投入对城乡一体化发展的影响不明显,而应该以制度创新为主导,改变城乡制度差异,使各种资源自发流向农村,促进城乡一体化。

(三)推进新型城镇化发展

新型城镇化,不仅能够解决农村发展问题,而且是未来经济发展的主要动力:一方面,在经济增速放缓、经济结构调整的新常态下,经济增长以第二产业推动为主转向第二、第三产业共同推进,由此引起的产业结构升级需要新型城镇化作为支撑;另一方面,经济增长的动力也转向内需拉动,而新型城镇化是扩大内需的最大潜力。但我国新型城镇化的发展存在诸多问题,首先,是财政支出能力不够。新型城镇化是以人的城镇化为核心,涉及医疗、住房、就业、教育等公共服务方面的均等化,因此相关的财政支出庞大。其次,户籍制度制约城镇化的发展。户籍制度的存在提高了农民向中小城市转移的成本,同时也从根本上增加了再就业制度、社会保障制度、土地管理制度方面的不平等,阻碍新型城镇化的发展。最后,产业发展也制约了新型城镇化水平。新型城镇化的发展必须有一定的产业发展作为基础和支撑,而目前我国产业发展呈现明显的不平衡。东部地区承接国际产业转移,区域经济发展水平很高,城镇化水平也很高。相比之下,中西部地区由于产业驱动力不够,城镇化水平较低,这导致区域间城镇化水平进一步拉大。

因此,近几年中央"一号文件"关于新型城镇化发展进行详细的工作部署,概括为三个方面的内容。第一，加大农村基础设施建设，提升农村公共服务水平。解决交通闭塞，水电短缺的问题，加大对农村教育的投入，提高农村教育水平。第二，推进农村第一、第二、第三产业融合发展。通过技术创新和制度创新的手段，加强农村产业间关联带动作用，增强要素集聚力，推动新型城镇化发展。第三，加快相关体制改革。首先通过户籍制度改革，促进人力资本、生产要素的流动；其次推动社会保障制度、就业制度、土地管理制度一体化，从制度层面促进城镇化的发展。从相关内容来看，新型城镇化主要集中于基本公共服务建设和制度改革方面，而对于新型城镇化的路径问题并没有做详细阐述。

而在新常态下，新型城镇化还应关注以下三方面问题。

（1）新型城镇化应以"人的城镇化"为主。"人的城镇化"主要是从制度层面改革，通过相应制度创新使农民享有公平待遇，实现农民工市民化。因此，首先应解决户籍制度，消除农民由农村转移到城市的障碍，使农民充分融入城市生活，享受与城市居民平等的公共服务待遇。其次应打破社会保障差异，尤其在医疗和基本保险方面实现无差异，打破"新农合"医疗保险的限制，实现农民工在就业地报销；同时，还要提高基本养老、工伤、医疗等保险参保率，增强参保意识。最后，应突破土地制度限制。我国农村土地所有权是归国家所有，农民只有使用权，土地所有权不能转让，永久进城生活的农民要放弃承包地和宅基地，这在没有完全落户保障的情况下，直接增加了农民进城的资金成本。因此，应尽快改革土地制度，降低农村人口转移成本，保障农民根本利益。

（2）大城市化与小城镇化发展应齐头并进。大城市化侧重发展大城市，促使人口、资本等生产要素向大城市集中，而小城镇化则侧重于发展小城镇。对于新型城镇化而言，优先发展哪一类城市都不是最优选择。小城镇化确实是新型城镇化的重要载体，发展小城镇可以加快就地城镇化的进程，但这并不意味着要放弃大城市化的发展。有些学者认为，通过小城镇化发展，实现农村人口就地转移，表面上实现城镇化，但是农村劳动力依然会流向大城市，因为小城镇缺少产业支撑，小城市对生产要素的集聚力不强，从而导致就业机会缺失。而对于进城的农民而言，要在城市生活必须实现就业。

（3）新型城镇化应强调市场的作用。新型城镇化是在市场力量的推动下进行的，与过去计划经济的城镇化不同，新型城镇化强调市场的作用，单纯依靠政府推进城镇化是无法持续下去的。政府主导的用大量投入资金、人力等方式支撑的城市化必然造成资源要素配置不合理和城市运行效率低下等问题。

新型城镇化是以不牺牲农业、生态环境为代价，而是以人为核心，实现城乡基础设施一体化和公共服务均等化。这不仅与新常态的经济发展现状相适用，同时也是解决农村问题的有效手段。在未来，新型城镇化必然成为新的经济增长点，一方面新型城镇化的发展推动农村产业结构升级，增加农村经济发展活力；另一方面新型城镇化在解放农村剩余劳动力的同时，将带动城乡产业联动发展，为城市和农村的共同发展创造活力。

（四）城乡融合发展的基础是县域

城乡融合发展，其着力点主要在县域，县域经济是连接大城市与乡村的纽带，也是实现融合发展的关键所在。近年来我国县域经济十分活跃，发展机遇非常多。经济新常态下，县域发展面临的环境条件发生了很大变化，经济增长所依赖的传统行政手段、低成本优势逐步丧失，因此，其产业布局和产业转型正在迅速进展当中。很多产业在县域范围成长还不够，还处于比较初级的阶段，还需要很好的引导、政策扶持和顶层设计，一些配套的基础设施还有待完善。

（1）城乡融合发展是县域拓展发展空间的迫切需要。在过去多年的发展中，多数县域依赖低成本的资源要素和行政推动力，实现了经济社会的快速发展，但县域发展相对独立封闭，同质竞争导致资源浪费的弊端也日益凸显。进入新常态后，县域发展所依赖的传统优势正在消失，封闭式发展模式难以持续，迫切需要通过区域一体化来拓展发展空间。

（2）城乡融合发展是提升县域核心竞争力的必然选择。在城镇化的快速推进和日益细分的市场体系中，任何县域的区位优势和资源优势都是相对的，只有在更宽广的区域中找准自己的产业与市场定位，整合资源实现差异发展和特色发展，才能真正形成自己的核心竞争力。诸多县域发展以自我为中心，市场流通半径小，产业结构单一，缺乏核心竞争力。

（3）城乡融合发展是加快县域资源要素优化配置的客观要求。新常态下，县域发展正面临要素价格不断攀升与资源环境约束日益强化的挑战，推进县域区域一体化，能够加快资源要素跨县域流动，在更大范围内进行资源要素的空间组合，节约交易成本，提高资源要素利用效率，促进区域内专业化分工和社会化协作，能够从根本上解决县域发展的要素约束问题。

第八节　双轨城市化

一、"三农"与城市化进程

我国从 20 世纪 50 年代开始大规模工业建设，建立起相对独立、完整的工业体系。但城市化率 1949 年时为 10.64%，1978 年仅达到 17.92%。其间，因指导思想、体制、政策等多方面原因，城市化进程有反复，更有"文革"十年的停滞。

农村联产承包改革以后，农村剩余劳动力解放出来，也有了一定资金积累，于是乡镇企业异军突起，在相当一段时期内成为国家工业化的主力军。乡镇企业推动产业和人口集聚，催生了大量小城镇，并使一些原有的中小城市发展为大、中城市，掀起了改革开放之后，我国快速城市化的第一波。这一波的鲜明特点是农民自主参与工业化、城市化进程。紧接着，全面铺开的城市改革，特别是多种所有制经济的发展，进一步扩大了国家的经济规模，成为加快城市化的第二波。两波合并，到20 世纪 90 年代中后期，持续了将近 20 年。其间，国家逐步放开了对农村的人员流动限制，农民可以进入城市，到各行各业寻找就业机会。90 年代中后期的企业改制，使乡镇企业逐步退出历史舞台，城市就成了农民改变命运的主要舞台。20 世纪末、21 世纪初，越来越多的农民离乡背井涌入城市，形成史无前例、波澜壮阔的民工潮。这是我国加快城市化的第三波，持续至今将近 20 年。

40 年三波推动的城市化发展，再次充分说明，城市化的基本驱动力是工业革命和产业革命。当然，所谓三波推动，是一个并不全面的概括，实际上诸如经济特区、国企改革、科技创新等，都对国家的工业化、现代化和城市化发挥着引领、带动、推动的重要作用。2017 年，我国城市化率达到 58.52%，这个数字表明，我国从传统的农业社会转变为工业化、现代化国家的征程中，取得很大成绩。

回顾全世界包括我国城市化的发展历史，可以从中得出如下判断：城市化是对200 多年来人口流动趋势的理论概括，产生这一趋势的基本动力是工业化和产业革命；城市化对城市发展提出许多新的要求，但城市发展并不等于城市化。如苏联和许多第三世界国家的城市发展水平，比北美、欧洲各国的城市发展水平低很多，但这些国家的城市化率却很高。又如，当前我国的城市发展水平与西方发达国家相比，有很多方面可以说是有过之无不及，但城市化率只相当于西方国家 20 世纪中期的水平。

二、城乡二元土地制度与双轨城市化

改革开放 40 年来，伴随高速经济增长，我国的城市化水平不断提高，尤其是在 20 世纪 90 年代中期以后进入快车道，以常住人口计算的城市化率从 1990 年的26.41% 提高到 2016 年的 57.35%，不到 30 年有 2.6 亿人口从农村进入城市工作和生活。与此同时，大量农地转换为市地，1990—2016 年，城市建成区面积增加 41475.47 平方千米，年均扩增 5.70%。相较于其他发展中经济体城市化进程中出现的贫民窟等城市治理问题，我国的城市化呈现出鲜明的双轨特征。

在二元土地制度下，城市政府依靠强制性低价征收权和土地一级市场独家垄断权，利用土地招拍挂出让和土地抵押融资，为城市建设提供主要资金来源，基础设施建设迅猛增长，城市面貌日新月异。但是，受制于城乡二元体制，城市政府只向拥有户籍的城市原住民提供公共服务。两亿多入城的农民大多数只能在城市扩展过程中形成的城中村、城边村及城郊村落脚。这些区域的农村集体组织和农民利用政府征收后剩余的集体建设用地和宅基地盖房出租，为外地人提供栖息之地，所在地的集体组织也提供了这些区域主要的公共服务。即"双轨城市化"：第一轨的城市化解决了城市化进程中的资本来源和公共产品提供，但也导致城市蔓延、效率低下、结构失衡、政府财政和银行金融风险；第二轨的城市化为进城农民落脚城市提供了有组织的生活空间，但也造成法外之地蔓延、基本公共服务提供能力不足、外地人与本地人的权利不平等以及治安事件集中发生等城市治理问题。通过消除城乡二元土地制度实现双轨城市化的融合，是我国下一阶段城市化要解决的关键问题。

三、政府主导的城市化

双轨城市化的第一轨由政府主导。城市政府通过城市规划变更、行政管辖权调整、土地制度安排所赋予的排他性权力，不断扩大城市版图和发展空间，快速实现城市规模扩张、城市基础设施建设、城市形态改变和城市治理能力提升。

无论是发达国家还是发展中国家，城市化进程的共同特征是，人口从乡村向城市迁移，土地从农地转换为非农用途。在土地用途转换中，除了公益性用途实行基于市场价格的强制性征收外，城市用地主要通过土地市场获得。城市政府主要依靠不动产税收和土地价值捕获（land value capture）分享土地增值，并以此资金进行城市基础设施投资和城市治理。

我国独特的土地制度是实现政府主导城市化的关键制度安排。与其他经济体相比，我国的土地制度安排具有以下特征。一是农村土地和城市土地分别实行集体所有和国家所有，城市国有土地所有权属于国务院，实际由市县政府行使。二是农村土地转为非农用地一律实行征收。政府对土地被征收的农民按原用途进行土地和安置补偿，两项之和不超过前3年农业产值的30倍。三是非农经济活动所需的建设用地由政府供给，从事非农建设只能使用国有土地。政府拥有土地一级市场的排他性权力，中央政府为了保护耕地和国家粮食安全，实行土地规划、用途管制和指标管理，建设用地的出让方式和用途由地方政府决定。四是地方政府成为土地增值收入的主要捕获者。建设用地从不得转让到允许合法转让，从无偿使用到有偿使用、从协议出让到实行经营性用地、甚至工业用地的招拍挂出让，土地资本化的深化使地方政府从土地出让中捕获的价值增值不断攀升。五是地方政府利用土地进行抵押融资，土地的金融化为城市建设和基础设施投资提供主要的资金来源。尤其是为了应对 2008 年全球金融危机，允许地方政府利用储备土地、平台公司、土地抵押进行以地融资。在以上这套系统性土地制度安排下，地方政府通过征地、卖地的排他性垄断权，获得从农地转为市地的增值收入，通过土地使用制度和单边垄断的市场化改革，推进土地资本化，不仅为政府主导的城市化提供巨额资金来源，也通过土地资本化提升了城市政府的治理能力。

（一）政府主导城市化的特征

伴随城市化进程加快，城市政府所有和经营的土地规模扩增，获得的土地资本化收益和城市建设资金增加，城市发展和个人利益的双重激励诱使地方政府利用规划变更、行政区划调整、土地国有化，快速推进以地城市化进程。

第一，不同等级城市的土地同步扩张。地方政府通过规划修编和行政区划调整，使城市区域迅速外扩，称为"城市圈外移的城市化"。2001—2015 年，全国城市建成区面积共增加了 2 807.68 平方千米，年均净增 5.68%。其中，直辖市面积增加 2 036 平方千米，增长了 6.05%；省会城市面积增加 6 327 平方千米，增长 6.8%；地级市增加了 15 403 平方千米，增长了 6.19%（图 6-2）。

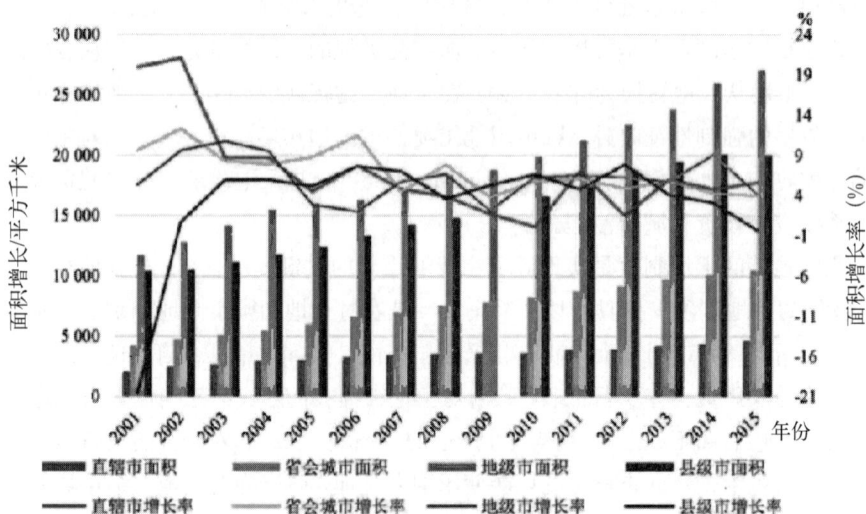

图 6-2　全国各级别城市建成区面积增长率

在全国不同等级城市同步扩张的同时，主要城市的扩张更为显著。2001—2015年间，我国排名前 10 位城市的建成区面积从 2 958 平方千米扩增到 10 670 平方千米，年均增长 8.93%（图 6-3）。

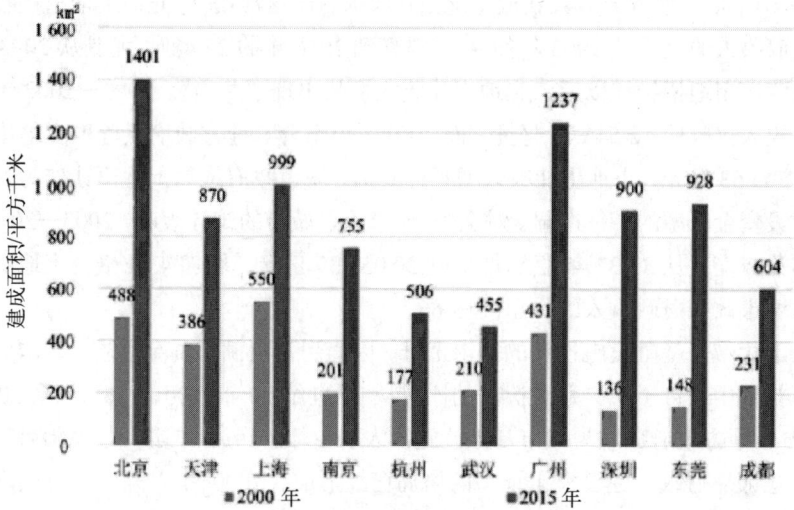

图 6-3 全国主要城市建成面积对比

　　第二，征收方式是政府扩张城市获得土地的主要来源。伴随城市化进程，城市版图不断向农村延伸，农民集体土地被政府征用为国有。2005—2010 年，我国新增居民点、工矿建设用地共 21 627 平方千米，同期居民点工矿建设以征地方式获得 14 551 平方千米，征地占居民工矿用地面积的比重为 67.3%[①]。全国城市的扩张也呈现出对土地征收的高度依赖（图 6-4）。

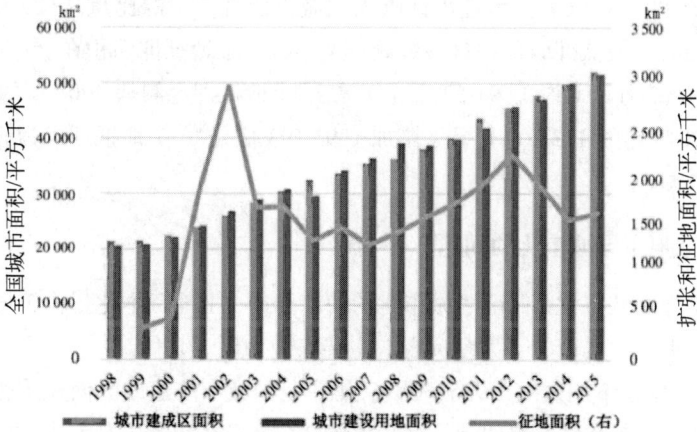

图 6-4 全国城市面积扩张和征地情况

　　① 数据来源于历年《中国国土资源统计年鉴》。

第三，土地出让收入和土地抵押融资成为城市基础设施建设资金的主要来源。1993—2016 年，地方政府共获取土地出让收入 315 871.05 亿元，土地出让收入占地方政府收入的比重从 1993 年的 9.7%提高到 2016 年的 23.48%。尤其从 2003 年起实行经营性用地招拍挂以后，土地出让收入增长出现"井喷"。1993—2002 年，土地出让收入仅收取 12 546.73 亿元。而 2003—2016 年，地方政府共收取土地出让收入 308 745.63 亿元，土地出让收入增长近 6 倍。城市政府依靠土地出让作为财政收入和建设资金来源的特征明显。对全国 84 个重点城市的统计表明，2003—2014 年，土地出让成交款从 3 432.45 亿元增加到 20 057.39 亿元，增加 4.84 倍，土地出让成交款占城市政府财政收入的比重高达 66.56%[①]。

城市化带来基础设施投资的需求上升，因而引致巨额的资金需求。我国城市基础设施投资中来自于中央财政拨款的比重从 20 世纪 80 年代初的 26%降至 2008 年的 1.1%，地方政府已成为城市基础设施投入的主体。1994 年实行分税制后，地方政府"吃饭靠财政、建设靠土地"的格局已经形成。2000 年以来，地方政府依靠土地出让收入和通过土地储备中心和各类融资平台，以土地抵押担保获取大量银行贷款，提供土地开发和基础设施建设的资金来源。从城市基础设施建设资金的三个主要来源（财政、贷款和自筹）来看，2008 年的城市基础设施建设资金中，政府投入占 32.2%、银行贷款占 29.6%、企业自筹占 28.7%，这三块资金都高度依赖于土地。2008 年以后，中央政府为了应对国际金融危机，增加货币投放和放宽土地供应，政府投融资平台迅速增长到 2009 年的 8221 家。城市建设资金从依赖土地出让收入转向土地抵押融资。银行贷款多以土地使用权或收益权作质押、由未来土地收益还款。2008 年以来，土地出让收入占城市建设支出的比重从 29.58%下降到 10.49%，同时土地抵押面积和贷款金额迅速增长，土地抵押面积在 2008—2015 年期间增加 543.7 万亩（约 3 691.52 平方千米），土地抵押金额从 2008 年的 18 107 亿元增加到 2015 年的 113 300 亿元，增加了 95 193 亿元[②]，土地抵押成为城市建设的主要资金来源。

（二）政府主导城市化的问题

政府主导的城市化，保证了城市化的快速推进，土地资本化提供了城市建设所需的资金。但是，也产生了大量问题。主要表现为以下几种。

第一，"要地不纳人"。1995—2016 年，我国城市的建成区面积扩张速度达到年均 5.32%，城市常住人口的年均增长率仅 3.65%。在我国排名前十位的城市中，

---

① 数据来源：国信房地产信息网（国家信息中心主办）。
② 数据来源于历年《中国国土资源公报》、财政部《土地出让金收支情况》。

除深圳以外，其他城市建成区面积的扩展速度都要大大高于城市人口的增长（图6-5）。

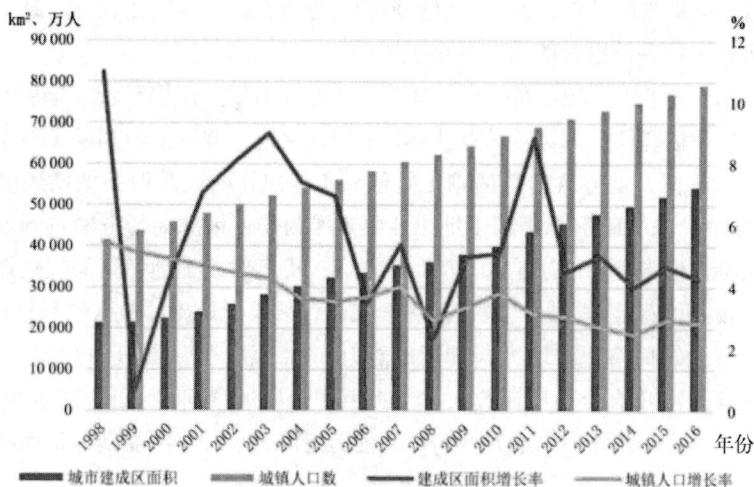

图 6-5　城市土地扩张速度与城市人口增长速度对比

　　一旦将中国常住人口与户籍人口的统计差异考虑进去，土地城市化快于人口城市化的特征更加显著。2016 年，常住人口城市化率达到 57.4%，户籍人口城市化率仅 41.2%，二者相差 16.2 个百分点。城市的发展吸引了大量外来人口（主要是农民工）到城市就业和生活，但是他们无法在社会保障、就业、医疗和教育等领域与具有城市户籍的本地人口享有同等的权利。

　　第二，就业结构转型滞后于产值结构转型。成功经济体的结构变迁历程表明，随着工业化和城市化的推进，第一产业的产值和就业份额不断下降，第二、第三产业的产值和就业份额不断上升。在政府主导模式下，计划经济时期形成的结构失衡没有根本扭转，三次产业之间的就业份额变化大大滞后于产值结构变化。1995—2016 年，第一产业占国民生产总值的比重从 19.3%下降到 8.6%，第一产业就业占总就业的比重仅从 56.4%下降到 27.7%，大大高于同一发展阶段的其他经济体。

　　第三，高度依赖土地的经济风险和社会风险。土地出让收入占地方政府本级财政收入的比重从 2001 年的 16.61%提高到 2016 年的 56.59%。[①]

　　我国高速城市化顺利推进的重要因素是土地低成本，政府将更多的土地收入用于城市投资。但随着一些城市从新增用地为主转向存量用地，农民权利意识不断觉醒，征地拆迁成本大幅上升。2008 年以来，很多地方的政府土地出让成本占土地出让收益的一半以上，有的地方达到 60%。成本上升导致政府土地净收益下降，到

[①] 数据来源：历年《中国国土资源公报》、中经网。

2016年时降至20%左右。在土地出让收益下降的情况下，仍在加大基础设施投资、进行新城新区扩张的政府，不得不更多依赖土地抵押。土地出让收益的减少和土地抵押的上升，背后是更大的债务和金融风险。

近年来，为了加快城市基础设施建设，地方政府债务规模呈较大幅度增长。我国地方政府举债和偿债都高度依赖土地，50%以上地方融资平台都以土地作为主要抵押物进行举债，地方政府偿债则主要依靠土地出让收入获取新债偿还旧债。到2010年年底，各级政府承诺用土地出让收入作为偿债来源的债务额占到地方政府负有偿还责任债务额的37.96%。2011年以后，央行对以土地举债的门槛提高，但土地出让收入仍然是地方政府偿债的主要来源。如果土地出让收入增长继续下滑，地方政府资金缺口将逐步增大，其偿债能力和财政状况将面临严峻考验。未来几年内，一旦地方政府土地出让收入和土地抵押价格继续回落，融资平台公司的逾期债务率还会进一步上升，地方政府偿债能力下降，银行业所受到的负面冲击不可小视。

更要引起重视的是，由于许多城市的土地抵押价值是在土地高价时评估的，2016年前后，全国土地名义杠杆率为0.5~0.6倍，而实际则为1.5~2倍，中西部地区土地杠杆率更高（大部分中西部省份真实杠杆率都在2倍以上）。一旦经济下行，土地需求下降，土地实际价值与评估价值的差将拉大。由于土地价值被高估，加上地方政府利用以新还旧机制获得贷款，地方政府土地相关债务将会上升。

第四，不断攀升的房价和资产泡沫化。在政府主导发展权下，我国独特的土地制度成为政府谋发展的工具，土地（地根）和货币（银根）是主要工具，住房是出口。房价涨幅过快，既是城市化带来的需求增长的结果，也与我国的土地制度和政府行为有关。地方政府为了获得高额土地收入，减少住宅用地供应，造成住房供应紧张和住房价格攀升，居民对住房的需求从居住转向投资和投机，更加剧住房供求失衡。

四、农民自动自发的城市化

在地方政府主导的城市化之外，我国还有一个轨道的城市化也在如火如荼地进行，那就是农民的离土、离农、出村，参与到人口城市化的洪流。2000—2016年，我国的常住人口城市化率从36.22%提高到57.35%，每年有2 087.03万人涌入城市。在城乡二元体制格局下，形成我国常住人口城市化率比户籍人口城市化率高16.2个百分点的"中国特色城市化现象"。伴随城市化进程，全国主要城市的非本地户籍人口已大大超过本地户籍人口，全国城市（地级市及以上城市）非户籍人口已从2000年的5 478.03万人增加到2014年的6 890.77万人，非本地户籍人口占城市人口比重已从 2000 年的 19.22%变化到 2015 年的 16.06%。①在政府主导的"要地不纳人"的城市化背景下,如此大量的农村人口如何在城市安身?这只能从我国城市化的另一轨道——农民自动自发城市化中找到答案。它发生在人口高度密集、生活和生存环境不断恶化的"城乡结合部"或"城中村"的自动自发的城市化。

之所以称这一轨道为农民自动自发的城市化,一方面是因为涌进这一区域的人口主要是外地农民工。他们为了谋求非农就业机会及获取更高的收入流向城市,在城市住房销售和租赁价格双高的约束下,选择在城乡结合部居住,分享城市的工作机会。另一方面则由于为外地农民工提供居住和公共服务的是本地农民和农村集体组织,面对外地农民工涌入带来的居住需求上升,划入城市圈的城乡结合部原住农民以剩余土地(包括宅基地、原集体经营性用地和公益性用地)"种房"出租,分享城市化带来的级差收益。

(一)农民自动自发城市化的特征

全国和各大城市到底有多少城中村、占用多大城市空间、栖息了多少人口,目前尚无官方统计。从近几年部分城市披露的数据来看,北京市的城中村 346 个,城中村面积达 190 平方千米,全市流动人口 704 万人;广州市的城中村 138 个,面积 266.48 平方千米,流动人口 500 多万人;深圳市城中村 320 个,面积 390 平方千米,城中村内原住民 595 万人,流动人口 1 200 万人;武汉市有城中村 162 个,面积 213.82 平方千米,流动人口 142 万人;昆明市城中村 382 个,流动人口 198 万人,面积尚未公布,但拆除房屋面积达 4 000 多万平方米,流动人口 198 万人。

在这一区域展开的城市化主要呈现以下特征。

第一,非正式的土地市场。大多数土地被征收后的原住农民,利用"剩余土地"——集体建设用地、公益性用地和农民宅基地,盖房出租或将土地非正式转让或转租给外地人或企业使用,形成独立于政府土地和住房市场之外的法外集体土地和房屋租赁"灰色市场"。北京市的城乡结合部地区涉及 77 个街道乡镇、1 673 个村(社区),剩余的农民集体自用土地有 300 多万亩。深圳市现状建设用地面积 917.77 平方千米,原农村集体经济组织共占用约 390 平方千米,其中仅有 95 平方千米为合法用地。广州市"旧城镇、旧村庄、旧厂房"(即"三旧")用地 494.1 平方千米,其中 356.7 平方千米属于集体建设用地,占"三旧"用地总量的 70.17%。

第二,城乡结合部区域是流动人口城市化的主要区域。由于这些区域房屋租金低廉,外来人口主要聚集在此。北京市直到 20 世纪 80 年代,外来流动人口规模仅

① 数据来源:2000—2015 年《中国人口和就业统计年鉴》。

第六章 城乡二元结构与农村区域发展

20 万人左右，到 2007 年末居住半年以上的外来人口达 420 万人，比 30 年前净增 400 万人，占人口增量的 52%。目前北京市流动人口超过 700 万人，且以每年约 40 万人的速度在增长，城乡结合部地区栖居的流动人口占全市流动人口总量的 52.63%。

第三，城乡结合部区域的基础设施和公共服务由村集体组织自我提供。与政府主导的城市化不同，城乡结合部的基础设施由于没有纳入城市市政设施体系，只能由农民集体组织自行提供；此外，这些城中村的人口、环境治理和治安维护等公共服务也没有纳入城市公共服务体系，主要由村集体组织自行提供。因此，大多数城中村为了提供这些公共服务，处于超负荷运转。

（二）农民自动自发城市化的问题

城乡结合部的存在，为本地农民增加收入、以房租分享城市化带来的级差收益提供了机会，为外地人口以低房租成本和生活成本在城市谋生提供了方便，也解决了城市对不同层次产业工人、服务业者的需要。但是，城乡结合部的自我无序蔓延，也带来大量社会问题，滋生越来越严重的"城市病"。

一是人口资源环境矛盾加剧。北京城乡结合部的大多数村庄都存在严重的人口倒挂，本地人口与外地人口之比为 1∶1.2。流动人口过万人以上的街道乡镇共有 70 个，流动人口数量超过户籍人口的社区（村）有 667 个。据广州市 2010 年启动的 229 个城中村"三旧"改造统计，9 个城中村的户籍人口为 42 618 人，外来人口达 67 209 人，外来人口与本地人口的比例为 1.58∶1。

二是违法违规建设严重，城市化成本上升。农民为获得更多补偿，一般采取多增加地上附着物的办法，导致征地拆迁前的乱搭乱建、抢栽枪种现象非常严重。在三亚海棠湾项目实施中，当地政府专门成立治理抢建抢种领导小组，进行全面清查处置，但实际情况仍然是边拆、边建，边扒、边种，造成政府征地的行政成本和财务成本大大增加，有些地块的征地拆迁补偿金额达到 30 万元/亩以上，高出土地补偿款的 10 倍。

三是土地价值实现不充分，利用不集约。随着中心城区快速发展，城乡结合部功能、环境、基础设施、产业结构等方面不断提升，成为城市拓展的主要空间，是发展潜力最大的地区。但是，目前城乡结合部地区产业低端，房屋建设标准低，缺乏规划，农民没有长远预期，造成土地资源分散低效开发利用、违法占地，土地价值没有充分挖掘出来。

四是社会问题凸显并呈加剧态势。由于基础设施建设落后，环境承载力超负荷，城乡结合部地区环境卫生状况差，垃圾遍地、污水横流现象随处可见，用水不足和上厕所难问题突出。交通秩序差，部分区域黑车运营情况突出，交通拥堵严重，交通安全隐患较大。教育、医疗等基础设施也严重不足。尤其是治安隐患严重，这些区域刑事、治安案件多发，人员构成复杂及流动频繁，有些地区还形成一定的区域势力，引发群体性事件。北京市70%的治安、刑事案件发生在城乡结合部地区。

由于城乡二元体制的藩篱，城乡结合部地区尽管在空间上进入城市范围，但是它事实上被排斥在城市公共服务和管理体制之外。具体表现为，城市基础设施在这里断路；农民的生产和生活空间不纳进规划；农民从事非农产业无法立项；农民对集体土地的利用得不到法律的许可；农民居住进不了城市住房保障；农民的社保、养老、医疗等基本公共服务与城市市民不接轨；管理体制仍然保留农村建制，农民只能自掏腰包、自我管理。概而言之，城乡结合部农民自动自发的城市化，基本上处于"法外"状态，农民和集体组织尽管从土地和房屋出租中获取了不菲的租金收入，但没有长期稳定的制度化保障，导致短期行为；居住和生活在这一区域的外来人口又没有任何幸福感和长远打算，因此，农民自动自发的城市化只能走一天算一天，处于自生自灭状态。

五、土地制度改革与双轨城市化并轨

改革开放以来，我国的城市化已经走过快速发展的上半程，下半程必须转向城市质量提升和城市治理能力的提高。其核心是实现政府主导城市化与农民自动自发城市化的并轨，关键是推进土地制度改革，主战场在城乡结合部地区。

第一，改革"以地谋发展"模式。随着我国经济增长从高速转向中高速，土地的发动机功能减退，土地需求转向引致性驱动，土地出让收入增长波动加大，土地成本上升、净收益下降，继续依靠规划等行政体制调整扩展城市的报酬下降，中央政府必须下决心改革"以地谋发展"模式，改革土地指标计划管理，严控新城、新区规划，刹住政府换届就换规划扩城市的风气，防范土地相关债务和金融风险，在严格规划和用途管制前提下，发挥市场配置土地资源的决定性作用。

第二，土地结构优化与城市产业升级。产业结构失衡的根源是土地功能引致的土地结构不合理，土地供应结构不改变，城市产业升级就会受阻。可选择的土地结构性改革方案有：控制新工业项目、尤其是大型重点招商引资项目在城市区域落地，鼓励老工业项目向城郊地区或已有工业区迁移，制定明晰的工业用地转经营性用地政策，查处规划调整中工业用地转商业用地时的土地腐败；减少政府用地比例，严控政府大马路、大广场、大办公楼等形象工程用地，优化公共用地布局和结构，增加街道用地、公共空间等方便百姓宜居、宜业；不断增加房地产供地，实行住宅居住性和投资性用地区别供应，遏制住宅投机，制定针对购买性和租赁性住宅的用地政策。

第三，城乡结合部地区的制度融合。由于城乡二元体制的存在，尽管城乡结合部地区伴随城市化进程进入城市版图，但是以上所有方面仍然按农村体制规制，造成这些地区城不城、乡不乡、亦城亦乡的尴尬局面。广东珠三角"三旧改造"、北京50个重点村改造的经验表明，只要下决心从农民（包括原住农民和栖息在这里的外来人口）权利出发，从城市整体格局考虑，成体系地打破城乡二元体制，将城乡结合部地区纳入城市总体发展规划，承认农民集体土地从事发展城市的产业，允许农民集体利用集体土地融资搞开发，城市政府向原住农民提供均等的公共服务和社会保障，城乡结合部地区就能实现双轨城市化的并轨，城市也能换来很大发展空间，城市范围内的"两张皮"就能合缝，城市治理问题也能得到大大改进。

第四，土地增值的捕获与城市更新。两个轨道城市化并轨的关键是土地价值的捕获与分享。我国大多数城市已经从外延扩张转向内生发展，城市更新比城市扩张对未来影响更大，无论在政府主导的城市区域还是农民自主的城乡结合部区域都有巨大潜力。在老城区、新城区和城乡结合部区域，政府通过规划、基础设施、投融资、产业发展等政策创新，提高土地价值，相关利益主体分享更新后的土地价值增值，既实现了旧城和城乡结合部改造，也推进了城市产业升级，双轨城市化模式得以融合与并轨。

第五，新移民的融入与居住权保障。城市化的最终目的是城市人的权利平等。两个轨道的城市化，都将外来人口排斥在外。在城市化下半程，公共政策必须根本改变农一代时期将农民视为"过客"的取向，让已经和即将进入城市工作和生活的新生代融入城市。其中最重要的两项权利是子女教育权和相对体面的居住权。后一项权利的实现需要土地制度改革的配套，即允许城市范围内农民存量集体建设用地盖集体租赁房出租，这一改革能起到多赢的效果，城乡结合部农民可以长期分享土地增值的好处，新移民可以实现相对体面的居住，城市政府也可以减少为这些人口提供住房保障的财政负担。

问题及推荐阅读

1. "三农"问题的发展与变化有哪些特点？

2. 农村与农业发展之间的关系是怎样的？

3. 我国土地问题与农业发展问题的关系是怎样的？

4. 双轨城市化的主要问题与原因有哪些？

5. 劳动力流动与城市化之间的关系是怎样的？

安虎森，栾秋琳，2005.新常态下的"三农"问题[J].理论经济研究（6）.

蔡昉等，2008.中国农村改革与变迁：30 年历程与经验分析[M].上海：格致出版社，上海人民出版社.

陈航英.中国农业转型及其动力机制再思考——基于皖南河镇的经验研究[EB/OL].http://www.aisixiang.com/data/110249-5.html[2018-06-01].

邓兰燕，2013.国外二元经济结构转型理论对我国的启示[J].农业经济（2）.

李冰，2014.城乡一体化：二元经济结构理论在中国的延续[J].人文杂志（2）.

李中清，2013.无声的革命[M].北京：三联书店.

刘守英等.二元土地制度与双轨城市化[EB/OL].http://www.aisixiang.com/data/109453-2.html，[2018-04-14].

（美）勃兰特等，2009.伟大的中国经济转型[M].方颖，赵扬等译.上海：格致出版社，上海人民出版社.

诺贝尔奖得主诺斯答京城听众问[N].经济学消息报.1995-04-08（01）.

（日）速水佑次郎，2003.发展经济学——从贫困到富裕[M].北京：社会科学文献出版社.

王学荣，2017.中国城乡二元经济结构的逻辑理路[J].理论月刊（11）.

姚洋，1998.农地制度与农业绩效的实证分析[J].中国农村观察（6）.

姚洋.中国农地制度：一个分析框架[EB/OL].http://www.aisixiang.com/data/34398.html[2010-06-21].

（印）阿马蒂亚·森，2002.以自由看待发展[M].任赜，于真译.北京：中国人民大学出版社.

（英）G.L.克拉克，（美）M.P.费尔德曼等，2005.牛津经济地理学手册[M].刘卫东，王缉慈，等译.北京：商务印书馆.

余戎，2015.阿马蒂亚·森的发展经济思想及其对我国新农村建设的启示[J].华中农业大学学报（社会科学版）（4）.

张曙光，2011.博弈：地权的细分、实施和保护[M].北京：社会科学文献出版社.

张勋等，2016.中国的农村基础设施促进了包容性增长吗?[J].经济研究（10）.

张晓山，李小云，2009.转型中的农村发展：城乡协调发展的新战略//第四届中国农业现代化国际研讨会暨第8 届欧洲中国农业农村发展论坛[C].北京：社会科学文献出版社.

赵伟等，2011.中国区域经济开放：制度转型与经济增长效应[M].北京：经济科学出版社.

第六章　城乡二元结构与农村区域发展

第七章

地方政府的区域发展政策

"区域政策"理论研究的中心是将制度要素引入到区域分析当中，研究政府及其体制对区域发展的影响，并通过制定相应的区域政策，协调区域发展。所以，新制度学派的中心是研究区域政策问题。区域政策主要是解决区域问题和协调区域利益。约翰·弗里德曼认为，区域政策处理的是区位方面的问题，即经济发展"在什么地方"。它反映了在国家层次上处理区域问题的要求。只有通过操纵国家政策变量，才能对区域经济的未来做出最有用的贡献。区域政策研究将向什么样的方向发展呢？一种观点认为，区域问题反映了资本对空间的控制，形成了高技术水平的职能保留在发达区域，低技术水平的职能集中到不发达区域，分布的不均衡必须运用区域政策来改变。这类观点主张从制度的创新上，从政策的创新上来解决区域问题。另一种观点认为，目前的区域政策演化的方向应当是：协调性（即消除各国各自制定的政策所造成的冲突与矛盾）、选择性（即稀缺资源应尽可能集中用于能实现可持续增长的区域，不主张把发展的优先权给予一个国家最不发达的区域）、灵活性（即政策应有灵活性，以适应区域发展的具体特点和行动需求）。

第一节　地方政府竞争行为的理论基础

现代经济以工业和服务业为主，规模的重要性不仅没有比前现代时期下降，还显著提高。特别是当经济高度开放的时候，经济集聚不仅有利于提高劳动生产率，而且有利于提高经济的国际竞争力。现代经济中的规模经济效应可以总结为三方面：第一，通过产业政策推进战略性产业的发展，借助于规模经济效应来降低平均生产成本；第二，规模经济也有利于分摊固定投入，推进技术创新；第三，规模经济有利于现代服务业的发展，特别是与本土文化、本国需求高度相关的产业。在国家内部，其规模经济优势还需要借助于内部经济活动的空间集聚得以实现，在以大城市和特大城市为核心的少数都市圈,现代服务业和先进制造业的发展得以获得较强的知识外溢性,有利于生产率的提升。

一、地方政府竞争的激励与限制机制

从经济学角度而言,大国治理的成本本质上是个信息问题,如果信息是完全的,那么大国治理就变得简单了,完全的中央计划经济就可以很好地治理一个国家。而现实世界是,信息永远是不完全的,在这样的世界里,大国治理将面临三个方面的成本。

第一,政府科层制下的代理成本,即地方政府没有激励追求全社会的公共利益,甚至中央政府的具体官员也并不必然追求全社会的公共利益。

第二,一个地方的行为可能对另一个地方带来正的或负的外部性,正外部性如教育,A地的教育投资却可能给B地带来收益;负外部性如排污,上游的排污成本却由下游承担。这时,中央对于地方的协调和监管则遭遇信息问题,全社会的公共利益将遭受损失。

第三,公共产品供给的困难。对大国而言,由于国家内部地理和民族之间的异质性越大,带来的公共产品需求的异质性也越高,这使得公共产品供给的难度增加。当下,如果再考虑到地方官员晋升激励下公共产品供给的激励不足,会使公共产品的供给严重落后于需求(图7-1)。

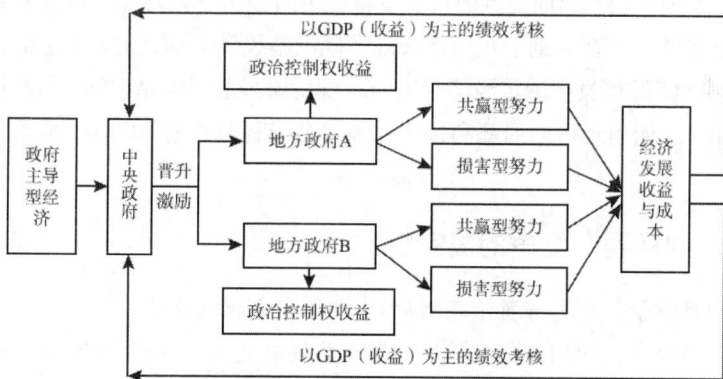

图 7-1　我国地方政府竞争激励与行为

我国的体制在维护国家统一和提高国家治理效率方面确实起到了重大的成效。中央政府对地方官员有着有效的人事控制权,通过"行政分包制"将具体的目标下达给下级政府,并且加以实际的考核指标,从而使得地方政府的行为与中央的政策目标保持一致。我国将中央目标进行行政上的"纵向分包",再引入地区之间的"横向竞争"，这样的体制最为成功的经验就是有效地促进了经济增长。而当中央政府发现地区之间经济规模差距有所扩大时，中央政府会试图通过偏向内陆的区域协调发展政策来缩小地区之间的经济增长差距。当发达地区政府发现中央希望缩小地区间的差距时，对此的策略是主动调低本地的经济增长目标。

虽然中央对于地方的监管是有成本的，但中央可以将具备某些特征的官员提拔到领导岗位上，以使政策得到更有效的贯彻。越来越多具有文科背景的官员得到提拔，会增加所在省的科教文卫方面的支出，以使得地方政府偏向经济发展的政策可以得到一定的纠正。

尽管当前的制度安排使得我国经济维持了长达 30 余年的高速增长，但这种制度并不完美，其负面影响也越来越凸显。目前体制最大的问题是，它难以有效地解决长期激励问题，从而使得地方政府行为短期化。改革开放以后，中央为了加强对于地方官员的控制，还实施了两项重要的制度：任期制和异地交流制。尽管这两项总体上对经济增长有促进作用，并且异地交流也有助于降低官员流入地的腐败程度，但这也使得地方官员在制定经济政策的时候，仅考虑在自己任期之内的经济绩效，使当地经济处于一个动态无效率的状态。比如，地方官员需要面对多重发展目标，在任期制之下，短期目标（如当期经济增长）被鼓励，而长期的发展则容易被忽视。具体来说，在财政支出的结构安排上，地方政府更乐于将财政支出花在有利于短期经济增长的方面，却不愿意在有利于长期增长的科教文卫等方面多花钱。并且，相对于本地官员，异地交流的官员会将更少的钱用于教育和医疗等公共产品支出，而将更多的钱花在有助于短期增长的基础设施投资上面。更为严重的是，这种短期化的倾向使得官员在制定经济政策的时候纷纷采取"以邻为壑"的政策，地方主义甚嚣尘上。而当地区的局部利益与全国的全局利益冲突的时候，全局利益就难以实现。

【资料】"锦标赛"竞争的复杂性

一、制度背景：中国官员治理制度与 1994 年分税制改革

改革开放以来，中国地方官员的治理体系逐渐完善。1982 年年初，中央规定省部级干部任职不能超过 65 岁，废除了领导干部职务终身制。2006 年，中央进一步从制度上规定了党政领导职务每届任期为 5 年。1994 年的分税制改革在中央出现严重财政危机的背景下拉开序幕。分税制改革向上显著集中了财政收入，而伴随国有及乡镇企业的大规模改制，地方实际支出责任因社保压力而明显增加，这就使得地方政府不得不全力增加本地财政收入。因而可以认为，1994 年的分税制改革增强了地方政府控制本地财政的激励与能力。

二、现象分析与推论

以政绩考核为基础的官员选拔制度促使地方领导人更加关注经济增长，以期给上级留下良好印象，获得更大的升职概率。与此同时，我国经济与财政的放权增强了地方领导人对政府预算支出的影响力。这样一来，地方官员势必在其获得提升概率最大的关键时刻加大政府支出力度，做大政绩工程。在对上负责的集权体制下，地方政府只看重上级的考核指标，尤其是 GDP 增长率、基础设施建设、吸引外资等。因而政绩工程也就表现为大兴土木、招商引资、大规模的成立商业或工业开发区、迅速提高城镇化率等。此外，从预算平衡的角度看，要加大政府的支出力度，地方政府必须保证足够的财政收入。

我国地方官员任期法律上规定为 5 年。实际上，出于各种原因，地方官员任期通常都不满 5 年。有一些会被调任至其他地方，有一些因为年龄和健康问题退休，也有一些因为腐败被查处。特别是所谓的"干部异地交流"构成了大部分情况。而这些调任、退休与查处通常不能为地方官员自己掌控，因而不应该影响到他们的激励机制。在他们掌控之内的是，在正常的获得提拔几率最大的关键时刻加大政府支出速率。根据法定五年的任职时间，可以推测这种加速政府支出的激励很可能发生在地方官员任职的第三年或第四年。这个结论也许可以从数据上得到证实。

地方政府收支与任期时长的关系比较复杂。一种可能是，除去政治晋升的目标，政府官员可能还存在以权谋私的自利性动机，且官员的腐败动机会影响其经济增长与财政行为。另一种可能是，地方官员获得晋升与否的衡量指标不完全是经济绩效，他们的人际关系网和地方精英的政治影响等也在其中起着重要作用。

学者对地方政府之间的竞争(称为区域竞争)给予了很大的关注和很高的评价，认为它是主导 1992 年以后改革的三股力量之一。应当说这是有一定道理的。在一个政府主导的大国中，仅有中央政府的努力是不够的，必须有各级地方政府的配合和主动精神。事实上，20 世纪 80 年代初的"分灶吃饭"以及后来的分税制，在推动中国的改革和发展中起了相当重要的作用。在改革过程中，地方政府的职能和角色也有很大变化，从直接投资和经营企业到改善经营环境和招商引资。地方政府在与中央的博弈中，也的确支持和保护了一些基层的创新行为。特别是地方政府为发展当地经济而展开的竞争，的确加快了中国经济的发展。科斯将其概括为，中国利用自己地域辽阔的优势，实现了"空间换时间"。

二、区域竞争的内容与实质

地方竞争什么？科斯说，目标之一是争投资，同时也把它们发展地方经济的想法拿到台面上竞争。这是对的。但是，怎么竞争，用什么竞争？地方政府的主要办法是，办各种各样的开发区或产业园区，大规模地圈占农民土地。据统计，到2007年，各地共搞开发区6 800多个，占地面积38 600平方千米。从上海浦东新区开始，各地又搞新城建设，到现在共建设城市新区104个，规划占地面积超73 000平方千米。目前，大规模的圈地运动已经在乡镇一级展开。地方政府就是通过圈占土地来为发展地方经济融资。地方的工业建设发展很快，经济增长十分迅速，如果按照各省市的增长速度计算，中国的GDP还要增加20%~30%。但环境破坏也很严重。空气污染、水体污染、土壤污染、食品安全成了大问题。原因之一就是地方竞争，为了发展地方经济，地方政府对企业的污染排放睁一只眼闭一只眼，甚至与企业合谋，逃避和对抗中央的执法监督，于是环境恶性事件频发。一个明显的现象是，中央政府考核的二氧化硫和二氧化碳等几项指标能够达标，而没有考核的指标都超标。在政府的主导之下，这种成本和收益的分配是严重不对等和不公平的。

竞争问题的关键在于地方竞争或区域竞争的性质是什么？中国政府和官员包括中央政府和地方政府及其官员并未完全接受和推崇经济自由，而是接受了市场经济工具论。地方政府是区域竞争的主角不假，但身后是民营企业则有误。民营企业既是地方竞争的工具，也是地方竞争目标。但是，地方竞争的性质不仅是"兄弟竞争"，更重要的是权力竞争。在这种竞争中，地方政府企业化了，实际上成为一个大的投资型企业，借助融资平台进行资本运作，且组织得像一般性公司，官员的行为也很像企业的老总。但是，政府终究是政府，官员也终究是官员，政府和官员掌控行政权力，又身兼二职，这种竞争的背后都有权力在操控，甚至直接就是权力竞争。于是，政府和官员在权力和市场之间就有了很大的活动空间和自由裁量权，以政府权力进行市场竞争和通过市场进行敛财就成为最佳选择。再加上对地方官员的行为只有来自中央纪律检查委员会的监督和约束，而无社会和法律的制衡，腐败的滋生和泛滥就是必然的结果。

地方竞争的确既有正面作用，也有负面作用，其相互关系也不是固定不变的，而是随着条件的变化而变化的。随着权力和实力的扩张，其正面作用会减少，甚至会逐渐从正面为主变成负面为主。因为，地方与企业不同，地方既无媒体和法律的监督，其预算约束也是"软"的，它既可以向中央和其他地方转嫁负担，也可以与民争利，向辖区内老百姓转嫁负担更是家常便饭，易如反掌。权力本性中就存在着自我膨胀的基因，一个权力不受约束的政府在引进外资和搞基本建设上的成功和高效率，更会使其不断地自我膨胀，进而形成无所不能、无所不为的行为方式，必然会走向反面。区域竞争在促进增长的同时造成巨大浪费，也是一个不争的事实。否则，为什么会出现持续严重的产能过剩，为什么会发生持续的大规模的圈地运动，难道不是政府竞争造成的？

三、区域竞争力

区域竞争力的概念到目前为止学界还没有形成一个统一的观点，但是从研究者对区域竞争力范围和内涵的界定上看还是存在着很大的一致性。瑞士洛桑管理学院的学者把区域竞争力定义为一个国家或一个企业在世界市场上较其竞争对手获得更多财富的能力。世界经济论坛提出区域竞争力为一国能获得经济持续高速增长的能力。郝寿义、倪鹏飞等国内的学者把区域竞争力定义为一个区域在国内外市场上与其他区域相比，所具有的自身创造财富和推动地区、国家或世界创造更多社会财富的、现实的和潜在的能力。波特的区域竞争力模型把区域竞争力集中地体现在以产业为基础的产业发展状况方面，认为企业战略、企业组织和企业群体内的竞争状况，该产品的国内市场的需求水平，该产业所需要的生产要素的国内供应情况，该产业的相关产业和支持产业的发展状况，是影响产业竞争力的主要因素。笔者认为区域竞争力仅仅考虑到它的经济发展能力是不够的，在区域竞争力内涵方面确实包括了丰富的内容，一些研究者提出了区域核心竞争力的概念，李仁安和徐丰采用二级模糊综合评价方法，提出了区域核心竞争力主要应该包括内容，如图 7-2 所示。

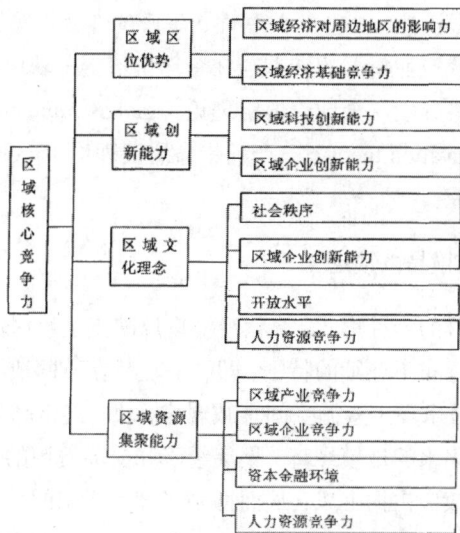

图 7-2 区域核心竞争力的指标体系

第二节 区域块状特征对政府干预行为的影响

随着经济全球化和知识经济在世界范围内的逐渐深入，基于成本最小化的传统产业竞争方式正在发生深刻的改变，产品竞争的战略转向了以产品差异化和地域集中化战略，尤其是在高新技术领域，这种变化表现得更为突出，在传统产业特别是劳动密集型产品的生产领域，产品的差异化和地域集中化战略也在广大的发展中国家凸显。按照经济学关于产品成本最低化的假设，在经济全球化和经济自由化日益强劲的今天，按理应该出现产业在全球范围平衡分布的趋势，因为在落后的地区进行产业布局具有生产力、地租等生产要素成本低的优势。但事实上，具有竞争优势的产业却出现了产业发展的集聚趋势，即产业集群现象，它的典型特征就是同一产业及相关产业的企业及其支撑机构在地理上集中形成产业群。

一、区域块状经济的发展特征

改革开放以来，依靠民间力量自发形成的地方产业集群是我国经济迅速发展的重要力量。地方产业集群，或者称块状经济（massive economic）是指在一定的区域范围内形成的一种产业集中、专业化极强的，同时又具有明显地方特色的区域性产业群体的经济组织形式。在强化专业化分工协作、优化资源要素配置、吸纳劳动力就业、提高产业竞争力等方面发挥了重要作用。一般理论认为，块状经济具有地域的集中性、要素的根植性、企业的关联性、生产的专业性等特征，其转型升级可归结为块状经济向现代产业集群的转型与在全球价值链上获取附加值能力的提升。就此问题，国内外学者分别从全球价值链理论（global value chain theory）、技术创新理论（technical innovation theory）、产品生命周期理论（product life cycle theory）等多种视角进行了研究。

（一）形成路径依赖易被锁定

作为区域产业集群的一种形式，块状经济也反映出了该区域内产业集群及其产业分布在空间上具有分布不连续的特征，即经济变量在不同块状经济之间发生间断和突变。依据知识和技术溢出遵循空间衰减规律，块状经济体在初始阶段以为经济资源的空间积聚表现出来的规模经济、聚集经济和交易费用的节约效应被弱化，而创新能力的区位锁定效应占据上风，从而抑制了知识溢出的外部性效应功效。这意味着块状经济具有天然的非连续性和间断性特征，而且会产生路径依赖，容易陷入区位黏性的发展模式，从而使产业技术创新陷入发展陷阱中，集群产业发展路径固化程度较高。产业层次低下、创新能力不强、规划引导缺失、平台支撑不力等问题也逐渐显现，易被锁定在全球价值链低端。

这种锁定风险已经在浙江省首批块状经济体中表现出来。如台州医药产业集群虽然大部分龙头企业都有自主研发中心，但研发大都注重产品产业化和工业改进研究，在新药创新研究方面仍旧不足。同时，高端原料仍依赖进口，生产产品主要以中低端为主。部分企业已经具备国际认可的生产制剂能力，但目前制剂产品仍然以国内市场为主，只有少数企业获得美国食品与药品管理局（Food and Drug Administration, FDA）国际注册认证的制剂生产资格。慈溪家电与义乌饰品产业集群内，除两三家企业有创新能力之外，群内其他企业仍以简单模仿为主。集群企业创新能力的不足，导致了集群产品的严重低端化锁定，许多集群产业转型升级步伐缓慢，如绍兴纺织、萧山化纤产业集群。很多企业拥有一流的技术设备，但缺乏与这些先进技术设备相配套的技术开发、应用、管理等软件设施，"一流设备、二流工艺、三流产品"的状况至今仍没有多大改变。浙江区域块状经济内在的聚合力与外部非对称冲击力的共同作用，导致了块状经济要想突破原有的发展软肋，必须寻求新的区域创新路径和突破口。

（二）全球价值链与县域定位

以集群为发展模式的地方经济已逐渐纳入全球产业网络，提升其竞争力，不仅需要挖掘集群的内部联系，更需要在全球价值链中与区域外的经济行为主体积极互动，不断调整自身嵌入全球产业价值链的方式，创造、保持和捕捉价值，地方产业集群沿着全球价值链往上升级，并不是个自然而然的过程，而是在"不进则退"的激烈竞争中进行的。全球价值链条有着不同的动力来源，而处于不同驱动力价值链条中某个环节的地方产业集群只有遵循该驱动模式下的市场竞争规则，才能获得正面竞争效应。集群在同一地域形成完整或近乎完整的价值链也是地方产业集群升级的关键，这样才能保证地方产业集群在与全球价值链耦合时获得价值链中高附加值、核心战略环节的竞争优势。

区域经济的持续增长将推动空间经济朝着一体化方向发展，优化县域内部结构以及与外部经济体的互动联系、融入大都市圈，将显得愈加重要。这不仅可以提升区域经济的竞争力，更可以作为广域层面经济竞争的基本单元获取更多发展机会。县域经济是大都市圈经济的个基础单元。随着大都市圈功能的完善和辐射范围的扩大，县域便成为大都市圈发展的新动力。当工业化进行到定阶段而趋于成熟时，资源会从中心区向边缘区分流，中心区（城市）发展将带动边缘区的经济增长。中心城市对县域经济的经济辐射是以地方产业集群为依托的，周边地区要想最大限度地分享中心城市的辐射效能，就必须建立起与中心城市有分工协作关系的地方产业集群。

（三）收入来源与就业提供

产业集群是增加国家和地方财政收入的重要源泉，东部沿海的一些城镇在集群建立以前的财政收入以农业税为主，与西部地区的差异还不明显，随着产业集群的建立和壮大，现在，很多这样的城镇一个城镇的财政收入就能赶上甚至超过西部一个地级市的水平，这充分地显示了产业集群发展起来后对财政的支持力度。

在发展中国家和地区，大量的剩余劳动力就业问题一直成为困扰政府的一大难题，各地区的情况也是这样，尤其是在传统的农业地区，大量的农业剩余劳动力和城市失业人员一起加剧了就业问题解决的难度。产业集群从建立之日起就在解决剩余劳动力就业问题上显示出自己的优势。在我国的沿海地区，以前的农业城镇在建立了产业集群以后，短短几年时间内就彻底解决了当地劳动力的就业问题，农业人口所占比例大幅度下降，甚至有的城镇已经彻底转型为工业城镇，农民进厂工作成为了市民。产业集群不仅解决了当地人的就业问题，还充分地吸纳外地剩余劳动力前来就业。在我国沿海的很多城市，甚至外来常住人口的数量超过了当地人口的数量，在产业集群比较发达的深圳、东莞、中山等城镇这种现象十分突出。

产业集群对就业尤其是大量农村剩余劳动力就业问题的解决在相当大程度上缓解了困扰我国的"三农"问题。因为"三农"问题的关键是农民长期收入过低，主要是由于农村居民长期主要依靠发展农业来获得收入。目前，大量的农村居民进入产业集群从事工业生产活动，获得劳动收入。根据有关统计，越来越多的农民家庭外出务工收入已经占到家庭总收入的一半以上，农民在非农业部门就业带回家乡的不仅是数额不等的收入，更重要的是把先进的理念、技术和开拓精神带到农村。比如，以前以农业为基础的浙江、江苏等省区通过发展产业集群解决了农民的就业问题，也使得那里的"三农"问题得到根本解决。

二、区域块状经济发展差异与城市化进程

产业集群的发展对于推动城市的形成以及城市的发展具有重要的意义，在世界范围内我们可以找到因为产业集群发展而形成的新的城市，比如前面提到的美国硅谷就因为产业集群的发展而兴起，同样的情景在我国的长三角和珠三角地区也不断地显现。

（一）依托中心城市能级的差异

浙江、广东、江苏是中国经济发展较好的三个省份，也最具有典型的代表性和借鉴意义。浙江的"温州模式"、江苏的"苏南模式"、广东的"珠江模式"有着不

同的发展导向和实践路径。

　　块状经济区域的经济发展，和其所在区域的区位优势以及所依托的中心城市的发展能级有密切的关系。浙江块状经济区域主要分布在杭州湾地区、杭州和宁波的外围地区，其发展在很大程度上依托中心城市。获得大城市的功能辐射，包括产业支持，如人才支撑、金融服务、信息服务、科技服务、商务服务、物流服务、贸易服务和文化教育服务等。块状经济区域发展是"中心城市—块状经济区域—块状经济"这样一个发展空间链的某个环节，中心城市的能级越大，给予块状经济区域的支持也就越大，块状经济区域的发展空间也就越大。

（二）经济发展的路径依赖

　　杭州湾地区和苏南地区 20 世纪 80 年代都是依靠乡镇企业发展推动农村工业化，进而形成块状经济和产业集聚。但即便在那个时候，苏南的乡镇企业的规模就普遍大于浙江，这种规模差距格局被延续下来。进入 90 年代，浙江开始走"温州模式"的发展道路，注重内源性发展，倾向于依靠民企的自我积累，继续沿着"轻（轻工业）、小（小企业）、民（民营经济）"轨迹发展，而苏南地区则充分利用其地理位置的优势，接轨浦东开发开放，演化成目前的"内外兼修"特征。这种发展路径的差异也是造成目前两地块状经济区域发展差距的重要原因。

（三）地方政府的区域发展定位和政策导向

　　长期以来，受"温州模式"的影响，浙江倾向于"内源发展"，包括资本在内的生产要素的获得倾向于区域内部，产业政策和地方发展战略制定也比较倾向于本地企业家近期利益的获取。而苏粤地方政府的政策取向更趋于外向型和扩张性，受本地企业牵制较少，注重区域经济总量增长，强调引进大项目、提升规模经济。政府干预经济发展的作风比较强势，推动企业扩张和转型升级的外部动力也更为强劲。

（四）块状经济区域自身的城市化程度

　　块状经济区域发展不仅是工业化的问题，也是城市化问题，从浙江乃至江苏、广东的情况看，块状经济区域基本位于中心大城市周边。块状经济区域的城市化包括两个方面：一是依托中心大城市提供发展支撑；二是块状经济区域自身的城市化水平。经统计，浙江省块状经济区域的乡村人口占户籍总人口比例平均值在80%，而广东省块状经济区域为 68%，江苏省块状经济区域为 65%。由此导致在接轨中心大城市以及人才和资本集聚方面的弱势，影响本地企业和块状经济的转型升级和做大做强。

基于产业集群的城市化的速度快、效率高，因为产业集群发展本身是一个快速的空间集聚过程。它更加强调新建企业在集群区的成长，也吸引建成企业向集群区的靠拢和整合，而且产业集群内企业一般以中小企业为主，数量众多、十分灵活。在这一点上是传统的国有企业无法比拟的，所以沿海的有些小县城甚至是乡镇能够在很短时间内发展成为中小城市，就得益于产业集群集聚快、效率高的优势。基于产业集群的城市化还具有效率高的特点，一方面是集群相对于传统企业的优势是高效率，能够为城市化发展提供高效率的服务和条件；另一方面是基于产业集群的城市化也能够在短期内快速的发展并崛起，城市化的速度和效率要超过以前。在以国有企业建设和发展为基础的城市化发展时期，我们的城市化进程长期是缓慢的，有人甚至认为我国的城市化长期滞后于工业化进程，这也说明传统工业化在推动城市化方面的低效率。而目前一些地区的城市化政策只注重城市人口的增加和城市面积的扩大，却忽视城市化的产业基础，结果反而为城市化的健康发展设置了障碍，这种城市化表面上速度快，但是效率却很低，城市化的质量也较低。

三、政府干预与块状经济

政府参与产业集群的建设和发展有着上述种种的动力，而作为支持和服务对象的产业集群对于政府的参与也有自己的需要，尽管产业集群的产生和发展主要是自发的由市场决定的过程。但是，在很多环节上，离开了政府的参与，产业集群甚至很难产生，很多地区的产业集群本身就是在政府的主导之下建立和发展壮大的，在很多欠发达的国家和地区这种情况尤其普遍。实践表明，政府在推进块状经济的转型发展中起着不可或缺的重要作用，包括为块状经济发展提供良好的基础设施，通过制定具有针对性的政策措施解决块状经济发展中的各类难题等。总而言之，其目的就是通过提供优惠政策及公共服务，为提升块状经济的整体竞争力营造良好的制度环境。

第一，产业集群的顺利发展需要政府提供一定的基础设施。基础设施对于集群的发展起着重要的影响作用，良好的基础设施对集群的发展起着支持和促进作用，而落后的基础设施状况则直接制约着产业集群的顺利发展，一个地区基础设施状况的好坏直接影响到这个地区吸引集群的能力。产业集群与一般的工业企业组织形式相比在基础设施利用上具有更大的优势，因为集群企业具有空间高度集中的特点，可以比较集约地利用基础设施。从而提高基础设施的利用效率，有效降低单位面积基础设施的投入数量。产业集群不仅需要一般意义上的交通、通信、生产和生活相关的硬件设施，还需要与集群发展密切相关的信息、市场、劳动力和与集群生产相关的特殊的资源供应等设施。有的设施可以通过市场手段来解决，比如通过招商来解决资源供应问题，通过商业开发来解决专业市场问题，但是也有一些设施需要依靠政府，比如信息平台的建设和劳动力的培训等。良好的基础设施能够有效地降低产业集群的生产经营成本，提高产业集群参与市场竞争的能力。

第二，产业集群的发展需要政府在政策上给予必要的引导和支持。首先，最基本的政策支持包括在集群成立初期的金融支持或者财政政策予以扶持，尤其是那些投资大、技术含量高、市场风险大的产业集群更是需要金融支持。在美国的硅谷，新的产业存在较大投资风险，筹措资金很困难，一般是由风险投资基金来给予融资扶持。而在中国，产业集群主要由高校毕业生成立的高新技术企业组成，他们最缺的就是资金，但从银行或者其他融资渠道很难获得，政府就通过提供创业基金或者优惠的贷款形式为他们的发展提供资金支持。在低端道路产业集群建立和发展过程中也存在严重的资金不足问题，政府如果能够制定相关的政策，给予这些企业以资金支持，对企业的发展一定会起很大的促进作用。其次，在集群建立以后，为提升集群的竞争力，需要政府在税收政策上给予优惠，至少要让集群能够站在和外资企业相同的起跑线上。过高的税收会打击企业的积极性，影响企业的资金积累能力。产业集群还需要政府为集群的技术创新提供必要的政策支持，包括对创新产品给予税收减免，对新技术给予产权保护，为新技术的开发提供一定的科研经费等。

第三，产业集群在发展过程中还需要政府直接参与协调各种复杂的关系，为产业集群的健康发展提供服务。一个成熟的产业集群有着复杂的结构，包括集群内部企业之间的关系和集群与外部的关系，甚至还包括集群与国外市场和有关部门的关系等。仅仅是集群内部的关系就包括了生产企业与销售、资源供应和中间产品供应、科研部门等之间复杂的关系。一些关系通过集群内部企业之间的经济交往和交流可以解决，有的需要法律介入，而有的关系却牵涉众多的部门和利益，集群无法通过自身的努力来解决，这时就需要由政府出面来进行协调和处理。在涉及国外市场时更需要政府给予必要的协调和支持。

在政府参与产业集群建立和发展壮大的过程中，政府有参与的动力，产业集群也有需要，政府参与产业集群建立和发展的过程已经成为普遍的现象。但是在具体的参与过程中，由于政府参与的方式或者提出的政策不同，带来的结果有很大的差异。我国有大量的由政府直接主导建立起来的产业集群，有的集群甚至有政府的直接投资和项目，其中很多被证明是失败的。政府在参与产业集群发展过程中既不能完全参与，也不能放任，而是应针对产业集群的不同特点，把握好度是个关键。在制定政策时一定要确实针对集群的特点和需要，提高政策的针对性和有效性，这样才能取得预期的效果。

四、经济集聚与政府干预的矛盾

来自于国家层面的规模经济不仅与国家的规模有关,而且也与一国内部经济活动的空间分布有关。世界上各个国家高科技产业和现代服务业的发展,通常是高度集聚在以少数几个大城市为核心的都市圈里的。《2009 年世界银行发展报告》指出,越是发达的国家,其经济和人口的集聚程度越高。

在一个国家内部,经济集聚是现代经济发展的客观规律。一方面,上下游以及相关产业的集聚发展可以减少企业之间的运输成本和信息交流成本,后者对高科技产业和现代服务业的发展至关重要。并且,随着企业的集聚,消费型服务业也会随之而集聚,这是因为消费型服务业本身是为人服务的,并且此类服务的生产和消费是同时发生,在空间上不可分离。另一方面,越是在技术、知识和信息密集型的产业,越是需要集聚在一起分享、生产和传播知识。而一个国家此类产业的比重越高,经济的集聚程度也越高。

(一)经济集聚与地方主义的矛盾

中国作为一个大国,具备发挥大国所带来的规模经济的可能,但这种优势的实现,还需要经济的空间集聚发展和国内的市场整合这两大必要条件。特别需要注意的是,与世界其他国家(特别是大国)相比,中国有两大显著的特征:第一个特征是中国仅东部单面临海,大陆海岸线长度逾 1.8 万千米;另一个重要的地理特征是,中国全境中大量国土面积为不宜居的地区,著名的"胡焕庸线"①(又称"瑷珲—腾冲"一线)将中国划分为东南和西北两大部分。中国科学院国情小组根据 2000 年资料统计分析,"胡焕庸线"东南侧以占全国 43.18%的国土面积,集聚了全国 93.77%的人口和 95.70%的 GDP。"胡焕庸线"提出 80 余年来,这条线两边的人口比例没有发生大的变化。这样的地理和自然条件使得中国经济和人口未来向沿海地区、内地一些大城市和沿江城市的集聚成为必然趋势。大量的研究也证实了中国当前的大城市还远没有达到最优规模,中国向大城市的集聚仍然不足,而非已经过度集聚。然而,当前不容乐观的是,中国现有体制所产生的地方主义却成为了阻碍劳动、资本与自然资源等生产要素跨地区自由流动的力量,并进而阻碍大国规模经济和经济集聚规律发挥其应有的作用。

地方主义在中国古已有之,而在当代中国,其具体体现就是,各个地方的政府都想做大本地的经济规模。这个动机的来源是多方面的。首先,地方主义本身是有规模经济机制在其中起作用的,因为基础设施和公共服务的提供都有当地范围内

---

① 1935 年 6 月,胡焕庸发表《中国人口之分布——附统计表和密度图》。

的规模经济机制。当地方政府需要为本地的基础设施和公共服务筹资和支出时，就会有最大化本地经济规模和税收的动机。其次，如果上级政府对下级政府的考核中包括了经济增长率的指标，那么，下级政府也会有最大化经济规模的激励。这两个动机只要有一个成立，地方政府的"占优策略"就是：不管其他地方怎么做，本地政府将采取分割市场的做法，尽可能限制劳动力、资本与土地等生产要素的跨地区自由流动，从而实现本地区更快的经济增长。而在一些新兴产业，地方政府也有强烈的动机尽早进入这些行业，并利用干中学机制鼓励其发展，以便未来获得国内地区间贸易的更大收益，而这种地方主义的策略的直接结果就是，中国各地之前经历了一轮又一轮的重复建设和产能过剩。大量的经验研究也表明，从全国层面来讲，地方主义严重阻碍了地区产业的集聚，并进而抑制了规模经济的作用。

地方主义所导致的市场分割阻碍了生产要素，尤其是劳动力的自由流动，这并不利于地区间收入差距的缩小。中央政府出于平衡地区间发展战略考虑，采取偏向内陆地区的区域发展政策来促进内陆地区的经济发展，希望借此缩小地区间人均收入差距。但如果不开放生产要素自由流动，只通过中央政府集中财力来向中西部地区进行财政转移支付的方式来实现地区间平衡，由于这种区域平衡政策与经济集聚的规律相违背，最终将不仅损害中国经济的整体效率，也使得地区倾向的平衡发展政策难以持续。

（二）生产要素流动限制与资源配置的矛盾

新古典增长理论在解释一个国家经济变迁的时候，通常假定该国存在一个由劳动力、资本和技术等生产要素组成的加总生产函数，国家内部的生产要素市场是完全竞争的，生产要素因此也可以在国内自由流动并实现最优的配置。然而，这种理想假设往往只是为了理论的方便，当考虑到一个国家内部地区间的异质性和其他阻碍地区间生产要素自由流动的制度障碍时，生产要素的误配就不可避免。

中国当前面临生产要素跨地区再配置受到制度制约的状况。由于地方主义所产生的各种保护本地市场的政策导致了严重的市场分割，使得劳动力、资本与土地等生产要素的跨地区自由配置面临严重障碍。具体来讲，户籍制度的限制使得没有本地户籍的劳动者在就业、社会保障和所享受的公共服务等方面都受到歧视，这不仅导致了中国劳动力流动的不自由和充分，也进一步使得中国各地区间存在显著的收入差距。对于资本自由流动而言，尽管我国在法律上并没有对资本自由流动的任何限制，中央政府甚至还会鼓励资本在全国范围自由流动，但这并不意味着资本事实上是可以自由流动的。

　　出于对地方官员的激励，地方政府并不愿意看到本地投资项目向其他地区转移，因为这直接意味着本地财政收入和就业的减少。地方政府对此的政策反应便是尽可能通过财政激励和制造资本流动障碍的方式来阻碍资本的跨地区流动。中国土地资源配置则相对更复杂，在中央政府 18 亿亩耕地红线限制下，各地区都有自己的耕地保护目标。尽管当前沿海地区很多城市建设用地指标已经非常稀缺，但仍不允许跨地区的耕地"占补平衡"，也就不能将可利用的建设用地指标在地区间进行再配置，结果就是不同地区之间土地的利用效率差异巨大。

　　中国生产要素市场所存在的资源误配已经给经济带来了严重的效率损失。实证研究发现如果中国减少生产要素的误配程度并使资本和劳动的边际产出达到美国当前水平，这将让中国的全要素生产率在当前基础上提高 30%~50%。特别值得一提的是，自 2003 年以来，中央政府明显加强了经济资源（包括建设用地指标、转移支付和给企业的补贴）向内地的转移，其结果是全要素生产率（TFP）增长放缓，同时企业之间的资源配置效率也在降低，而降低的趋势在中西部更明显。如果政策制定者对当前生产要素误配的严重程度认识不够，这种资源的误配仍将持续下去，并造成更多的效率损失，危害中国经济的国际竞争力。

　　在当前中央与地方财政体制下，地方政府预算内财政收入有限，需要依靠来自中央政府的财政转移支付和地方自己的卖地收入来弥补财政缺口，当这些仍不够弥补支出时，地方政府便只能通过银行贷款、债券、信托等多种方式融资。在中国，地方政府官员有强烈的动机扩张本地的财政支出，通过发展经济来增加本地可控的经济资源，同时获得更多的升迁机会，而地方政府借的债务却是由未来的政府偿还的。即使未来地方政府的债务还不了，当前借债的地方政府官员也会预期上级政府（直至中央政府）将承担无限责任，这就形成了中国特色的地方政府借债的"道德风险"。面临地方政府的财政扩张倾向，中央给地方的转移支付可以实现地方财政的收支平衡。但实际情况是，由于中央担心地方乱要钱，就会要求地方政府为中央转移支付支持的项目（专项转移支付）进行配套。一些欠发达地区又没有足够的配套能力，这会进一步加强地方政府借债的动机。地方政府债务在 2009 年以后增长很快，与地方政府需要配套 4 万亿元支出计划有关。根据审计署在 2013 年年底公布的政府债务数据进行简单的计算显示，当前中国政府债务与 GDP 之比实际上已经非常接近 60% 这个国际上公认的警戒线标准。而从地区分布来看，债务与 GDP 之比比较高的，往往是一些中、西部省份。

第三节　区域经济政策的主要目标

【案例】1 000 亿元规模！长三角地区建立协同优势产业基金

澎湃新闻 2018-06-02 https://www.thepaper.cn/newsDetail_forward_2168570

2018 年 6 月 1 日，长三角地区建立协同优势产业基金投资意向协议在上海签约，此举标志着这只总规模 1 000 亿元、首期 100 亿元的基金正式起航。

据悉，上述项目是在当日举行的长三角地区主要领导座谈会上正式签约的。随会议举行的签约仪式上，沪苏浙皖三省一市政府部门以及相关企业共同签订了 11 个项目，覆盖环保信用、基础设施、信息化、区域合作、商务、产业、民生服务等领域，而长三角协同优势产业基金被视为最能代表市场化力量的"企-企"合作项目。

长三角协同优势产业基金由上海国际集团有限公司（简称"上海国际集团"）牵头，沪苏浙皖大型企业联合发起设立，交由上海国际集团有限公司旗下的上海国方母基金股权投资管理有限公司（简称"国方母基金"）进行管理。

"长三角协同优势产业基金的设立是为响应长三角一体化发展的国家战略，积极发挥市场配置资源的决定性作用。"国方母基金总经理孙忞 6 月 1 日在接受澎湃新闻记者采访时表示，上海国际集团、中国太平洋保险集团、中国工商银行、上海农商银行、国家开发银行科创公司、上海机场集团、江苏沙钢集团、浙江龙盛集团、安徽省投资集团、南京江北新区、上海均瑶集团等企业都积极响应参与基金发起设立。

孙忞称，长三角协同优势产业基金将以母基金为载体，通过对"硬科技"子基金、"完善产业链"子基金、"明星项目"三个方向的投资放大，撬动千亿级的社会资本积聚长三角，推动长三角产业链深度融合、产业链优势企业加速发展，促进长三角加快形成面向未来的优势产业集群，不断提升国际竞争力。

母基金（简称"FOF"），即投资于基金的基金，是以股权投资基金作为投资对象的特殊基金，具有杠杆投资、组合投资、分散投资、专业投资等特点，是 VC（风险投资）和 PE（私募股权投资）重要的投资方式。目前，在欧美发达国家，PE 已经成为与银行、保险并列的三大金融业支柱之一，而 PE 的资金来源 20% 以上来自于 FOF。"希望在产业布局上，能打破长三角发展文化中'不能错、不能做'的坚冰，面向长三角产业链，看到产业链里的缺失和短板，从而通过资本进行补缺和完善，并寻找投资机会。"在资金配比上，孙忞透露，长三角协同优势产业基金将大致按照"4：4：2"的比例，即 40% 投向"硬科技"子基金、40% 投向"完善产业链"子基金、20%投向"明星项目"进行资金分配,有望实现 50 倍的放大效应。

对于具体的产业选择标准,孙忞称,长三角协同优势产业基金选择产业的"方法论"遵循四个标准:一是底层技术有基础,二是商业成本有下降,三是技术应用有场景,四是产业配套有基础。"基于上述标准,我们筛选出三个产业,生物技术、物联网、人工智能。"

2017 年 7 月 11 日,作为上海第一家以"母基金"命名的私募基金管理公司——国方母基金正式揭牌成立,此举标志着上海国资金融创新再起航,为"管资本"模式的创新实践率先实现了新的突破。

按照此前规划,国方母基金在成立后的五年中将打造"平台母基金""全市场母基金""份额转让母基金"三大类母基金产品,预计管理规模超过 500 亿元。其中,上海国际集团、沙钢集团、万向控股、均瑶集团将作为基石投资人出资不低于 75 亿元,其他投资人将包括大型企业、银行、保险等产业或金融机构。投向将覆盖集团产业基金群及其他市场最优秀的私募投资基金,通过母基金的"放大效应"和"雷达效应",国际集团的产业基金群将覆盖至少上万家优质实体企业。

不仅政府本身的治理结构会影响区域经济发展的水平和路径,而且政府制定的区域经济发展政策也会影响到区域间发展的先后顺序和差异大小。

一、区域政策目标的发展阶段

改革开放 40 年来,中央政府为了促进国内区域经济的快速发展及适应各区域发展阶段的具体社会经济形势,区域政策重心随区域差距的变化处于不断调整和演变的过程之中,根据区域政策重心的不断变化可以将中国区域政策对区域差距的影响划分为三大阶段目标。

(一)效率导向型区域政策目标

改革开放后,为了打破国内区域经济低水平均衡的发展状态,促进国内经济的快速增长。中央政府在总结中华人民共和国成立以来区域发展经验教训和借鉴西方发达国家区域发展理论的基础上,突破了原有经济体制下生产力区域均衡布局思想的束缚,充分认识到由于区位条件、产业基础、投资效率等因素的差距及资源因素的约束,各区域大而全的均衡发展状况不可能在经济发展的初期实现。在特定的历史阶段区域发展不平衡存在的客观必然性,而且,按照区域经济理论,区域的发展也应该是有层次、分阶段逐步进行的。那么,在现有资源约束前提下,就应该先行发展那些具有绝对优势或具有相对优势,具有较强带动作用的重点地区和重点部门，优先发展那些具有较强增长优势的地区，以取得较好的投资效率和较快的增长速度，然后通过这些地区的发展及其扩散效应，来带动其他区域的共同发展，这就是我国改革开放后所实施的以东部沿海地区为重点的非均衡区域经济发展战略，其战略思想主要体现在邓小平同志的"两个大局"观念中。

从"六五"（1981—1985）计划开始，中国的区域政策重心开始向东南沿海地区倾斜，以提高国家经济综合实力、追求经济整体增长效率为目标。在《国民经济和社会发展第六个五年计划》中明确指出"要积极利用沿海地区的现有基础，充分发挥其特长，带动内地经济发展"。这主要表现在以下几个方面。

第一，沿海经济特区的建设及对外开放格局的形成。从我国对外开放的格局上看，以沿海地区的区域性开放为主，中央首先对广东、福建两省采取特殊政策。1980年先后创办了深圳、珠海、汕头、厦门 4 个经济特区，1984 年进一步开放沿海大连、天津、上海、湛江等多个城市，1985 年，增设长江三角洲、珠江三角洲和闽南厦漳泉三角地区的多个市县为沿海经济开放区，进一步开放长江三角洲、珠江三角洲与闽江三角地带，随后又增加了山东半岛与辽东半岛，1988 年又建立了海南经济特区及海南省，1990 年中央又决定开发开放上海浦东，逐步形成了以东部沿海地区为主的对外开放格局以及沿海经济特区—沿海开放城市—沿海经济技术开发区—内地的梯度开放布局。

第二，投资政策的倾斜，与区域产业布局政策相对应，国家在东部地区的投资比重发生了重大变化，"六五"期间，东、中、西部基本建设投资总额分别占全国的 47.7%、29.3%、17.2%，东部地区首次超过中、西部地区之和。其中对辽宁、上海、广东、福建、山东和江苏等沿海六省市的投资占 40%。"七五"期间，中央政府根据经济技术水平和自然地理位置相结合的原则，将全国细分为东部、中部和西部三大经济地带。在此期间，全社会固定资产投资迅速向东部沿海地区推进，沿海与内地的投资之比从"六五"时期后四年的 1.13：1 发展为"七五"时期的 1.44：1。东、中、西部投资的比重则为 53.1%、25.04%、16.1%。

第三，产业结构调整及优惠政策的支持。在东、中、西地区的产业发展战略中，中央政府鼓励东部地区将重化工及一般加工产业向中、西部转移，集中力量从事高新技术产业以及金融服务业等第三产业的发展。此外，中央政府不断进行区域政策的制度创新，在外资项目审批权限、财税、外汇留成、信贷等方面赋予特殊的优惠政策。1988 年 3 月，国务院在召开的沿海地区对外开放工作会议上，确定了以沿海地区企业为主力，实行"两头在外，大进大出"的"沿海地区经济发展战略"，鼓励大力发展出口加土型经济，积极加入"国际经济大循环"。

（二）兼顾公平型区域政策（1990—1999）

以经济增长为核心的区域发展战略应该说取得了一定效果，但随着东、中、西三大经济地带经济差距的逐步扩大，20世纪90年代后，梯度转移的区域发展战略受到了多方面的挑战外部环境的变化及内陆地区与周边国家发展的贸易关系而产生的新的机遇能源与原材料供应的不足迫切要求我国加快中、西部的资源开发各地方政府受经济利益驱使而造成的地区产业结构趋同现象日益严重等问题，使得中央政府在考虑经济增长提高效率的同时，不得不考虑到经济发展的公平问题。这时，区域差距的发展变化导致区域政策的宏观背景也发生了转变，中央政府开始着手从总体上解决远东部与中、西部地区的关系，根据全国统一市场和从提高国民经济的整体效益出发，发挥各个地区的比较优势，促进区域经济的协调发展，实行地区倾斜与产业倾斜政策相结合的方式，在继续发挥东部地区增长优势的同时，逐步促进中、西部地区的发展，缩小区域差距。而沿海地区也要通过技术转移、人才流通、介绍经验及物资支持等方式，帮助落后地区的经济发展。

1991年3月，第七届全国人大第四次会议通过的《国民经济和社会发展十年规划和"八五"计划》按照沿海地区、内地、少数民族地区、贫困地区四种类型规定了不同地区的经济发展方向与目标，这标志着我国区域政策有了方向上的调整，即从单纯的注重经济增长转变到注重效率兼顾公平的发展特征。所以，在"八五"期间，沿海地区在继续发挥其增长优势的同时，国家加快了对中、西部的开发开放，先后开放了沿江、沿边、沿黄、沿陇海线等内陆地区，使我国的区域经济发展进入了新的格局。逐步形成了以上海为中心的长江三角洲、以广州与厦门为中心的珠江三角洲和闽南三角地区、以北京与天津为中心的泛环渤海经济圈三大经济区域。同时形成了以上海为龙头的长江流域经济带与以陇海—兰新铁路为核心的经济带。这样，沿海、沿江、沿线的经济格局逐步形成，中央政府也希望通过这三大轴线的经济布局促进内地的经济发展。同时开放了内陆边境口岸城市和省会城市，形成多层次、多渠道、全方位的对外开放格局。以此为标志，区域政策的重心由东部沿海地区的带状式发展演变为"以东部带中部及西部"轴线式发展模式。

（三）公平导向型区域政策（1999— ）

经过多年的经济发展，特别是外向型经济的发展，中国的整体经济实力有了明显的增强，取得了令世人瞩目的成就，但是，东、中、西部地区的差距不但没有缩小，反而仍然在逐步拉大，这时，解决东、西部地区的发展差距已经成为中央政府制定区域政策的根本立足点，也即区域政策的重心放在了区域之间的公平问题上。

当然，注重公平的发展阶段也经历了三个时期。

第一个时期是面向整个西部地区的整体发展阶段（1999—2003），即西部大开发战略。江泽民同志在党的十四届五中全会上提出要把解决地区发展差距，坚持区域经济协调发展作为一项战略性任务来抓，强调从"九五"开始，中央更要加强对西部地区经济发展的支持。1999 年 9 月，党的十五届四中全会正式提出了西部大开发战略，注重公平的区域经济协调发展战略正式启动。以此为标志，中国区域政策的重心实现了第三次转移。"十五"计划中，明确强调东、中、西三大地带在发展中各自的地位和作用，实现区域经济发展中的优势互补。计划指出"国家要继续推进西部大开发，实行重点支持西部大开发的政策措施，增加对西部地区的财政转移支付和建设资金投入，在对外开放、税收、土地、资源、人才等方面采取优惠政策。"

第二个时期是面向聚焦区域的发展阶段，即东北老土业基地的振兴（2003—2005）。中央政府在继续实施西部大开发战略的同时，2003 年 10 月，十六届三中全会通过的《中共中央关于完善社会主义市场经济体制若干问题的决定》中提出"加强对区域发展的协调和指导，积极推进西部大开发，有效发挥中部地区综合优势，支持中、西部地区加快改革发展，振兴东北地区等老工业基地，鼓励东部有条件地区率先基本实现现代化"。这一区域开发战略的提出意味着在进行西部大开发的同时，东北老工业基地的振兴也正式开始，与之相对应的是全方位的区域开发格局。

第三个时期就是提出了"中部崛起"的区域发展战略（2005—）。至此，政府政策主导性的区域经济发展战略已经难以继续，区域经济发展政策面临着结构性调整的考验，以地理位置和发展水平为判断标准的区域政策必然向以基于地区自身比较优势的多样化区域政策转变。

二、区域协调发展政策

从国际经济发展的实践看，地区间发展的平衡是相对的，是人们的美好期望，不平衡却是绝对的。正如美国发展经济学家赫希曼在 1958 年发表的《经济发展战略》中所指出的，经济进步并不同时出现在每一处，增长极的出现必然意味着增长在区域间的不平等是经济增长不可避免的伴生物，是经济发展的前提条件。

（一）先富地区带动落后地区发展

第一，经济活动的集聚与区域协调发展是相辅相成、辩证统一的。正如上文所述，各区域经济的绝对平均发展是不符合经济规律的，经济总是先在具有发展优势的某些少数区域率先形成增长极。关键在于如何使先富地区带动落后地区发展，如果能形成这种良性局面就是做到了区域协调发展。反过来看，如果在区域经济发展上奉行撒胡椒面式的绝对平均主义，则会损害经济效率，危及整体经济增长，在这种情况下落后地区也不可能获得好的发展。苏联政府曾致力于将圣彼得堡等老工业区占全国经济的比重从 65% 压缩至 32%，而将产能转移至落后的东部地区。结果虽然东部地区产出占全国的比重从 1925 年的 4% 上升到苏联解体时的 28%，但是这种经济活动在空间分布上的无效率却很可能加速了苏联经济的崩溃。

第二，与世界先进城市群相比，中国城市群仍有发展空间。根据世界银行的研究，随着经济的发展，会有越来越多人生活在城市群中。比如美国有约 70% 的人口生活在城市群，而目前在中国这一比例只有约 40%。从具体的城市群来看也是如此。中国最大的三个城市群——长三角、珠三角和京津冀各自的人口占全国的比重、GDP 占全国的比重等指标，均不及发达经济体的城市群，比如美国东北部大西洋沿岸的波士顿—纽约—华盛顿城市群和日本太平洋沿岸的东京—名古屋—大阪城市群。

（二）促进各种生产要素自由流动

前文指出，新古典经济学认为，如果生产要素可以自由流动，则区域经济差距将会缩小。所以，在现阶段的中国，急需突破的是一些阻碍要素自由流动的制度性障碍。

第一，改革户籍、社保等制度，降低人口迁徙成本。美国可能是世界上人口流动性最强的经济体，每年大约有 3 500 万人更换居所，超过总人口的 10%。这可能是美国各州人均产出相对比较均衡的重要原因。以西部内陆的怀俄明州为例，该州面积 25.4 万平方千米，比中国广西壮族自治区略大，居全美第九，其经济以采矿、旅游和农业为主（著名的黄石公园就在该州），经济密度位列全美倒数第三，仅略高于阿拉斯加和蒙大拿。怀俄明是全美人口最少的州，仅有 50 万人，但 2016 年其人均 GDP 却高达 5.9 万美元，与经济发达的纽约州的 6.4 万美元相比差距很小。1990年后，美国的城市化率从 75.3% 上升到了 2014 年的 81.45%，预计还会继续上升。而我国在 2014 年的城市化率才 54.41%，2017 年户籍人口城镇化率为 42.35%，全国人户分离的人口 2.91 亿，其中流动人口 2.44 亿。户籍改革和生产要素自由流动有待推进。所以如果我国继续改革开放，促进区域协调发展与收入、生活水平差距降低，那么，城市化率必然继续上升。

第二，完善城市群内部基础设施网络，降低城市融合发展成本。对于一个多中心的城市群而言，一开始在各中心城市之间存在大量空白发展地带，随着城市的发展和扩张，这些空白地带会被逐渐填充。铁路、公路等基础设施网络的密集建设则极大地促进了这一进程。美国东北部波士顿—纽约—华盛顿城市群过去半个多世纪的发展实践生动诠释了城市群内部基础设施从无到有、从疏到密的全过程。在我国，随着京津冀协调发展战略的提出，在中央决定设立雄安新区作为京津冀城市群的第三极以后，连接北京和雄安的多个基础设施建设项目就被提上了议事日程，这必将有力地推动京津冀城市群的发展。

第四节　区域经济政策手段

一、地方政府治理选择与区域经济发展

在经济学中，国家或国家的治理选择分析模型主要有三种：即看不见的手、看得见的手和掠夺之手。这三只"手"都有其理论基础。掠夺之手的理论基础是新制度经济学。建立在掠夺之手基础上的国家理论，可以探讨如何让国家或区域在制度变迁中发挥积极作用又要限制"掠夺之手"。历史上有些国家成功地通过制度安排限制了"掠夺之手"。这些制度安排往往是不同利益集团博弈的结果。从历史和实践来看，那些能够有效限制国家"掠夺之手"的国家或地区，社会经济就能协调地发展。

（一）看不见的手

按照斯密的理论，正因为有了充分信息的市场这只有效的"看不见的手"，国家在多数情况下就应该充当一个"守夜人"，政府应当越小越好。无为之手实际上是把国家作为一个外生变量来处理。仿效科斯定理，我们可以阐明权力是如何融入理性选择的国家观的在一个产权明晰、市场完全和交易成本为零的世界中，无论权力的初始配置状况如何，运用和行使权力的职位将归于那些能使权力价值最大化的人。但是，如果这些条件不满足或不能被近似地满足，权力的最终运用和处置方式将取决于其初始配置状况和社会、个人间相互关系的特殊性质。看不见的手模型所描述的是一个接近于交易成本为零的世界。在这种情况下制度是不重要的，即不存在"掠夺之手"的问题。

（二）看得见的手

这是建立在福利经济学基本思想基础之上的。扶持之手依据市场失灵分析了政府通过制度设计来完善市场的思路，但是"扶持之手"对于政府与市场的边界没有

进行研究，在国家权力没有受到制约的情况下，通过制度设计来完善市场的目标难以有效实现。更重要的是，国家在实施扶持之手的过程中，由于权力没有受到制约，国家的"掠夺之手"也会发挥作用。斯蒂格勒的研究发现，如管制中的管制需求和"俘获"问题证明管制是无效的，有可能诱致设租与寻租互动的寻租社会。

（三）"掠夺之手"

国家也有自身利益，会使用强制力来实现自身利益，这种理论是把国家作为一个内生变量来处理的。国家这样做时，它就成为"掠夺之手"。奥尔森指出，总有人认为，与其生产财富，不如去掠夺财富来得容易。而要掠夺财富，就要有武力；掠夺财富的主体可以分为流寇和坐寇两类，对被掠夺地域的影响也不同。在这里，奥尔森把国家视为一个坐寇，并针对国家的统治者会顾及长远利益这一观点，他们研究了王位继承的历史后发现，实际上国家统治者的利益经常是不长远的。这里有王位继承中的斗争和不确定性的问题，也有统治者个人当前高消费需要的问题。统治者当前和短期利益的需要，经常会驱使他们去过度掠夺。在理论上，国家作为掠夺者的思想在布坎南、塔洛克和尼斯卡宁的公共选择学派以及斯蒂格勒、佩尔兹曼和贝克尔的文章中都有体现。

在第二章第五节"制度、制度变迁与区域经济发展"中提到制度具有内生性，经验案例表明，越是经济发达的地区越容易出现较好的政府治理模式，而好的治理模式又反过来促进地区经济的更好发展，地方政府更多地表现为"扶持之手"。相反，越是落后的地区越容易出现"坏"的政府治理模式，而"坏"的政府治理模式反过来又阻碍地区经济发展，地方政府更多地表现为"掠夺之手"。由此出现两极分化。中央政府的政策干预和协调介入其间才有可能打破这一"极化"效应。

对于成功的经济转型来说，分权必须适度，如果中央政府对地方政府采取高度的分权，就为地方政府采取市场分割和地方保护主义的政策创造了条件，从而降低区域分工的效率，这种看法对既有的分权理论和联邦主义（federalism）理论构成了补充。既有的分权理论和联邦主义理论主要考虑了分权的收益。哈耶克（Hayek，1945）指出，由于地方政府和消费者对地方的情况和偏好有更加完备的信息，因此，他们可以做出更好的决策。蒂珀特（Ttiebout，1956）认为，权力的竞争使得民众可以对自己进行分类，然后与一系列特定的地方性公共物品相匹配。第二代分权理论认为，正如经理不一定追求股东的利益一样，政府官员也并不一定追求民众的利益，但是在一个适当分权的政治结构下，如果能够对政府官员的绩效实施正的激励，并对其错误实施惩罚，就可以激励地方政府官员承担风险和努力工作。

此外,在分权的政治结构下,地方政府的相互竞争也构成了对他们的约束机制。地方政府在财政方面的竞争可以作为一种承诺机制,有效地避免低效率的政府支出。如果分权具有上述的好处,那么中央政府是否就应该退回到守夜人的角色呢?一个可能解释是,完全的分权可能促使地方之间采取动态的策略进行分工决策,并采取保护主义的政策来发展地区经济,而中央政府的财政转移则可能作为一种承诺促使较落后地区参与到分工体系中去。适度的集权有利于提高分工的效率。那么,中国的财政体制是否处在适当的分权状态呢?简单地以地方财政支出占全部财政支出的比重来看,中国的这一指标非常高,显示出中国是非常分权的。虽然不恰当的分权有可能是导致地区经济分割的原因所在,但却并不简单地主张提高中央财政的比重,而更重要的是财政支出的方向。1994 年分税制改革以来,中央财政集权的结果是加剧了地方政府从"援助之手"到"掠夺之手"的行为转变,抑制了地方经济的发展。因此,所谓"最优"的分权结构除了适当的财政集权之外,还需要一系列制度来规范地方政府的行为,并且使中央的财政转移更加向落后地区倾斜。

中央政府的转移支付应该更多地给予落后地区,这种财政转移的直接效应是缩小地区间的经济差距,而更为重要的效应则是促使较落后地区加入到全国的分工体系中来,提高资源配置的效率。中央政府应该下决心取消地方政府的经济发展计划,改革投资体制,让地方政府从产业投资中退出来。大量的实证研究表明,基础设施的投资和教育的发展有利于缩小中国地区间的经济发展差距,因此中央财政转移(包括投往西部的财政支出)和地方的财政支出都应投资于基础设施和教育,而不应直接用于生产性投资。

二、推动区域创新系统政策模式

自从索洛奠定了新古典增长理论的基石,全要素生产率对于打破资本报酬递减,从而保持经济可持续增长的决定性作用广为接受,并且得到越来越多经验研究的支持。例如,经济学家所做的此类研究已分别证明,全要素生产率可以解释国家或区域之间在人均收入水平上的差别、苏联等计划经济的崩溃、日本经济"失去的10 年"以及许多高速增长国家减速的原因。毋庸置疑,全要素生产率也必然是一个重要的因素,可以用来解释为什么一些国家或区域陷入了"中等收入陷阱",一些国家面临着"中等收入陷阱"的挑战,而另一些国家可以避免或者摆脱了"中等收入陷阱"的困扰。

(一)推动区域特色创新系统形成

美国经济学家保罗·罗默在为中国制定和实施"十二五"规划提供建议时,不无针对性地提出，中央政府应该改变用 GDP 考核地方政府在促进经济发展方面之政绩的做法，代之以全要素生产率的改善进行相应的考核和评价，特别是建议把整个经济分解为若干部分，进行全要素生产率的统计和核算。从理论上说，既然中国的地方政府不仅有着推动地方经济发展的强烈意愿，而且在执行中央的经济和社会发展目标要求时，有强大的力度和良好的效果。因此，这个建议就激励和引导地方政府转向更加可持续的经济增长模式来说，无疑是十分有意义的。

区域创新系统的定位要结合现实条件和区域经济发展的长远目标，突出优势、避免劣势。区域产业的专业化程度是一个地区能否形成自己特色的创新体系的一个重要前提。区域经济增长不可能在所有产业领域取得成功，而只能在那些通过各种要素相互链接的产业群获取成功。因此，区域创新还必须有所为有所不为，根据地域发展的比较优势选择不同的产业群。

总之，区域创新应是以区域作为整体，以发展区域经济为目的，来构建区域创新系统，从而能够一方面根据本地区的特点发展科学技术另一方面，则是通过技术创新和技术进步来促进区域经济的发展与进步。

（二）加强技术创新基础设施建设的措施

技术创新基础设施的建设要从加快区域创新体系建设的总体要求出发，充分利用区域现有的条件，整合资源，提高投资效益，加强重点领域和薄弱环节的建设，促进合理布局，有针对性地改造和新建一批重要的基础设施。技术创新基础设施具有基础性、战略性、连续性、公共性的特点，需要做出前瞻性部署，也需要一定的建设周期和必要的资源储备，因此技术创新基础设施的建设应当适度超前于经济建设。在建设任务的安排上，要充分考虑与经济社会发展规划和中长期发展规划的衔接，既要着重于近期突破技术瓶颈问题的急迫需要，满足科技进步与产业结构优化升级对基础设施建设的现实要求，也要考虑区域经济长远发展需要，充分体现战略性和前瞻性，提高建设项目的起点和建设水平，为未来的科技创新和实现跨越式发展奠定物质基础。

政府要从宏观上予以正确指导和有利引导，充分调动各部门、地方和企业、科研单位及社会各方面的积极性，共同做好技术创新基础设施建设工作。对于基础性、公益性领域的基础设施主要以政府投入为主，引导、鼓励社会各方面积极参与对于产业创新的基础设施，充分发挥市场在创新资源配置方面的主导地位。公共财政主要投入关系到区域产业发展整体利益的战略性领域对于企业创新的基础设施，要以企业投入为主，政府主要对那些具有基础性以及对行业和区域发展具有重大作用的创新基础设施给予必要的支持。创新能力基础设施要体现公共性、共享性、开放性，坚持技术创新与体制创新、机制创新并重，打破部门、机构之间的封锁和分割，加强政府引导和产学研之间的合作，避免重复建设和资源浪费。以改革为动力，积极探索和不断完善新时期基础设施的有效管理体制和运行机制。针对不同类型的技术创新基础设施，按照新的科学发展观的要求，进一步加大开放、联合的工作力度，使这些基础设施在产生基础研究和高技术研究的创新成果方面能够充分发挥应有的作用。具体措施体现在以下几方面：

强化战略性产业基础设施建设，形成有利于培育产业核心技术、提高产业国际竞争力的支撑条件。围绕提高产业竞争力，以增强区域产业自主创新能力为出发点，针对产业技术创新基础设施的薄弱环节，在整合现有资源的基础上，建设支撑战略性产业发展核心技术，提高系统技术集成和成套技术装备研制能力，增强企业创新能力和构建服务体系的基础设施，为推进高新技术产业化，用高新技术和先进适用技术改造传统产业、振兴装备制造业。

加强可持续发展领域创新基础设施建设，促进人与自然、经济与社会全面、协调、可持续发展。坚持以人为本，从可持续发展的紧迫需求出发，围绕节能降耗、能源和资源深度开发及综合利用，生态、资源、环境保护，生命健康等经济社会发展的重大问题，加强技术创新基础设施建设，缓解战略性资源短缺，提高资源利用率，抑制环境恶化，促进区域经济全面发展，为实施可持续发展战略、推进经济增长方式的根本性转变提供技术条件的支撑。

推进科学基础设施建设，支持战略性研究领域取得新的突破，引领未来科技与经济社会的发展。根据区域经济长远发展战略，以支撑原始性重大创新成果产生，为经济与社会发展提供技术创新源头为目的，在科学技术前沿的基础性、前瞻性、战略性领域，布局建设若干具备国际先进水平的科研基础设施及相应的支撑环境。这些设施的构建要能满足重大科学研究、交叉学科综合性研究和重大科技创新活动的需要，要能够支撑在战略性研究领域的原始性创新取得新突破，实现跨越式发展的需要，进而引领科技与新兴产业的发展，并在未来科技与经济竞争中占据主动位置。

通过体制机制创新，切实提高技术创新基础设施的投资效率与持续发展能力。发挥政府投资体现区域经济发展战略的作用，积极探索以政府资金引导民间资本多元化投入和引入竞争机制，实行适度市场化的有效模式。通过制度建设、机制创新，促进建设项目的合理布局、高效运行以及社会公用性和经济合理性的统一，切实提高技术创新基础设施建设资金的使用效益。统筹协调一次性投入与持续更新改造的关系，形成必要的制度保障，增强技术创新基础设施自身持续良性发展的能力。

营造吸引和培育创新人才的环境和条件。基础设施建设无论是现有设施的整合重组，还是填补空白的增量投入，都要高起点、高水平地进行，成为培养、吸引、凝聚优秀科技人才尤其是学科和产业技术带头人的重要基地。确立以人为本的理念，形成开放、合作的良好氛围，为高素质创新人才充分发挥其才智创造良好的环境与条件，为提高全民的科技素质和创新能力服务。积极应对经济、科技全球化，广泛开展国际交流和合作、使技术创新基础设施成为吸纳国际先进科技成果和吸引国外优秀科技人才的重要阵地。

第五节　区域经济政策效应评价

一、区域经济发展政策的讨论

20世纪90年代以后，以有为政府、市场按政府的规划来布局的区域经济发展政策模式，首先是在长三角的上海、江苏、浙江取得了巨大的成功，并且很快在全国推广。它之所以如此受青睐，主要表现为对经济发展尤其是起步阶段非常关键的外资的大规模的有效吸收。

当初外资大量进入长三角地区，和当地重商主义色彩浓厚的地方政府、商业文化浓厚的底蕴是分不开的。政府以组织的形式充当企业间交易的中介，同时政府本身的政治属性又赋予某种绝对的权威性与公信力，似乎这样能减少不必要的试探考察与漫长而艰苦的讨价还价，无形中减少了交易的成本，进而增加成交的可能性。这无疑对中国社会经济的变革起到了关键性作用。

现在中国处于"中等收入陷阱"的关口，却提前遇到了类似已步入发达国家的日本所遇到的各种问题，这种强调产业政策的新结构主义还能不能带我们顺利跨过"陷阱"。

林毅夫教授认为要有"有为的政府"来解决技术创新和产业升级过程中必然出现的外部性问题和软硬基础设施完善的协调问题，这样技术创新和产业升级才能顺利进行，并且有足够低的交易成本来使比较优势变成竞争优势。他说，这是落后国家后来居上赶上发达国家的途径，"对于技术引进，发展中国家可以通过借鉴或采用在发达国家已经成熟的技术，从而将它们的劣势转变为优势。与之相反，发达经济体必须在全球技术前沿上进行生产，并必须持续在研发方面进行新的投资以实现技术创新。因此，发展中国家有潜力实现高于发达国家数倍的技术创新率。"

可是，政府虽然可以通过自己的活动来达到影响企业竞争优势的目的，但决定企业根本竞争力的因素诸如产品生产要素、市场需求状况、相关产业和支持性产业的表现等政府绝不可能面面俱到，更不用说具有决定意义的企业战略、企业结构和竞争对手，包括企业的经营理念、经营目标、员工的工作动机、同行业中竞争对手的状况等，必须要企业主亲自站到前台来把关，所以政府的影响虽然可观，但"政府本身并不能帮助企业创造竞争优势"。

这种"有为政府"从短期来看的确消除了企业发展的"瓶颈限制"，但从长远来看，企业却失去了面对这些问题自己想办法解决的机会。这实际上剥夺了企业通过独立面对市场来自我成熟的机会。这是因为，经济活动中引发蜕变的如由于技术进步、偏好改变等因素而引起供给和需求变化的某一节点，往往是市场前沿运行的企业最先感知并做出调整，进而改变生产过程中原有要素的分配，资源被重新配置。这种反应将扩散至产业层面，使该产业投入产出结构变化并导致产业的要素密集度发生改变，劳动生产率和产业附加价值提高。随着其市场规模不断扩大与产业波及效果日益显著，市场主导更新换代速度加快。而产业间的关联效应所产生的联动作用，使得这一地区经济整体的投入产出乃至要素禀赋的结构得到优化，并最终实现转变。

这也验证了一个理论界争论了很长时间后才达成的共识，即，哈耶克的深刻见解是正确的：灵活的市场价格包含的信息比任何计划机制有可能统一收集的都多；因此，分散决策可以比政府部门更高效地发挥作用。

不仅如此，当政府以"有为"形象不断深刻地嵌入经济发展的躯体时，其方向性抉择所带来的制度引领总是令人胆战心惊，谁也不能保证其一贯的正确性，而一旦方向选择失误，其带来的惊人浪费和后续的创痛都将是灾难性的。从已经推出的"2025 制造"，到推进信息化与工业化深度融合、智能制造工程等来看，仍然在延续这种政策。（支持政产学研用联合攻关，开发智能产品和自主可控的智能装置并实现产业化。）这种国家投入的产业政策的呼声在不断加强，而 2018 "中兴事件"的出现更为这种集举国之力攻克芯片之痛的叫嚣有了最好的借口。但根据之前的经验，这种区域产业政策的长期效应预期并不理想。

【案例】中国"芯"痛

美国商务部 2018 年 4 月 16 日禁止该国企业向中兴通讯出售敏感产品，被扼住咽喉的中兴通讯是否会因"断供"而受重创？这背后深刻的问题却是中国核心技术短板，尤其是高端芯片，大量依靠进口。

中国是世界上最大的集成电路市场，占全球份额一半以上。根据中国半导体行业协会统计，2017 年中国集成电路产业销售额达到 5 411.3 亿元，同比增长 24.8%。但这一全球最大的集成电路市场，主要的产品却严重依赖进口。2013 年以来，中国每年需要进口超过价值 2 000 亿美元的芯片,而且连续多年位居单品进口第一位,2017 年更达到历史新高:2 601 亿美元。

赛迪研究院数据统计,在 2017 年世界排名前 20 的半导体企业中,美国企业占了 13 家,在中国市场销售额合计是 667 亿美元。其中,高通、博通、美光有一半以上的市场销售额是在中国实现的。中国芯片产业的落后是"全方位、系统性"的,即使是国内的龙头企业,与国际主流水平都有一定的差距,更不用说国际最先进水平。尽管短期内要诞生英特尔这样的巨头不现实,但中国并未放弃争夺物联网和人工智能等领域的主导权。国家集成电路产业投资基金股份有限公司总裁丁文武 2017 年 10 月在上海的一场行业论坛上表示:"中国芯片行业弯道超车的策略不现实,弯道超车的前提是大家在同一起跑线上。"

实际上,中国在半导体领域早就砸下了血本,规模以万亿计。"十三五"规划期间,政府第一次以市场化投资的形式推动半导体产业链的发展,成立投资基金——国家集成电路产业投资基金股份有限公司(简称为大基金),以直接入股方式对国内半导体企业给予财政支持或协助购并国际大厂。

股东们实力强大,包括中央财政、国开金融、亦庄国投、华芯投资、武岳峰等资方,还包括中国移动、上海国盛、中国电子、中国电科等电子信息公司。这支国家队财力有多雄厚呢?就大基金公布的最新投资情况显示,基金运作包含两部分:

一是大基金,2014 年 9 月 24 日成立,初期规模 1 200 亿元,截至 2017 年 6 月规模已达到 1 387 亿元。现"二期"正在酝酿中,规模或达 1 500 亿~2 000 亿元。

二是地方资本,大基金撬动了地方政府层面的产业基金,截至 2017 年 6 月,规模达 5 145 亿元。

大基金撬动的资金即将直逼 1 万亿元,且不论这还是 10 个月前的数据。截至 2017 年 11 月底,大基金已成为 38 家公司的主要股东,覆盖中国境内 17 家 A 股公司和两家港股公司。"大基金"和国内另一个半导体投资驱动引擎"紫光集团"在这两年里砸钱建厂丝毫不手软,而且外企也将芯片制造投资瞄向中国,半导体产业投资骤增。目前中国在建的 22 座晶圆厂中,有 17 条产线会在 2017 年年末至 2018 年量产,新增投资约 6 000 亿元人民币以上。

全球顶尖的自然出版集团在 2015 年发布的《转型中的中国科研》白皮书中曾指出:"中国现在的研发投入和科研产出均居于世界第二位","研发投入(投入强度)已与英美等发达国家相当"。也就是说,科研投入不存在强度太弱的问题,也不存在资金缺少的问题,但是**砸下巨额科研费用之后,技术创新却收效甚微**。真正的挡路石其实是**科研经费的分配问题**,是花钱体系有问题,造成资源配置低效率、浪费。

二、区域经济政策效应评价

在评价中国区域经济发展政策的效应时，有以下几个方面尤其值得观察和研究。

（一）是否有利于增强资源要素空间

资源要素空间是指培育经济活动的持续盈利空间和便利性空间，是实现各地区经济发展的关键之一。中国经济过去近40年的高速增长，主要依赖于"有水快流"和"靠山吃山，靠水吃水"依赖资源要素。各地区都从发挥资源和区位优势入手，通过拓展资源要素空间获得了经济增长推力：矿产采掘、土地开发、大量建房、各类开发区建设……很快形成了巨大的生产能力，各地城乡面貌也大为改观。

但是，越来越多的地方也出现相反的情况：能源资源供大于求、房屋空置、开发区招商困难……"缺人"反倒成为发展中的突出问题。东北地区以及许多中小城市，已经明显感受到"缺人气"对经济发展的影响；有些地区（城市）为了达到规划人口规模，只能依靠扩大辖区面积和合并周边市县，或者把更多的市县变为大城市的"区"，从而造成人口众多的"大城市"表象。这表明，各地区的发展过度依赖于快速地、大量地资源要素投入，而与经济活动的密集程度不相适应，导致空间吸引力不足。矿产、土地和环境资源的大量投入，反而扭曲了原本具有优势的资源要素空间结构，资源优势进而成为经济劣势，例如产煤大省山西、资源密集产业地区东北三省，经济活动反而缺乏活力。

实际上，上述资源空间问题直接表现为经济活动"盈利空间"的狭窄，即资源的大量投入尽管可以获取"一次性"收益，却未能有效地转化为经济活动持续性盈利的空间。因此，区域政策是否能够增强地区发展的资源要素有效空间，即培育经济活动的持续盈利空间和便利性空间，是实现各地区经济发展的关键之一。实行以形成经济活动低密集度空间为导向的区域发展政策，并非完全没有可能性。只有自然环境、人文环境与人类活动密度的相互关系达到维持经济活动一定的盈利空间和便利性空间的水平，才能实现区域经济的可持续发展。

（二）是否有利于拓展产业技术空间

产业技术空间是指地区的发展不再是在同一产业技术层面上攀比拥挤，而是在多维的技术空间上展现其千姿百态。各地区资源要素开发未能形成经济发展更大的战略空间，特别是有效的盈利性空间的另一重要原因是产业技术空间的拓展相对迟缓。中国产业发展走的是"开阔地推进"的"平推式"工业化路径，即迅速进入和拓展具有大规模市场空间的产业，在扁平的技术层面上进行"低成本替代"的模仿性创新，通过生产大量具有较高性价比的产品，占据市场份额。以规模"大"论英雄，往往可在短期内就获得显著的商业成就。但这样的技术路径导致了中国企业的产业和产品的技术空间狭窄，差异性小，替代性非常强，在激烈竞争中迅速接近低利润甚至零利润边界。当前严重的"产能过剩"现象，实际上就是产业技术空间狭窄的表现。

因此，区域发展政策是否能够不断地促进产业进行技术深耕，走"立体式"工业化道路，实现全方位多层次产业技术升级，拓展产业和产品的更大战略空间是非常重要的。而且，技术进步的取向不应仅仅是"财富积累"，更应是"绿色清洁""品位精致"和"可持续性"。以这样的产业技术为基础，地区经济发展的战略空间才能更为开阔。这样，各地区的发展不再是在同一产业技术层面上攀比拥挤，而是在多维的技术空间上展现其千姿百态。

（三）是否有利于形成包容性的区域文化空间

地区文化空间是指某个地区所形成自己的地区产业文化特色，克服产业文化的单薄性，才能拓展地区经济发展的更大战略空间。从世界各国工业化的历史和现状看，各国或各地区经济发展的战略空间受其地区文化的深刻影响。例如，即使像美国这样具有较强创新能力的国家，"硅谷"的创新模式也是难以在其他地区复制。产业在某地区能否生根，能否具有持续的竞争力，其所在地区文化空间格局对比具有长期性的深刻影响。

工业化的开放性和全球性，使得各地区的产业文化往往是由"全球化文化""本地文化"和"移民文化"混合而成。工业化进程越是往前推进，本地文化的影响就会越显著。所以，各国工业化早期和中期通常相似性较大（有的经济学家将其描述为工业化进程中的产业结构"标准形式"）。而到了工业化后期，由于具有各方面的独特性，工业文明出现了不同的地区类型，包括采掘文明、贸易文明、地产文明、制造文明、金融文明等，各国会走上与众不同的道路。而且，即使同属制造文明，各国各地区也会有不同的产业文化特点。例如，中国许多地区的产业文化，具有强烈的地方文明特点，而制造业具有注重模仿、产品从众、价廉物美等特点。因此，规模宏大、高性价比、薄利多销等往往成为中国产品的竞争优势。但这样的状况也有其弱点，即往往导致其产业文化空间比较狭窄，产品缺乏文化特质，附加价值偏低。当然，中国消费者文化鉴赏能力较弱，更注重产品的物质实惠，这也是限制中国产业和产品文化空间的原因之一。

问题及推荐阅读

1. 在财政分权体制下，中国地方政府的财政竞争与公共产品投资效率之间的关系究竟是怎样的？

2. 地方政府的财政竞争是否提高了公共产品的投资效率？如果是，今后能否继续通过加大地方政府财政竞争强度来实现提高公共产品投资效率的目的？

3. 有哪些其他因素显著地影响着中国公共产品的投资效率？

樊轶侠，2009."奥尔森困境"的博弈分析及对我国地方政府间区域公共产品有效提供的启示[J].经济经纬（2）：12-15.

李明等，2015.中国式分权与地方政府行为：一个综述[J].新疆财经大学学报（1）：11-22.

林毅夫，2012.新结构经济学[M].北京：北京大学出版社.

（美）奥尔森，1993.国家兴衰探源[M].吕应中译.北京：商务印书馆.

（美）奥尔森，1995.集体行动的逻辑[M].陈郁，郭宇峰译.上海：上海三联书店，上海人民出版社.

（美）波特，2002.国家竞争优势[M].李明轩，邱如美译.北京：华夏出版社.

（美）科斯，王宁，2013.变革中国——市场经济的中国之路[M].北京：中信出版社.

席小瑾等，2017.地方财政竞争是否提高了公共基础设施投资效率？[J].华东经济管理（12）：114-123.

附　　录

表 1　2009—2014 年三大经济圈各省份跨区域技术转移绩效值

经济圈	省份	2009 年	2010 年	2011 年	2012 年	2013 年	2014 年	均值	标准差
泛环渤海	北京	998.782	1284.327	1588.836	1691.681	2149.785	2082.751	1632.694	408.000
	天津	26.541	98.068	87.500	180.118	200.814	183.644	129.447	63.200
	河北	-27.588	-102.255	-34.634	-68.436	-55.086	-115.638	-67.273	32.500
	山东	33.871	27.949	-34.011	-14.890	-9.465	-101.478	-16.337	44.900
	辽宁	68.934	29.251	-213.944	-131.332	-22.304	36.004	-38.899	101.100
	吉林	23.142	8.204	35.386	26.378	30.729	20.975	24.136	8.600
	黑龙江	11.815	3.937	-0.519	35.106	20.383	13.543	14.044	11.600
	合计	1135.496	1349.483	1428.613	1718.623	2314.857	2119.801	1677.812	669.900
泛长江三角洲	上海	466.977	333.214	407.863	419.925	489.047	458.983	429.335	51.100
	江苏	106.534	150.990	305.470	499.113	248.719	48.166	226.499	148.900
	浙江	11.466	16.896	12.476	-168.540	168.064	-45.022	-0.777	99.400
	福建	6.224	36.682	-8.829	-116.566	-247.851	-278.235	-101.429	123.000
	江西	-5.337	-1.596	4.455	-13.506	-52.526	-15.539	-14.008	18.500
	安徽	-4.775	31.143	33.681	23.602	36.671	58.515	29.806	18.800
	河南	10.345	1.485	-7.914	-8.580	-62.002	-73.072	-23.290	32.100
	合计	591.435	568.815	747.203	635.448	580.122	153.795	546.136	492.700
泛珠江三角洲	广东	154.358	216.029	115.670	135.095	488.437	234.460	224.008	125.600
	广西	-2.991	0.705	3.551	-20.946	-114.006	-101.152	-39.140	49.200
	湖南	11.898	12.154	2.740	-0.020	-0.902	-19.497	1.062	10.600
	海南	-6.141	-11.425	-2.197	-124.922	52.657	-56.657	-24.798	54.900
	四川	-11.347	-20.511	-20.928	-31.803	-56.139	-47.797	-31.421	15.900
	贵州	-26.028	-13.801	-16.966	-32.195	-18.090	-105.116	-35.366	31.800
	合计	141.007	192.875	109.463	-55.956	274.406	-99.528	93.711	323.800

表 2　2009—2013 年三大经济圈各省份跨部门技术转移绩效值及排名

经济圈	省份	2009 年		2010 年		2011 年		2012 年		2013 年	
		得分	排名	得分	排名	得分	排名	得分	排名	得分	排名
泛环渤海	北京	0.298	4	0.342	4	0.427	3	0.244	5	0.284	4
	天津	0.126	7	0.124	10	0.146	8	0.112	8	0.120	9
	河北	0.024	15	0.054	14	0.067	16	0.037	15	0.022	15
	山东	0.223	6	0.313	6	0.300	5	0.264	4	0.245	5
	辽宁	0.053	10	0.089	10	0.119	13	0.054	10	0.044	14
	吉林	0.002	17	0.006	19	0.060	18	0.007	18	0.008	17
	黑龙江	0.034	14	0.045	17	0.064	17	0.008	17	0.002	18
泛长江三角洲	上海	0.282	5	0.395	3	0.309	4	0.203	6	0.205	6
	江苏	0.498	2	0.621	2	0.661	2	0.585	2	0.564	2
	浙江	0.339	3	0.315	5	0.287	6	0.332	3	0.319	3
	福建	0.105	8	0.173	8	0.147	7	0.092	10	0.088	10
	江西	0.015	16	0.053	15	0.082	14	0.057	13	0.059	13
	安徽	0.046	11	0.141	9	0.140	10	0.065	12	0.600	12
	河南	0.035	13	0.097	12	0.136	12	0.104	9	0.134	7
泛珠江三角洲	广东	0.886	1	0.883	1	0.773	1	0.740	1	0.817	1
	广西	0.000	18	0.051	16	0.067	15	0.019	16	0.015	16
	湖南	0.042	12	0.111	11	0.144	9	0.068	11	0.084	11
	海南	-0.040	20	-0.020	20	0.028	20	-0.010	20	-0.010	20
	四川	0.104	9	0.205	7	0.139	11	0.122	7	0.122	8
	云南	-0.060	21	-0.020	21	0.023	21	-0.030	21	-0.030	21
	贵州	-0.010	19	0.013	18	0.032	19	-0.010	19	-0.010	19

表 3　2009—2013 年三大经济圈各省份跨部门技术转移绩效合值及排名

经济圈	省份	得分	排名	经济圈	省份	得分	排名	经济圈	省份	得分	排名
泛环渤海	北京	0.300	4	泛长江三角洲	上海	0.284	5	泛珠江三角洲	广东	0.791	1
	天津	0.137	7		江苏	0.591	2		广西	0.040	16
	河北	0.046	15		浙江	0.399	3		湖南	0.103	10
	山东	0.235	6		福建	0.129	8		海南	-0.010	21
	辽宁	0.076	13		江西	0.065	14		四川	0.113	9
	吉林	0.013	18		安徽	0.087	12		云南	-0.020	9
	黑龙江	0.016	17		河南	0.100	11		贵州	0.011	19

附

录

287